D1690820

# Dialog: Bürgermedien
**Offener Kanal Merseburg - Querfurt e.V.**
Kai Köhler-Terz (Hrsg.)

## 25 Jahre Bürgerfernsehen in Merseburg
Der Offene Kanal Merseburg - Querfurt e.V. feiert Geburtstag - eine Dokumentation der Erfolgsgeschichte des Bürgerfernsehens in Merseburg

**mit Beiträgen von:**
Johann Bischoff, Bettina Brandi, Anna-Sophie Bruckes, Diana Elsner, Ricardo Feigel, Marco Gessner, Martin Heine, Hartmut Handschak, Andrej Haufe, Nele Hirsch, Katharina Kirch, Kai Köhler-Terz, Thomas Krüger, Caspar Stanislaus Leder, Jürgen Linke, Sebastian Müller-Bahr, Andi Niessner, Wolfgang Ressmann, Andrea Rüthel, Anne Scheschonk, Bernd Schorb, Philipp Schüller, Roland Striegel, Tobias Thiel et.al., Thomas Tiltmann, Heinz-Jürgen Voß

| | |
|---|---|
| Titelfoto: | Hannah Loewenau |
| Redaktionelle Bearbeitung: | Johann Bischoff |
| Fotos: | Private Aufnahmen von den Autoren, Referenten und dem Offenen Kanal Merseburg-Querfurt e.V. sowie J. Cornelius, D. Elsner, V. Grätsch J. Hohmann, J. Kupfer, M. Kloth und E. Lehmann, P. Schüller und T. Tiltmann |
| Screenshots: | OK-Fernsehbeiträge |

Dialog: Bürgermedien

Band 7

Kai Köhler-Terz (Hrsg.)

**25 Jahre Bürgerfernsehen in Merseburg**

Der Offene Kanal Merseburg – Querfurt e.V. feiert Geburtstag – eine Dokumentation der Erfolgsgeschichte des Bürgerfernsehens in Merseburg

Shaker Verlag
Düren 2024

**Bibliografische Information der Deutschen Nationalbibliothek**
Die Deutsche Nationalbibliothek verzeichnet diese Publikation in der Deutschen
Nationalbibliografie; detaillierte bibliografische Daten sind im Internet über
http://dnb.d-nb.de abrufbar.

Copyright Shaker Verlag 2024
Alle Rechte, auch das des auszugsweisen Nachdruckes, der auszugsweisen
oder vollständigen Wiedergabe, der Speicherung in Datenverarbeitungs-
anlagen und der Übersetzung, vorbehalten.

Printed in Germany.

ISBN 978-3-8440-9560-9
ISSN 1613-205X

Shaker Verlag GmbH • Am Langen Graben 15a • 52353 Düren
Telefon: 02421 / 99 0 11 - 0 • Telefax: 02421 / 99 0 11 - 9
Internet: www.shaker.de • E-Mail: info@shaker.de

# Inhaltsverzeichnis

## VORWÖRTER

25 Jahre Offener Kanal Merseburg-Querfurt e.V. - ein Rückblick .. 11
Johann Bischoff

Mein drittes Plädoyer für Bürgermedien ................................................ 17
Thomas Krüger

Bürgerfunk stärken – Partizipation, Aus- und Weiterbildung,
publizistische Ergänzung, Medienkompetenz ...................................... 22
Wolfgang Ressmann

## GRUSSWÖRTER ZUM 25. BESTEHEN DES OFFENEN KANALS MQ

25 Jahre Offener Kanal Merseburg/Querfurt - ein
historischer Abriss aus Sicht der Medienanstalt Sachsen-Anhalt ..... 25
Martin Heine

Der Offene Kanal - Partner am Campus Merseburg .......................... 29
Heinz-Jürgen Voß

Bürgerfernsehen und Merseburg ........................................................... 31
Sebastian Müller-Bahr

Kultur, Soziales, Politik - Bürgerfernsehen im Saalekreis ................ 33
Hartmut Handschak

Bürgerfernsehen und die Politik im Saalekreis:
Zum Jubiläum des Offenen Kanals in Merseburg .............................. 34
Andrej Haufe

Seit 2002 Stadtratssitzungen im Fernsehen ......................................... 36
Roland Striegel

## RÜCKBLICK 2018: VORTRÄGE IM OFFENEN KANAL MERSEBURG-QUERFURT: 20 JAHRE BÜRGERFERNSEHEN - MEINUNGSBILDUNG IM LOKALEN RAUM

Bürgermedien in Deutschland Entwicklungsabriss und
medienpädagogischer Praxisbezug ....................................................... 38
Bernd Schorb

20 Jahre Medienpädagogik in den Offenen Kanälen
in Sachsen-Anhalt ............................................................................. 48
Ricardo Feigel

Offene Kanäle - Spielwiese für Spinner oder Plattform zur
Meinungsbildung? ............................................................................. 55
Bettina Brandi

Entwicklung Offener Kanäle und ihre praktische Umsetzung in
Deutschland ....................................................................................... 60
Bettina Brandi

Etablierung Offener Kanäle seit 1998 in Sachsen-Anhalt ............... 71
Bettina Brandi

Entwicklungen im Bereich Medienpädagogik zwischen
Medienanstalt und Offenen Kanälen ................................................ 82
Bettina Brandi / Johann Bischoff

Historisches: Vom Campusfernsehen
zum Offenen Kanal Merseburg-Querfurt ......................................... 89
Bettina Brandi / Johann Bischoff

Offene Bildungspraktiken für alle in realen und virtuellen Räumen 99
Nele Hirsch

Diskussionsrunde: Netzpolitischer Salon ....................................... 110
Moderation: Tobias Thiel

**OFFENER KANAL MQ HEUTE: PÄDAGOGISCHE ARBEIT VS. FREIE BÜRGERMEDIENARBEIT**

Das vereinsgetragene Bürgerfernsehen in Merseburg .................... 149
Diana Elsner / Kai Köhler-Terz

   **Betrieb des Offenen Kanals**     **150**

   **Tätigkeitsfeld: Bürgermedienarbeit** ............................................ **156**

      Mediendaten     157
         Anzahl der Nutzer*innen ............................................... 157
         Anzahl der Neusendungen .............................................. 157
         Länge der Neusendungen ............................................... 158
         Altersstruktur und Anzahl der Neusendungen ............... 158
         Altersstruktur und Länge der Neusendungen ................ 159
         Vorläufige Interpretation ............................................... 161
      Nutzerredaktionen     163
         Merseburg-Report und Stadtratssitzungen .................... 163

4 - Jahreszeitenstammtisch / Seniorenredaktion ... 164
Behindert, na und?! ... 166
Kurz & Gut ... 166
Adventskalender ... 167
Individuum - Die Sendereihe für Körper, Seele und Geist ... 168
Kurzfristige kooperative Bürgermedienprojekte / Formate 169
   Sport News im TV ... 171
   POKO - Politisch Kochen ... 171
   Ferien- und Familien- Hackathons ... 172
   Lernbar - dezentrales Lernen ... 173
   „Smart Democracy" Veranstaltungsreihe der VHS zu
   Digitalisierung und Gesellschaftspolitik ... 173
Bürgermedienarbeit von Einzelpersonen 174
   Fritz Kallweit, Merseburg: ... 174
   Rosemarie Wiegleb, Leuna ... 174
   Ursula Grabe, Merseburg ... 175
   Olaf Spörl, Naumburg ... 176
   Michael Proschek, Halle ... 176
   Andreas Möhwald, Schkopau ... 176
   Helmut Seik, Leipzig ... 177
   Mehdi Chaghakaboudi, Merseburg ... 177
Programmerstellung und Programmverbreitung 178
   Programmverwaltung ... 178
   Programmorganisation ... 179
   Technische Umsetzung ... 181
**Tätigkeitsfeld: Kultur- und medienpädagogisches Handeln ... 182**
   Trickfilmwerkstatt (seit 2003) ... 183
   Jugendredaktion (seit 2004) ... 184
   Medienpädagogischer Stammtisch ... 184
   Beratungszeit Jugendmedienschutz ... 185
   Projekte der aktiven Medienarbeit ... 185
   Kindergeburtstags-Workshop ... 186
   Ferienaktionen ... 186
   Kinderstadt Halle ... 187
   Thalia Fasching ... 188
   Kindermedienfest on Tour ... 188
**Weitere Tätigkeitsfelder ... 190**
   Mitarbeit in Gremien und Vernetzung ... 190
   Öffentlichkeitsarbeit ... 191
   Unterstützer und Förderer des OK ... 192
**Organisation 192**
   **Trägerverein ... 192**

**Ausstattung** ........................................................................................ **194**
  Personal 194
    Feste Mitarbeiter ............................................................................ 194
    Fachkraft für den Jugendmedienschutz ........................................ 194
    Bildungsreferent*in der Partnerschaften für Demokratie ........... 194
    Bundesfreiwilligendienst ................................................................ 195
    Praktika ............................................................................................ 195
    Ehrenamtliche Arbeit und freiwillige Mitarbeit im OKMQ ........ 196
  Räume und Technik 196
**Zusammenfassung** **198**

## Programmschau des Offenen Kanal MQ ............................ 200
Kai Köhler-Terz

**Nutzerstimmen** **200**
  Gottfried Baier ................................................................................ 202
  Wolfgang Dietzsch .......................................................................... 207
  Johannes Osterburg ........................................................................ 208
  Moritz Haenel ................................................................................. 212
  Jochen Spieß ................................................................................... 216
  Klaus Treuter .................................................................................. 222
  Aleksandar Turuntas ...................................................................... 224
  Heinz-Jürgen Voß ........................................................................... 230
  Saskia und Tanja Wenck ................................................................ 233
  Saskia Wenck .................................................................................. 235
  Elli Zabczyk ..................................................................................... 238
  Anne-Katrin Zimmermann ............................................................ 240
**Daten des Medienportals Sachsen-Anhalt** **241**
  Zugriffe High-Quality-Stream (01/2019 bis 03/2024) .................. 241
  Einblick in die täglich-stündliche Nutzung des
  HQ-Streams am Beispiel des 24.12.2023 ..................................... 244
  Verweildauer im Monat Dezember 2023 ...................................... 244
  Monatsübersicht der Zugriffe im Dezember 2023 ........................ 245
**Ansätze zur Interpretation der Mediadaten** **246**
  Das lineare Fernsehprogramm ...................................................... 247
  Die Mediathek des OKMQ ............................................................ 252
**Genre: Kulturelles und soziales Engagement**
  Vereine vorgestellt im Offenen Kanal
  Merseburg – Querfurt – Familienpatenschaften                    254
  Künstlerporträt Otto Möhwald                                            254
  Der Seniorenstammtisch „Vier Jahreszeiten" präsentiert: Das
  Frühlingsmagazin 2015                                                      255

**Genre: Politisch orientiertes Bürgerfernsehen**

Sitzung des Stadtrates von Bad Dürrenberg — 255
Merseburg Report: Gespräche vor und nach der Stadtratsitzung — 256
Ehre, wem Ehre gebührt – Zwischenbericht eines Forschungsseminars — 256

**Genre: Familie und Freizeit**

Winterlinge im Schloßpark Ostrau
- Gemeinde Petersberg Sachsen-Anhalt — 258
Inbetriebnahme des restaurierten Merseburger Dombrunnens — 258
Liebe, Lust, Leidenschaft – Sex im hohen Alter — 259

**Genre: Heimatdoku**

Karl Völker und die Kirche in Schmirma — 259
Nollendorf – erster Merseburger Ehrenbürger vor 200 Jahren benannt — 260
Merseburg Report: Grün ist Leben — 260

**Genre: Medienpädagogische Produktion**

„Romeo und Julia in Zöschen" & „Der Zöschener Kreidekreis" — 261
Klasse 7b - The Big Three - Wir Im Netz — 261
Gemeinsam gegen Mobbing — 262

**Genre: Orientierungshilfen**

Reagenz - Analytik im Wissenschaftsfernsehen — 262
HS-Live – IIIT & HoME – Campusfernsehen Spezial — 263
Seniorenkolleg: Gefäßerkrankungen — 263

**Genre: Experimentierfeld „Video"**

Kurz & Gut Sommerwettbewerb 2012 — 264
Medienpädagogischer Austausch mit Studierenden
aus La Réunion 2017/2018 — 264

## Politische Bildung im Bürger*innenfernsehen findet immer statt! 266
Philipp Schüller

## Jugendmedienschutz im Saalekreis - Fachkräfte im Landkreis Saalekreis am Offenen Kanal Merseburg-Querfurt .................... 291
Marco Gessner

## Inklusive Medienarbeit: In anderen Umständen .................... 306
Anne Scheschonk / Andrea Rüthel

## Barrierefreiheit im OKMQ. .................... 313
Katharina Kirch

## Dokumentarfilmproduktion als Genre im Bürgerfernsehen .................... 327
Andi Niessner / Kai Köhler-Terz

## FORSCHUNGSERGEBNISSE UND HANDLUNGSEMPFEHLUNGEN FÜR OFFENE KANÄLE

Emanzipation durch den Äther. Die Praxis von
Community-Radios in Leipzig und Erfurt .................................................. 337
Caspar Stanislaus Leder

Mediale Veränderungen - oder: Was sehen wir? Zugänge zum
„Sehen" am Beispiel der „Homosexualität" ............................................. 344
Heinz-Jürgen Voß

Bürgermedien und Medienkompetenz ....................................................... 357
Anna-Sophie Brucks

Bürgerrundfunk als Teil des Bildungssystems .......................................... 372
Johann Bischoff

## ZUR ERINNERUNG

Offene Kanäle - diskriminierungsfreier Zugang zu Radio und
Fernsehen - eine Erinnerung an Prof. Bettina Brandi ............................... 401
Jürgen Linke

Offener Kanal und deutsch-französische Beziehungen - eine
Erinnerung an Prof. Dr. Michel Cullin ...................................................... 410
Thomas Tiltmann

Kulturelle Bildung im Merseburger Bürgerfernsehen - eine
Erinnerung an Prof. Dr. Wolfgang Zacharias ............................................ 414
Johann Bischoff

**Personenverzeichnis** ............................................................................... **417**

**Autoren** ..................................................................................................... **419**

# VORWÖRTER
## 25 Jahre Offener Kanal Merseburg-Querfurt e.V. - ein Rückblick
Johann Bischoff

25 Jahre Offener Kanal Merseburg-Querfurt, wahrlich ein Grund zum Feiern. 25 Jahre kontinuierliche Arbeit, auf gesellschaftspolitischer Ebene, auf pädagogischer und technischer Ebene. In 25 Jahren ist der Offene Kanal zum Erfolgsmodell der sog. 3. Säule des nichtkommerziellen Rundfunksystems in der mitteldeutschen Region Merseburg / Querfurt geworden, auch ein Beleg dafür, was anwendungsbezogene Lehre einer Hochschule für Stadt und Land leisten kann.
Der Urknall der Offenen Kanäle ereignete sich vor ca. 40 Jahren in Deutschland. 1985 ging der erste Offene Kanal in Ludwigshafen auf Sendung. Die Offenen Kanäle in Deutschland orientierten sich weitgehend am amerikanischen Modell, für das der freie Zugang oberste Priorität hat. In Deutschland sind die wesentlichen Strukturmerkmale Offener Kanäle in allen Ländern nahezu identisch:
- lokale / regionale Sender als öffentliches Mitteilungsforum für Bürgerinnen und Bürger
- Bürgerrinnen und Bürger können im Offenen Kanal TV- und Radiosendungen selbst gestalten, produzieren und im Kabel verbreiten
- die Nutzung von Studios, Equipment und Übertragung ist kostenlos; Beiträge müssen werbefrei sein und nicht gegen geltendes Recht verstoßen
- die Verantwortung für selbstgestaltete Beiträge liegt bei den Produzenten, eine Zensur findet nicht statt
- die Mitarbeiter der Offenen Kanäle beraten auf Wunsch journalistisch, dramaturgisch oder technisch
- das Prinzip der „Schlange" soll einen chancengleichen Zugang gewähren
- Offene Kanäle folgen keinen Programmauftrag. Sie legitimieren sich dadurch, dass sie ein Bürgermedium sind.

Die Offenen Kanäle sind mittlerweile in fast allen Bundesländern Deutschlands etabliert. 1997 erfolgte eine Novellierung des Landes-

mediengesetzes für den privaten Rundfunk in Sachsen - Anhalt; am 23.5.1998 wurde der erste Offene Kanal zugelassen. Es folgten im Laufe der Jahre Zulassungen in Magdeburg, Merseburg-Querfurt, Wettin, Dessau Wernigerode, Stendal und Salzwedel, so dass Sachsen-Anhalt mittlerweile über sieben Offene Kanäle verfügt. Das war insbesondere der engagierten Arbeit von Ricardo Feigel von der Medienanstalt Sachsen-Anhalt (MSA) zu verdanken.
Die Idee des Offenen Kanals als einem Bürgermedium für selbstinitiierte und selbstverantwortete Fernsehbeiträge wird gleichwohl in den einzelnen Einrichtungen unterschiedlich umgesetzt.
Der Offene Kanal Merseburg-Querfurt (OKMQ) ging am 19.9.1998 mit einem ersten Beitrag auf Sendung. Seitdem ist das Bürgerfernsehen nicht mehr aus der regionalen Medienlandschaft wegzudenken.

Kai Köhler-Terz, ehemaliger Leiter des Offenen Kanals MQ und jetziger Vorstandsvorsitzender, befasste sich in einer Studie, die in der Publikationsreihe „Dialog: Bürgermedien" veröffentlicht wurde, mit den unterschiedlichen Formen der Etablierung der Offenen Kanäle in Sachsen-Anhalt. So war es weniger sein Anliegen unterschiedliche Effizienzbeschreibungen der jeweiligen Einrichtungen vorzulegen, vielmehr generell Aussagen zu treffen über das Genre „Bürgerfernsehen", das sich durchaus mit unterschiedlichen Akzenten in Sachsen-Anhalt entwickelt hat. Die kritischen Zusammenfassungen seiner Detailanalysen sind hilfreich für eine vergleichende Analyse der OK - Landschaft in Sachsen-Anhalt.
Ausgangspunkt seiner Evaluationsstudie war die Untersuchung der gesendeten Bürgerbeiträge in den jeweiligen Offenen Kanälen in Sachsen-Anhalt. Zuvor thematisierte Köhler-Terz grundlegende Prämissen des Mediengesetzes Sachsen-Anhalt und der Satzung der Medienanstalt Sachsen-Anhalt. Konstitutive Bezugspunkte bei der Interpretation der Untersuchungsergebnisse waren für ihn somit auch eine Überprüfung der Aspekte:
- Garantie der Meinungsvielfalt der Offenen Kanäle
- Förderung der Medienkompetenz
- Förderung medienpädagogischer Zielgruppenarbeit
- Chancengleichheit bei der Nutzung der Offenen Kanäle
- Gewährleistung verwaltungstechnischer Anforderungen.

Kritisch reflektierte er die Prämissen der Arbeit Offener Kanäle und konfrontierte sie mit den jeweiligen Institutionen. Ebenfalls in der Publikationsreihe „Dialog: Bürgermedien" wurde die wissenschaftliche Arbeit von Dr. Brigitte Kertscher veröffentlicht. Ihre Ausführungen beschreiben den Bürgerrundfunk in Deutschland unter dem Tenor „Freie Meinungsäußerung und Medienkompetenz". Dabei thematisierte sie die Entwicklung, Strukturen und die Funktionen der Offenen Hörfunk- und Fernsehkanäle und der nichtkommerziellen lokalen Hörfunksender. Daraus können die einzelnen Geschäftsführer / Geschäftsführerinnen der Offenen Kanäle auch heute noch anwendungsbezogene Folgerungen für ihre Arbeit aus den Studien ziehen. Im Hinblick auf die wachsende gesellschafts- und medienpolitische Bedeutung der Bürgermedien stellen die Untersuchungen eine Innovation und eine Ermutigung zugleich dar, demokratische Rechte basisorientiert in Anspruch zu nehmen. Generell kann festgehalten werden: Die Offenen Kanäle befinden sich auf dem richtigen Weg, doch lässt sich ihre Arbeit noch effizienter gestalten. Als einen wichtigen Schritt dahin kann z.B. eine stärker forcierte medienpädagogische Betreuung der Bürgerinnen und Bürger in den Offenen Kanälen beschrieben werden. Bedeutsam ebenso in „KI-durchsetzten Zeiten" ist Medienkompetenzerwerb bezüglich Manipulation und Selbsttäuschung, wer kann das besser als die Medienpädagogik in den Offenen Kanälen.

Die nachfolgende Diskussion und die nachfolgenden Ausführungen zum Themenkomplex „Bürgerfernsehen" sollen vielleicht vergessene Aspekte der sog. 3. Säule des Rundfunksystems wieder erhellen und damit ggf. helfen, die aktuelle Arbeit der Offenen Kanäle kritisch zu betrachten. Die Beiträge in der Rubrik „Rückblick 2018: Vorträge im Offenen Kanal Merseburg-Querfurt 20 Jahre Bürgerfernsehen - Meinungsbildung im lokalen Raum" sollten Anfang 2019 im Rahmen des 20jährigen Bestehens des Offenen Kanals MQ veröffentlicht werden, „Corona" hat eine Ausgabe der Publikation „Dialog: Bürgermedien" verhindert. Nunmehr werden die Artikel in der aktuellen Festschrift veröffentlicht, es handelt sich um die Beiträge von Prof. Bernd Schorb, Prof. Bettina Brandi, Ricardo Feigel sowie der Transkription der Gesprächsrunde „Netzpolitischer Salon", die Gesprächsrunde wurde von Hirsch und Thiel geleitet.

In den vergangenen fünf Jahren sind im engagierten OK-Förderteam schmerzliche Veränderungen eingetreten. Prof. Bettina Brandi, Prof. Michel Cullin und Prof. Wolfgang Zacharias sind verstorben. An ihre Leistungen bezüglich des Offenen Kanals MQ wird in dieser Publikation erinnert. Ein besonderes Anliegen ist es, auch an einen der Väter der Offenen Kanäle in Deutschland mit seinem Beitrag zu erinnern. Jürgen Linke war Leiter des Offenen Kanals in Berlin und hat immer seine vielfältigen Erfahrungen im damaligen Merseburger Hochschulprojekt „Bürgerfernsehen" eingebracht, so konnte sich insbesondere durch seine Anregungen der Offene Kanal MQ e.V. zum wichtigen Kommunikationszentrum in unserer Region entwickeln. Seine Anregungen griff Prof. Bettina Brandi auf und entwickelte daraus für das Bürgerfernsehen in Merseburg / Querfurt eine ganz spezifische Handschrift, die konstitutiv war für die Institutionalisierung des Erfolgsmodells Offener Kanal in unserer Region. Ganz besonderen Dank soll aber die langjährige Geschäftsführerin des Offenen Kanals MQ, Diana Elsner erhalten. Durch ihre Arbeit, mit sehr viel Engagement, Energie und Hartnäckigkeit bei der Bearbeitung von Verwaltungserfordernissen, Kreativität und Aufgeschlossenheit gegenüber innovativen Projekten ist auch nach 25 Jahren der OKMQ immer noch ein Erfolgsmodell.

Der vorliegende Band der Reihe „Dialog Bürgermedien" thematisiert, wie schon w.o. angesprochen, die historische Diskussion um das Bürgerfernsehen „Offener Kanal", mit ausführlicher Bezugnahme auf den Offenen Kanal Merseburg-Querfurt e.V. in den einzelnen Beiträgen. Er zeigt auch die exzellente Akzeptanz des Offenen Kanals MQ e.V. in der Bevölkerung, der Stadt und des Landkreises, wie es in den jeweiligen Beiträgen nachvollziehbar ist. Die Diskussionsrunde „Netzpolitischer Salon" würdigt praxisbezogene Hinweise zur Arbeitsweise mit Bürgermedien. Weitere Handlungsempfehlungen und Forschungsergebnisse sind bspw. den Beiträgen von Leder, Brucks und Voß zu entnehmen. Differenziert werden spezielle Projektergebnisse (in Theorie und Praxis) in Kooperation mit dem Offenen Kanal MQ thematisiert. Von besonderem Interesse dürften dabei die Analyseergebnisse von Kai Köhler-Terz sein, der eine Analyse der OK-Produktionen und verschiedener Veröffentlichungswege des Offenen Kanals MQ aus den letzten 25 Jahren vorstellt. Dabei ist in seiner Darstellung besonders aufschlussreich, welche inhaltlichen Schwerpunkte von den OK-Nutzer*Innen in welcher Häufigkeit veröffentlicht wurden bzw. wie häufig die erstellten Produktionen gesichtet bzw. aus dem Archiv aufgerufen wurden. Eine Auswahl einzelner Beispielproduktionen aus der Sendepraxis des OKMQ, soll zeigen, was konkret an inhaltlicher und formaler Gestaltungsarbeit mit den theoretischen kultur- und medienpädagogischen Erwartungen zur Bürgermedienarbeit in einem Offenen Kanal wie in Merseburg verbunden ist. Die Berücksichtigung medienpädagogischer Ansätze in der historischen Entwicklung, angeregt durch die gute Kooperation mit der Hochschule Merseburg, insbesondere mit dem Studiengang „Kultur- und Medienpädagogik", wird ebenfalls in dieser Publikation aufgegriffen.

Zum Schluss werden Bettina Brandi, Michele Cullin und Wolfgang Zacharias in ihrem Wirken gewürdigt, alle waren Lehrende der Hochschule Merseburg und eifrige Nutzer des Offenen Kanals MQ.

25 Jahre Offener Kanal MQ - Prof. Dr. Johann Bischoff fasst am 15.9.2023 die Erfolgsgeschichte zusammen, Moderation: Astrid Altmann (Screenshot)

Zuvor sollen aber Thomas Krüger, Präsident der Bundeszentrale für politische Bildung und Dr. Wolfgang Ressmann, Vorsitzender des

Bundesverbandes Bürgermedien, die Bedeutung der Bürgermedien in Deutschland allgemein herauszustellen sowie speziell die regionalpolitischen Mandatsträgern ihre Bezüge zum Offenen Kanal MQ e.V. darstellen, um die regionale Verbundenheit deutlich zu machen.

Noch ein Hinweis: Die Artikel weisen einen unterschiedlichen Sprachstil auf, beruhend darauf, dass sowohl Diskussionsbeiträge transkribiert, als auch eigens für die Publikation erstellte Beiträge aufgenommen wurden. Die Beiträge sind nicht vom Bearbeiter sprachlich „angepasst" worden, das zeigt sich insbesondere in der Schreibweise. Der Bearbeiter hätte sich zur **besseren Lesbarkeit** gleichwohl gewünscht, z.B. ein „generisches Femininum" auszuweisen, das ist leider nicht gelungen.

# Mein drittes Plädoyer für Bürgermedien

Thomas Krüger
Präsident der Bundeszentrale für politische Bildung[1]

Vor zehn Jahren hatte ich anlässlich der Veranstaltung „30 Jahre Bürgerrundfunk in Deutschland - Eine Inventur" die Möglichkeit, ein Plädoyer für die Offenen Kanäle zu halten. Ich habe mich über die Gelegenheit gefreut, heute hier erneut sprechen zu dürfen, um mit Ihnen noch einmal auf die Rolle des Bürgerjournalismus zu schauen. Damals habe ich Ihnen acht Thesen präsentiert, die die Bedeutung der Bürgermedien für unsere Gesellschaft unterstrichen haben. Dieses Mal werde ich mich auf drei Thesen beschränken, die auf manch drängende Fragen eingehen:

**Können Bürgermedien ihr Potenzial in der digitalen Medienlandschaft ausreichend ausschöpfen?**

**Wie hat das digitale Zeitalter die Nutzung und ihr Profil verändert?**

**Nimmt die Zivilgesellschaft den Bürgerjournalismus heute als ihr Sprachrohr und Plattform für ihre Beteiligung in der Medienwelt wahr?**

Meine erste These setzt an der Stärkung des Demokratiebewusstseins der Bürgerinnen und Bürger an: Aus Sicht der politischen Bildung hat Medienbildung das Ziel, Freiheit und Gleichheit als Grundwerte unserer politischen Kultur zu vermitteln und Menschen die Teilhabe sowie eine qualifizierte politische Meinungsbildung zu ermöglichen. Dafür müssen sie nicht nur mit der Geschwindigkeit der digitalen Welt mithalten können, sondern auch analoge wie digitale Kanäle finden, um sich auszutauschen und auszudrücken.

---

[1] Der Text ist eine gekürzte Fassung der Rede „Bürgermedien als Plattform kritischer politischer Medienbildung" vom Fachtag „Bürgerjournalismus belebt das Mediensystem" am 1. Februar 2024.

**Wir brauchen Bürgermedien, die physische wie digitale Räume schaffen, um den demokratischen Diskurs zu fördern.**

Die Demokratie braucht Räume für den Diskurs. Offene Kanäle können „ideale Orte informeller Bildung" sein, wie schon Josef Röll, Soziologe und emeritierter Professor für Neue Medien und Medienpädagogik, festgestellt hat. Diese Zuschreibung ist nach wie vor gültig. Denn sie stellen als institutioneller Rahmen Räume, konkrete Orte und eine Öffentlichkeit dar, die es braucht, um Reflexion, Diskussion und Aktion in Gang zu setzen. Damit haben sie laut Röll ein Alleinstellungsmerkmal.

Damit sich Menschen als wertgeschätzte, mündige und aktive Mitglieder unserer pluralen Gesellschaft begreifen und die Möglichkeit bekommen, diese mitzugestalten, ist der persönliche Austausch vor Ort nicht zu unterschätzen. Er ist insbesondere dort dringend notwendig, wo Strukturwandel und andere sozioökonomische Entwicklungen zu einem Vakuum institutioneller Fürsorgepflichten führen und öffentliche Räume für Austausch und Miteinander schwinden. Die Vernetzung der Bürgermedien mit einer Vielzahl verschiedener gesellschaftlicher Einrichtungen wie Universitäten und Schulen ist aus Sicht der politischen Bildung dabei von großem zusätzlichem Wert. Denn dabei docken Bürgermedien an die Lebensrealitäten der Menschen an und wecken dort Interessen am gelebten Medienhandeln, wo dieses vorher vielleicht im Verborgenen schlummerte oder gar nicht erst vorhanden war. Wir nennen diesen lebensweltlichen Ansatz in unserer Profession übrigens Aufsuchende Politische Bildung.

In unserer digitalisierten Mediengesellschaft ist politische Teilhabe wesentlich darauf angewiesen, dass Bürgerinnen und Bürger ausreichend medienkompetent sind, um am politischen Diskurs teilhaben zu können. Bürgermedien bieten Möglichkeiten, genau dies zu erfahren, zu erlernen und zu erproben. Wir leben in einer Zeit, in der jeder mit Zugang zum Internet und den entsprechenden Kenntnissen Inhalte veröffentlichen und potenziell eine große Anzahl von Menschen erreichen kann. Die vielen Parallelen zwischen den Anliegen und aktuellen Bedarfen der politischen Bildung und der Bürgermedien führt zu meiner zweiten These:

**Wir brauchen Bürgermedien, die die Ausbildung der Medienkompetenz an den Bedürfnissen und den publizistischen Realitäten der Gegenwart orientieren.**

Neben der Fähigkeit, technische Geräte zu nutzen, ist es entscheidend, die Glaubwürdigkeit von Quellen einschätzen zu können und die Funktionsweise und Regeln von Journalismus, sozialen Netzwerken, neuen Vermittlern und deren Mechanismen zu verstehen. Dazu gehört auch die Fähigkeit, journalistische Leistungen von kommerzieller Kommunikation, Propaganda und Fälschungen unterscheiden zu können. Die Vermittlung von Medienkompetenz in Offenen Kanälen kann jedoch mit Blick auf die Rezeptionsgewohnheiten vor allem junger Menschen anders aussehen, als wir es möglicherweise gewohnt sind. Neben den traditionellen Arbeitsweisen sollten die vielfältigen digitalen Medienpraktiken wie Kurzvideos auf „TikTok" oder YouTube-Streams berücksichtigt werden. Es ist wichtig, diese Techniken kritisch zu reflektieren. Nicht jeder Trend passt zu jedem Medium oder jedem Thema. Auch das aktuelle Trend-Thema Künstliche Intelligenz könnte im lokalen Kontext aufgegriffen werden, wie es bei manchem Offenen Kanal bereits in der Praxis angekommen ist. Es ist wichtig, Sach- und Reflexionskompetenz zu haben, um Produktionsprozesse, Routinen und die professionellen Werte des Journalismus zu verstehen. Auch die Nutzungskompetenz ist von großer Bedeutung, um geeignete Angebote in der öffentlichen Kommunikation zu finden.
Man sollte wissen, wie man aktiv in der Medienproduktion tätig werden kann und wie Beiträge zur öffentlichen Kommunikation inhaltlich erstellt werden. Darüber hinaus sollten Bürgerinnen und Bürger die Relevanz der Medienpolitik erkennen und verstehen, wie sie Einfluss auf den politischen Prozess nehmen können.
All das sind Qualifikationen, die eine Schnittmenge medienpädagogischer und politisch-bildnerischer Ziele formen. In diesem Sinne verstehe ich die Bürgermedien als potente Alliierte der politischen Bildung, die höchst interessante komplementäre Zugangswege bereithalten.
Bürgermedien könnten Formate entwickeln, die diese Kompetenzen fördern und journalistische, medienkritische und medienedukative

Inhalte bieten. Das Prinzip der Co-Creation war ein prägendes Strukturelement des Bürgerjournalismus, lange bevor es etwa in der politischen Bildungspraxis als vielversprechender Zugang erkannt worden ist, um Motivation und Durchhalte- vermögen der Zielgruppen zu stärken. Um Menschen noch effektiver anzusprechen, müssen Bürgermedien meiner Meinung nach, noch stärker als es bisher geschieht, mit attraktiven und interessensorientierten Angeboten herausstechen. Das führt mich zu meiner dritten These:

**Wir brauchen Bürgermedien, die ihre Sichtbarkeit in der Gesellschaft erhöhen - und das insbesondere im ländlichen Raum.**

Die Rückbesinnung auf das Lokale hat in den vergangenen Jahren wieder an Bedeutung gewonnen. In einer Zeit der Unsicherheit und Veränderung erfüllt der Lokaljournalismus eine entscheidende Rolle als Anker und Wegweiser. Hier sehe ich insbesondere lokale Rundfunkangebote und Bürgermedien als wichtige Akteure. Sie knüpfen unmittelbar an die Lebenswelt der Menschen an und sind glaubwürdig. Lokalredaktionen sind Teil der örtlichen Gemeinschaft, sie schaffen Plattformen und gestalten lokale Räume und Diskussionen mit. Bürgermedien bieten wertvolle Partizipationsmöglichkeiten für Bürgerinnen und Bürger und machen sichtbar, was die Menschen vor Ort bewegt. Sie haben das Potenzial, Themen sichtbar zu machen, einen produktiven Diskurs zu starten und können als Gegengewicht und zumindest stellenweise als Korrektiv zu traditionellen Medien dienen.

Der Bürgerjournalismus kann das Informationsangebot traditioneller Redaktionen ergänzen und wichtiges Sprachrohr für Teile der Gesellschaft sein, die sonst wenig oder kaum gehört werden oder etwa Nischenthemen bespielen.

Indem sie ihre Rolle als echte lokale oder regionale Alternative ernst nehmen, können Bürgermedien den Bürgerinnen und Bürgern die Gelegenheit geben, jenes Handwerkszeug zu erlernen, das für eine ausgewogene, kritische und realitätsnahe Berichterstattung nötig ist. Denn so werden Bürgerinnen und Bürger darin geschult, sich vielseitig zu einem Umstand zu informieren und dieses Wissen aktiv weiterzutragen - zivilgesellschaftliches Engagement par excellence.

Wahrscheinlich wurde noch nie so stark nach medienorientierten Schlüsselkompetenzen gerufen, wie es aktuell der Fall ist. Deshalb ermutige ich Sie und uns alle, mit neuen Formen der Ansprache zu experimentieren und verstärkt partizipative, kollaborative Formate in unsere Bildungsarbeit zu integrieren. Der Bürgerjournalismus hat das Potenzial, nicht nur als Informationsquelle zu dienen, sondern auch als Motor für demokratische Teilhabe und Medienkompetenz. Es liegt an uns, ihre Weiterentwicklung und Anpassung an die digitalen Herausforderungen zu unterstützen, um echte Impulse für eine medienkundige, emanzipierte - von mir aus auch redaktionelle - Gesellschaft geben zu können. Lassen Sie uns gemeinsam daran arbeiten, die politische Medienbildung zu stärken und Menschen die Werkzeuge an die Hand zu geben, um in der digitalen Welt souverän agieren zu können.

## Bürgerfunk stärken – Partizipation, Aus- und Weiterbildung, publizistische Ergänzung, Medienkompetenz
Wolfgang Ressmann
Vorsitzender des Bundesverbandes Bürgermedien

Der Bürgerfunk in der Bundesrepublik umfasst heute - 40 Jahre nach dem Start des ersten Offenen Kanals in Ludwigshafen/Rhein - ein breites Spektrum unterschiedlicher lokaler und regionaler TV- und Radiosender auf der Basis der jeweils geltenden Landesmediengesetze.
Das Spektrum reicht vom kleinen ehrenamtlich-getragenen „klassischem" Offenen Kanal im ländlichen Raum bis zum professionell geführten großstädtischen Ausbildungssender mit Hochschulanbindung, wie z. B. Tide in Hamburg oder Alex Berlin, die mediale „Kreativplattform für Berlin".
Im September 2023 feierte der Offene Kanal Merseburg-Querfurt seinen 25 Geburtstag. Die Jubiläumsfeier führte eindrucksvoll vor Augen, wie Medienkompetenzvermittlung und Bürgerjournalismus zu einer wichtigen regionalen Medieneinrichtung verschmolzen sind.

### Lebendige Lernorte
Die Bürgersender sind mittlerweile zu lebendigen Lernorten geworden und bieten ein breites Spektrum an Möglichkeiten zur partizipativen und medialen Beteiligung am gesellschaftlichen Diskurs. Jenseits kommerzieller Interessen bieten die nicht kommerziellen Sender in Abhängigkeit ihrer Organisationsform und Ressourcenausstattung die Chance zur medialen Qualifizierung mit Berufsperspektiven.
Dabei reicht die Spanne von ehrenamtlichen Produzentinnen und Produzenten bis zu professionellen Journalistinnen und Journalisten, über qualifizierte Angebote zur beruflichen Bildung z. B. als Mediengestalter/in Bild & Ton bis zur Produktion von Abschlussfilmen in Masterstudiengängen und Produktionen im Kontext von Kunsthochschulen und Filmakademien.

### Erfolgreiche Berufsausbildung
Seit der Jahrtausendwende haben mehrere hundert junge Menschen erfolgreich ihren Berufsabschluss in einem Bürgersender erlangt – auch

als Kaufleute für audiovisuelle Medien, oder als Kaufleute Bürokommunikation. Zahlreiche Bürgermedien geben auch jungen Menschen mit Einschränkungen die Chance für einen erfolgreichen Einstieg in die genannten Berufe. Zahlreiche Karrieren im Medienbereich, sei es in den Öffentlich-rechtlichen Rundfunkanstalten oder den privaten Anbietern, begannen in Bürgermedien.

**Publizistische Ergänzung**
Als publizistische Ergänzung im lokalen und regionalen Raum, mit und ohne mediengesetzlichen Auftrag, gewinnen Bürgersender durch journalistische Qualität auch publizistische Relevanz. Dies gilt insbesondere vor dem Hintergrund der Krise lokaler und regionaler kommerzieller Medien, insbesondere im Bereich des Lokal-TV.
Durch die unterschiedlichen Verbreitungswege – terrestrisch, kabelgebunden oder als Web-TV bzw. Radio finden sich Bürgersender auf Bildschirm, Tablet und Smartphone wieder. In Abhängigkeit von der Verbreitungstechnik werden zahlreiche Bürgersender daher auf WEB-TV Plattformen national und sogar international in hervorragender technischer Qualität empfangbar sein.

**Förderung der Medienkompetenz**
Bürgersender sind wiederum in Abhängigkeit von ihrer Ressourcenausstattung auch als medienpädagogische Vermittlungszentren von besonderer Bedeutung. Bürgermedien sind somit in den vergangenen Jahren zu zentralen Stätten der Medienkompetenzvermittlung geworden.
Diese genannten Funktions- und Wirkungsweisen machen Bürgersender zu einem unverzichtbaren und zukunftsfähigen Bestandteil des deutschen Mediensystems.
Wiederum unabhängig von der Organisationsform gilt es daher, die Finanzausstattung der Bürgersender zu sichern und auszubauen. Grundlage dafür sollte in Analogie zum öffentlichen-rechtlichen Rundfunk eine Abschätzung des nötigen Anteils an den Rundfunkgebühren sein. Der institutionelle Rahmen von Bürgerfunk in Deutschland wird föderal bestimmt und reicht von der eigenständigen Anstalt des öffentlichen Rechts (Schleswig-Holstein) über anstaltsgetragene Medienwerkstätten wie z. B. in Mecklenburg-Vorpommern, bis zu eingetragenen, ehrenamtlich geführten Vereinen und webbasierten Initiativen.

**Finanzierung sichern**
Unabhängig von dieser Ausgestaltung ist es unabdingbar, die Finanzierung des Bürgerfunks zu sichern, Zugangs- und Ausbildungsmöglichkeiten zu erhalten und auszubauen, Medienkompetenz zu vermitteln und lokale/regionale Berichterstattung zu ermöglichen. Hauptamtlich geführte Bürgersender mit einem großstädtischen Verbreitungsgebiet müssen zudem zukünftig organisatorisch und finanziell in die Lage versetzt werden, qualifizierte Volontariate anzubieten.
Der Bundesverband Bürgermedien (BVBM) erwartet daher insbesondere von den Landesmedienanstalten das ein erhöhter Anteil an Rundfunkgebühren in die Zukunftsentwicklung des Bürgerfunks investiert wird, anstatt systemwidrig defizitäre kommerzieller lokale TV-Anbieter zu beatmen.
Dabei muss auch die Politik sicherstellen, dass die Bürgermedien diese Aufgabenbereiche auch künftig wahrnehmen können.
Ich bedanke mich für die engagierte Unterstützung von Diana Elsner im Bundesvorstand des Bundesverbandes Bürgermedien, in dem sie seit dessen Gründung mitarbeitet. So dass die Stimme von Merseburg auch immer laut gehört und Einfluss nimmt auf das, was im Bereich der Bürgermedien in Deutschland passiert.

# GRUSSWÖRTER ZUM 25. BESTEHEN DES OFFENEN KANALS MQ

## 25 Jahre Offener Kanal Merseburg/Querfurt - ein historischer Abriss aus Sicht der Medienanstalt Sachsen-Anhalt

Martin Heine
Direktor der Medienanstalt Sachsen-Anhalt

Am Ende des letzten Jahrtausends diskutierte die Medienpolitik in Sachsen-Anhalt über den Aufbau von Bürgermedien. Eine „dritte Säule" im dualen Rundfunksystem sollte Bürgerinnen und Bürger zu Rundfunkveranstaltern machen. Der Gedanke war, auf eigene Initiative und in eigener Verantwortung Rundfunkbeiträge zu produzieren, zusammenzustellen und dann auch im Kabelnetz auszustrahlen. Den Anstoß dafür gaben die beiden Medienpolitiker Lutz Kühn und Reiner Schomburg, die in Personalunion medienpolitische Sprecher und Vorstand des Landesrundfunkausschusses waren (der später zur Versammlung der Landesmedienanstalt Sachsen-Anhalt wurde) sowie dessen Geschäftsführer und späterer Direktor der Landesmedienanstalt, Christian Schurig. Dessen Begeisterung und sein Engagement für einen Bürgerfunk trugen ganz wesentlich dazu bei, die Überlegungen auch in die Tat umzusetzen und rechtfertigen es, Schurig auch als den „Vater der Bürgermedien" in Sachsen-Anhalt zu bezeichnen.
Nachdem der Landtag der Aufnahme von Bürgermedien in Form von Offenen Kanälen und Nichtkommerziellen Lokalradios im Gesetz über den privaten Rundfunk in Sachsen-Anhalt zustimmte, schaffte der Landesrundfunkausschuss die rechtlichen, finanziellen und organisatorischen Voraussetzungen für ein erfolgreiches Startszenario „unserer" Bürgermedien. So sollte die Trägerschaft des Offenen Kanals von einem eingetragenen Verein und nicht - wie in anderen Bundesländern - in Trägerschaft der jeweiligen Landesmedienanstalt betrieben und finanziert werden. Damit wurde bewusst zugleich ein sehr hohes Maß an Engagement und Ehrenamtlichkeit in den Trägervereinen vorausgesetzt. Denn dies entsprach dem eigentlichen Ziel des Gedankens Offener Kanäle, durch Zusammenspiel von Freiheit der Rede und der

Berichterstattung bei gleichzeitiger auch finanzieller Eigenverantwortung einen wichtigen Beitrag zum demokratischen Meinungsbildungsprozess zu leisten.
Am 27. Juni 1997 stellte die Versammlung im Nachtragshaushalt Mittel für eine moderne technische Ausstattung, für Zuführungskosten zu den Kabelkopfstellen und Unterstützungsleistungen bei den Betriebskosten für zunächst fünf geplante Offene Kanäle im Gesamtvolumen von 3,1 Mio. DM ein. Bereits bei dieser Grundlagenentscheidung wurde die Frage der Personalkosten heftig diskutiert. Diese waren nicht ausgewiesen und sollten über Drittmittel und ehrenamtliches Engagement abgedeckt werden. Im Protokoll ist dazu die folgende Äußerung eines Versammlungsmitgliedes vermerkt:

„...dass bei der Einrichtung von Offenen Kanälen nicht auf Ausbeutung, Illusion und Spenden vertraut werden könne. Die Veranschlagung teurer Infrastruktur bei gleichzeitiger Nichteinbeziehung von Personalkosten halte er für fragwürdig..."

Die damalige Diskussion wurde durch die Aufnahme einer Titelgruppe zur Möglichkeit der Personalkostenbezuschussung beendet, aus der sich dann später eine Dauerfinanzierung entwickelte.
Ausgehend von diesem Finanzfundament schrieb die Versammlung im September 1997 sieben Verbreitungsgebiete (Dessau, Magdeburg, Merseburg, Salzwedel, Stendal, Wittenberg und Wernigerode) für Offene Kanäle aus und formulierte dazu in der Pressemitteilung die folgende Erwartung:

„Diese Einrichtungen sollen dazu beitragen, dass selbst produzierte und selbst verantwortete Fernsehbeiträge ohne Zensur von möglichst vielen Nutzern derartiger neuer Einrichtungen hergestellt und verbreitet werden können. Die Versammlung des LRA sieht hierin einen wesentlichen Beitrag, medienpädagogische Arbeit zu unterstützen, die lokale Medienvielfalt zu stärken und dazu beizutragen, dass Fernsehen nicht nur passiv genutzt, sondern aktiv und selbständig mitgestaltet wird. ..."

Diese Erwartung wurde im Offenen Kanal Merseburg-Querfurt mehr als erfüllt. Mit der Entscheidung des LRA am 05. November 1997 über den Antrag Nr. 3 des Offenen Kanals Merseburg-Querfurt wurde die medienrechtliche Erlaubnis zum Betrieb eines Offenen Kanals in ausgewählten Kabelnetzen erteilt. Bereits damals wurde die Aktivität des Vereins ganz wesentlich von der Zusammenarbeit mit der Merseburger Fachhochschule geprägt. Mit der Vorstufe des Offenen Kanals - einem von Prof. Johann Bischoff und Prof. Bettina Brandi hochschulintern initiierten Campusfernsehens - konnten bereits Erfahrungen bei zahlreichen Videoproduktionen vorgewiesen werden. Die Einbindung des Vereins „Vorruhestand in der Chemieregion e.V." und damit auch des außeruniversitären Bereiches überzeugte die Versammlung. Für die Merseburger wurde der Offene Kanal aber erst am 19. September 1998 mit dem tatsächlichen Sendestart im Fernseher sichtbar. Seitdem sendet der Offene Kanal Merseburg-Querfurt zunächst unter der Geschäftsführung von Kai Köhler-Terz und seit 2009 unter der Geschäftsführerin Diana Elsner 25 Jahre lokales Bürgerfernsehen. Die unzähligen Beiträge und das Engagement der ehrenamtlichen Redaktionen bringen einen bunten Blumenstrauß von politischen und kulturellen Beiträgen, in dem sich die Vielfalt der Meinungen widerspiegelt. Knapp 3.000 Nutzerinnen und Nutzer in den vergangenen 25 Jahren sind ein deutliches Zeichen für die sehr gute Vernetzung des Offenen Kanals zu den Bürgerinnen und Bürgern, aber auch zu den politischen, kulturellen und wirtschaftlichen Akteuren im Verbreitungsgebiet. Hier zeichnet sich der Vorteil der gewählten Struktur mit einer Vereins- anstelle einer Anstaltsträgerschaft deutlich aus. Denn diese ermöglicht nicht nur den Austausch mit anderen Akteuren, sondern macht ihn existenziell. Die dadurch gewonnene Rückkopplung und enge Abstimmung auch mit dem Publikum machen den Offenen Kanal dann auch für die Merseburger Bürgerinnen und Bürgern zu ihrem eigenen Sender.

Der Offene Kanal Merseburg-Querfurt ist aber auch zu einem Leuchtturmprojekt für medienpädagogische Angebote in Sachsen-Anhalt geworden. Mit dem jährlich stattfindenden Kindermedienfest wurde z.B. dank des hohen Engagements der Mannschaft im Offenen Kanal eine wichtige Marke entwickelt, die die Bedeutung der Medienbildung unterstreicht. Die hohe Qualität der im Offenen Kanal geleisteten medienpädagogischen Arbeit beweist nicht zuletzt die Verleihung der höchsten medienpädagogischen Auszeichnung im Jahre 2021, dem Dieter-Baake-Preis. Aber auch Studenten, Praktikanten und Bundesfreiwillige finden im OK ein hervorragendes Praxisfeld, um ihre kreativen und pädagogischen Fähigkeiten zu erproben und sich evtl. den Medienbereich als ihr künftiges berufliches Umfeld zu erschließen.

Natürlich ist nach 25 Jahren Bürgermedien auch der Blick in die Zukunft zu richten. Dabei ist mir aber nicht bange. Auch wenn in der heutigen digitalen Welt mit Alleskönner-Endgeräten jeder jederzeit Produzent, Sender und auch Konsument sein kann, erschöpft sich eben die Aufgabe des Offenen Kanals nicht allein in diesem technischen Support, den ein modernes Endgerät bietet. Die gesellschaftliche Akzeptanz, das Qualitätssiegel „Beitrag aus dem Offenen Kanal", die gesellschaftliche Vernetzung und Akzeptanz sind weiterhin gefragt. Authentizität und Wahrhaftigkeit zeichnen den Offenen Kanal aus. Man kennt sich, man weiß, wer hinter den Filmbeiträgen steht. Dies ist in Zeiten, in denen künstliche Intelligenz beginnt, eigenständig Spielfilme und Nachrichten zu generieren und auch die Herkunft und Verlässlichkeit der vielzähligen täglichen Informationen auf z.B. Social-Media-Kanälen nicht geprüft, aber immer kritisch hinterfragt werden sollte, ein gewichtiger - für das demokratische Gemeinwesen auch existenzieller Grund, auch in den nächsten 25 Jahren Offene Kanäle zu haben. Denn Medien leben von Vertrauen und dieses hat sich der Offene Kanal Merseburg-Querfurt redlich bei den Bürgerinnen und Bürgern verdient. Dazu und zum Geburtstag herzliche Gratulation verbunden mit einem großen Dank an das hauptamtliche Team um Diana Elsner, aber natürlich auch an die ehrenamtlichen Vereinsvorstände um den Vorstandsvorsitzenden Kai Köhler-Terz. Bleiben Sie am Ball und lassen Sie uns gemeinsam die Zukunft gestalten.

Ihr Martin Heine

# Der Offene Kanal - Partner am Campus Merseburg
Heinz-Jürgen Voß
Prorektor für Studium und Lehre der Hochschule Merseburg

Transformationen prägen derzeit und bereits seit einigen Jahrzehnten alle gesellschaftlichen Bereiche. Der Saalekreis ist hier besonders im Brennpunkt: Strukturelle Veränderungen des Braunkohlereviers und der Chemieregion ergänzen die aktuellen breit wirkenden gesellschaftlichen Transformations-bedingungen, die einerseits durch technische Entwicklungen in den Bereichen der Informationstechnologie und „Künstlichen Intelligenz" geprägt sind und sich in der sozialen Kommunikation spiegeln und andererseits durch Klimakrise, Corona und Kriege dominiert werden.

Ängste treiben Menschen um und nur bedingt wird ihre Resilienz gefördert, um gut mit krisenhaften Ereignissen umgehen zu können. In „Sozialen Medien" werden solche Ängste bestärkt: Einerseits durch das Wirken rechtsextremer Kräfte, wie der Partei „Alternative für Deutschland (AfD)", andererseits durch die Algorithmen in Sozialen Medien wie TikTok, Instagram und X. Die Algorithmen Sozialer Medien führen dazu, dass etwa Jugendliche, die sich „ritzen" - also selbstverletzendes Verhalten zeigen - durch ihr Nutzungs-verhalten in besonderem Maße Beiträge mit Inhalten zum „Ritzen" angezeigt bekommen. Es bilden sich „Bubbles" heraus - Menschen bleiben in ihrem eigenen kleinen Kontext, um kommen darüber hinaus nicht mit anderen Perspektiven in Kontakt. Im Hinblick auf die Darstellungsformen des „Ritzens" entstehen sogar bedrohliche Situationen, die jugendliche Suizidalität befördern können. Resilienz - also die Fähigkeit, mit Herausforderungen umgehen zu können - und Medienkompetenz sind unbedingte Notwendigkeit. Ältere Menschen lassen sich mitunter nicht auf die Entwicklungen ein und gehen durch eigene Ängste zu gesellschaftlichen Entwicklungen und neuer Technik auf Abstand; Kinder und Jugendliche werden durch die Schule und das Elternhaus noch viel zu wenig für den Umgang mit Medien und Sozialen Medien befähigt. Umso wichtiger ist es, dass es den OK gibt - den Offenen Kanal Merseburg-Querfurt!

Der OK befördert die aktuell notwendigen Transformationen im medialen Bereich. Kinder, Jugendliche und Erwachsene werden kompetent gemacht, um mit medialen Inhalten umzugehen, „Fake News" als solche zu erkennen und eigene Wirksamkeit u.a. durch die Produktion eigener medialer Inhalte wahrzunehmen. Der OK ist hier Innovationsgeber für die Region und unbedingt erforderlicher Katalysator für die notwendigen Fähigkeiten, damit in unserer Region die gesellschaftliche Transformation gelingen kann. Die Alternative wäre, dass Ängste gewinnen und Faschismus obsiegt. Faschismus baut von je her auf Ängsten von Menschen auf und versucht Transformationen aufzuhalten, was aber nur vorübergehend gelingen kann: Etwa die Klimakrise ist da und sie wird nicht dadurch geringer, indem man sie leugnet. Es braucht kompetente Entscheidungen von Menschen - aktuell gerade auch Medienkompetenz, um angebotene Inhalte filtern zu können.

Die Hochschule Merseburg kann stolz darauf sein, dass sie seit 1994 durch das Wirken von Prof. Dr. Johann Bischoff, Prof. Dr. Bettina Brandi und engagierten Studierenden dazu beigetragen hat, dass der Offene Kanal Merseburg-Querfurt entstehen konnte. Aus diesen Aktivitäten ging 1997 der Verein hervor. Hervorragende medienpädagogische Arbeit ist seitdem entstanden - selbstwirksam gestalten Bürger*innen Inhalte in der demokratischen Stadt- und Kreiskultur. Zugleich gelingt weiterhin die kontinuierliche Zusammenarbeit mit der Hochschule Merseburg: Die Studierenden der Kultur- und Medienpädagogik finden im Offenen Kanal Merseburg-Querfurt ein exzellentes Praxisfeld vor, auch die Studierenden der übrigen Studiengänge - wie dem innovativen Feld der Ingenieurpädagogik - profitieren. An welcher Hochschule gibt es schon das Potenzial, dass es gleich mehrere Radio- und Fernsehstudios mit den entsprechenden Entwicklungsmöglichkeiten und der fachlichen Begleitung gibt? Ohne den Offenen Kanal Merseburg-Querfurt wären wir als Hochschule hier nur halb: Die Studierenden könnten nur halb so gut studieren, die notwendigen gesellschaftlichen Transformationen in der Region und darüber hinaus könnten wir nur halb so gut begleiten.

Großer Dank gebührt damit allen Macher*innen im Offenen Kanal! Gratulation zu den aktuellen Jubiläen und vielen Dank für die kontinuierliche Gestaltung der demokratischen Kultur im Saalekreis! Sie ist nötig.

Ihr Heinz-Jürgen Voß

# Merseburg bezaubert

## Bürgerfernsehen und Merseburg
Sebastian Müller-Bahr
Oberbürgermeister

Liebe Frau Elsner,
lieber Herr Dr. Köhler-Terz,
liebe Medienschaffende,
liebe treue Zuschauerinnen und Zuschauer,
ein Viertel Jahrhundert Offener Kanal Merseburg-Querfurt! Das ist wirklich ein schöner Grund zum Feiern. Warum mir das Bürgerfernsehen besonders am Herzen liegt? Als Oberbürgermeister, im Gesetz Hauptverwaltungsbeamter genannt, habe ich in meinem Diensteid geschworen, das Grundgesetz für die Bundesrepublik Deutschland und die Verfassung des Landes Sachsen-Anhalt zu wahren. Will man als demokratischer und sozialer Staat allerdings wirklich Demokratie leben, geht das nicht nur durch Politiker:

Alle Einwohnerinnen und Einwohner benötigen kostenlosen Zugang zu Informationen und Plattformen, auf denen sie sich offen über das austauschen können, was sie bewegt. Unser offener Kanal für Bürgerfernsehen erbringt unter anderem eben diese wichtige Leistung: alle - von

Kinders- bis ins Seniorenalter - sind willkommen, können ihre Ideen einbringen und erhalten im Offenen Kanal wertvolle Denkanstöße für einen offenen Dialog. Als Außenstehende sieht man meist nur das gute Ergebnis oder die spannenden Dreharbeiten. Doch so viel mehr Zeit und Liebe steckt in den vielen Stunden der Vorbereitung und in der Postproduktion. Deswegen ein großes Dankeschön an alle Mitwirkenden für ihr unerschütterliches Engagement vor und hinter der Kamera. Bleiben Sie behütet.

Ihr Sebastian Müller-Bahr
Oberbürgermeister der Stadt Merseburg

## Kultur, Soziales, Politik - Bürgerfernsehen im Saalekreis
Hartmut Handschak
Landrat Saalekreis

Seit nun mehr als 25 Jahren begleitet der Offene Kanal Merseburg-Querfurt e.V. das Geschehen in unserer Region. Berichte über Entwicklungen und Meilensteine im Landkreis gehören ebenso dazu wie die ganz unterschiedlichen und persönlichen Beiträge der vielen Menschen, die das Programm mitgestalten. Der Offene Kanal Merseburg-Querfurt e.V. leistet seit einem viertel Jahrhundert mit seinem Bürgerfernsehen einen wichtigen Beitrag für unsere Gesellschaft. Denn Bürgerfernsehen ist gelebte Demokratie.

Es ist Fernsehen von Menschen für Menschen aus der Region.

Es ist Fernsehen von und für Jung und Alt, für jede Generation.

Jeder, der Interesse an Medienarbeit hat, kann dabei sein und mitgestalten. Dabei entstehen viele unterschiedliche Beiträge, die ein vielseitiges und buntes Programm ermöglichen.
Mit der lokalen Berichterstattung werden Themen angesprochen, die die Menschen vor Ort bewegen. Auch für unseren Landkreis leistet der Offene Kanal Merseburg-Querfurt e.V. einen wichtigen Beitrag. Mit der Aufzeichnung und Übertragung des Kreistages bekommen die Bürgerinnen und Bürgern die Möglichkeit, am politischen Geschehen des Saalekreises teilzunehmen.
Der Sender ist in der Region eng verwurzelt. Über die verschiedenen Projekte gibt der Offene Kanal Merseburg-Querfurt e.V. vielen gesellschaftlichen Themen Raum und Aufmerksamkeit, stärkt die Demokratie und unterstützt die Kinder- und Jugendarbeit.
Für dieses vielseitige Engagement möchte ich allen, die daran beteiligt sind, ob mit ihren Beiträgen, in der Projektarbeit oder der Programmgestaltung Danke sagen. Ich wünsche dem Team des Offenen-Kanal Merseburg-Querfurt e.V. für die Zukunft alles Gute und viele weitere Beiträge.

Ihr Landrat

# Bürgerfernsehen und die Politik im Saalekreis: Zum Jubiläum des Offenen Kanals in Merseburg

Andrej Haufe
Vorsitzender des Kreistages im Saalekreis

Es ist der Anspruch des Offenen Kanals Merseburg für die Einwohner der Region ein politisch orientiertes Bürgerfernsehen anzubieten. Frühzeitig waren die Macher des Programms bestrebt auch die Berichterstattung über öffentliche Sitzungen kommunaler Gremien in die Berichterstattung einzubeziehen.

Begonnen wurde mit den ungekürzten Aufzeichnungen der öffentlichen Sitzungen des Merseburger Stadtrates und ihrer Ausstrahlung im Magazin des Programms, 2010 folgten Aufzeichnung und Ausstrahlung der Kreistagssitzungen und 2018 der Bad Dürrenberger Stadtratssitzungen.

Die durch den Offenen Kanal geschaffenen Möglichkeiten sich über Kommunalpolitik, über Diskussionen und Entscheidungs-findungen in den Gremien, zwar zeitlich versetzt, aber doch authentisch zu informieren, ist ein Baustein in der Bevölkerung mehr Interesse an der Kommunalpolitik zu wecken.

Vielleicht führt es auch dazu, dass sich einige interessierte Bürgerinnen und Bürger entscheiden für ein ehrenamtliches Engagement in einem Ortschafts-, Gemeinde-, Stadtrat oder im Kreistag zu kandidieren.

Die Gestaltung und Veröffentlichung der Aufzeichnung der Kreistagssitzungen wurde zur Jahreswende 2019/2020 weiterentwickelt. Die Veröffentlichung erfolgt jetzt zeitnah am Freitag nach der Kreistagssitzung, die am Mittwoch stattfindet, ein Link auf der Homepage des Landkreises ermöglicht den Zugriff für Interessierte unabhängig von der Ausstrahlung im Programm des Offenen Kanals über die Mediathek. Zur Erleichterung einer gezielten Recherche werden an den einzelnen Tagesordnungspunkten Minutenmarker gesetzt.

Ich möchte mich nach dieser kurzen Beschreibung im Namen des Gremiums, in meinem eigenen Namen bei Herrn Treuter (freier Mitarbeiter) und seinem Team vom Offenen Kanal Merseburg-Querfurt e.V. ganz herzlich für die gute Zusammenarbeit bedanken.

Für die Zukunft wünsche ich dem Verein und seinen Mitgliedern alles Gute, Erfolg bei der Gestaltung eines informativen Programms für interessierte Einwohner und Einwohnerinnen der Region, uns gemeinsam eine Fortsetzung der guten Zusammenarbeit, vielleicht sind in der nächsten Zeit auch Weiterentwicklungen möglich.

Andrej Haufe

## Seit 2002 Stadtratssitzungen im Fernsehen
Roland Striegel
Vorsitzender des Stadtrates der Stadt Merseburg

Lieber „Offener Kanal MQ",
du hast schon einen merkwürdigen Namen! Und wenn das Gespräch auf dich kommt, höre ich manchmal: „Politik? Ach nein, dafür habe ich keine Zeit!". Manchmal dagegen aber auch: „Ja, das habe ich im OK verfolgt!"
Nun, ich selbst bin ein politischer Mensch und seit nunmehr 20 Jahren Mitglied des Merseburger Stadtrates. Als solches wünschte ich mir grundsätzlich ein waches Interesse für die wichtigen kommunalen Angelegenheiten. In den Stadtratssitzungen laufen ja manchmal sehr kontroverse Diskussionen. Und es müssen schwierige Abwägungen vorgenommen werden, die am Ende in Entscheidungen münden, die ganze Gruppen oder sogar alle Einwohner betreffen. Da geht es meist um die Verwendung unser aller Steuergelder, um Bebauungspläne, um Kitas und Grundschulen sowie um sportliche und kulturelle Angebote in unserer Stadt. All das wird in den Fachausschüssen vorberaten und letztlich im Stadtrat durch Mehrheitsbeschluss bestätigt.
Für den Erfolg der Verhandlungen im Stadtrat ist das Funktionieren unserer freiheitlichen Demokratie fundamental auf das sicht- und hörbare Interesse der Bürger:innen angewiesen. Und das nicht nur am Tag der alle 5 Jahre stattfindenden Wahlen für den Stadtrat bzw. die Merseburger Ortschaftsräte. Nein, die von den Bürger:innen entsandten Räte handeln ja stets im Auftrag ihrer Wähler, basierend auf ihrer jeweiligen Sachkenntnis und letztgebunden nur an ihr eigenes Gewissen. Es braucht dazu den breiten Informationsfluss aus Stadtverwaltung und Stadtrat, es braucht aber genauso Ideen sowie hilfreiche Kritik aus der Breite der Einwohnerschaft...
Es ist deshalb sehr zu begrüßen, dass die Merseburger:innen schon seit Januar 2002 die Möglichkeit haben, Aufzeichnungen der Stadtratssitzungen über das Bürgerfernsehen „Offener Kanal MQ" daheim nachzuverfolgen. Ob über Kabel wiederholend ausgestrahlt oder durch zeitlich individuell bestimmbaren Zugriff per Internet - die notwendigen Informationen aus der Stadtpolitik sind damit rund um die Uhr erhältlich. Per Mediathek des OK besteht dabei sogar die Wahl, sich ganze

Sendungen oder auch nur einzelne, wichtige Tagesordnungspunkte oder Redebeiträge genauer anzusehen. Ich werbe ausdrücklich für einen solchen Mediengebrauch über unseren OK. Für die Aufzeichnungen der Stadtratssitzungen brauchte es aber zunächst einmal technische und personelle Voraussetzungen. Anfänglich wurde dafür noch die OK-eigene Kameratechnik ausgeliehen, später aber eigenes Equipment angeschafft. Für die gute Kameraführung und den anschließend notwendigen Schnittvorgang sorgt bis heute unser stadtweit bekannter Klaus Treuter, gemeinsam mit treuen Mitstreiter:innen - und das immer ehrenamtlich! Ich danke deshalb dem „Team Treuter" - stellvertretend seien hier einmal genannt die langjährigen Kameraleute Ursula Grabe, Jürgen Lindner und Angela Thieme. Weiterhin erwähnen möchte ich die von diesem Team ebenfalls produzierte und informative Sendereihe „Merseburg Report".

Lieber Jubilar OKMQ, ich gratuliere heute aber ganz besonders deiner Geschäfts- und Vereinsführung sowie deinen über die Jahre zahlreichen Mitarbeiter:innen. Und ich wünsche dir auch weiterhin viele kommunalpolitisch interessierte Zuschauer:innen.

Dazu „Gut Licht und Ton!"

Roland Striegel

# RÜCKBLICK 2018: VORTRÄGE IM OFFENEN KANAL MERSEBURG-QUERFURT: 20 JAHRE BÜRGERFERNSEHEN - MEINUNGSBILDUNG IM LOKALEN RAUM

Bürgermedien in Deutschland
Entwicklungsabriss und
medienpädagogischer Praxisbezug
Bernd Schorb

https://kurzlinks.de/r866

### 1     Erwartungen an Offene Kanäle als Bürgermedien

Als die offenen Kanäle entwickelt wurden begeisterte Willy Brandt die bundesdeutschen Demokraten mit dem Slogan: "Mehr Demokratie wagen!" Ich habe diesen Ruf in Deutschland schon lange nicht mehr gehört und das zeigt, dass das eine vergangene Zeit ist, in der relativ offen darüber diskutiert wurde wie wir uns entwickeln sollten und entwickeln könnten. ist Es ist aber auch daran zu erinnern, dass die Entstehung der offenen Kanäle keineswegs konfliktfrei vor sich ging, sondern dass die offenen Kanäle so etwas wie ein Bonbon gewesen sind, um die Einführung des kommerziellen Fernsehens ein bisschen zu versüßen, denn dagegen gab es Widerstand. Da die Befürchtung bestand, dass sich die Kommerzialisierung negativ auf die Informationsvielfalt auswirkt, wurden zur Aufrechterhaltung und teils sogar zur Vermehrung der Meinungsvielfalt die offenen Kanäle in einigen Bundesländern eingeführt. Es war keineswegs so, dass alle auch Länder dies wollten. Länder wie Bayern waren strikt dagegen, allein schon der Begriff ‚offen' schreckte die dort Herrschenden. Es gibt dort auch, wie beispielsweise in Sachsen bis heute keinen Offenen Kanal oder kein Bürgermedium, sondern Ausbildungskanäle, betrieben von den entsprechenden Ausbildungseinrichtungen und im Saarland und Hamburg beispielsweise wurde der offene Kanal sogar wieder abgeschafft.

Trotz der Widerstände haben sich die offenen Kanäle in der BRD etabliert. Die ihnen gestellte Aufgabe war es vor allen Dingen, neue oder erweiterte Artikulationsmöglichkeiten gegen die veröffentlichte Meinung zu erschließen. Was war damit gemeint? Die veröffentlichte Meinung ist das, was wir in den kommerziellen Medien lesen, sehen und hören, das, was veröffentlich ist, und das auch dann entsprechend natürlich gesiebt ist durch die Medieneigentümer, sich aber selbst als die objektive Wahrnehmung der Welt darstellt. Das Problem der veröffentlichten Meinung ist außerdem, dass die Inhalte von der Ökonomie und der etablierten Politik bestimmt werden, dass es also weite Lebensbereiche gibt, die gar nicht vorkommen. Das sind vor allen Dingen das alltägliche Leben und Erleben der Menschen, der Minderheiten ebenso wie der sozialen Gruppen und deren Aktivitäten, wenn diese sich nicht zu Sensationen aufbauschen lassen oder sie sich nicht im Rahmen des institutionell Vorgegebenen bewegen. Allen Menschen, gerade denen, die über keine eigenen medialen Plattformen verfügen, erstens Artikulationsmöglichkeiten zu geben, zu sagen wer sie sind, was sie können und was sie wollen, und ihnen zweitens Medienkompetenz zu vermitteln, die Fähigkeit, sich der Medien in der und auch gegen die Mediengesellschaft zu bedienen war die Hauptmotivation, die zur Gründung der offenen Kanäle führte. Sie wurden in den meisten Bundesländern etabliert und bestehen zum Glück bis heute, wen sie auch in ihren Möglichkeiten teilweise wie in NRW stark beschnitten wurden. Ich sage "zum Glück bis heute noch bestehen", weil ich beobachte, dass in den Leitungsgremien der für die offenen Kanäle zuständigen Landesmedienanstalten nicht mehr die gleiche Offenheit gegenüber diesem Instrument der demokratischen Willensbildung herrscht und nicht mehr überall die Notwendigkeit gesehen wird, zur Vermittlung gesellschaftlicher

Probleme verbunden mit medienpädagogischer Kompetenz. Man kann dies nicht zuletzt daran sehen, dass die Geldströme der Landesmedienanstalten primär eingesetzt werden, um kommerzielle Anbieter zu hegen und zu pflegen. Das gilt nicht für alle Bundesländer und das gilt sicher nicht für Sachsen-Anhalt, aber es ist doch sehr weit verbreitet. Umso schöner ist es, dass der OK hier in Merseburg hier 20 Jahre alt wird und lebendig ist wie am ersten Tag.

## 2  Medien als Mittel gesellschaftlicher Artikulation

Der Tatsache, dass die Mehrheit stumm ist, dass die Mehrheit sich nicht artikulieren kann, dass das was die Menschen fortwährend denken verschlossen bleibt, sollte entgegengewirkt werden. Daher auch der Begriff des offenen Kanals, in dem man offene Artikulationsmöglichkeiten schafft, die alle neuen technischen Möglichkeiten nutzen und das waren damals das Fernsehen und der Hörfunk. Die Aktivierung geschah und sollte auch dadurch geschehen, dass man bekannt ist: „Aha, da kann ich hingehen und da kann ich offen meine Meinung sagen" und dass man sich bekannt macht, dass man aktiviert, dass man sagt: „Hier gibt es was für dich, hier kannst du deine Themen anbringen und du wirst gehört."

Wo es keine dem Namen nach Offenen Kanäle gab, da gab es vergleichbare Bürgermedien. Es ist eine sehr positive Entwicklung, dass sich die beiden Vereine in denen sich offene Kanäle und Bürgermedien organisiert hatten zu einem gemeinsamen Bürgermedien e.V. zusammengeschlossen haben. Das macht sie einig und stärker.

Die Erwartungen die mit der Etablierung der offenen Kanäle verbunden waren, haben sich nur ansatzweise erfüllt. Die Medien, speziell das heute dominante Internet, sind einerseits zwar viel mehr als früher für jeden offen und jeder kann sich in Schrift, Bild und Ton mitteilen. Das ist vor allen Dingen der Entwicklung des Internets geschuldet. Als man begann war alles noch analog, aber das digitale Internet hat dazu geführt, dass sich nun jeder innerhalb dieses Netzes mitteilen kann. Ich kann mich noch gut erinnern als das Internet anfing. Ich bin einer von den kritischen Medienpädagogen, die dafür bekannt sind, dass sie nicht alles was technisch möglich ist mitmachen wollen. Ich stand dem Internet ambivalent gegenüber, kritisch auch gegen die Vorstellung und Hoffnung, das Internet werde im positiven Sinne anarchisch sein, ohne

Zwangsmechanismen, so dass jeder sich darin äußern kann. Da gab es damals noch und nur per Modem erreichbar, die virtuelle ‚offene Stadt Amsterdam', in der man versucht hat, das zu artikulieren. Die Hoffnung hat sich nicht erfüllt.

Die digitalen Medien sind zu einem totalen Machtfaktor geworden. Sie beherrschen die Kommunikation - nicht nur die veröffentlichte, sondern jegliche Form der Kommunikation -, die Interaktion und die Produktion. Selbst ich, der sich Jahre lang dagegen gewehrt hat und stolz drauf war, kein solches Ding zu haben, kommuniziere per ‚Handy'. Die personale Kommunikation erfolgt schon weitestgehend über das Netz, auch die öffentliche und damit auch die Interaktion. Es ist immer sehr schön festzustellen, wenn zwei Leute sagen "treffen wir uns da", stehen aber in Wirklichkeit vier Meter auseinander.

Die Medien sind insgesamt keineswegs mehr offene Medien, sondern sie befinden sich in Hand der ‚Big Five', die sich zu den fünf reichsten Konzernen der Welt entwickelt haben, mit Google, Apple, Microsoft, Facebook und Amazon. Sie sind es, die gemeinsam mit chinesischen Konzernen wie TikTok die mediale Kommunikation regieren. Die Medien ermöglichen heutzutage unter dem Schirm dieser Konzerne allseitige Kommunikation für jeden und jederzeit.

Die Medien sind zugleich konsumorientiert und interessengesteuert. Konsumorientiert heißt, dass das entscheidende Prinzip für die Medien ist, konsumiert zu werden. Nur ein Beispiel dafür: eines der größten Mitteilungszentren ist Youtube, mit seinen jungen Youtubern, den Influencern, die es mit ihren Beiträgen beherrschen. Diese sind aber meist nur Angestellte. Das Ganze gehört Bertelsmann, Pro7 usw. Diese großen Medienkonzerne stehen hinter den Youtubern. Sie schulen die jungen Leute, haben Verträge mit Ihnen und beteiligen sie am Umsatz. So investierte beispielsweise Bertelsmann 2017 allein 300 Millionen Euro pro Jahr in die Schulung und die Präsenz dieser jungen, so lebendigen und ‚unabhängigen' Youtuber.

Ein weiteres Problem der Internetmedien ist, dass sie keine feste Struktur haben. Es ist nicht mehr so wie damals bei der Gründung der offenen Kanäle, dass man weiß, ich schalte den Fernseher ein und dann kommen die Nachrichten und dann kommt das weitere klar strukturierte Programm. Es gibt keine festen Strukturen mehr, außer in der Gestaltung der einzelnen Beiträge. Aber die äußere Struktur bestimmt der kommerzielle Erfolg. Bei Youtube stehen sie ganz oben in der Hierarchie, wenn sie viele ‚Follower' haben, also Menschen, die ihren Beitrag anklicken. Als Unbekannter ohne einen Vermarkter wie Bertelsmann werden sie mit ihrem kleinen Beitrag auf Youtube nie nach oben auf die Empfehlungslisten kommen. Und die Beiträge selbst sind weitgehend inhaltslos: Unboxing, kommentierte Computerspiele betrachten, Schminkvorschlägen folgen usw. Da verbindet sich eins mit dem anderen Strukturlosigkeit und Inhaltsleere, weil der Inhalt ja auch nicht das Entscheidende ist, sondern das Entscheidende ist, dass konsumiert wird. Das sage ich deshalb, weil es den Prinzipien widerspricht, die bei der Gründung der offenen Kanäle leitend waren. Hier wollte man, dass Inhalte die die Menschen betreffen vertreten und weitergegeben werden, nicht, und nicht primär, dass man hohe Einschaltquoten erzielt.

Im Zuge der Digitalisierung und dann vor allen Dingen auch der Vernetzung der Medien sind sie in nahezu alle Lebensbereiche eingedrungen. Es gibt eigentlich keinen Bereich mehr, der nicht medial gesteuert ist. Wenn wir uns selber ansehen: Man schaut ständig auf sein Smartphone, ob eine neue Nachricht da ist, um zu sehen wie spät es ist oder wie viele Schritte man zurückgelegt hat und morgens wird man damit geweckt. Das sind ganz selbstverständliche Dinge, die jetzt unser Leben weitgehend strukturieren. Die dahinterstehenden Interessen aber sind in der Regel verborgen. Und das Faszinierende ist ja, dass die Mehrzahl derjenigen, die die Medien nutzen, nicht wissen, wer hinter den Medien steht. Die kennen zwar den Namen Google, weil sie alle Informationen, die sie brauchen ‚googlen', aber wer und welche Interessen hinter Google stehen, das wissen sie nicht. Obwohl wir für die vorgeblich objektiven Informationen, die wir von Google bekommen unsere persönlichen Daten bei diesem Konzern abliefern und obwohl es alternative Suchmaschinen gibt, die die Daten nicht weitergeben, benutzen in Deutschland die meisten Menschen Google. Viele haben schon von Alternativen gehört wie Startpage oder Metager, aber sie finden das Googeln bequemer ist.
Die Medienwelt, die uns gegenübersteht, ist eine totale Welt, eine Welt die wir nutzen, aber die wir nicht begreifen. Wir wissen nicht, was das Netz eigentlich ist. In der katholischen Kirche beispielsweise gibt es den Papst, und von dem aus ist alles durchstrukturiert bis nach unten.

Ich weiß mit wem ich es da zu tun habe. Aber im Netz erkenne ich nicht, mit wem ich es zu tun habe, ich weiß nur, dass ich davon abhängig bin, dass ich das ständig brauche und benutze und ich bekomme Angst vor der anonymen Macht. Es gibt diese Ambivalenz, dass ich das, was mir gegenübersteht, einerseits nutze, aber andererseits mich vor der Macht dieser Medien fürchte.

Die Gesellschaft ist seit der Gründung der Offenen Kanäle finanziell reicher und auch weltanschaulich offener geworden. Es gibt auch nicht mehr die harten, aber klaren Auseinandersetzungen zwischen den etablierten politischen Parteien. Und andererseits ist die Gesellschaft gespalten in Arme und Reiche und diese Kluft wird stets größer. Auch die Einstellung zur Politik ist geprägt von Verunsicherung. Wir leben in einer Gesellschaft, die einerseits verunsichert und andererseits konform ist, in einer Gesellschaft die sich nicht lebendig weiterentwickelt. Die heutige Mediendemokratie ist nicht mehr im Aufbruch, sie muss sich eher gegen die Angriffe rechtsradikaler Parteien und Bewegungen behaupten. Des weiter ist die Politik dabei, sich den Medienkonzernen unterzuordnen. Sie haben Sonderrechte, was die Steuern betrifft und man versucht sich mit ihnen zu arrangieren.

Neben der politischen Unterordnung gibt es auch die unreflektierte Ablehnung und lügnerisch verfälschende Nutzung der Medien, speziell der informierenden Medien. Begriffe wie Lügenpresse und Fake News sind mit diesem Phänomen verbunden. Die Gleichen die die Informationsmedien ablehnen, nutzen sie zur Desinformation. Hier sehen wir eine Ambivalenz: Medien werden gleichzeitig abgelehnt, genutzt und in einer unverantwortlichen Weise konsumiert. Unverantwortlich, etwa wenn man sieht wie stark das Interesse an absurden Verschwörungstheorien ist

Ein weiteres Verhalten der Politik ist, das Nicht-Handeln, sich nicht hinzustellen und zu sagen, hier müssen wir gegensteuern, hier ist etwas entstanden, das eine Gefahr für die Demokratie darstellt. Statt die Macht der wenigen großen Konzerne zu beschränken, wird dereguliert. Das ist leider schon lang primär das Prinzip der Politik im Medienbereich, zu deregulieren. Man kann dies sehr gut im Bereich des Jugendmedienschutzes beobachten. Den gibt es heutzutage praktisch nicht mehr, weil er so gestaltet ist, dass ihn keiner mehr versteht und er letztlich darin besteht, dass die Anbieter sich selbst kontrollieren. Früher gab es lebendige Debatten über Ethik und Programmangebote. Da fragte man noch: "Was wollen wir? Was brauchen wir? Was verträgt unsere Gesellschaft, was nicht?". Und jetzt ist eigentlich fast alles möglich. Statt den Medienkonzernen Grenzen zu setzen gibt es die abstrakte Forderung nach Medienkompetenz. Medienkompetenz zu fordern ist wohlfeil, es klingt gut und kostet wenig. Und dann gibt es alternativ oder ergänzend noch Medienbildung, oder heute sogar digitale Bildung, was wohl heißt, dass man, wenn man null und eins unterscheiden kann, gebildet ist. Ein Problem ist, dass man unter Medienkompetenz keineswegs die Fähigkeit versteht, die Zusammenhänge der Mediengesellschaft zu verstehen und sich mit ihnen auseinanderzusetzen, sondern die Fertigkeit, Geräte zu bedienen und die Kenntnis von Begriffen. Da gibt es dann Kollegen von mir, die Geld dafür bekommen, dass sie Messmethoden entwickeln, die Wissen über Medien wiedergeben sollen. Aber wenn Kompetenz reines Wissen sein soll, dann bringt das nichts. Das Entscheidende ist die Förderung des Medienverständnisses und des Medienhandelns. Verstehen und Handeln kann man nicht messen. Das sind geistige und aktive Prozesse, die miteinander in Beziehung treten müssen.

## 3   Bürgermedien und Medienkompetenz

Ich bin der festen Überzeugung, da bin ich dann doch Optimist, dass die Bürgermedien heute und weiterhin die ganz dringende Aufgabe haben, einen Beitrag zur Demokratisierung der Gesellschaft zu leisten. Sie müssen offene Kommunikationsräume für alle sein, denn wenn es keine offenen Räume mehr gibt, dann gibt es nur noch das kommerziell und von speziellen Interessen Vorgefertigte. Wir brauchen politische Medienkompetenz. Ich nenne das mit Absicht so, denn es geht nicht um die technische Kompetenz, sondern es geht darum zu wissen, in welcher Medienwelt man lebt und ob man sie will oder nicht und was sie überhaupt ist. Das bedeutet, nach meiner Auffassung, dass sich die Bürgermedien an der Medienentwicklung orientieren müssen. Wohlbemerkt, das was ich jetzt sage passiert. In Sachsen-Anhalt beispielsweise, wo alle Beiträge gestreamt werden und tatsächlich erreichbar sind, ist das schon ein ganz richtiger Weg.

Die Bürgermedien müssen sich an der Medienentwicklung orientieren, indem sie die Vielzahl der Verteilerwege nutzen zur Präsentation und Bewerbung ihrer Inhalte. Das heißt nicht, dass man die Verbreitung beispielsweise über analoge Medien aufgeben sollte, sondern das heißt, so vielfältig die Kommunikationswege sind, so vielfältig sollte man diese Wege nutzen. Es wird ja auch in den meisten Fällen gemacht, man achtet ja auch darauf, dass man in Medien ist, wo man gesehen und gehört werden kann. Die Bürgermedien sollten sich auch an den heutigen Gestaltungsformen orientieren. Das ist etwas schwieriger. Eine Beobachtung von mir über die Jahrzehnte ist, dass in den offenen Kanälen nicht unbedingt Wert daraufgelegt wurde, sich an den Wahrnehmungsmuster der Menschen zu orientieren. Das heißt nicht, dass man jetzt die alle die Gestaltungsformen eins zu eins übernimmt, die man beispielsweise auf Youtube findet, aber dass man sich an ihnen zumindest orientiert, dass man die Dramaturgien kennt, und dass man diese Möglichkeiten unter Umständen auch spielerisch verfremdet. Und es heißt, dass man sich der Konvergenz der Medien bedient, dass man Programminhalte und Programmwerbung aufeinander bezieht, dass man in unterschiedlichen Medien auf die eigenen Programme verweist, dass man also nicht nebeneinander in den Kanälen existiert, sondern sich ergänzt.

Und was ich für ganz entscheidend halte, und das ist ganz wichtig für die Zukunft, dass die Bürgermedien ihre Alleinstellungsmerkmale, öffentlich vertreten und propagieren. Da ist noch einiges zu tun. Es muss ganz klar werden, hier gibt es eine gesellschaftliche und mediale Alternative. Auch wenn sich da eine Minderheit artikuliert, so ist es doch keine schweigende. Es ist ja keineswegs so, dass die rechten Schreihälse, die Mehrheit der Bevölkerung bilden, aber sie bedienen sich teilweise recht geschickt der Medien. Es wäre ganz entscheidend, dass öffentlich propagiert wird und öffentlich vertreten wird, dass die Alleinstellungsmerkmale da sind, dass die offenen Kanäle nicht an kommerzielle und andere einseitige Interessen gebunden sind, sondern an die Interessen ihrer Macher, weil die Inhalte von den betroffenen Menschen selbst gewählt und gestaltet werden. Die Bürgermedien offerieren nicht nur selbst gestaltete Medien, sondern lehren darüber hinaus die Gesetzmäßigkeiten der Medien und sie lehren die Fähigkeit, diese zu produzieren, inhaltlich, technisch und gestalterisch. Es sollte mehr öffentlich propagiert werden, dass man in den offenen Kanälen auch die praktische Fähigkeit entwickelt, Medien zu produzieren und zu vertreiben. Da müsste tatsächlich bekannter werden, denn das ist eine Grundvoraussetzung für das Weiterleben. Die Bürgermedien sind tatsächlich die demokratische Alternative zu den interessengeleiteten Medien. Sie sind eine der wenigen Alternativen die nicht im Mainstream sondern auch gegen den Strom schwimmen. Der Mainstream hat nie in der Gesellschaft etwas verändert. Es waren immer diejenigen die gegen und neben dem Strom geschwommen sind und auch einmal neue Flussbette gegraben haben.

Abschließend noch ein Wort zu der Medienkompetenz. Es ist relativ egal ob man es Medienbildung oder Medienkompetenz nennt. Darüber können wir akademischen Medienpädagogen streiten, der eine mag den Begriff und der andere nicht. Entscheidend sind auch hier die Inhalte und die Praxis. Medienkompetenz ist nicht reine Wissenskompetenz, sondern Handlungskompetenz, basierend auf Wissen. Das was die Bürgermedien machen, ist ja Erfahrungslernen. Ich lerne über die Erfahrung. Es ist immer noch so, dass der Mensch das Privileg hat, sein Hirn zu nutzen, dass man also Erfahrungen machen und die Erfahrungen verarbeiten kann.

Medienkompetenz heißt erstens, dass man lernt, kritisch zu reflektieren und zu bewerten. Das betrifft die Sicht auf die Medien, die uns gegenüberstehen und mit denen wir agieren. Unsere Begeisterung und unsere Ablehnung sollten wir begründen können. Ebenso kritisch sollten wir gegenüber den Medien sein, die wir selbst produzieren, wir sollten beispielsweise überlegen, ob es eine Diskrepanz gibt zwischen den Produkten, die wir anbieten und den Erwartungen, die die Öffentlichkeit hat, die wir anstreben. Wenn ich an Big Data denke, dann sollten wir reflektieren wem wir es zulassen unsere Persönlichkeit digital zu spiegeln und kommerziell zu verwerten. Wir sollten uns nicht mit dem Satz, „Ich habe ja nichts zu verbergen", begnügen und auch all denen widersprechen, die versuchen, es sich mit dieser dummen Aussage bequem zu machen. Zweitens braucht man Wissen, um kompetent zu sein. Man braucht ein gewisses Grundlagenwissen, man braucht ein Wissen darüber, in welcher Gesellschaft man lebt und wie diese strukturiert ist. Man braucht auch Orientierungswissen, d.h. ein Wissen darum wie das Zusammenleben der Menschen und ihr Umgang mit der Welt gestaltet sein soll, anders gesagt, man braucht eine Ethik. Drittens bedeutet Medienkompetenz, dass man mit Medieninhalten selbstbestimmt und selbstkritisch umgeht, dass man sich fragt, habe ich nur einen Abklatsch gemacht oder habe ich versucht selbst zu bestimmen, selbst zu überlegen, was ich mitteile und auch, wem ich das mitteile. Diese kritische Reflexion ist zwar anstrengend, ist aber die einzige Möglichkeit sich über Wasser zu halten. Wenn man nicht kritisch reflektiert, wo man ist, geht man im Strom unter. Viertens bedeutet Medienkompetenz auch zu genießen. Man sollte Spaß an seinem Tun haben, sollte von etwas überzeugt sein und es gerne weitergeben. Fünftens schließlich beschreibt Medienkompetenz die Fähigkeit, Medien aktiv als Kommunikationsmittel einsetzen zu können. Ziel kompetenter Medienproduktion sollte gesellschaftlich konstruktive Partizipation sein.

Mir ist es wichtig zu verdeutlichen, was man denken und reflektieren sollte, dass man sich begründete Ziele setzen muss und dass die Bürgermedien einer der Bereiche sind, die eine Alternative anbieten können zu dieser doch etwas armseligen und teils beängstigenden gesellschaftlichen und politischen Wirklichkeit, in der wir zur Zeit leben.

# 20 Jahre Medienpädagogik in den Offenen Kanälen in Sachsen-Anhalt
Ricardo Feigel[2]

https://kurzlinks.de/xxym

Sehr geehrte Damen und Herren,
ich möchte es nicht versäumen mich ausdrücklich bei Professor Schorb zu bedanken, es ist sehr wichtig, dass wir uns noch einmal daran erinnern, was wir vor 20 Jahren diskutiert haben. Es gibt die These, Offene Kanäle und nichtkommerzielle lokale Rundfunksender seien ja eigentlich das Feigenblatt bei der Einführung des privaten Fernsehens gewesen. Wir haben das private Fernsehen immer noch, kein Mensch stellt das in irgendeiner Art in Frage. Deswegen wäre es ja eigentlich eine Überlegung wert gewesen, jetzt zu überlegen, ob diese Legitimation, das Feigenblatt Bürgermedien, ob das damit nicht obsolet geworden ist. Ist es aber ja offensichtlich nicht.
Es muss also irgendwas richtig gemacht worden sein in den Letzten 20 bis 30 Jahren. Der große Alexander Kluge hat einmal den schönen Gedanken formuliert, man könne Bürgermedien auch mit dem Ardennen-Schwein vergleichen. Die genetischen Daten des Ardennen-Schweins werden irgendwo noch gesichert. Bei dem Ardennen-Schwein handelt es sich um eine Schweineart, die einmal sehr populär war, die jedoch mittlerweile mehr oder weniger als ausgestorben gilt. Alexander Kluge hat nun Bürgermedien mit dem Ardennenschwein verglichen, das,

---

[2] Transkription einer Rede von Ricardo Feigel, Bereichsleiter Bürgermedien bei der Medienanstalt Sachsen-Anhalt (MSA) anlässlich des 20-jährigen Jubiläums des Offenen Kanals Merseburg.

ähnlich wie das Rindfleisch, das die Bundesrepublik für Katastrophenfälle einlagert, eine Art Notfallversorgung darstellt. Ab und zu fand man das erwähnte Rindfleisch früher noch in Supermärkten. Die Analogie dieser Notfallreserve zu den gesetzlichen Regelungen für Bürgermedien sei naheliegend. Wir haben so eine Art Vielfaltsreserve hier, die unter bestimmten Umständen extrem wichtig werden kann. Diese Überlegung fand ich immer sehr, sehr spannend.

Wir haben im Verlauf der Tagung eine ganze Menge von theoretischen Überlegungen zu Bürgermedien gehört; die gab es in den Anfangstagen auch in hohem Maße. Irgendwann musste das Ganze dann umgesetzt werden. 1997 hatten wir genau diese Situation, dass wir in Sachsen-Anhalt Thesen, Papiere, wie wir sie gerade gehört haben, auf den Tisch liegen hatten und die Landesmedienanstalt qua Gesetz als Partner im Spiel war. Ich möchte hier einige Namen nennen, die von entscheidender Bedeutung für die Geschichte der Bürgermedien in Sachsen-Anhalt waren. Da wäre zum einen Reiner Schomburg, CDU, ehemaliger Kultusminister des Landes Sachsen-Anhalt. Zum anderen wäre Lutz Kühn zu erwähnen, Grandseigneur der SPD in den 90iger Jahren hier in Sachsen-Anhalt. Die waren sich beide einig: Bürgermedien, das ist gut für Sachsen-Anhalt. Wir machen das, wir ziehen das durch. Der dritte Name, der hier zu erwähnen wäre, lautet Thomas Kupfer, leider schon früh verstorben. Thomas Kupfer war ein Mann der ersten Stunde der Wendebewegung, der sich bürgermäßig sehr für die Zivilgesellschaft in Halle engagiert hat und versucht hat, etwas dazu zu geben zur Wende. Er war sehr engagiert und einer der ersten, der sagte: „Wir brauchen als Bürgerinnen und Bürger einen freien Medienzugang, das ist wichtig!" Und der dann jahrelang durch die Gremien marschiert ist und versucht hat, Unterstützer zu finden, was ihm offensichtlich auch gelungen ist. Also die Namen sind wichtig: Schomburg, Kühn und Thomas Kupfer. Und nicht zu vergessen war da Christian Schurig, der als Direktor der Landesmedienanstalt, erklärter Freund des Bürgermedienkonzeptes und charismatischer Medienmensch willens und in der Lage war, die Idee umzusetzen.

Das hat dazu geführt, dass wir 1997 eine Novellierung des Mediengesetzes in Sachsen-Anhalt bekamen. Da waren auf einmal offene Kanäle und nichtkommerzielle Lokalradios möglich. Allerdings ist es in diesem Zusammenhang wichtig zu erwähnen, dass von Medienpädagogik oder Medienkompetenz überhaupt nicht die Rede war. In den Paragraphen, die sich auf offene Kanäle und nichtkommerzielle Lokalradios bezogen, war ausschließlich die Rede von Bürgerbeteiligung, von Partizipation, von der Verwirklichung eigener kreativer Ansätze. Soweit ich mich erinnere, spielte Medienpädagogik spielte da eher eine marginale Rolle. In den entsprechen Paragraphen des Mediengesetzes hieß es nur, dass die Medienanstalt das machen darf, also geeignete Maßnahmen ergreifen kann, um Medienkompetenz zu fördern.

Ab 1997 haben die Landesmedienanstalt dann den Betrieb von Bürgermedien in der Verantwortung von eingetragenen, gemeinnützigen Vereinen ausgeschrieben.

Es wurden insgesamt zunächst acht offene Kanäle lizensiert und drei nichtkommerzielle Lokalradios. Nicht alle haben es geschafft, von den acht offenen Kanälen ist einer gegangen und ein Radio hat uns verlassen. Wir sagen immer euphemistisch, die waren den Anforderungen an unsere Verwendungsnachweisprüfungen nicht gewachsen. Was noch einmal deutlich macht, wie es in der Bundesrepublik eigentlich immer war, wenn Projekte aus dem Bürgermedienbereich scheitern, dann scheitern sie an mangelnder Abrechnung und an finanziellen Dingen, weniger am Programm. Diese sieben Offenen Kanäle, mit denen wir dann angefangen haben, und die zwei Lokalradios, die sind nach wie vor auf Sendung und teilweise außerordentlich erfolgreich. Ich wundere mich regelmäßig, dass Bürgermedien relativ unangefochten in unserer politischen Landschaft dastehen, denn es gibt ja durchaus in der Medienlandschaft, auch hier bei uns im Land, einflussreiche Akteure, die sagen: „Brauchen wir das noch? Es ist doch relativ überflüssig, wir haben YouTube. Jeder kann sich bei YouTube zu Wort melden." Das ist ein Standardargument: jeder kann auch Facebook nutzen. Wozu brauchen wir noch den freien Zugang? Das Kernargument, mit dem wir als Bürgermedien entgegnen ist der gesamte, sehr ausgeprägte und erfolgreiche sozio-kulturelle Faktor des Angebotes, den wir hier erleben, Bei Youtube gibt es keine Menschen, die mich begrüßen. Wir haben dort keine offenen Türen, man kann nirgendwo reingehen und fragen: " Kann ich das mit jemanden zusammen machen?" Das funktioniert dort nicht. Die Soziokultur hat also ihren festen Platz in sachsen-anhaltischen Bürgermedien.

Nach der ersten Installationsphase, wo wir uns wirklich nur Gedanken gemacht haben um eine technische Infrastruktur, um Zugänge ins Kabelnetz, um die Ausstattungen der Studios, um Alarmanlagen, alles Dinge, die ungeheuer wichtig waren, wir hatten überhaupt keine Zeit uns inhaltlich auszutauschen und Diskurs zu führen darüber, was machen wir überhaupt. Das haben wir als selbstverständlich vorausgesetzt, dass es eine Philosophie gibt innerhalb der Macher und innerhalb der Leute, die sich da engagieren, und das hat auch funktioniert.

Allerdings waren wir in erster Linie in den ersten zwei, drei Jahre mit technischen Problemen beschäftigt und mit strukturellen Dingen befasst, hinsichtlich der Verantwortlichkeiten in den Trägervereinen und ähnlichen Fragen.

Parallel zu dieser Installationsphase haben wir das Medienkompetenzzentrum in Halle in das Leben gerufen. Der Medienanstalt war schnell klar, dass da eine Möglichkeit geschaffen werden musste, um nicht nur technisch zu schulen, sondern auch inhaltlich Hilfestellungen zu geben und den lokalen Akteuren die Möglichkeit zu geben, sich weiterzubilden. Das war das Medienkompetenzzentrum, das in erster Linie wirklich Mitarbeiter und Mitarbeiterinnen von offenen Kanälen ausgebildet hat und Multiplikatoren-Schulungen durchgeführt hat, dann aber auch sich um die Nutzer gekümmert hat. Das hat so ungefähr zwei Jahre in Anspruch genommen. Da haben wir auch diesen Medienkompetenzbegriff zum ersten Mal intensiver diskutiert, das war noch die Phase, als gar nicht klar war; was ist überhaupt, Medienkompetenz?

Da gab es durchaus Leute die sagten, Medienkompetenz das ist ganz einfach die Fähigkeit mit der Fernbedienung das richtige Programm für mich zu finden. Oder wie Herr Schorb gerade sagte, das Handy auszuschalten, wenn es klingelt. Das war es aber nicht.

Wir waren immer der Meinung, dass selbstbestimmt, kreativ, reflexiv und kritisch mit den Produktionsmitteln umgegangen werden muss. Das haben wir permanent wiederholt und das haben wir so vermittelt. Das einfache Kerngedanke, den wir gebetsmühlenhaft immer wiederholt haben, war und ist: „Runter von dem Sofa, hin zur Produktion". Also vom Konsumenten zum Produzenten werden. Ich glaube das ist uns geglückt. Sagen sie uns, wenn es nicht so ist. Es ist jetzt der richtige Zeitpunkt uns zu sagen: „Es war alles komplett falsch, was ihr da gemacht habt. Ihr hättet das ganz anders machen müssen."

Wir haben von Anfang an daraufgesetzt, dass die Produktion Spaß machen soll, dass ein gewisser sozio-kultureller Faktor da ist, dass man sich wohlfühlen muss in den einzelnen Projekten; dass es also niedrigschwellig ist, dass man nicht so unglaublich viel machen muss, um da mitzumachen. Jeder kann ja teilnehmen, also es reicht wirklich, einen Personalausweis zu haben oder eine Meldebescheinigung, man muss ja nicht mal Deutscher sein, man muss ja nicht mal 16 Jahre alt sein; das geht dann über die Eltern.

Jeder kann hier reinmarschieren und hier seine Programme gestalten. Und das hat eigentlich ganz gut funktioniert. Wir haben natürlich dann auch selber medienpädagogische Aktivitäten in der Medienanstalt entwickelt. Wir haben Medienmobile in das Land hinausgeschickt, weil uns schnell klar wurde, und das war auch eine Kritik von Seiten der offenen Kanäle: „Euer Medienkompetenzzentrum ist ja ganz toll, aber das ist ja in Halle. Wie sollen wir da immer hinkommen? Was soll denn da mit dem Rest des Landes passieren?" Wir haben daraufhin Medienmobile in das Leben gerufen, die durch das Land fahren, und die Erkenntnisse die wir gesammelt haben über Multiplikatoren oder unsere weitergehenden Projekte weiterverbreitet.

Selbstverständlich haben wir die Offenen Kanäle dabei auch nicht ganz vergessen, wir haben auch ein mobiles Angebot im Offenen Kanal Wettin, das Doku TV. Einige kennen es. Das fährt also durch das ganze Land mit Ehrenamtlichen, mit Praktikanten, mit Kolleginnen und Kollegen aus dem Freiwilligendienst, und zeichnet Veranstaltungen auf, die von allgemeinem Interesse sind, und gibt diese Aufzeichnungen dann auch in das Kabelnetz.

In der Folge hat sich dann herausgestellt, dass die medienpädagogischen Projekte, die wir in den Offenen Kanälen angeschoben haben, ein Eigenleben entwickelt haben. Das hat mehrere Gründe. Einer der Gründe ist einfach auch der, dass die verantwortlichen lokalen Akteure, wie ich sie immer gerne nenne, festgestellt haben, dass medienpädagogische Projekte und Aktivitäten natürlich Nutzerzahlen generieren. Man will ja auch etwas machen, man will etwas zu tun haben, man will Nutzer haben, man will Leute haben in seinem Projekt, die arbeiten, die interessiert sind, und das geht ganz gut über medienpädagogische Projekte.

Deswegen haben mehr oder weniger alle Sender angefangen mit Schulen zusammenzuarbeiten, mit Kindertagesstätten zusammen zu arbeiten. Das brauche ich ihnen nicht im Einzelnen zu erklären was da läuft. An jedem unserer Standorte sind diese Aktivitäten sehr stark ausgeprägt. Das führt zum einen zu starken Nutzerzahlen, zum anderen aber erhöht das auch die Akzeptanz in der Bevölkerung, in der lokalen kommunalen Verwaltung, in der Politik und so weiter. Da kriegt man Anerkennung über diese Projektarbeit. Das hat also auch ganz gut funktioniert. Sie sind also nicht gezwungen gewesen das zu machen, unsere lokalen Akteure, sondern sie haben es mehr oder weniger freiwillig gemacht.

Wir haben das auch unterstützt mit Projektmitteln. Neben der Grundfinanzierung des Haushaltes, also Miete, Strom, Wasser, Technik und Gehälter für relativ weniger Mitarbeiter, finanzieren wir auch Projekte, die also so einen medienpädagogischen Anspruch haben.

Das funktioniert so gut, dass wir also eine ganze Reihe, wirklich bundesweite, Aufmerksamkeiten erlangen konnten. Unter anderem Preise des Staatsministers für Kultur. Ich habe hier eine ganze Liste, ich will die jetzt nicht komplett durchgehen, aber das ist die Bundeszentrale für politische Bildung, die hat Corax ausgezeichnet, der Offene Kanal Magdeburg ist mehrfach auch im bundesweiten Kontext ausgezeichnet worden, der Dieter Baacke Preis, ein renommierter Preis aus dem Bereich der Medienpädagogik, ging vor einiger Zeit an den offenen Kanal Merseburg, der offene Kanal Magdeburg hat den Medienkompetenzpreis des Mitteldeutschen Rundfunks bekommen, im Jahr 2017. Also das was hier passiert in den offenen Kanälen oder in den nichtkommerziellen Lokalradios hat durchaus auch eine Aufmerksamkeit erreicht. Eine Aufmerksamkeit, die vor allen Dingen auch über Sachsen-Anhalt hinaus geht, die bundesweit schon von besonderem Interesse ist.

Das heißt, die Ideen, die wir von Medienkompetenz hatten, die wir in die offenen Kanäle reingetragen haben, mehr oder weniger, haben sich Wurzeln geschaffen und leben da jetzt. Bei den nichtkommerziellen Lokalradios ist das ähnlich, obwohl die eigentlich einen ganz anderen Ansatz hatten, der mehr im Zusammenhang mit der Idee Freier Radios stand. Dort wurde oft gesagt: „Wir sind aber keine medien-pädagogischen Sender, wir sind freie Sender! Wir sind vor allem verantwortlich für Gegenöffentlichkeit. Jeder darf machen, jeder kann machen und

Meinungen verbreiten, die nicht dem Mainstream entsprechen." Aber selbst Radio Corax, das da ein Vorreiter in der bundesweiten Szene war, hat mittlerweile so einen leichten Schwenk vollzogen und sagt also: "Warum nicht? Warum sollen wir nicht Medienkompetenz vermitteln? Das hat eine besondere Akzeptanz, fördert unser Ansehen der Community."

Diese Diskussionen, die ich hier stark verkürzt darstelle, waren nicht ohne Herausforderungen, ich habe es eben gerade schon einmal skizziert. Wir haben vor längerer Zeit eine Diskussion um den Medienkompetenz-Begriff geführt und dann haben wir auch eine ganze Zeit lang eine Diskussion geführt um Medienkompetenz im Sinne von freien Radios, im Sinne des freien Zugangs und der freien Öffentlichkeit. Das hat also einiges an Gesprächen und Diskursen gefordert, war aber sehr interessant und spannend und am Ende hat sich dann aber mehr oder weniger das durchgesetzt, was wir uns vorgestellt haben.

Ich wünsche dem Offenen Kanal Merseburg jetzt auf jeden Fall jetzt nicht nochmal 20 Jahre, das kann ich nicht. Ich weiß nicht, wie es in 20 Jahren aussieht. Vor allen Dingen, weil die politischen Gegebenheiten sich ja doch deutlich geändert haben. Herr Schorb hat gerade schon den Dualismus rechts und liberal eingeführt, ich sehe das ähnlich, und wir haben momentan noch eine liberale Regierung, wir haben eine liberale Politik in Sachsen-Anhalt, doch die Frage ist, wie lange sich das hält. Ich hoffe noch sehr lange.

Der Offene Kanal Merseburg ist durch einen besonderen Vertreter der sozialdemokratischen Politik in Sachsen-Anhalt eingeweiht wurden, ich möchte da auch noch einmal an ihn erinnern, Rainhard Höppner. Herr Höppner hat als Ministerpräsident des Landes Sachsen-Anhalt, hier in diesen Räumen den offenen Kanal Merseburg eröffnet, und hat sich ganz besonders über die Fettbemmen gefreut. Er war also ganz begeistert, dass es hier im offenen Kanal Merseburg so leckere Fettbemmen gab und sagte, er müsste sich sonst immer durch riesige Buffets durchessen. Das fand er nicht so toll und er isst so gerne Fettbemmen. An diesen Besuch erinnere ich mich gerne und auch an die Sympathie, die damals die Landesregierung dem Bürgermedien-Gedanken entgegenbrachte und deswegen möchte ich jetzt mit dieser kleinen Anekdote auch aufhören. Ich wünsche Ihnen und uns noch interessante Gespräche und Alles Gute für die Zukunft.

## Offene Kanäle - Spielwiese für Spinner oder Plattform zur Meinungsbildung?

Bettina Brandi

Vor diesem Beitrag habe ich in alten Heften und Grundsatzpapieren zu Offenen Kanälen gestöbert und bin dabei auf manch interessante Äußerung bekannter und weniger bekannter „Sympathisanten" dieser Bürgersender gestoßen.
Zum Beispiel bemerkte Thomas Krüger, der damalige Senator für Jugend und Familie in Berlin 1994 in der damals von mir geleiteten Zeitung DURCHBLICK des Offenen Kanals Berlin: „Ich finde, dass man keine Angst haben sollte vor dem Offenen Kanal. Wer es ernst nimmt mit dem Artikel 5 des Grundgesetzes, also der freien Meinungsäußerung, der muss auch Gegenöffentlichkeit zulassen. Man muss also den Meinungsstreit zu einem Prinzip in der Gesellschaft machen, also eine Ja-Struktur zu Konflikten haben. Der Offene Kanal - der im Übrigen, wenn man genau hinguckt, gar nicht so kontrovers ist, wie erwartet - ist in meinen Augen eine Chance für Leute, die auch mal eine Kritik zu äußern haben, die auch mal andere Vorstellungen äußern, die Meinungen quer zum Mainstream in die Öffentlichkeit bringen wollen. Anlass dieses Interviews war die Eröffnung einer Außenstelle im FEZ Freizeit- und Erholungszentrum Wuhlheide, wo in erster Linie Fernsehen mit Kindern und Jugendlichen gemacht werden sollte. Es war eine spannende Zeit damals in Berlin, deren beide Teile zusammenwuchsen, und wo sich die Bürger des Ostteils zunehmend begeistert der Idee bürgernaher Medienarbeit anschlossen, auch wenn sie nicht immer gleich den Weg in den Westbezirk Wedding fanden. Das war ca. 10 Jahre nach dem Urknall für die Offenen Kanäle, die in Deutschland im Zusammenhang mit dem privaten Kabelfernsehen entwickelt wurden und seit ihren Anfängen immer wieder in der Diskussion standen. Einigen waren die Bürgersender zu wenig politisch, anderen zu sehr, wieder anderen zu chaotisch oder zu unprofessionell und einem Großteil immer noch viel zu unbekannt.
Unvorstellbar - damals wie auch heute -, dass man kostenlos Sendezeit und Equipment für eigene Beiträge buchen kann. Immer wieder musste man insbesondere den Kritikern dieses Angebots erläutern, dass sich Offene Kanäle nicht über Steuergelder, sondern über einen kleinen Teil

der Rundfunkgebühren finanzieren. Eine im Sinne des Rollenwechsels vom Konsumenten zum Produzenten sehr logische Form der Finanzierung.
Diesen Rollenwechsel hatte einst Bertolt Brecht in seiner berühmten Rede über die Funktion des Rundfunks gefordert. Der Rundfunk, so Brecht 1932, müsse aus seiner Folgenlosigkeit heraustreten und die Bürger zu Produzenten machen. „Jede Kampagne mit deutlicher Folge, also jede wirklich in die Wirklichkeit eingreifende Kampagne, die als Ziel Veränderung der Wirklichkeit hat, wenn auch an Punkten bescheidenster Bedeutung (...), würde dem Rundfunk eine ganz andere unvergleichlich tiefere Wirkung sichern und eine ganz andere gesellschaftliche Bedeutung verleihen als seine jetzige rein dekorative Haltung. Was die auszubildende Technik aller solcher Unternehmungen betrifft, so orientiert sie sich an der Hauptaufgabe, dass das Publikum nicht nur belehrt werden, sondern auch belehren muss."[3] Vom mündigen Bürger war bei der Gründung Offener Kanäle in Deutschland viel die Rede, der statt kopierter Flugblätter zu verteilen, nun seine Mitteilungen in eigenen Sendungen verbreiten konnte. Aufgabe der Mitarbeiter Offener Kanäle war es, die Interessen der Nutzer organisatorisch zu begleiten und sie in die technische Handhabung einzuweisen.
Um diese Medienassistenten, wie sie damals genannt wurden, nicht nur medienpädagogisch und medientechnisch, sondern im Sinne der Offenen Kanäle auch politisch zu schulen, wurden zahlreiche Bemühungen unternommen. Neben rein medientechnischen Kursen gab es immer wieder Tagungen und Seminare zu den Grundsätzen der bürgernahen Medienarbeit, die neben Brechts Radiotheorie auch auf Hans-Magnus Enzensbergers „Baukasten zu einer Theorie der Medien" von 1970 zurückgingen, in dem es zum Beispiel heißt: „Das offenbare Geheimnis der elektronischen Medien, das entscheidende politische Moment, das bis heute unterdrückt oder verstümmelt auf seine Stunde wartet, ist ihre mobilisierende Kraft." In ihrer heutigen Gestalt dienen Apparate wie das Fernsehen oder der Film, so Enzensberger weiter, „nicht der Kommunikation, sondern ihrer Verhinderung. (...) Dieser Sachverhalt lässt sich aber nicht technisch begründen. Im Gegenteil: die elektronische Technik kennt keinen prinzipiellen Gegensatz von Sender und Empfänger. Jedes Transistorradio ist, von seinem Bauprinzip her, zugleich auch

---

[3] Brecht, B., Werke, Band 1.

ein potentieller Sender; es kann durch Rückkopplung auf andere Empfänger einwirken." Enzensberger warnt allerdings davor, die professionellen Medienproduktionen nur zu kopieren und die eigenen Sehgewohnheiten nicht zu hinterfragen. Mediennutzung - ob als Konsument oder als eigener Produzent - müsse immer kritisch sein. „Denn die Aussicht darauf, dass mit Hilfe der Medien in Zukunft jeder zum Produzenten werden kann, bliebe unpolitisch und borniert, sofern diese Produktion auf individuelle Bastelei hinausliefe." Die Diapositiv-Serie von der letzten Urlaubsreise könne, so Enzensberger, hierfür als Muster gelten. Solange der Produzent isoliert bliebe, könne er allenfalls zum Amateur, nicht aber zum ernst zu nehmenden Produzenten werden. „Das Programm, das der isolierte Amateur herstellt, ist immer nur die schlechte und überholte Kopie dessen, was er ohnehin empfängt."[4]

Die Aktualität dieser Texte ist erstaunlich - und so sind solche Anlässe wie dieser heute immer wieder ein Grund, sie aus der Versenkung zu holen. Was Enzensberger meint, ist also immer auch politische Bildung, die in Offenen Kanälen stattfinden müsse. Thomas Krüger, der heute Präsident der Bundeszentrale für politische Bildung ist, sagte im o.g. Interview am 15.3.1994 auch, dass Kinder und Jugendliche frühzeitig im Gebrauch mit den Medien geschult werden müssen und die Offenen Kanäle in diesem Zusammenhang einen wichtigen Beitrag leisten können. „Also ich glaube, dass wir als erwachsene Exemplare der Gattung Menschheit uns gar nicht genug klar machen können, wie offensiv Kinder Medien benutzen. Ich finde diese ganze Diskussion um Newmedia, Emailings und Schuldatenbanken hoch spannend, weil die Kids, die vor den Computern sitzen und Botschaften produzieren, auf sich aufmerksam machen und Antworten auf Fragen bekommen wollen. (…) In Amerika hat Bill Clinton damit Wahlkampf gemacht. Er hat im Grunde kommuniziert und persönliche Strukturen über die neuen Medien erschlossen und in den politischen Bereich hinein geöffnet. Es wäre leichtsinnig, wenn man dies nicht als eine Riesenchance für gesellschaftliche Kommunikation begreift und auch zur Überwindung der Generationsbrüche einsetzt, die zu Kindern und Jugendlichen ja existieren. Insofern denke ich, muss man sehr aufmerksam verfolgen, was im Medienbereich passiert, und wie offensiv Kinder und Jugendliche

---

[4] Enzensberger, H.M., 1970.

damit umgehen. Ich finde die Debatte um die Medien, um medienpädagogische Arbeit, um Aktivitäten in Schule und in Jugendzentren einen der Kardinalpunkte und Kernpunkte der Jugendarbeit. Wenn dieser Bereich nicht in die pädagogische Diskussion reingenommen wird, wird sich „Undercover" etwas etablieren, was wir dann überhaupt nicht mehr verstehen und nachvollziehen können. (...) Gerade der medienpädagogische Ansatz bildet da ein hohes Maß an explosivem Potential und bietet Chancen, Jugendliche die eigentlich längst weg von der Jugendarbeit waren, wieder zu interessieren und zurück zu holen."[5]

Als im Sommersemester 1994 Professor Johann Bischoff und ich als Lehrbeauftragte des Fachbereichs Sozialwesen eine studentische Initiativgruppe zur Etablierung bürgernaher Medienarbeit an der Hochschule Merseburg gründeten, standen auch solche Überlegungen im Zentrum der Aktivitäten. Unsere Ziele für einen Offenen Kanal in Merseburg waren u.a.:
- Verwirklichung des Grundrechts auf freie Meinungsäußerung im Bereich der elektronischen Massenkommunikationsmittel
- Förderung kreativer Fähigkeiten
- Unterstützung medienpädagogischer Zielsetzungen
- Belebung des öffentlichen Meinungsbildungsprozesses über lokale und regionale Politik, Wirtschaft und Kultur
- Öffnung für ein programmliches Experimentierfeld

Das Projekt „Campusfernsehen - Offener Kanal Merseburg" hatte zum Ziel, richtungsweisende Impulse in der praktischen Medienerziehung und Medienqualifizierung sowie in der Sozialisation benachteiligter Gruppen zu geben und war in vier Arbeitsphasen unterteilt, die in Seminaren und projektorientierten Kursen mit den Studenten realisiert wurden:

1. Die Idee Offener Kanäle: Theoretische Grundlagen mit Texten von Brecht und Enzensberger sowie der Studie zu den Kabelpilotprojekten aus Berlin.

---

[5] Interview am 15.3.1994 mit Thomas Krüger in Berlin.

2. Vorüberlegungen zu Projektverwirklichung: OK-Modelle, Planspiele, erste Videovorhaben.
3. Campusfernsehen: Erstellung von Materialien zur Öffentlichkeitsarbeit (Logo, Trailer, Handzettel, Presseartikel); Videovorhaben sowie technische und ästhetische Schulung der Studenten.
4. Nach der Novellierung des Landesmediengesetzes in Sachsen-Anhalt: Einrichtung Offener Kanal Merseburg.

Parallel dazu erfolgten der Aufbau der Medienwerkstätten unter der Leitung von Johann Bischoff und die gemeinsame Verfassung von Projekt- und Finanzierungsanträgen sowie eine unermüdliche politische Lobbyarbeit, wozu auch öffentliche medienpolitisch orientierte Konferenzen an der Hochschule organisiert wurden. In der Klammer zwischen Lehr-, Bildungs- Kultur- und Sozialarbeit lag der Reiz für die Einrichtung eines Offenen Kanals in Merseburg, was dann wohl auch letztendlich die Medienpolitik und die Landesmedienanstalt in Sachsen-Anhalt überzeugte. In der Satzung des Landesrundfunkausschusses für Sachsen-Anhalt für Offene Kanäle vom 27. Juni 1997 hieß es dann endlich im § 1, Absatz 1:

„Im Land Sachsen-Anhalt sind Offene Kanäle möglich."
Und dass sie möglich bleiben, ist nicht zuletzt den Nutzern und Mitarbeitern auch hier in Merseburg zu verdanken.

# Entwicklung Offener Kanäle und ihre praktische Umsetzung in Deutschland
Bettina Brandi

Der Urknall Offener Kanäle in Deutschland ereignete sich vor 1985, als die Bürger in Ludwigshafen in der Werkstatt Offener Kanal auf Sendung gingen. Es folgten im Schutze der Kabelpilotprojekte Dortmund und Berlin. Die damaligen Pilotprojekte zur Übertragung neuer Programme im Kabel sind längst sehr erfolgreich und laufen parallel zur explosionsartigen Entwicklung privater Programme. Es entwickelten sich inzwischen Offene Kanäle in fast allen Bundesländern. Wie kam es damals zu dieser scheinbar revolutionären Neuerung der Bürgerbeteiligung an den Medien?
Die Geschichte der Menschheit ist immer auch die Geschichte der Entwicklung ihrer Kommunikationsmittel. Offene Kanäle haben sich im Zuge der technologischen Entwicklung im Medienbereich quasi nebenbei und doch mit politischer Brisanz entwickelt. Die zur Verfügung stehenden technischen Potentiale lassen heute ohne weiteres eine telekommunikative Vernetzung zu, mittels derer die Haushalte über eine Fülle visueller, auditiver und skriptualer Informationen verfügen können. Ein Aspekt solcher Datentransfers ist die Informationsvermittlung über Kabel. Die ersten Offenen Kanäle entstanden in den USA bereits in den 1960er Jahren als basisdemokratische Bürgerbewegung und als Antwort auf die wachsende Zahl der privaten Programmanbieter im Kabel oder über Satellit. Zunächst gründeten Universitäten Uni-Radios oder Campusfernsehen in überschaubaren Sendebereichen, um zum Teil über diese Medien Hochschulnachrichten zu verbreiten, um sich am Medium technisch und journalistisch zu qualifizieren, und um politischen Einfluss auszuüben. Mit Entstehung der Open Channels oder Public Access (öffentlicher Zugang) wurden die amerikanischen Kabelgesellschaften von Seiten der Städte und Gemeinden verpflichtet, Übertragungsmöglichkeiten für die Bürgersender bereitzustellen. In den USA gibt es mittlerweile mehrere hundert Offene Kanäle mit unterschiedlichen Gewichtungen. Von reinen Sendeabwicklungsstationen, in denen die Bürger ihre Bänder durch einen Briefschlitz werfen, bis hin zu redaktionell arbeitenden Nutzergruppen wie Paper Tiger Television in Manhattan/New York ist alles vertreten.

Die Anfänge in Deutschland wurden im Vergleich hierzu von der technischen Entwicklung diktiert und verliefen in eher institutionellen und administrativen Bahnen. Anfang der 1970er Jahre wurde von der Bundesregierung die Kommission für den Ausbau des technischen Kommunikationssystems (KtK) gegründet. Aufgabe dieser Kommission war es, Vorschläge für (Zitat) „...ein wirtschaftlich vernünftiges und gesellschaftlich wünschenswertes Kommunikationssystem der Zukunft" zu erarbeiten. Im Januar 1976 legte die KtK ihren Bericht der Bundesregierung vor, die bis dahin keine eindeutige Empfehlung für die Einführung Offener Kanäle enthielt. Allerdings wurde in einem Anlageband des Telekommunikationsberichtes der KtK aufgrund einer Literaturanalyse ausländischer OK-Modelle folgendermaßen Stellung genommen: „In einem offenen Fernsehkanal (Open Channel) können einzelne Bürgergruppen selbstproduzierte Fernsehprogramme senden. Er wird als eine Möglichkeit angesehen, nichtprofessionellen Kräften Zugang zu den Medien zu verschaffen." Im „Kronberger Beschluss" wurde 1980 eine gemeinschaftliche Finanzierung von Pilotprojekten bezüglich des Kabelrundfunks durch die Länder von der Ministerkonferenz vorgenommen. Mit der Finanzierungssicherung solcher Projekte standen auch alle Möglichkeiten der Entwicklung neuer Programmformen offen.

Parallel zu den technologischen Kommissionen bildete sich 1979 eine Expertengruppe Offener Kanäle, die aus Vertretern der Bildung, der Kirche, der Gewerkschaften, der Parteien zusammengesetzt war und die ersten inhaltlichen Zielsetzungen für Offene Kanäle formulierte. Die Zielaufgaben lassen sich in drei Thesen zusammenfassen:

1.  Verbesserung der lokalen Kommunikation
2.  Steigerung der sozialen Kompetenz von Bürgern
3.  Kommunikative Qualifikation von Rezipienten.

Mit der Verbesserung der lokalen Kommunikation ist ein sich vertiefendes Nachbarschaftsbewusstsein gemeint, der Abbau von Fremdheit, stattdessen mehr Identifikation und größerer Beteiligung am lokalen Geschehen. Die soziale Qualifikation stellt sich im gemeinsamen Produktionsprozess oder auch in der kritischen Auseinandersetzung mit der Sendung des Anderen her. Und schließlich wird mit dem Erstellen eigener Sendungen die kritische Rezeption der Massenmedien gefördert.

Damit wurden Offene Kanäle zu einem bildungs- und kulturpolitischen Instrument stilisiert und die Medienpolitiker in Hinblick auf ihre eigenen Forderungen nach korrigierenden Maßnahmen gegenüber der eigendynamischen Kommerzialisierung entsprechend unter Druck gesetzt. „Wir sagten uns damals: Wenn der Offene Kanal von seiner Konzeption her etwas anderes sein soll als herkömmliche Massenkommunikation, dann sollte man die Chance nutzen, wegzukommen von den herkömmlichen Sende- und Programmstrukturen. Wir unterstellten, dass durch das Experimentieren jenseits gewohnter Strukturen bei Produzenten wie Zuschauern Phantasien bloßgelegt werden, die sich zu ganz anderen, von unten gewachsenen Strukturen verdichten (Heiner Michel, Vorsitzender der Expertenkommission Offener Kanäle EOK im DGB-Mediendienst 1/1994)."

Gegen diesen basisdemokratischen und inhaltlich erneuernden Gedanken der Väter Offener Kanäle stand die Ansicht vieler Kritiker, nach der Offene Kanäle aus rein formalen und taktischen Erwägungen gegründet wurden. Offene Kanäle sollten danach als Feigenblatt die Etablierung und den weiteren Ausbau kommerzieller privater Programme bemänteln und legitimieren. Dieses Argument ist durch die erfolgreiche Arbeit der Offenen Kanäle und ihre vielfältige Nutzung durch die Bürger längst entkräftet. Offene Kanäle sind heute mehr als ein parteizugehöriges Mäntelchen zur Tarnung der Kommerzialisierungspolitik in den Medien. Offene Kanäle gehören dort, wo sie sich etablieren konnten, wie Stadtbüchereien und Bürgerzentren zum Kulturleben einer Kommune dazu.

**Zur Begriffsbestimmung Offener Kanäle:** Offene Kanäle berufen sich auf das im Art. 5 des Grundgesetzes festgeschriebene Recht auf freie Meinungsäußerung. Die praktische Umsetzung dieses Grundrechts muss jedem in Wort, Schrift und Bild möglich sein. Im Zeitalter der technischen Medien geht diese Freiheit der Meinungsäußerung weit über das Verfassen und Vervielfältigen von Flugblättern bzw. heute über Twitter und Facebook hinaus. Es mussten damals Möglichkeiten geschaffen werden, mittels derer alle Bürger ihre Interessen und Meinungen auch über die neuen Medien verbreiten können. Die neuen kabelgebundenen Medien können helfen, das demokratische Recht nach kommunikativem Bedürfnis zu entfalten. All denjenigen, denen nicht zuzumuten ist, selbst Anbieter eines privaten Programms zu sein, stehen Offene Kanäle zur eigenverantwortlichen Verbreitung ihrer Ansichten und zur kostenlosen Nutzung zur Verfügung. Der „Offene Kanal" kann weder eindeutig definiert noch genau beschrieben werden. Schon die Bezeichnung „offen" lässt viel Freiraum für Interpretationen zu. Die angloamerikanischen Modelle sind da in ihrer Begriffsbestimmung eindeutiger. Der eingangs beschriebene Public Access in den USA bedeutet in der Praxis eine Beteiligung der Bürger in Form eigener Programmproduktionen, die in der Reihenfolge ihres Eingangs gesendet werden (first come, first serve). Das englische Modell der Community-TVs heißt, dass eigene Programmproduktionen unter Aufsicht eines demokratisch legitimierten Trägers, in dem lokale Interessen integriert sind, übertragen werden. Der Träger regelt die Zugangsmodalitäten und hat Einfluss auf die Programmstruktur. Die Offenen Kanäle in Deutschland orientieren sich weitestgehend am amerikanischen Modell, für die der freie Zugang oberste Priorität hat, während das Community-Modell sich an den Programmzielen der Stadt oder der Gemeinde orientiert.

In Deutschland sind die wesentlichsten Strukturmerkmale Offener Kanäle in allen Bundesländern bzw. Stadtstaaten nahezu identisch:

- Offene Kanäle sind regionale oder lokale Sender, deren Programm nicht von bezahlten Mitarbeiterinnen und Mitarbeitern produziert und zusammengesetzt wird, sondern von Bürgerinnen und Bürgern, die im Radio oder Fernsehen etwas mitteilen wollen.
- Bürgerinnen und Bürger haben die Möglichkeit, im Studio und mit dem sonstigen Equipment TV- und Radiosendungen selbst zu gestalten, zu produzieren und im Kabel (oder z.T. terrestrisch) zu verbreiten.
- Die Nutzung von Studio, Equipment und Übertragung ist kostenlos. Die Beiträge müssen werbefrei sein und dürfen nicht gegen geltendes Recht verstoßen.
- Eine Zensur findet nicht statt. Die Verantwortung für den selbstgestalteten Beitrag liegt in vollem Umfang bei den Produzenten.
- Die Mitarbeiter Offener Kanäle beraten nur auf Wunsch journalistisch, dramaturgisch oder technisch.
- Um den chancengleichen Zugang zu gewährleisten, wird in der Reihenfolge der Anmeldung produziert und gesendet (Prinzip

Schlange), was allerdings nicht mehr in allen Offenen Kanälen so ehern wie in Gründungszeiten durchgehalten wird.
- Offene Kanäle folgen keinem Programmauftrag. Sie legitimieren sich in erster Linie dadurch, dass sie ein Bürgermedium sind; d.h. die Inhalte der Sendungen dürfen nicht in Vergleich oder gar Konkurrenz zu Programmen anderer, professioneller Sender gesetzt werden.

Voraussetzung für die Einrichtung Offener Kanäle ist die gesetzliche Verankerung. Der Rundfunkstaatsvertrag sieht die Einrichtung und Förderung Offener Kanäle im Gesetz vor. Da Medienangelegenheiten wie auch Kulturelle Angelegenheiten Ländersache sind, können die Länder diese Vorgabe in ihre jeweiligen Landesmediengesetze übernehmen oder nicht. Die Landesmedienanstalten haben folgende drei Aufgaben: Verteilung der Frequenzen für private Anbieter, Aufsicht und Kontrolle über diese Programme, Einrichtung und Förderung Offener Kanäle und anderer innovativer Programmangebote, wie z.B. Nichtkommerzielle Lokalradios, Stadtkanäle, Ausbildungskanäle o.ä. Für diese Aufgaben erhalten die Landesmedienanstalten 1 - 2% des Landesgebührenaufkommens. In direkter Anbindung sind Offene Kanäle als eine Einrichtung oder Abteilung der zuständigen Medienanstalt anzusehen und werden aus einem Teil des Anteils am Landesgebührenaufkommen finanziert. In indirekter Anbindung sind Offene Kanäle als Vereine organisiert, die neben allgemeiner struktureller Hilfen, z.B. die technische Grundausstattung der Offenen Kanäle oder mietfreie Räume oder personelle Mittel in Form z.B. eines Beauftragten für Offene Kanäle, Unterstützung von der Landesmedienanstalt bekommen. Dies ist in den einzelnen Ländern unterschiedlich geregelt. Allgemeine und wesentliche Voraussetzung für das Funktionieren Offener Kanäle ist aber, dass sie nicht aus Steuergeldern, sondern aus Rundfunkgebühren finanziert oder unterstützt werden, dass ihre Nutzung weitestgehend kostenlos und der Zugang damit chancengleich bleibt, und dass die Landesmedienanstalt keinen inhaltlichen Einfluss auf die einzelnen Sendungen oder auf die Programmfolge ausübt. Die fatalen Folgen einer finanziellen Abhängigkeit vom Stadtsäckel zeigte sich im Fall des Offenen Kanals Duisburg, der zur Zeit der Stahlarbeiterstreiks entstanden, also ein sehr politisch motivierter Offener Kanal war und durch die Abhängigkeit zur Stadt und deren fortwährende Einflussnahme schließen musste.

Nicht die Mitarbeiter eines Offenen Kanals, nicht der Bürgermeister der zuständigen Stadt und auch nicht der Direktor einer Landesmedienanstalt sind verantwortlich für die Sendungen, sondern die einzelne Bürgerin und der einzelne Bürger. Die rechtlichen Bestimmungen für die Inhalte der Sendungen ergeben sich aus der jeweiligen Satzung des Offenen Kanals und aus dem Grundgesetz. Mit seiner Unterschrift unter die Sendeanmeldung erkennt der Nutzer diese Bestimmungen an und auch die Tatsache, dass er derjenige ist, der bei Verstoß die Folgen zu tragen hat. Das klingt überraschend einfach und ist, wenn man so will, Erziehung zur oder - weniger pädagogisch formuliert - Ermöglichung der Mündigkeit des Einzelnen.

**Chancen und Risiken Offener Kanäle:** Mit der Einführung Offener Kanäle entflammte, wie oben beschrieben, eine Diskussion darüber, ob diese nicht als Alibi bzw. als eine Art Vielfaltsreserve für die neue, auf Außenpluralität gesetzte Rundfunkstruktur herhalten sollen. Bisher wurde das Meinungsgleichgewicht, zu dem die öffentlich-rechtlichen Sendeanstalten verpflichtet sind, durch die binnenpluralistische Struktur der Sendehäuser gewährleistet. Mit dem Aufkommen privater Rundfunkveranstalter wurde die Ausgewogenheit von Meinungsvielfalt durch Außenpluralität definiert, also einer Ausgewogenheit durch das vermehrte Programmangebot an sich. Die Aktualität der Alibi-Frage nahm in dem Maße zu, in dem den Offenen Kanälen die Funktion zugewiesen wurde, diejenigen Meinungen zu repräsentieren, die von den rentabilitätsorientierten privaten Anbietern nicht vertreten werden. Offene Kanäle sollten damit einen kleinen, aber wesentlichen Beitrag zur Vervollkommnung der Gesamtausgewogenheit liefern. „Aufgabe eines Offenen Kanals ist es vor allem, denjenigen Meinungen eine Verbreitung zu ermöglichen, die im sonstigen Angebot des Kabelpilotprojektes Berlin nicht hinreichend vertreten sind (Gesetzes- und Verordnungsblatt Berlin 1984)". In einem Votum der Expertenkommission zum Thema „Offene Kanäle auf dem Prüfstand" beschreibt der Vorsitzende der EOK die eigendynamische Entwicklung Offener Kanäle in der öffentlichen Meinung folgendermaßen: „Bei unseren Definitionen von Ziel und Zweck und Auswirkungen der Bürgersender ging es immer und ausschließlich um Chancen der Entwicklung in Sachen lokaler Kommunikation, lokaler Kultur, lokaler Teilhabe an demokratischen Prozessen. Begriffe wie Gegenöffentlichkeit und Alternativmedium, verbunden mit Hoffnungen von Pädagogen und Befürchtungen von Politikern, wurden erst ins Spiel gebracht, als nach kurzer Erfahrung mit den Kabelpilotprojekten klar war, dass von den sogenannten Neuen Medien so viel Neues gar nicht zu erwarten ist, dass die neuen Medien die alten bleiben, nur anders verkauft werden"[6].

Offene Kanäle wurden von vielen Seiten mit hohen Ansprüchen und übertriebenen Erwartungen überfrachtet. Darin begründen sich paradoxerweise auch die Chancen und Risiken für die Offenen Kanäle, für die darin tätigen Mitarbeiter und für die Nutzer. Die Chancen liegen darin, dass Offene Kanäle somit zum kultur- und bildungspolitischen Faktor werden konnten, dass die Messlatte sowohl für ihren inhaltlichen Auswurf als auch für das lebendige Geschehen im Kommunikationsapparat „Offener Kanal" hoch hing, und man sich immer überprüfen musste, ob wirklich alle Möglichkeiten der ästhetischen und strukturellen Erneuerung, der Chancengleichheit, der Förderung lokaler Kultur, der medienpädagogischen Arbeit, der sozialen Qualifizierung der Bürger, der technischen Möglichkeiten etc. ausgeschöpft wurden. So gesehen wurde der Offene Kanal in Auseinandersetzung mit den theoretischen Zielen und der tatsächlichen Praxis zu einem ständigen Prozess der Veränderung und Neuüberprüfung. Die Risiken ergeben sich auf der anderen Seite u.a. genau aus diesem chancenreichen Angebot. Es besteht die Gefahr der Überheblichkeit gegenüber den legitimen Anliegen des Laien, der - zugespitzt formuliert - über die Geburt seines Kindes, über seine Arbeit im Kaninchenzüchterverein, über Vor- und Nachteile der Entkalkung von Kaffeemaschinen oder über seine Angst vor Ausländern in der Nachbarschaft etwas erzählen möchte. Daneben könnte man fragen, warum zu dem großen Anteil an überflüssigen Informationen im Internet zum Beispiel nun auch noch die Bürger in Offenen Kanälen ihre Alltäglichkeiten verbreiten müssen. Wird nicht durch Offene Kanäle Tendenzen der Oberflächlichkeit und Beliebigkeit von Themen noch Vorschub geleistet? Bleiben Offene Kanäle nicht auch in der vorgegebenen Einwegkommunikation des Mediums Fernsehen oder Radio stecken? Kann nicht der Bedarf an lokaler Kommunikation durch Volkshochschulen und Bürgerzentren abgedeckt werden? Muss es dafür einen Sender geben?

---

[6] vgl. DGB-Mediendienst 1/94.

Aus diesen Fragen leitet sich im Pro und Contra Offener Kanäle immerwährender und interessanter Diskussionsbedarf mit seismographischer Wirkung ab. Das inhaltliche und soziale Geschehen in Offenen Kanälen ist so farbig und vielseitig wie die Nutzerinnen und Nutzer, die dort produzieren und senden. Von der Karaoke-Show über Schüler- und Studentenmagazine bis hin zur politischen Dokumentation ist alles vorhanden. Immer wieder werden OK-Leiter oder Mitarbeiter „verführt", Einfluss auf das Geschehen zu nehmen. Sei es aus rein inhaltlichen Interessen (mehr Frauen, weniger fremdsprachige Sendungen, technisch und inhaltlich qualifiziertere Sendungen etc.) oder einfach allgemein auf der Tatsache beruhend, dass man nicht nur betreuend, sondern auch gestalterisch aktiv werden möchte. Wie sich aber immer wieder zeigt, entziehen sich Offene Kanäle einer solchen Einflussnahme, weil sie dann sehr schnell zu Stadtkanälen, zu nichtkommerziellen Lokalradios mit Programmstruktur und begrenztem Zugang für Elitegruppen werden. Mit solcherlei verändernden Maßnahmen, wie z.B. der vollständigen Aufgabe des Prinzips der Schlange oder der Einführung einer gewissen Sendestruktur, verlieren Offene Kanäle zunächst unmerklich, dann vermutlich unwiederbringlich ihre Originalität und ihre nicht zu unterschätzende Ventilfunktion für unterdrückte Meinungen. Sie erhalten damit ein auf bestimmte Zuschauerinteressen zugeschnittenes Programm, werden ein Sender unter vielen und überraschen nicht mehr durch Langeweile (z.B. ein 60 - minütiger Farbbalken, wie es mal in Berlin geschehen ist) oder durch eigentlich öffentlich unzumutbare Inhalte, die zwar nicht gehört werden wollen, aber dennoch vorhanden sind. Linksorientierte Kreise geraten bei näherer Beschäftigung mit Offenen Kanälen häufig in ihr eigenes Dilemma. Auf der einen Seite befürworten sie Faktoren wie Gegenöffentlichkeit, Alternativmedium, Partizipation der Bürger. Da sie aber aus ihrer theorielastigen Geschichte heraus ein ganz bestimmtes Bild vom mündigen Bürger haben und auch der Lehrmeistertätigkeit des Mediums Fernsehen irgendwo zustimmen, geraten hier einige Sendungen in Offenen Kanälen an linkspolitische Schmerzgrenzen. Entsprechend heftig wird dann auf politisch unkorrekte Beiträge reagiert, ohne dabei zu beachten, dass man damit zum Sprachrohr auch konservativer Meinungen wird. Viel einfacher wäre es, die Offenen Kanäle beim Wort zu nehmen, eigene

Sendungen zu produzieren und damit dem Geschehen eine eigene Richtung zu geben.

**Zur Entwicklung einer bürgernahen Medienarbeit:** Die zuvor genannten Gedanken reichen zurück bis in die Weimarer Zeit. Medienbezogene Vorstellungen zeitgenössischer Schriftsteller wie Walter Benjamin, Bertolt Brecht oder des Russen Sergej Tretjakow thematisierten die Kommerzialisierung und Ideologisierung der damals modernen Medien Film, Funk und Presse. Brecht wollte aus dem Rundfunk einen Kommunikationsapparat des öffentlichen Lebens machen, der Rundfunk sollte von einem Distributionsapparat in einen Kommunikationsapparat verwandelt werden. Das Publikum sollte nicht nur belehrt werden, sondern auch selbst informieren können. Tretjakow versuchte in der revolutionären Phase der Sowjetunion den von gesellschaftlichen Verhältnissen betroffenen, aber politisch machtlosen Bürger zur selbsttätigen Medienpraxis anzuleiten, um ein direktes Eingreifen in Politik und Alltagspraxis zu ermöglichen. Ein Journalist sollte, nach seinen Vorstellungen, nicht mehr über etwas berichten, was ihn nicht direkt betrifft, sondern die Betroffenen selbst zur adäquaten Beschreibung ihrer eigenen Situation anleiten, somit den Gegensatz zwischen Publizierenden und Konsumierenden aufheben. Benjamin greift Tretjakows Ideen in Deutschland auf und versucht, die starre Kompetenzverteilung innerhalb der Kunst aufzubrechen und diese einer politischen Funktion zuzuführen. Er versucht, zu motivieren, zum eigenständigen Gebrauch der „künstlerischen" Produktionsmittel anzuleiten. Diese frühen alternativen Formen und Vorstellungen des Mediengebrauchs bleiben wegen mangelnder politischer Durchsetzbarkeit ohne gesellschaftliche Relevanz.

Anfang der siebziger Jahre aktualisiert Hans-Magnus Enzensberger Brechts Radiotheorie und rückt die Zielvorstellung einer emanzipatorischen Mediennutzung, Medien der Bevölkerung aktiv verfügbar zu machen, in den Mittelpunkt einer politisch aufgeschlossenen Öffentlichkeit. Insbesondere die Studentenbewegung nutzte die neue AV-Technik zur Dokumentation von Streikaktionen, Polizeieinsätzen, politischen Demonstrationen, Wohn- und Arbeitsbedingungen; aber auch zur Selbstdarstellung, Situationsbeschreibung und zur Aufzeichnung gruppendynamischer Prozesse. Die Aktivitäten bleiben jedoch spontan und punktuell. Die Rolle der Medien und die Veränderungsbereitschaft der

Menschen in Bezug auf ihr eigenes Medienverhalten wurde überschätzt. Gleichwohl haben u.E. die studentischen Aktivitäten und theoretischen Fundierungs- und Systematisierungsversuche von Enzensberger, Negt, Kluge u.a. dazu beigetragen, dass es zur Etablierung der Medienarbeit im institutionellen Bildungsbereich gekommen ist.
In den Hochschulen hatte zunächst die theoretische Beschäftigung mit den Massenmedien Priorität, primär der Bezug „Manipulation". Der Umgang mit den Massenmedien wurde nur ansatzweise gelernt, die praktische Beschäftigung mit den Massenmedien als zu trivial vernachlässigt. Die teilnehmer- und handlungsorientierte Medienarbeit orientiert sich indes auf Handlungskompetenz gegenüber und im Umgang mit den Medien, wobei Handeln verstanden wird als eine praktische Auseinandersetzung mit der vorfindbaren Realität, die ein tätiges Eingreifen erfordert und somit eine verändernde Einflussnahme auf Zustände und Prozesse bewirken soll. Hiermit werden Möglichkeiten einer Wiederbelebung alternativer Medienarbeit eröffnet. Studierende sollen befähigt werden, in der Analyse und im Gebrauch der Medien durch die vermittelte Erfahrung hindurch ihre authentische Erfahrung, die Realität ihrer Umwelt zu erkennen und zu artikulieren. Handeln schließt sich dann als Konsequenz mit den Stufen Reagieren, Produzieren und Verändern an. Studierende haben somit die Chance, nicht medienpraktische Spiele im Sandkasten einer Hochschule für Leistungsnachweise erbringen zu müssen, sondern vor Ort ihre Handlungskompetenzen unter Beweis zu stellen, und vielleicht, im Sinne von Tretjakow, als Multiplikatoren diese der Bevölkerung zu vermitteln.[7]

**Voraussetzungen und Bedingungen für Offene Kanäle:** Vor dem Hintergrund dieser Gedanken, Theorien und praktischen Erfahrung ist das Projekt „Campusfernsehen" der Merseburger Professoren Brandi und Bischoff entstanden, hier sollten Vorschläge und Konzepte zur Einrichtung eines Offenen Kanals an der damaligen Fachhochschule Merseburg für Südsachsen-Anhalt erarbeitet werden sollten. Der Standort eines Offenen Kanals in Merseburg/Querfurt könnte in mehrfacher Hinsicht auf die Regulierung der Kultur- und Regionalpolitik eines Problemgebietes einwirken. Nach einer kulturell reichen Geschichte wurde

---

[7] vgl. Bischoff, J., Brandi, B., Merseburger Medienpädagogische Schriften, Bd.2, Kulturpädagogik, Aachen 2005.

Merseburg Ende des 19. Jahrhunderts in einer rasanten Entwicklung zum Industriestandort für Braunkohle und expandierte durch die Einrichtung der Chemiewerke Leuna und Buna ins südliche, westliche und nördliche Umland. Diese Entwicklung veränderte die Stadt und die Menschen nachhaltig. Die Zeit nach 1945 ist gekennzeichnet von der Errichtung gesichtsloser Massenbauten und dem Zugriff auf die historische Substanz der Altstadt, deren urbaner Kern nachhaltig zerstört wurde. Daneben sorgte der hohe Schadstoffausstoß der chemischen Industrie für irreparable Folgeschäden an dem verbliebenen Teil. Nach der Schließung der Chemiewerke und den Folgen der Veränderungen durch den Vereinigungsprozess in Deutschland ist Merseburg zur Problemregion in Sachsen-Anhalt geworden.

In der Klammer zwischen Lehr-, Bildungs-, Kultur- und Sozialarbeit liegt der Reiz für die Einrichtung eines Offenen Kanals in Merseburg, so unsere Annahme. Mit fachlicher Unterstützung der Hochschule und hier insbesondere des Fachbereichs Sozialwesen und des Rektorats planten wir das Projekt mit der Intention, dass Bürgerinnen und Bürger zukünftig über die Formulierung ihrer eigenen Meinung verlorengegangene Identitäten versuchen wiederzugewinnen, soziale und kommunikative Kompetenzen erwerben, einen Ort finden, an dem aufkommenden Isolierungstendenzen durch gemeinsames Handeln und Kommunikation etwas entgegengesetzt wird. Ein Offener Kanal in Merseburg könnte so als einer der ersten in den Neuen Bundesländern wegweisend für die weitere Entwicklung der Bürgerbeteiligung am Medium Rundfunk sein. Damals fehlten jedoch noch die rechtlichen Voraussetzungen zur Institutionalisierung eines Offenen Kanals in Sachsen-Anhalt. Eine Novellierung des Landesmediengesetzes für privaten Rundfunk in Sachsen-Anhalt erfolgte aber 1997. Dass Offene Kanäle im Land Sachsen-Anhalt zugelassen werden sollen, darüber waren sich alle etablierten Parteien von den Grünen bis zur CDU einig. Unterschiedliche Auffassungen bestanden lediglich in Einzelfragen, die bei einer Anhörung aller Parteien und Fachkompetenz aus Wirtschaft und Bildung zur Novellierung des Gesetzes deutlich wurden.[8]

---

[8] Der damalige Abgeordnete für Kultur und Medien, Lutz Kühn für den Wahlkreis Nebra, setzte sich für die Etablierung der Offenen Kanäle zielführend ein. Er unterstützte unsere Arbeit auch als Lehrbeauftragter der Hochschule Merseburg und vermittelte den Studierenden zielgerichtete Information zum Rundfunkrecht. Lutz Kühn ist 2023 verstorben.

# Etablierung Offener Kanäle seit 1998 in Sachsen-Anhalt
Bettina Brandi

### 1. Zulassung Offener Kanäle
Beide vorliegenden Gesetzesentwürfe begrenzten die Dauer des Modellversuches auf zwei (SPD/Grüne) bzw. vier Jahre (CDU). Der CDU-Entwurf sah eine begrenzte Anzahl von Projekten vor, während SPD/Grüne dieses offen ließen. Die Dauer der Zulassung ermöglichte eine vorläufige Sicherheit und die Möglichkeit der Konsolidierung. Allerdings bestand beim CDU-Entwurf die Gefahr, dass erfolgversprechende Initiativen nicht berücksichtigt werden konnten und für die Dauer des Modellversuches blockiert werden. Hier käme es auf die von dem Landesrundfunkausschuss (die zuständige Landesmedienanstalt MSA) entwickelten Auswahlkriterien an.

### 2. Trägerschaft
Beide Entwürfe sahen freie Träger als OK-Betreiber vor. Erfahrungen aus Rheinland-Pfalz zeigten, dass sich Offene Kanäle in freier Trägerschaft nur dann halten können, wenn sich Bürger ehrenamtlich engagieren, wenn auch der Verein selbst über Maßen geschickt ist und in seinen Bemühungen immer wieder durch die Landesmedienanstalt unterstützt wird. Günstiger für das Bestehen Offener Kanäle wäre eine direkte Anbindung an und Vollfinanzierung durch die zuständige Landesmedienanstalt.

### 3. Übertragung
Der Entwurf von SPD/Die Grünen sah bei mehr als 15 Fernsehkanälen im Verbreitungsgebiet eine unentgeltliche Bereitstellung eines Kanals durch die Kabelgesellschaften vor. Dies entsprach ungefähr den Regelungen z.B. in Berlin und NRW und hatte sich hier im Großen und Ganzen bewährt. Im CDU-Entwurf fehlte eine entsprechende Regelung.

### 4. Zugangsregelung für Nutzer
Der SPD/Grüne-Entwurf sah hierfür keine gesonderten Regelungen im Landesmediengesetz vor. Die überwiegende Mehrzahl der Offenen Kanäle in den alten Bundesländern regelte dies in der eigenen Satzung, die

von der zuständigen Landesmedienanstalt verabschiedet wird. Da sich während des OK-Betriebes Änderungen ergeben können, wird eine Festschreibung solch spezifischer Regelungen, wie z.b. auch Sendeablauf, Programmstruktur etc. im Gesetz für nicht sinnvoll gehalten.

**5. Finanzierung/Förderung**
In beiden Entwürfen gab es keine genaueren Angaben über die Finanzierung, bzw. Förderung; weder über die Höhe der Zuschüsse noch über die Eigenleistungen. Sponsoring wurde in beiden Fällen ausgeschlossen. Natürlich ist die Frage des Sponsorings in Bezug auf Offene Kanäle (chancengleicher Zugang, Finanzierung aus öffentlichen Geldern etc.) eine heikle Frage. Werden aber Offene Kanäle nicht zu 100% aus dem Landesgebührenaufkommen finanziert, sollte eventuell über die Möglichkeit eines reglementierten Sponsorings nachgedacht werden. Erfahrungen in Bremen und NRW liegen hierzu vor.
Dass auch der damalige Ministerpräsident von Sachsen-Anhalt (Reinhard Höppner, Amtszeit: 1994 bis 2002, verstorben am 10.06.2014) die derzeitige Medienentwicklung und ihre Auswirkungen auf Informations- und Verstehensprozesse kritisch beurteilte, konnte das Vorhaben Offener Kanäle in Sachsen-Anhalt nur begünstigen. Beim 4. Wittenberger Gespräch zum Thema „Die Macht der Medien" forderte Höppner eine intensivere öffentliche Debatte über die Pressefreiheit und die Machtkonzentration in den Medien, um auch den Bürgerinnen und Bürgern diese Entwicklung und die daraus resultierenden Manipulationsgefahren bewusst zu machen. Die Medienpolitik müsse gerade angesichts der neuen Informations- und Kommunikationstechnologien darauf gerichtet sein, verschiedene Akteure für den Wettkampf am Markt zu rüsten, und jene zu schützen, die sonst auf verlorenem Posten stehen. Außerdem seien die Medien durch die überwiegende Konzentration auf Unterhaltung und Einschaltquoten nicht mehr in der Lage, das Weltgeschehen verständlich wiederzugeben. Es würden zunehmend Scheinwelten produziert, die kaum noch identisch mit der tatsächlichen Realität der Menschen sind.
Ohne Offene Kanäle und bürgernahe Medien als Korrektiv gegenüber der kommerziellen Medienentwicklung wieder mit übertriebenen Erwartungen und Zielen überfrachten zu wollen, so ist es doch eine Tatsache, dass sie den Faktor der Nahraum-kommunikation fördern, dass

sich in ihnen die Alltagsrealität der Menschen spiegelt, dass sie Inhalte darstellen, die in den professionellen Medien aus Konkurrenzdruck keinen Platz mehr finden oder in aller Kürze abgehandelt werden, und dass sie schließlich als eine Art Soziotop gelten können, in denen die Ansichten und Meinungen ganz unterschiedlicher Menschen und benachteiligter gesellschaftlicher Gruppen sich begegnen und mittels eigener Sendungen eine Öffentlichkeit für ihre Belange schaffen können.

**Medienpädagogik in Offenen Kanälen ist Nutzerbetreuung**
Die Beschreibung medienpädagogischen Handelns in Offenen Kanälen ist so alt, wie die Einrichtungen selbst. Sie ist Teil einer immerwährenden auf unterschiedlichen Ebenen und in unterschiedlicher Weise geführten Qualitätsdebatte um die Arbeit von Bürgersendern in Sachsen-Anhalt, aber auch in der gesamten Bundesrepublik Deutschland. Unter dem Eindruck der schwindenden finanziellen Ausstattung kommt die Debatte wieder in Gang. Die Bürgermedien Sachsen-Anhalts werden durch die Medienanstalt Sachsen-Anhalt (MSA) aufgerufen, alternative Finanzierungsquellen zu suchen, da „... dieses qualifizierte Angebot bei sinkenden Einnahmen nicht mehr ausschließlich durch die MSA finanziert (werden kann)[9]. Worin besteht dieses qualifizierte Angebot, das durch die Arbeit der Offenen Kanäle „...in der Fläche (des Landes Sachsen-Anhalt) einen wichtigen Beitrag zur Meinungsvielfalt und Medienkompetenzvermittlung sowie zur Bürgerpartizipation..." [10] geleistet wird? Ein Blick auf den Beginn der Arbeit der Offenen Kanäle in Sachsen-Anhalt und auf ausgesuchte Entwicklungsstationen soll verdeutlichen, dass Offene Kanäle Bildungsorte sind, die durch ihre besondere medienpädagogisch orientierte Entwicklungsarbeit bestimmt sind und dass deren Arbeitsergebnisse nicht unbedingt immer an selbst erstellten Filmen festgemacht werden kann.

---

[9] Medienanstalt Sachsen-Anhalt (Hrsg.), Thesenpapier der Medienanstalt Sachsen-Anhalt. http://www.lra.de/Presse/pdf/Thesenpapier.pdf, 03.07.2011, 23.11 Uhr, S. 2.
[10] ebd.

**Stufe 1: Die medienpädagogische Arbeit der Offenen Kanäle beginnt: Informieren und Motivieren**

Offene Kanäle waren zu Beginn ihrer Institutionalisierung im Land Sachsen-Anhalt im Jahr 1998[11] und sind es zum Teil auch heute noch in den Augen derer, für die diese Einrichtungen geschaffen wurden, wahrscheinlich eher seltsam anmutende Gebilde: Bürgerinnen und Bürger bekommen die Gelegenheit, Fernsehprogramme zu produzieren und zu veröffentlichen. Die Nutzung des Equipments der Offenen Kanäle ist kostenfrei, die Bürgerinnen und Bürger sind als Produzenten frei von jeder inhaltlichen und gestaltungsbezogenen Beeinflussung und sie sind im medienrechtlichen Sinn für ihre Produktionen selbst verantwortlich. Die Reihenfolge der Veröffentlichungen ergibt sich aus dem „Prinzip der Schlange". Hilfe können die Bürgerinnen und Bürger von den Mitarbeitern der Offenen Kanäle erwarten, indem sie eine Beratung auf Wunsch in den Bereichen Journalismus, Dramaturgie oder Technik in Anspruch nehmen. Diese Offenen Fernsehkanäle in Sachsen-Anhalt haben keinen Programmauftrag, sondern finden ihre Legitimation darin, dass Bürgerinnen und Bürger hier produzieren und veröffentlichen.[12]
Dies führte zu mancher Irritation, denn eine Medieneinrichtung, die Bürgern zur eigenständigen Produktion und Veröffentlichung zur Verfügung steht, war exotisch in einem damals noch „neuen" Bundesland. Eigenverantwortung, Teamwork, Tätigsein in einer unabhängigen Medieneinrichtung für die Mitbürger ohne Kontrolle, das war hierzulande etwas Unerhörtes. Und sicher dachten viele Bürgerinnen und Bürger zunächst, dass ein Anruf beim lokalen Bürgerfernsehen genügt, um die nächste Ausstellung des hiesigen Taubenzüchtervereins auf die lokale Mattscheibe zu bekommen, dass Mitarbeiterinnen und Mitarbeiter der Offenen Kanäle nur darauf warten, endlich etwas mit der Videokamera aufnehmen zu können. Die Assoziation „Offener Kanal gleich eigene

---

[11] Feigel, R., Praxis der Offenen Kanäle. In, Offener Kanal Merseburg-Querfurt e.V. (Hrsg.), Medienkompetenzerwerb und medienpädagogisches Handeln in Offenen Kanälen. Dialog: Bürgermedien, Bd. 1, Aachen 2004, S. 16.
[12] Vgl. Bischoff, J., Vorwort. In, Köhler-Terz, K., Von Urlaubsgrüßen aus Sankt Gallen bis zur politischen Bürgerarbeit. Produktionsalltag der Offenen Kanäle in Sachsen-Anhalt. Aachen 2005, S. 3.

Idee mit Kamera, Mikrofon, Studio und Schnittplatz selbst verwirklichen, selbst aktiv werden, Drehbuch selbst verfassen, Kamera selbst zu führen, die Montage selbst umzusetzen" war wenig verbreitet. Ein Eindruck der aus den Anfangstagen der Bürgermedien - der zumindest hier in Merseburg Gültigkeit besitzt - ist, dass ein großer „Run" der Bürgerinnen und Bürger auf den Offenen Kanal, wie das möglicherweise von einigen Initiatoren vielleicht anders erwartet wurde, zunächst ausblieb. Sicher wurden die Einrichtungen nicht ignoriert. Sofort fanden sich Menschen, die freiwillig und mit Freude Dinge taten, die sie ohne Offene Kanal niemals getan hätten. Aber es mussten einige Hindernisse genommen werden, die einem prosperierenden Bürgerfernsehen im Wege waren. Aus der Erinnerung heraus können diese wie folgt zusammengefasst werden:

- geringer Bekanntheitsgrad der Einrichtungen im kommunalen Bereich
- geringer Kenntnisstand über die Tätigkeitsbereiche der Einrichtungen bei möglichen Nutzerinnen und Nutzern
- geringer Kenntnisstand zu Medien bezogenen Tätigkeiten
- typische allgemein auf Medien- und Technik bezogene Schwellenängste
- geringe oder falsche Erwartungen zur Wirksamkeit eigener Medienveröffentlichungen

Hier fanden die Offenen Kanäle an ihren unterschiedlichen Standorten ganz individuelle, d.h. regional und lokal bezogen, eigene Wege zur Vermittlung zwischen dem Anspruch, der in den gesetzlichen Grundlagen zum Betrieb von Offenen Kanälen in Sachsen-Anhalt zum Ausdruck kommt[13], den Erwartungen, die durch die Fachliteratur an Einrichtungen des Bürgerfunks herangetragen werden[14] und den besonderen Gegebenheiten, die an den damaligen Standorten Wittenberg,

---

[13] Vgl. LSA (Hrsg.), Neufassung des Mediengesetzes des Landes Sachsen-Anhalt. Vom 26.April 2010, S. 313 f.
[14] Vgl. z.B. Brandi, B., Bischoff, J., Offener Kinderkanal Gera. Konzept für einen Kinderkanal im Offenen Kanal im Auftrag der Thüringer Landesmedienanstalt (TLM), München 1997. oder: Gellner, W., Kamp, U., Offene Kanäle in Deutschland. In. Klingler, W., Roters, G., Zöllner, O. (Hrsg.), Fernsehforschung in Deutschland. Themen - Akteure – Methoden, Baden-Baden 1998, S. 457 - 470.

Wettin, Magdeburg, Salzwedel, Stendal, Merseburg, Dessau und Wernigerode vorzufinden waren[15].

## Stufe 2: Produktions- und Sendemittel vorhalten und interessierte Laien bei der Benutzung dieser Anlagen unterstützen

Ricardo Feigel, ehemaliger Bereichsleiter für Bürgermedien bei der Medienanstalt Sachsen-Anhalt, formulierte anlässlich einer Fachtagung zum Thema „Medienkompetenzerwerb und medienpädagogisches Handeln in Offenen Kanälen" im Offenen Kanal Merseburg-Querfurt, dass Offene Kanäle sich als Dienstleister verstehen müssten, die „...Produktions- und Sendemittel vorhalten und interessierte Laien bei der Benutzung dieser Anlagen unterstützen."[16] Feigel bezeichnete dies damals im Jahr 2003 als die Pflichtaufgabe Offener Kanäle. Der Versuch, diese Pflichtaufgaben für die tägliche Praxis in den Offenen Kanälen zu operationalisieren, d.h., genau zu bestimmen, was es für die einzelnen Mitarbeiterinnen und Mitarbeiter bedeutet:
Produktions- und Sendemittel vorzuhalten und interessierte Laien bei der Benutzung dieser Anlagen zu unterstützen, umreißt einen wesentlichen Teil der Arbeit der Leiterinnen und Leiter und der Vorstände der Trägervereine der Offenen Kanäle in Sachsen-Anhalt. Aus diesen zentralen Überlegungen heraus werden langfristige Entscheidungen darüber getroffen, wie ein Offener Kanal arbeitet bzw. arbeiten kann. In diesen zentralen Überlegungen werden Entscheidungen getroffen, welche Tätigkeitsbereiche täglich, wöchentlich, monatlich oder jährlich in welcher Weise zu bearbeiten sind.
Unter der Teilaufgabe „Produktions- und Sendemittel vorhalten" können sich Aufgaben verbergen wie Organisation und Durchführung der Ausleihe und Rücknahme, in bestimmten Grenzen auch die Wartung von Aufnahmetechnik, die Organisation und Durchführung der Vergabe von Schnittplatz- und Studiotechnik und die Organisation und Durchführung der Ausstrahlung der von den Bürgerinnen und Bürgern erstellten Filmbeiträge im Programm des Offenen Kanals. Unter der Teilaufgabe „interessierte Laien bei der Benutzung dieser Anlagen

---

[15] Vgl. Köhler-Terz, K., Von Urlaubsgrüßen aus Sankt Gallen bis zur politischen Bürgerarbeit. Produktionsalltag der Offenen Kanäle in Sachsen-Anhalt. Aachen 2005, S. 25 ff.
[16] Feigel, R., a.o.O., S. 16.

unterstützen" können all die Tätigkeiten verstanden werden, die dazu führen, dass ein OK-Nutzer alle technischen, journalistischen oder dramaturgischen Aufgabenstellungen, die sich während der Medienproduktion ergeben, positiv bewältigen, und dies sind ganz allgemein gesprochen pädagogisch orientierte Aufgaben, die durch die Mitarbeiterinnen und Mitarbeiter Offener Kanäle zu leisten sind, noch genauer qualifiziert sind es medienpädagogische Aufgaben, die die Arbeit hier ausmachen.

Vor der Folie der stark gegliederten Arbeit, die sich auf einer inhaltlichen Ebene, einer gestalterischen Ebene und einer technischen Ebene aus der Beschäftigung mit Video ergibt, sind einzelne Teilbereiche des medienpädagogischen Handelns zwar gut voneinander zu trennen, jedoch fällt es schwer, diese qualitativ und quantitativ zu erfassen, wenn bedacht wird, dass jede Bürgerin und jeder Bürger Zugriff auf diese Betreuungstätigkeit hat - ganz egal, welche Voraussetzungen sie in Bezug auf die zu bewältigenden Aufgaben bei der Videoproduktion mit in den Offenen Kanal bringen. Da dies im Mediengesetz des Landes Sachsen-Anhalt zwingend unter der Formulierung, „...den chancengleichen Zugang zu den sende- und produktionstechnischen Einrichtungen und zugewiesenen Übertragungskapazitäten gewährleisten..."[17], als Qualitätsmerkmal für Offene Kanäle genannt wird, und die Medienanstalt Sachsen-Anhalt dazu aufgefordert wird, dies in ihrer Satzung für Offene Kanäle auszudifferenzieren, kann die medienpädagogische Nutzerbetreuung aus diesen Einrichtungen nicht weggedacht werden.

Wie in der einzelnen Einrichtung in diesem Bereich gearbeitet wird, ob es unterschiedliche Typen von Nutzerinnen und Nutzern gibt, die ähnliche Praktiken bei der Medienproduktion entwickelt haben, die in besonderer Weise die Arbeit in den einzelnen Einrichtungen beeinflussen, könnte Gegenstand von Fachgesprächen zwischen den Mitarbeiterinnen und Mitarbeitern der einzelnen Einrichtungen und entsprechender Untersuchungen sein. Hier könnte auch diskutiert werden, ob die oben genannten Vorbereitungstätigkeiten, die auch als Verwaltungsaufgaben verstanden werden können, also z.B. die Technikausgabe und Technikrücknahme, die Organisation des Sendebetriebs nicht ebenso als Teil der medienpädagogischen Betreuungstätigkeit zu verstehen sind. In

---

[17] LSA (Hrsg.), Neufassung des Mediengesetzes des Landes Sachsen-Anhalt vom 26.April 2010, S. 314.

pädagogischen Einrichtungen, wie z.B. Schulen, sind solche Verrichtungen Teil der Unterrichtsvorbereitung. Außerdem kann auch hier der Standpunkt vertreten werden, dass während der Ausgabe und Rücknahme von Technik über die bislang verrichtete Produktionsarbeit der Bürgerinnen und Bürger reflektiert wird (z.b. über die erbrachte oder selbst eingeschätzte Qualität der Videoaufnahmen).

Mit an Sicherheit grenzender Wahrscheinlichkeit werden in allen Einrichtungen in der Vergangenheit Überlegungen zur Effizienz der medienpädagogischen Vermittlungstätigkeit der Mitarbeiterinnen und Mitarbeiter realisiert worden sein. Überall werden medienpädagogische Unterstützungssysteme entwickelt und etabliert worden sein, durch die es möglich ist, neben der Einzelbetreuung von Nutzerinnen und Nutzern gezielt Wissen über Medientechnik und Mediennutzung an Nutzergruppen zu vermitteln und gleichzeitig Fähigkeiten und Fertigkeiten in diesen oder ähnlichen Bereichen zu entwickeln. Auf solche Medienkurse oder allgemeinen Weiterbildungsmöglichkeiten wird auf den Internetseiten der Offenen Kanäle[18] oder in deren Printmedien[19] hingewiesen. Hier werden für unterschiedliche Zielgruppen spezielle medienpädagogische Angebote vorgehalten. Diese Angebote sollten nach den o.g. Vorgaben des Mediengesetzes des Landes Sachsen-Anhalt als Teil der Pflichtaufgaben Offener Kanäle verstanden werden, da diese die Effizienz der Tätigkeiten der einzelnen Einrichtungen erhöhen, weil hierdurch die Anzahl und Intensität der Einzelbetreuungen verringert werden kann. Einschränkend muss darauf hingewiesen werden, dass die Vielzahl der unterschiedlichen Zielgruppen, bei der derzeitigen Konstitution der Offenen Kanäle (gemeint ist die sachliche und personelle Ausstattung) stets eine mehr oder minder individuell angepasste medienpädagogische Vorgehensweise impliziert.

Eine Betrachtungsmöglichkeit ergibt sich zum Beispiel aus der Würdigung der unterschiedlichen Altersgruppen, die in den Offenen Kanälen zwischen 5 und 95 Jahren schwanken können. Selbstverständlich haben

---

[18] Vgl. Offener Kanal Dessau, Weiterbildungsangebote. http://www.ok-dessau.de/workshops-weiter bildungsangebot.html, 03.07.2011, 20.38 Uhr oder
Vgl.: Offener Kanal Merseburg-Querfurt, Medienkompetenzvermittlung: Schulungen und Workshops. http://www.okmq.de/index.php?option=com_content&view=article&id=129&Itemid=55, 03.07.2011, 20.43 Uhr.

[19] Vgl.: Offener Kanal Merseburg-Querfurt e.V. (Hrsg.), Bürger Macht Fernsehen. Schulungen - Projekte -Veranstaltungen 2011, Merseburg 2011, S. 10 ff.

Menschen unterschiedlichen Alters unterschiedliche Kommunikationsinteressen, die sie mit ihrer Medienarbeit im Offenen Kanal verfolgen. Eine Programmbeobachtung aus dem Jahr 2002 ergab hierzu eine Vielzahl sehr differenzierter Aussagen zu den Produktionen bzgl. der Altersgruppe 19 bis 34 Jahre. Hier konnten ganz unterschiedliche Genre in den Programmen der Offenen Kanäle Sachsen-Anhalts beobachtet werden. Sie sollen, weil es für die Beurteilung der Tätigkeiten der Mitarbeiter Offener Kanäle nicht unerheblich ist, kurz aufgezählt werden:

- Familienbezogene Produktionen,
- Freizeitbezogene Produktionen,
- Berufsbezogene Produktionen,
- Vereinsbezogene Produktionen,
- Sozialpolitisch bezogene Produktionen,
- Heimatbezogene Produktionen,
- Bildungsbezogene Produktionen,
- Kulturereignisbezogene Produktionen,
- Religionsbezogene Produktionen,
- Produktionen zur Lebensgestaltung,
- Produktionen mit inszenierter Filmhandlung oder
- Pausenfüller[20].

Jetzt kann die Frage nach Qualitätsmerkmalen der Arbeit in Offenen Kanälen umfassend gestellt werden, denn das Ergebnis der medienpädagogischen Nutzerbetreuung ist in jedem Fall ein filmisches Produkt, das erfolgreich zur Veröffentlichung im Programm eines Offenen Kanals gebracht wird. Da für den Inhalt und die Gestaltung die Bürgerinnen und Bürger selbst verantwortlich sind, die als registrierte Nutzerinnen und Nutzer eines Offenen Kanals in Erscheinung treten, und die medienrechtlichen Anforderungen formaler Natur sind, können die Qualitäten der einzelnen Filmbeiträge auch nur formal betrachtet werden.

Bezogen auf das medienpädagogische Handeln der Mitarbeiterinnen und Mitarbeiter Offener Kanäle aber birgt z.B. eine zielgruppenbezogene Betrachtung mit der Würdigung deren spezifischer inhaltlichen und gestaltungsbezogenen Wünsche bei der Filmproduktion, die sich

---

[20] Vgl. Köhler-Terz, K., a.a.O., S. 125.

im Arbeitszusammenhang der OK-Mitarbeiter immer auch gleichzeitig als Arbeitsanforderung darstellen, immer wieder neue medienpädagogische Situationen. Diese müssen, wenn der Gleichbehandlungsgrundsatz in Offenen Kanälen ein Bestandteil der Einrichtung sein soll, bei der Arbeitsvorbereitung, Durchführung und Reflexion Beachtung finden und in neue medienpädagogische Handlungsansätze transformiert werden. Eine solche medienpädagogisch orientierte Arbeitsweise ist in Offenen Kanälen gegeben, weil nur so die Motivation der Bürgerinnen und Bürger, Filmbeiträge für das Programm eines Offenen Kanals zu produzieren, angemessen als Teil der kommunalen Kommunikationskultur aufgefasst und reproduziert werden kann.

Die Bürgerinnen und Bürger arbeiten hier völlig freiwillig, finden ihre Motivation also zum großen Teil in sich selbst und sollten genau darin Unterstützung finden. Eine Beschränkung der medienpädagogischen Zielgruppenarbeit in Offenen Kanälen auf formale Aspekte der Medienproduktion, wie diese durch die gesetzlichen Rahmenbedingungen festgelegt sind, können hierbei, demotivierend auf die Bürgerinnen und Bürger wirken. Eine in diesem Zusammenhang aufkommende und zu diskutierende These ist daher: Wenn

a)   Produktions- und Sendemittel vorgehalten und
b)   interessierte Laien bei der Benutzung dieser Anlagen unterstützt werden sollen, reicht es nicht aus, als OK-Mitarbeiter zu fragen:

- Hat der Nutzer, der einen Film veröffentlichen möchte, seinen ständigen Wohnsitz in der Bundesrepublik Deutschland?[21]
- Ist die angestrebte Buchung des Sendeplatzes im Rahmen der vorgegebenen vier Buchungen in vier Wochen geblieben?[22]
- Überschreitet der Beitrag die maximale Länge von 60 min?[23]
- Wohnt, arbeitet oder lernt die Bürgerin, der Bürger im Verbreitungsgebiet des jeweiligen Offenen Kanals?[24]
- Hat die Bürgerin, der Bürger die Nutzerordnung des Offenen Kanals anerkannt, in der festgelegt ist, dass zu veröffentlichende Beiträge „keine Werbung enthalten und auch

---

[21] Medienanstalt Sachsen-Anhalt (Hrsg.), Offene Kanäle vom 11.06.2008 (MBl LSA S.712) - OK-Satzung. http://www.lra.de/download/MSA-OK-Satzung.pdf, 03.07.2011, 22.38 Uhr, S. 5.
[22] Medienanstalt Sachsen-Anhalt (Hrsg.), a.a.O., S. 4.
[23] Ebd.
[24] Medienanstalt Sachsen-Anhalt (Hrsg.), a.a.O., S. 5.

nicht der Werbung für politische Parteien oder sonstige politische Vereinigungen zur Vorbereitung einer Wahl dienen"[25]? Dass „Werbung politischer, weltanschaulicher oder religiöser Art, Teleshopping sowie gesponserte Beiträge im Offenen Kanal unzulässig (sind)"[26]?
- Hat die Bürgerin, der Bürger schriftlich erklärt, dass der zu veröffentlichende Beitrag nicht gegen geltendes Recht verstößt und überwiegend selbst gestaltet ist[27]?

Podiumsdiskussion im OKMQ: K. Köhler-Terz / B. Brandi

---

[25] Medienanstalt Sachsen-Anhalt (Hrsg.), a.a.O., S. 6.
[26] Ebd.
[27] Ebd.

# Entwicklungen im Bereich Medienpädagogik zwischen Medienanstalt und Offenen Kanälen
Bettina Brandi / Johann Bischoff[28]

Um die Problematik der Arbeit mit dem Begriff Medienpädagogik im Zusammenhang mit den sachsen-anhaltischen Offenen Kanälen zu erleichtern, soll im Folgenden der Begriff Medienpädagogik anhand einer Beschreibung ausgesuchter geschichtlicher Aspekte beleuchtet werden. Anschließend sollen ausgesuchte Beispielprojekte das medienpädagogische Handeln, das über die tägliche Arbeit der Institutionen hinausgeht und von Zeit zu Zeit als die „Kür"[29] in der Arbeit der Offenen Kanäle bezeichnet wird, illustrieren. Solche Projekte zur Medienkompetenzförderung wurden und werden durch die Medienanstalt Sachsen-Anhalt, den Landesverband Offener Kanäle in Sachsen-Anhalt und die einzelnen Offenen Kanäle initiiert.

Eine Perspektive fasst Medienpädagogik als Möglichkeit auf, „Bürger aus der reinen Konsumentenrolle zu befreien"[30], nachdem im Nachkriegsdeutschland mit der Medienpädagogik vor allem „bewahrende" Absichten verfolgt wurden[31], also vor schädlichen Einflüssen der Medien geschützt werden sollen. Ziele des erneuerten medienpädagogischen Handelns bestehen darin, Menschen zu kritischen Rezipienten, zu mündigen Rezipienten zu erziehen, die die Fähigkeit zur sachgerechten Beschäftigung mit Medienprodukten als einem positiven Medienkonsum entwickeln. Medienpädagogik hat damit die Vermittlungsaufgabe, darauf hinzuweisen, dass Medienprodukte absichtsvoll gestaltet und veröffentlicht werden[32], gleichzeitig sollen „Technik und Stilistik sowie psychologische, moralische, kulturelle und physiologische Wirkungen der Medien" [33] deutlich werden. Die kritisch orientierte

---

[28] Diskussionsbeitrag von B. Brandi und J. Bischoff anlässlich des 20jahrigen Bestehens des OK - MQ 2018.
[29] Feigel, R., a.a.O., S. 17.
[30] Bischoff, J., Medienpädagogische Grundlagen. In, Bischoff, J., Brandi, B. (Hrsg.), Künstlerisch-technische Grundlagenvermittlung für die Ausbildung im Bereich der angewandten Kultur-, Medien- und Sozialpädagogik. Merseburger Medienpädagogische Schriften. Bd. 1., 2. erw. Aufl., Aachen 2006, S. 9.
[31] Vgl. Hüther, J., Podehl, B., Geschichte der Medienpädagogik. In: Hüther, J., Schorb, B. (Hrsg.), Grundbegriffe der Medienpädagogik, München 2005, S. 121 ff.
[32] Bischoff, J., a.a.O., S. 9.
[33] Ebd.

Medienpädagogik fördert die bewusste Mediennutzung, nicht das Ausweichen vor den Medien oder damit anscheinend verbundener Gefahren.
Eine andere Perspektive der Medienpädagogik bildet sich dort aus, wo in der Mediennutzung zunächst nur didaktische Funktionen gesehen werden. So sollen mit dem Medieneinsatz z.b. Unterricht und Ausbildung effektiv gestaltet und bildungsökonomischen Defiziten begegnet werden. Ein Stichwort in diesem Zusammenhang ist der programmierte Unterricht[34]. Lernen wird hier als Reiz-Reaktions-Vorgang betrachtet, dem Einsatz von Medien kommt hier die Aufgabe zu, innerhalb des Lernvorgangs als Reizauslösung und Reaktionskontrolle zu fungieren[35]. Medien vermitteln somit zwischen dem Lernobjekt (Schüler) und dem Lerngegenstand (Stoff)[36]. Lernprogramme können in unterschiedlichen Medien codiert sein: Bücher, Lernmaschinen, Filme, Hörstücke, Computerprogramme[37], damit wird vor allem der Zweck verfolgt, „Unterricht in kontrollier- und beliebig reproduzierte Schritte zu zerlegen"[38] und die Abwesenheit von Lehrpersonal durch medial vermittelte Lernprogramme zu kompensieren.[39] Die bildungstechnologische Medienpädagogik erhält unter den Einfluss emanzipatorisch geprägter Betrachtungsweisen zu Beginn der 1970er Jahre einen weiteren „Charakterzug", der sich z.B. darin zeigt, Unterricht als offenen Lernprozess von Schülern und Lehrern zu begreifen, in Medien Lernmittel diese offenen Lernprozesses zu erkennen, mit der Möglichkeit eigene Medien für diesen Unterricht zu erstellen, Medienrezeption und Medienproduktion somit als Anstoßmöglichkeit von Denken und Handeln zu erfassen und hierdurch zu anderen Medienverwendungsweisen zu finden.[40]
Eine dritte Perspektive, die in den späten 1970er Jahren[41] deutlich wird, versteht Medienpädagogik konsequent als eine emanzipatorische und handlungsorientierte Pädagogik, die nicht allein in der Schule stattfindet, sondern die Lebenswelt insgesamt mit einbezieht und somit auch

---

[34] Ebd.
[35] Vgl. Hüther, J., Podehl, B., a.a.O., S. 123 ff.
[36] Vgl. Bischoff, J., a.a.O., S. 10.
[37] Ebd.
[38] Hüther, J., Podehl, a.a.O., S. 124.
[39] Vgl. Bischoff, J., a.a.O., S. 10.
[40] Vgl. Hüther, J., Podehl, a.a.O., S. 124.
[41] Hüther, J., Podehl, a.a.O., S. 125.

andere Zielgruppen betrifft: Studierende, Erwerbstätige, Senioren. In der handlungsbezogenen Medienpädagogik besteht der zentrale methodische Ansatz darin, die aktive Medienarbeit als Möglichkeit der Erkenntnisgewinnung zu sehen. Dabei ist die Befähigung des Einzelnen zum Verstehen seiner Umwelt durch die Medienproduktion und Medienveröffentlichung ein zentraler Aspekt. So sollen Mitgestaltung, Verantwortungsfähigkeit, das Entwickeln eigener Standpunkte durch die Medienproduktion und die Medienveröffentlichung in eine andere Relevanz erhalten. Die Teilnahme an der öffentlichen Kommunikation mit Medienproduktionen, die in derartigen Lernsituationen erzeugt werden und die Unterstützung solcher Vorhaben, können eine starke individuelle und gesellschaftliche Relevanz beinhalten. Das Motivationspotential bestehe somit in der subjektiven Bedeutung, die Medienprodukte in den unterschiedlichen Lebenswelten der Nutzer durch aktive, der eigenen Situation entspringenden Einordnung in den alltäglichen Kontext erlangen zu können[42]. Durch Medienarbeit Wissen erwerben, durch Medienarbeit die eigene (authentische) Erfahrung, die Realität seiner Umwelt zu erkennen und selbst zu beschreiben, und auf diesem Weg zu Neuem, eigenen Handeln zu finden[43], kann als Credo der handlungsorientierten Medienpädagogik verstanden werden.

Die Beschreibung möglichen medienpädagogischen Handelns in den Offenen Kanälen Sachsen-Anhalts, die weiter oben bereits geleistet wurde, lässt an dieser Stelle eine Zuordnung in die Sichtweise der teilnehmer- und handlungsbezogenen Medienpädagogik erkennen:

- Bürgerinnen und Bürger erarbeiten sich Basisinformationen zu Organisationen und Strukturen, politischen oder sozioökonomischen Abhängigkeiten, Rechten und Einflussmöglichkeiten der Rezipienten.
- Bürgerinnen und Bürger erarbeiten sich die Befähigung zur analytischen Betrachtung von Kommunikations-prozessen im Bürgerfernsehen, Erkennen Produzenteninteressen, Formen der Gestaltung (Manipulation oder Veränderung des Ausgangsmaterials von Medienprodukten) bzw. Medienwirkungen.
- Bürgerinnen und Bürger handeln, indem sie zur Veränderung der

---

[42] Ebd.
[43] Vgl. Bischoff, J., a.a.O., S. 11.

unterschiedlichen Kommunikatoren oder bestehender Kommunikationsstrukturen mit ihren Medienprodukten beitragen[44].

Neben den Pflichtaufgaben, die Offene Kanäle in hoher Qualität realisieren, können in den vergangenen Jahren bis auf den heutigen Tag ganz unterschiedliche Maßnahmen erkannt werden, die das medienpädagogische Handeln auf unterschiedlichen Ebenen flankieren und unterstützen. Unter anderem angeregt wurde dies durch eine neue zunächst eher verwaltungstechnische Anforderung an die Offenen Kanäle, die von der Versammlung der MSA etwa um das Jahr 2003 formuliert wurde. Es sollten nun im Gesamthaushalt der Offenen Kanäle mindestens 10% als selbst erwirtschaftete Mittel ausgewiesen werden[45]. Damit sollte erreicht werden, dass die Offenen Kanäle auch die Kooperation zu anderen Förderinstitutionen suchen sollten. Oft konnten diese berühmten 10% dadurch im Haushalt ausgewiesen werden, indem Maßnahmen des 3. Arbeitsmarktes realisiert wurden: ABM, SAM, später Ein-Euro-Jobs. Gleichzeitig entwickelten sich einige Offene Kanäle zu Ausbildungseinrichtungen oder begannen Maßnahmen im FSJ / FSJ-Kultur zu realisieren, wofür diese gesonderte Förderung durch die MSA erhalten.

Es wurde durch die Einrichtungen aber auch der Versuch unternommen, Förderungen für die Umsetzung direkt einzelne medienpädagogisch orientierte Projekte durch Anträge bei kommunalen oder Landesverwaltungen zu erlangen. In einzelnen Einrichtungen entstand so eine regelrechte Projektkultur mit medienpädagogischer Ausrichtung, die in der Folge intensive, wenn auch nicht immer dauerhafte Kooperationen zwischen Offenem Kanal und vielen regional, aber auch überregional z.T. auch international agierenden Einrichtungen zur Folge hatte. Die Zusammenfassung der vom Bereich Bürgermedien jährlich abgeforderten Pressespiegel der einzelnen Bürgermedien ist hierfür ein anschaulicher Beleg.

Weitere aus der Versammlung der MSA an die Offenen Kanäle und Nichtkommerziellen Lokalen Radios herangetragenen, aber immer auch in der Diskussion mit den Bürgermedien modifizierte neuen

---

[44] Vgl. ebd.
[45] Interne Unterlagen des Offenen Kanals Merseburg-Querfurt e.V.

Anforderungen bestehen in der Ablösung der Fehlbedarfsfinanzierung durch die Festbetragsfinanzierung und dem schriftlich zu führenden Nachweis, dass mindestens 10% der Personalkosten direkt in medienpädagogisches Handeln überführt werden, so seit dem Haushaltsjahr 2010. Die folgende Aufzählung ist nicht auf Vollständigkeit ausgerichtet. Sie soll verdeutlichen, dass neben der Förderung der Bürgermedien z.b. durch die MSA weitere Maßnahmen ergriffen wurden, medienpädagogische Arbeitsfelder in Form einer spezifischen Projekt- und Kooperationskultur auf- und auszubauen bzw. zu festigen. Das trifft aber ebenso und sehr ausgeprägt auf die einzelnen Bürgermedien selbst zu, die im Rahmen ihrer Landesverbände oder auch individuell daran gearbeitet haben, sich weiterzuentwickeln und neue Möglichkeiten und Handlungsansätze zu finden.

| Initiatoren<br><br>Schwerpunkte | Medienanstalt Sachsen-Anhalt | Initiativen der einzelnen Offenen Kanäle in Sachsen-Anhalt | Landesverband der Offenen Kanäle in Sachsen-Anhalt |
|---|---|---|---|
| Gemeinsame Präsentationen / Medienpreise / Werkstätten | Bürgermedienpreis Sachsen-Anhalt, heute Mitteldeutscher Rundfunkpreis | OK Stendal<br>OK Dessau<br>OKMQ: Kurzfilmfestival „Kurz & Gut" | Jugendvideopreis des Landesverbandes der Offenen Kanäle |
| Weiterbildungsangebote für Nutzerinnen und Nutzer sowie Mitarbeiterinnen und Mitarbeiter Offener Kanäle | Kursangebote des Medienkompetenzzentrums der MSA Weiterbildungsangebote für OK-Vorstände und OK-Personal | Medienpädagogische Kurssysteme | Bürgermedientag Sachsen-Anhalt Regelmäßige Sitzungen des LOK |
| Gemeinsame Medienprojekte als Kooperationen | Gemeinsame Unterstützung / Nutzung des Multimediamobils beim OK Wettin | | Betrieb eines Servers zum Austausch von Sendedaten |
| Medienpädagogisch und wissenschaftlich orientierte Kooperationen mit kommunalen, regionalen und überregionalen Partnern | Hochschule Merseburg Martin-Luther-Universität Halle-Wittenberg | Medienpädagogisch orientierte Kooperationsprojekte mit Kommunalen Einrichtungen Kindergärten Grundschulen Sekundarschulen Gymnasien Berufsschulen Hochschulen | Kooperationen mit Stiftungen |

| Initiatoren  Schwerpunkte | Medienanstalt Sachsen-Anhalt | Initiativen der einzelnen Offenen Kanäle in Sachsen-Anhalt | Landesverband der Offenen Kanäle in Sachsen-Anhalt |
|---|---|---|---|
| | | Universitäten Vereinen Initiativen | |
| Publikationen | Beiträgen im ALM-Jahrbuch Schriftenreihe der MSA Internetseite der MSA mit gesetzlichen Grundlagen mit Überblick zu den Bürgermedien Bürgermedienportal Sachsen-Anhalt Medienportal Sachsen-Anhalt Pressespiegel zu den Bürgermedien | OK-Internetseiten Teilnahme an Sozialen Netzwerken Gedruckte Selbstdarstellung OK-Pressearbeit Wissenschaftliche Publikationsreihe „Dialog: Bürgermedien" | Geplant: Newsletter Flyer |

Abb. Unvollständige, gedächtnisgestützte überblicksmäßige Aufzählung zur medienpädagogischen Projektarbeit („Kür") der Medienanstalt Sachsen-Anhalt, des Landesverbandes Offenen Kanäle in Sachsen-Anhalt und der Offenen Kanäle in Sachsen-Anhalt ohne Berücksichtigung der Aspekte Vollständigkeit, Ort und Zeit / Zeitpunkte / Häufigkeit und Intensität, OK-MQ, Merseburg 2016.

## Stufe 3: Qualität halten und weiter ausbauen

Zu Beginn der Ausführungen wurde die Frage aufgeworfen, worin die hohe Qualität besteht, die durch die Medienanstalt Sachsen-Anhalt finanziert und durch die Offenen Kanäle in der Fläche realisiert wird. Die hier wiedergegebenen Beschreibungen kratzen dabei sicher an der Oberfläche, eine wissenschaftlich begleitete Beschreibung des medienpädagogischen Handelns in den Offenen Kanälen Sachsen-Anhalts könnte auch helfen, Mittel zielgerichteter einzusetzen. Dabei ist gemeint, dass ein zielgerichteter Einsatz von Mitteln auch dazu beitragen kann, ökonomisch mit Mitteln umzugehen, wobei eine Diskussion über die Höhe der im Bürgerfernsehen einzusetzenden Mitteln Kontroversen auslösen würde, aber zu führen wäre. Hier würde - so eine Prognose vom Schreibtisch aus - sicher gefragt werden, warum denn z.B. die Medientechnik so teuer sein müsse oder weshalb medienpädagogisches Handeln nicht auch kostenfrei zu bekommen sei. Knapper werdende Mittel sollten ein Argument dafür sein oder werden, die Bürgermedienkultur, die im Land Sachsen-Anhalt genau wie die Schulkultur eine Förderkultur ist, in ihrer Zielstellung noch stärker zu unterstützen, weil diese Unterstützung eine Investition in die Zukunft ist. Hier sollte im Gespräch mit Akteuren auf allen Ebenen nach Wegen gesucht werden, die geeignet sind, auch den haushaltsbezogenen Anforderungen der Gegenwart zu entsprechen. Die Qualität zu halten, heißt in diesem Zusammenhang ganz klar, medienpädagogisches Handeln in den Offenen Kanälen zu fordern und fördern.

„Bürger Macht Fernsehen", das ist der Slogan des Offenen Kanals Merseburg-Querfurt. In diesem Spruch schwingen ganz unterschiedliche Assoziationen mit: Bürger sind eine Macht. Bürger machen Fernsehen und engagieren sich für ihre Region, ihre Heimat, ihre Interessen. Bürger werden aufgefordert, sich einzusetzen, nicht still zu sein und sich einzumischen. Bürger leben die Demokratie, sie zeigen im Fernsehen, dass Demokratie keine hohle Phrase ist. Bürger setzen sich mit der Geschichte auseinander, sie informieren darüber, welche Aspekte sie als wichtig empfinden, nicht in Vergessenheit zu geraten. Bürger erwerben die Fähigkeit, im Recherchieren zu lernen, im Montieren zu gestalten und durch das Veröffentlichen wirksam zu werden. Bürger Macht Fernsehen bedeutet aber auch: Medienpädagogik in Offenen Kanälen ist Nutzerbetreuung, nicht Technikbedienung.

# Historisches:
# Vom Campusfernsehen zum Offenen Kanal Merseburg-Querfurt
Bettina Brandi / Johann Bischoff

Mit der Berufung von Bettina Brandi im Januar 1995 konnte aus dem Hochschulseminar „Campusfernsehen" ein Projekt zur Institutionalisierung von Offenen Kanälen in Sachsen-Anhalt wachsen, so die Hoffnung. Die Voraussetzungen dafür waren ideal, da Bettina Brandi zuvor als Leiterin der Öffentlichkeitsarbeit des Offenen Kanals in Berlin alle Voraussetzungen dazu nach Merseburg mitbrachte. Neben dem Aufbau ihres Lehrgebietes Theater- und Medienpädagogik und dem Aufbau der Theaterwerkstatt wurde der Projektantrag „Offener Kanal" in Seminaren und Arbeitskreisen mit engagierten Studierenden erarbeitet. In dieser Gruppe waren u.a. Astrid Altmann, die heute noch OKMQ Vorstandsmitglied ist, und Brigitte Kertscher, die später über Offene Kanäle in Deutschland promovierte und wesentlich an der Institutionalisierung des Senders mitgewirkt hat. Andere ehemalige Studierende, wie Steffen Hefter (Geschäftsführer nach der Gründung), Thomas Tiltmann (damaliger Vorstandsvorsitzender des OKMQ, jetzige Lehrkraft für besondere Aufgaben im Fachbereich SMK) oder Bettina Brandi wurden nacheinander entweder Vorstandsvorsitzende oder Geschäftsführer des Offenen Kanal Merseburg-Querfurt e.V. Die beteiligten Institutionen waren neben der damaligen Fachhochschule Merseburg (jetzt Hochschule Merseburg) mit den o.g. Lehrgebieten der Landesrundfunkausschuss Sachsen-Anhalt und das Land Sachsen-Anhalt. Der Inhalt des **Projektantrages von 1995** wird im Folgenden in gekürzter Form vorgestellt, da er die historischen Anfänge des Bürgerfernsehens in Merseburg deutlich macht.

**Projektantrag**
für die Einrichtung eines Offenen Kanals in Merseburg (1995)[46]

---

[46] Für die Publikation wurde der Antrag gekürzt; Bericht: B. Brandi.

**Vorbemerkung zum Antrag**
Offene Kanäle sind regionale oder lokale Sender, deren Programm nicht von bezahlten Mitarbeiterinnen und Mitarbeitern produziert und zusammengesetzt wird, sondern von Bürgerinnen und Bürgern, die im Radio oder Fernsehen etwas mitteilen wollen. Offene Kanäle sind in der Trägerschaft einer Landesmedienanstalt oder eines Vereins, der der Landesmedienanstalt durch eine Rundfunklizenz verbunden ist, organisiert.
Der Staatsvertrag zur Neuordnung des Rundfunkwesens hat in Artikel 6, Absatz 1 die Förderung Offener Kanäle durch die Rundfunkgebühren gesetzlich verankert. Diesem Rundfunkstaatsvertrag können die Länder in ihren Landesmediengesetzen zustimmen.
In Deutschland sind die ersten Offenen Kanäle Mitte der 1980er Jahre im Zuge der neuen Übertragungsmöglichkeiten via Kabel, bzw. Satellit zunächst innerhalb der Kabelpilotprojekte in Rheinland-Pfalz, Nordrhein-Westfalen und Berlin eingerichtet worden Zum derzeitigen Zeitpunkt sind zahlreiche Offene Kanäle in Deutschland in Betrieb. Die Vielzahl der Offenen Kanäle und ihre zu erwartende weitere Ausbreitung haben die Direktoren der Landesmedienanstalten veranlasst, ihre gemeinsame Arbeit auch auf diesem Gebiet durch die Einrichtung eines Arbeitskreises Offener Kanäle (AK OK) zu intensivieren. Der AK OK ist bundesweiter Ansprechpartner für alle Angelegenheiten, die Offene Kanäle betreffen.
Alle Bundesländer bis auf Bayern und Sachsen-Anhalt haben sich dem politischen Willen des Rundfunkstaatsvertrages auf eine Bürgerbeteiligung an den Medien im Sinne des Artikels 5 des Grundgesetzes (freie Meinungsäußerung) angeschlossen und die Einrichtung und Förderung Offener Kanäle gesetzlich verankert. (...)
Offene Kanäle folgen keinem Programmauftrag. Sie legitimieren sich in erster Linie dadurch, dass sie ein Bürgermedium sind: die Inhalte (das „Programm") dürfen nicht in Vergleich oder Konkurrenz zu anderen Programmen gesetzt werden. Das Bemühen der Politik um die politische und finanzielle Absicherung muss seitens der Offenen Kanäle durch eine konzeptionelle und inhaltliche Diskussion legitimiert und unterstützt werden. Dafür werden vor allem zwei Ansatzpunkte gesehen: Offene Kanäle sollten verstärkt ein medienpolitisches Angebot machen. Projekte, wie z.B. „Offener Kanal in der Schule" im Saarland

und in Schleswig-Holstein weisen den Weg. Ähnliche Projekte im Bereich der Bildung, Kultur- und Sozialarbeit sind denkbar. Mit ihrer personellen und technischen Ausstattung können Offene Kanäle richtungsweisende Impulse in der praktischen Medienerziehung und Medienqualifizierung sowie in der Sozialisation benachteiligter Gruppen geben.

**Begründung: Projektantrag Merseburg/Leuna/Halle**
Medienpolitischer Hintergrund in Sachsen-Anhalt: Das Gesetz über den privaten Rundfunk in Sachsen-Anhalt vom 22.5.1991 schloss die Einrichtung Offener Kanäle bisher aus. Es entsprach damit dem Willen der bislang regierenden CDU/FDP-Koalition und deren Gesetzgebung. In der letzten Legislaturperiode wurde von CDU und FDP eine Gesetzesänderung eingebracht, die auch ein Modellprojekt Offene Kanäle enthielt. Dieser Novellierungsentwurf musste insbesondere in Hinblick auf die finanzielle Sicherung und dauerhafte Einrichtung Offener Kanäle kritisch geprüft werden. Bisherige Erfahrungen in den alten Bundesländern hatten gezeigt, dass eine direkte oder indirekte Anbindung an die Landesmedienanstalten unabdingbare Voraussetzung für die erfolgreiche Einrichtung und Entwicklung Offener Kanäle sei.
Die Beteiligung der Landesmedienanstalten kann auf unterschiedliche Weise erfolgen: der Offene Kanal wird regelmäßig und dauerhaft von der Landesmedienanstalt getragen, bzw. eingerichtet. Das Gesetz kann aber auch lediglich eine Pflicht der Betreiber von Kabelanlagen zur Bereitstellung eines Offenen Kanals normieren. In jedem Fall sorgen die Landesmedienanstalten aber für die konkreten Rahmenbedingungen. Insbesondere sichert die Landesmedienanstalt die Verfügbarkeit von Übertragungsmöglichkeiten. Des Weiteren stellt sie auch ggf. die Produktionsmittel oder Produktionshilfen (Studios, Beratung etc.) bereit und regelt meist auf der Grundlage einer besonderen Satzung die Benutzung durch die Bürgerinnen und Bürger. Damit verbinden sich Elemente der Trägerschaft, der Aufsicht und der Förderung. Hinter den entsprechenden gesetzlichen Konzepten steht offensichtlich die Überzeugung, dass der Offene Kanal als veranstalterfreies Forum einer möglichst ungehinderten, unkomplizierten und in jedem Falle nicht kommerziellen Bürgerkommunikation mit Hilfe von Hörfunk und Fernsehen einer besonders intensiven „positiven" Sicherung bedarf.

Mit dem damals neuen Landtag und der am 22. Juli 1994 vereidigten Regierungskoalition von SPD und Bündnis 90/die Grünen in Sachsen-Anhalt konnten auch auf dem Gebiet der Medienpolitik neue Wege beschritten werden.

## Zur Idee: Standort Merseburg/Leuna/Halle

Der Standort eines Offenen Kanals in Merseburg konnte danach (Förderung sozialer und kommunikativer Kompetenzen, Umgang mit Massenmedien) in mehrfacher Hinsicht auf die Regulierung der Kultur- und Regionalpolitik eines Problemgebietes einwirken. Nach einer kulturell reichen Geschichte wurde Merseburg Ende des 19. Jahrhunderts in einer rasanten Entwicklung zum Industriestandort für Braunkohle und expandierte durch die Einrichtung der Chemiewerke Leuna und Buna ins südliche, westliche und nördliche Umland. Die Entwicklung veränderte die Stadt und die Menschen nachhaltig. Die Zeit nach 1945 ist gekennzeichnet von der Errichtung gesichtsloser Massenwohnbauten und dem Zugriff auf die historische Substanz der Altstadt, deren urbaner Kern nachhaltig zerstört wurde. Daneben sorgte der hohe Schadstoff Ausstoß der chemischen Industrie für irreparable Folgeschäden an dem verbliebenen Teil. Nach der Schließung der Chemiewerke und den Folgen der Veränderungen durch den Vereinigungsprozess in Deutschland, ist Merseburg zur Problemregion in Sachsen-Anhalt geworden. Die Stadt hat aber insbesondere durch ihre günstige geografische Lage (Halle, Leuna, Merseburg) und die soziokulturelle Infrastruktur gute Voraussetzungen für innovative, die Region stärkende Projekte.

Johann Bischoff erarbeitete im Sommersemester 1994 Vorschläge für die Einrichtung eines Offenen Kanals in Merseburg. Neben Umfragen in Halle und Merseburg entstanden zahlreiche Entwürfe für vorbereitende Maßnahmen zur Einrichtung eines Offenen Kanals. Die Studentinnen und Studenten konnten mit bereits vorhandenem technischem Equipment der Hochschule exemplarische Beiträge und Informationsfilme zum Offenen Kanal erarbeiten. Im folgenden Sommersemester 1995 (Beginn meiner Dienstzeit als Professorin im Fachbereich SMK) war eine Fortsetzung dieser Projektarbeit unter Einbeziehung von Jugendgruppen, Vereinen, Bürgerinitiativen etc. geplant. Auch für das Studium der Sozialpädagogik und Sozialarbeit war damals die Einbeziehung der Lehrinhalte „Medienpädagogik" und „Instrumente der lokalen Bürgerbeteiligung" eine sinnvolle und zeitgemäße Ergänzung, die sich problemlos auch auf andere Bereiche der avisierten Berufsfelder anwenden ließ.

In der Klammer zwischen Lehr-, Bildungs-. Kultur- und Sozialarbeit lag der Reiz für die Einrichtung eines Offenen Kanals in Merseburg. Merseburger Bürgerinnen und Bürger konnten über die Formulierung ihrer eigenen Meinung verlorengegangene Identitäten wiedergewinnen, soziale und kommunikative Kompetenzen erwerben, einen Ort finden, an dem aufkommenden Isolierungstendenzen durch gemeinsames Handeln und Kommunikation etwas entgegengesetzt wird, so unsere Annahmen. Der Offene Kanal in Merseburg sollte wegweisend für die weitere Entwicklung der Bürgerbeteiligung am Medium Rundfunk in den Neuen Bundesländern sein und dieses durch die Ergebnisse einer wissenschaftlichen Begleitforschung durch den Lehrbereich „Medienwissenschaft und Ästhetik" nachweisen.

**Projektverlauf**
Das gesamte Projekt wurde über die Dauer von zwei Jahren unter Beteiligung der o.g. Institutionen an der Hochschule Merseburg durchgeführt. Nach Abschluss der Projektphase wurde der Offene Kanal ab 1997 als Verein weitergeführt. Die Rahmenbedingungen für z.B. die Verfügbarkeit von Übertragungsmöglichkeiten, die Abnahme der Satzung sowie die Sicherstellung der technischen und personellen Ausstattung des Offenen Kanals sollten nach dem Modell Rheinland-Pfalz vom Landesrundfunkausschuss Sachsen-Anhalt vorgegeben werden.

**Wissenschaftliche Begleitforschung des Modellversuchs**
Das Forschungsprojekt analysierte die diskursive und unbewusste Resonanz auf audiovisuelle Kommunikate bestimmter Rezipientengruppen (Bürger unserer Region), mittels derer sie ihren Alltag medial bewältigen. So sollten durch das Medium Video exemplarisch Probleme der Region transparent und damit den Bürgern der Region (Produzenten und Rezipienten) die Möglichkeit gegeben werden, aktiv an gesellschaftspolitischen Veränderungsprozessen teilhaben zu können. Das implizierte eine bewusste Auseinandersetzung mit erlebter Realität und gesellschaftspolitischen Zusammenhängen. Die intensive Auseinander-

setzung mit den eigenen Kommunikaten macht Manipulationsmechanismen der Massenkommunikation deutlich und soll aktives Handeln fördern.[47] In einem ersten Schritt bedeutet dies ein Reagieren auf als defizitär empfundene Situationen, das kann zur Veränderung des eigenen Konsum- und Sozialverhaltens anleiten und so auch zur Veränderung von Kommunikationsstrukturen führen. Reagieren ist gemeint als eine Art Exposé-Erstellung über Inhalte der eigenen Betroffenheit. In einem zweiten Schritt gilt es dann, die eigene Betroffenheit medial zu handhaben in Form einer technischen, dramaturgisch-ästhetischen und inhaltlichen Bearbeitung des Exposés. Als dritter Schritt ist eine Veränderung der Auseinandersetzung mit der vorfindbaren Realität durch die Veröffentlichung der eigenen Kommunikate anzustreben, die somit ein Akt der politischen Willensbildung darstellt. In der Begleitforschung sollte neben der klassischen Dokumentation über die Institutionalisierung eines Offenen Kanals im Industriedreieck Halle/Merseburg/Leuna (Evaluationsstudien) eine Rezipientenforschung durchgeführt werden; eine Methode, die innovativen Charakter im Rahmen bisheriger Forschungsergebnisse zum „Offenen Kanal" haben sollte. Erster Schritt der Rezeptionsanalyse war die Untersuchung der audiovisuellen Kommunikate über die erlebte Alltagswelt der Produzenten. Methodische Grundlage ist die Aussagen-/ Inhaltsanalyse, die sowohl quantitative als auch qualitative Aspekte berücksichtigt. Der zweite Schritt der Rezeptionsuntersuchung analysierte die subjektive Resonanz in der unmittelbaren Erinnerung von Rezipienten im Industriedreieck auf ausgewählte Produktionen der Bürger. In der freien Assoziationstätigkeit vermischen sich mit den medial inszenierten Alltagserfahrungen, Wünsche, Ängste, Hoffnungen, Erinnerungen etc.; in den Rezeptionsprozessen werden die unbewussten Mechanismen von Abwehr und Verdrängung, bzw. Neuinterpretation filmischer Botschaften wirksam. In dieser Rezeptionsuntersuchungsphase sollten ausgewählte Gruppen unter der Leitung eines geschulten Diskussionsleiters angeregt werden, über die Bürgerproduktionen, die sie unmittelbar vorher angeschaut hatten, zu sprechen. Methodische Grundlage dafür war die themenzentrierte Interaktion, die sich in sozialpsychologischer und medienwissenschaftlicher Forschung bewährt hat.

---

[47] Ebd.

Projektarbeit zur Institutionalisierung eines Offenen Kanals in Merseburg
Leitung: J. Bischoff / B. Brandi im Hintergrund (Foto: V. Knoblauch)

**Der Offene Kanal Merseburg heute**
Nach dieser oben geschilderten mehrjährigen Antragsphase und der Unterstützung von Seiten des Landes, der Hochschule und des damaligen Stadtverbundes Merseburg-Querfurt wurde der Offene Kanal 1998 eröffnet. Gründungsvorsitzende und langjähriges Vorstandsmitglied war Prof. Bettina Brandi, die zu Beginn noch die unterschiedlichsten Kontakte in die hiesige neue bürgernahe Medienarbeit einbinden konnte; wie zum Beispiel Ulrich Kamp (1948 - 2011), dem Begründer der ersten Offenen Kanäle in Rheinland-Pfalz, Jürgen Linke, dem langjährigen Leiter des Offenen Kanal Berlin (siehe Beitrag in dieser Publikation) sowie ehemalige Nutzer/Nutzerinnen oder Medienassistenzen aus Berlin.

Erste Produktionen mit Steffen Hefter im Offenen Kanal MQ (Foto: B. Brandi)

Bettina Brandi, Jürgen Linke (damals Offener Kanal Berlin) und Johann Bischoff auf einer Tagung zum Offenen Kanal Merseburg vor dem TaC Theater am Campus März 2004 (Foto: privat B. Brandi)

Medienkompetenzentwicklung und medienpädagogische Zielgruppenarbeit kennzeichnen zunehmend die Arbeit des Offenen Kanals in Merseburg. Durch das Engagement der Studierenden wie auch Lehrenden und der engen Anbindung an die Hochschule Merseburg können neben dem normalen Betrieb mit den Bürgern der Stadt auch studiennahe Projekte mit den unterschiedlichsten Zielgruppen realisiert werden. Schon seit mehreren Jahren ist die Medienarbeit mit Schülern und Jugendlichen ein Schwerpunkt der Arbeit im Offenen Kanal. Dazu werden durch die Mitarbeiter des Offenen Kanals oder externe Dozenten Übungen und Workshops angeboten, bei denen z.b. Kinder und Jugendliche lernen können, sich mit Fotos, Collagen, Theater, Rollenspielen und audiovisuellen Beiträgen auseinanderzusetzen. Durch handlungsbezogene Aneignungsmöglichkeiten der Produktion von Medien im Erziehungsprozess kann eine passive Form der Verarbeitung von Medienkonsum entgegengetreten werden. Eltern sollten ihre Kinder ermuntern, diese Form der Wirklichkeitsaneignung auch zu Hause fortzusetzen. Dies trägt bei den kleinen wie den großen Nutzern zum Verständnis der Wirkungsweise der Medien bei. Nicht nur die Gestaltungsprozesse und Inhalte der Medien, sondern auch die ökonomischen Interdependenzen und Interessen der Medienmacher haben damit im Sinne der „alten Medientheoretiker" nicht ihre Bedeutung verloren.

Vor allem den Studierenden des Fachbereichs Soziale Arbeit.Medien.Kultur der Hochschule bietet sich hier ein hervorragendes Praxisfeld. Experimentelle Videokunst, Vorlesungen, Diskussionsrunden und Livesendungen zu verschiedenen Themen werden produziert und den OK-Zuschauern zugänglich gemacht. Studierende haben darüber hinaus die Möglichkeit, Praxiserfahrungen im Bereich der Medienpädagogik und des Projektmanagements zu sammeln, indem sie eigene medienpädagogische Projekte realisieren oder Projekte begleiten.
Das Fernsehstudio am Campus und des Theaters am Campus (TaC) ist mit dem Offenen Kanal verbunden, so dass damit Live-Übertragungen aus der Hochschule möglich sind. Motivierte studentische Teams wurden immer wieder gefunden, die die jährlichen Theateraufführungen oder andere Veranstaltungen und Tagungen filmisch festhielten und veröffentlichen. Auf der Webseite des Offenen Kanals oder der Mediathek sowie über Livestream können die Produktionen der Studierenden und der Nutzerinnen und Nutzer von den Bürgerinnen und Bürgern der Stadt Merseburg verfolgt werden. Für die Arbeit in Offenen Kanälen ist die medienpädagogische Aufgabe zur kritischen Nutzung der Medien nach wie vor konstitutiv - und die Anstrengung einer eigens produ-

zierten Sendung gemeinsam mit anderen setzt natürlich andere Kräfte frei, als eine anonym hingeworfene Äußerung in den sozialen Medien.

Interkulturelle Bildungsarbeit im Offenen Kanal mit Studierenden der Hochschule Merseburg und Studierenden der Kulturuniversität St. Petersburg und der Universität Wolgograd (Initiatoren der Kooperation mit russischen Hochschulen: Dr. Gabi Meister / Prof. Dr. Johann Bischoff).

# Offene Bildungspraktiken für alle in realen und virtuellen Räumen
Bildung und Medien - eEducation, eBildungslabor
Nele Hirsch[48]

Einen schönen guten Tag! Ganz herzlichen Dank für die Einleitung. Ich habe gedacht, über offene Bildungspraktiken in einem Offenen Kanal zu reden, passt ja eigentlich sehr gut. Ich glaube, dass es da ziemlich viele Überschneidungen gibt, was Sie ja in Ihrer täglichen Arbeit machen; ich möchte daher Eindrücke und Impulse zum Weiterdenken anbieten.
Mein Name ist Nele Hirsch, das ist schon eingeleitet worden. Ich arbeite in einer Initiative, die nennt sich eBildungslabor, und es geht dort darum, zeitgemäße Bildung zu realisieren. Das heißt heutzutage, relativ häufig das Thema digital unterstütztes Lehren und Lernen aufzugreifen. Ich arbeite dort sehr viel zusammen mit Schulen, aber durchaus auch mit außerschulischen Akteuren und vor allen Dingen auch im Bereich Nichtregierungsorganisationen. Das ist ganz häufig dann nicht in einem ersten Part, dass man sagt, jetzt reden wir über Medienpädagogik, sondern es geht tatsächlich im ersten Schritt darum, dass man sagt, wie

---

[48] Transkription einer Rede von Nele Hirsch anlässlich des 20-jährigen Jubiläums des Offenen Kanals Merseburg.

können uns denn die digitalen Medien dabei helfen, unsere Aktivitäten, die wir durchführen, also an der Schule zu lehren und zu lernen, wie können die uns dabei unterstützen. Oder im Bereich Nichtregierungsorganisation, wie kann uns das dabei helfen, unsere Themen, unsere Position zum Beispiel besser in die Öffentlichkeit zu bringen. Das Ganze hängt dann aber natürlich sehr eng damit zusammen, wie auch der Titel der heutigen Tagung ist.

Wenn ich das erkläre, was ich eigentlich so mache, dann habe ich sehr oft diesen Dreiklang: Medien nutzen, Medien gestalten und Medien reflektieren. Und wenn man sich anguckt, wie der Titel der heutigen Tagung lautet mit diesem „Lernen mit, durch und über Medien", sieht man, dass das natürlich ganz genau deckungsgleich ist.

Um das ein bisschen zu verdeutlichen, was sich dahinter verbirgt, mochte ich dieses Foto ganz gerne besprechen, was dieses Jahr im Sommer durch die sozialen Medien geisterte, die Instagram-Boyfriends. Das Schöne daran ist, dass man eigentlich diese drei Aspekte drin hat. Es geht um die Mediennutzung, die ganzen Jungs sitzen da mit ihrem Smartphone oder anderen Geräten. Ganz genau so geht es auch darum, Medien zu gestalten, es werden ja Fotos gemacht. Und gleichzeitig die letzte Person, die das Foto machte, von allen die dort saßen und ihre jeweilige Freundin im Wasser fotografierten, machte natürlich auch so etwas wie eine Medienreflektion, weil die Person dann natürlich sagte: „Ey, was tun wir überhaupt? Was für einen Sinn hat das Ganze überhaupt? Wollen wir das überhaupt so? Ist das sinnvoll hier am Strand zu sitzen und alle machen wir das gleiche Foto? Was steckt da vielleicht auch für eine Selbstdarstellung dahinter?" Und ähnliches. Dieser Dreiklang „Medien nutzen, Medien gestalten, Medien reflektieren" ist eigentlich ganz schön eingefangen in so einem Bild.

**Mediennutzung wird tendenziell unsichtbar:** Ich möchte für den Einstieg verschiedene Aspekte erstmal nehmen, von denen ich denke, die heutzutage im Kontext von Medienpädagogik oder im Arbeiten mit digitalen Medien schwieriger werden, was vielleicht auch eine Herausforderung wird und wozu man vielleicht so ein bisschen gucken muss, wo brauchen wir auch neue Antworten. Also, wir hatten ja heute Vormittag den Rückblick gehabt, wo müssen wir vielleicht auch weiterdenken und etwas anderes machen. Die erste These ist entnommen aus dem

Buch von Roberto Simanowski, was ich empfehle zur Lektüre, mit dem Titel „Stumme Medien", was so viel bedeutet wie, die Mediennutzung heutzutage wird eigentlich tendenziell unsichtbar. Das hatten wir heute Morgen schon in ein paar Vorträgen gehört, als dieses Diktum war, Jugendliche was machen denn heute, die gehen ja nicht mehr online, sondern sie sind ja eigentlich online. Wir werden es auch selber merken, es ist völlig normal, dass mein Smartphone mich morgens weckt oder dass ich mal schnell zwischendurch gucke, habe ich eine neue Mail. Also, es ist nicht mehr so, dass ich sage, jetzt mache ich etwas bewusstes, nehme ein Smartphone, nehme mein Tablet, nehme meinen Laptop und fange damit an zu arbeiten, sondern es hat sich ganz fest schon in den Alltag verschachtelt und verschränkt. Das ist natürlich eine Herausforderung, dass Medienpädagogik an dieser Stelle sagt, wenn das gar nicht mehr etwas ist, wo man sagt, was tue ich denn jetzt hier irgendwo, wird dieser erste Schritt hin zur Medienpädagogik – das wäre meine Auffassung – eher erstmal schwieriger als einfacher.

Nächster Punkt, auch das wurde heute Vormittag schon angesprochen, das Problem der Monopolisierung. Wenn wir davon reden, Smartphone - eigentlich als Kulturzugangsgerät - ein Smartphone als eigentlich etwas, das uns berichten soll in meinem Alltag, und ich mir dann solche Zahlen angucke, dass 95% der Suchanfragen in Deutschland über die Suchmaschine Google gemacht werden. Dann muss man sich schon die Frage stellen, bereichert das tatsächlich unser aller Alltag oder ist es nicht eher so, dass wir doch gefangen sind in sehr engen Rastern, die wir uns natürlich zum Teil durch unsere eigenen Handlungen setzen, aber die zum Teil auch, das hatten wir heute Morgen auch schon gehört, durch Interessen, die hinter diesen Mechanismen im Internet stehen, einfach ganz klar festgesetzt und beschränkt werden. Auch das sind dann neue Herausforderungen für Medienpädagogik.

**Mediengestaltung wird immer einfacher (fremdbestimmter):** Was Sie hier sehen, ist ein Werbeclip von einer Präsentationssoftware. – Meine eigene Präsentation ist nicht damit erstellt! – Sie nennt sich sehr passend „beautiful AI", ja, also schöne künstliche Intelligenz. Was Sie mit dieser Präsentationssoftware machen können, das sieht man jetzt hier nur in Ansätzen, ist, Sie laden Ihre Stichpunkte hoch, die Sie für die Präsentation haben wollen, über künstliche Intelligenz wird mittels Texterkennung erkannt, was wollen Sie ihm jetzt gerade sagen. Es werden passende Bilder rausgesucht, es wird eine passende Vertonung erstellt und sie kriegen schon in einem ersten Schritt relativ schnell eine ganz passable erste Präsentation hin. So, wenn wir dann also aus einer medienpädagogischen Perspektive immer sagen, es geht doch um aktive Mediengestaltung, wir wollen doch lernen und die Möglichkeit haben, etwas selber zu produzieren mit den digitalen Medien. Und wenn wir dann solche Tools sehen, muss man dann nicht fragen, ist das noch ein medienpädagogischer Ansatz oder ist die Herausforderung von Medienpädagogik dann tatsächlich das Erstellen von der Präsentation oder doch viel eher das Verstehen, wie werden denn hier gerade Präsentationen erstellt, und wie könnten wir damit umgehen.

**Mediengestaltung geschieht immer intransparenter:** Auch das ist soetwas. Ich habe da jetzt sozusagen das Innenleben von technischen Geräten einfach mal durchgenommen. Ich glaube, daran wird es so symptomatisch erstmal deutlich. Ich habe jetzt, als ich ein neues Smartphone hatte, das zum ersten Mal gehabt, dass ich das Gerät nicht mehr aufklappen kann, um meine Sim-Karte einzubauen, sondern die wird oben über eine Steckleiste eingeschoben.

Das ist dann ein weiterer Punkt, dass man eigentlich gar nicht mehr sieht, was dahinter passiert. Und mit den Geräten, was so das Innenleben von den Geräten betrifft…, Hardware ist dann das eine, aber ganz genau so ist es auch, wenn ich Seiten im Internet aufrufe, wie soziale Netzwerke…, aber was hier dahintersteht, welche Prozesse da ablaufen, die sind doch tendenziell immer weniger sichtbar und damit auch weniger aufgreifbar. Und du hast dann wieder aus der medienpädagogischen Perspektive dazukommen… es ist natürlich auch viel schwieriger Menschen dann da in irgendeiner Form hinzuführen.

Also, wenn ich mir das überlege, dass die ganzen Projekte, die ich total super finde, also, gar nicht in irgendeiner Form kritisieren will, zum Programmierenlernen…, schaffen wir es tatsächlich, wenn ich so einen kleinen Calliope mini habe, den Schülerinnen und Schülern dann an dieser Stelle verdeutlichen, „Aha, das ist also der Einstieg, damit programmierst du so was wie dein Smartphone, da sagen die, also das kann jetzt echt mehr als: „blink, blink, blink".

Damit sehen wir diese Herausforderung, der wir uns stellen müssen, von den ersten Schritten des Medienhandelns, hin zu dem, was dann eigentlich die Medienrealität ist. Das ist, glaube ich, heutzutage ein viel größerer Schritt, als in der Anfangszeit, solche medienpädagogischen Aktivitäten zu machen.

**Mediengestaltung heißt nicht automatisch Kreativität:** Das schließt ganz schön an, an das, was ich vorher gezeigt hatte, mit dieser schönen Künstliche-Intelligenz-Präsentationssoftware, und ist jetzt von Apple, die ihren neuen Werbeslogan haben: „Everyone can create", jeder kann gestalten. Das Prinzip ist, sie sagen: „Schaut mal, wie cool die Schülerinnen und Schüler aktiv werden können. Die wählen von uns einfach die Dinosaurierform oder die Känguruform aus, machen die Stärke ein bisschen geringer und können dann mit dem Apple-Stift oder auch mit dem Finger herum fahren." Und wenn man sich dieses Video, diesen Clip jetzt weiter ansieht, also den Werbeclip zu „everyone can create", geht das Ganze dann weiter, dass das gefüllt wird mit einer Farbe, noch ein bisschen verschönert wird; und das Ende ist dann, dass man dieses selbstgezeichnete dann nach oben schiebt und die Form, die man ursprünglich als eine feste Schablone hatte, rausgelöscht wird. Und das wird dann verkauft als: „Oh wie cool, jeder kann gestalten". Geht es in der Medienpädagogik nicht darum, dass ich eine vorgefertigte Form, die ich sozusagen finde, nachzeichnen kann und sagen kann, okay, jetzt kann ich selber so ein Känguru, so ein drachendinosaurierartiges Tier malen. Das kann es ja von meiner Sicht tatsächlich nicht sein.

**Medienreflexion bleibt auf der Strecke:** Und dann, das ist Herr Spitzer, wurde schon erwähnt heute Morgen, das ist ein Screenshot aus der letzten „Hart-Aber-Fair"-Sendung, vielleicht hat es der eine oder andere gesehen; mit dabei war der Medienpädagoge Jöran Muuß-Merholz. Und ich finde, das ist relativ treffend, dieser Blick und wie das Ganze dann zusammengefasst wurde, weil wir gesellschaftlich tatsächlich in so einer Debatte stecken, dass es so ein Erhitztes ist zwischen „die neuen Medien sind der Untergang des Abendlandes" bis hin zu „wir müssen da doch jetzt etwas machen und wir müssen gucken", und dass dazwischen eigentlich fast keine Verständigung und sinnvolle Diskussion mehr möglich wäre. Gerade das wäre ja aus meiner Sicht nötig. Ich für mich kann sagen, dass ich mich nie einordnen würde in sowas, was man die „Digitalisierungs-Euphoriker" nennt, die vorne herauspreschen wollen, keine einzigen Risiken sehen oder ähnliches, sondern ich wäre unwahrscheinlich daran interessiert, auch eine kritische Diskussion darüber zu führen, wo wollen wir denn eigentlich hin. Aber wenn man dann mit Kolleginnen und Kollegen, wie Manfred Spitzer an einem Tisch sitzt, und die dominieren ja leider die gesellschaftliche Debatte zu diesem Thema, ist eben sowas tatsächlich nicht möglich.

**Es geht auch anders:** Ja, was tun? Ich habe diese Punkte nochmal zusammengefasst, die wir jetzt gesehen haben. Also, monopolisiert, fremdbestimmt, unsichtbar, unkreativ und unreflektiert und einfach dagegengesetzt, dass das ganze natürlich auch anders sein könnte, und ich glaube, wenn wir heute Morgen auch die Vorträge gehört hatten, von offenen BürgerInnen-Medien und was da so ein bisschen der Ansatz ist, dann finden sich, glaube ich, sehr viele auch von diesen Schlagworten auf der rechten Seite, also Dezentralisierung, Souveränität, Transparenz, Kreativität, Reflektion, hier einfach wieder.

Mein großer Ansatz ist, was ich immer versuch zu sagen, Offenheit als ein ganz wesentliches Prinzip zu nehmen, um zu sagen, in diese Richtung können wir gegensteuern, um dann eben diese positiven Sachen zu haben und die Herausforderung anzugreifen. Und Offenheit ist dann eben mehr, als einfach nur zu sagen, hier stelle ich meine Präsentation offen im Netz zur Verfügung, oder ich lizensiere so etwas mit einer offenen Lizenz. Sondern es hat natürlich sehr viele Facetten und betrifft vor allen Dingen auch die Sachen zu Beginn und zu Ende von einer Projektplanung. Also, dass ich am Anfang schon sage, ich bemühe mich ein Projekt so zu gestalten, dass möglichst viele das verstehen können und sich auch mit einbringen können und dann gemeinsam Entscheidungen getroffen werden, im Prinzip.

Dann kommt dieser Punkt, den die meisten mit Offenheit verbinden, also Inhalt und Software tatsächlich offen für alle weiter nutzbar zu machen, aber auch damit ist man noch nicht fertig, sondern es sollte weiter darum gehen, alle einzuladen zum Mitzumachen, zum Beteiligten und das natürlich auf jeden Fall in einer sehr inklusiven Art und Weise. Also nicht irgendwelche Menschen an der Beteiligung zu behindern.

## 1. Open Education Resources

Ich hab dann hier fünf Bereiche herausgegriffen, die aus meiner Sicht solche Ansatzpunkte sein können, um Offenheit in so einer Art und Weise deutlich zu machen, aber dieses, was ich gerade sagte, ist, glaube ich, ganz wichtig, also dass man nicht sagt, mit diesem einen Teil ist das dann fertig, sondern dass man immer auch so eine Projektlogik denkt, und sagt, das ist dann ein Bestandteil, wie ich ein offenes Projekt machen kann, aber dieses andere mitnehmen, weil ich Sachen erkläre, und andere auch danach zu beteiligen und zum Mitmachen einzuladen gehört dann ganz unbedingt damit dazu.

So und der erste Aspekt, ist das, was gerade so in der bildungspolitischen, in der bildungswissenschaftlichen Debatte mit so das vieldiskutierteste Thema aus meiner Sicht ist, die open educational resources, abgekürzt OER. Wo man erstmal sagen kann, naja, was hat das denn jetzt so Großartiges, so spannend ist das dann letztendlich doch nicht, denn eigentlich ist es nicht viel mehr als zu sagen, früher hatten wir traditionelle Bildungsmaterialien, proprietäre Bildungsmaterialien, die unter dem urheberrechtlichen Schutz waren. Was ist aber OER im Unterschied dazu? Es ist Bildungsmaterial mit einer offenen Lizenz, was erstmal sehr juristisch und wenig spannend klingt, ist dann das, was damit ermöglicht wird. Wenn ich Bildungsmaterial habe, was offen lizensiert ist, kann damit eben plötzlich ganz viel passieren, und es kann ganz viel gemacht werden, weil ich es nicht nur nehmen kann und weiterverbreiten kann oder beliebig nutzen kann, wie ich will, sondern vor allen Dingen auch weiterverarbeiten, vermischen und verbreiten, wie ich das in irgendeiner Form wünsche.

## 2. Open Source

Und eng damit zusammenhängend, ist dann die Open-Source-Software-Komponente und daran kann man das, was OER leisten können, aus meiner Sicht, relativ gut deutlich machen. Diese Präsentation, die ich Ihnen hier zeige, ist mit einer Software gemacht, die ein Beispiel für eine Open Source Software ist, die sich H5P nennt. Wenn Sie jetzt zu Hause sagen, ach, ja, doch, da fand ich eigentlich einige Sachen ganz nett und würde mir das gerne holen, aber die Einstiegsfolie geht gar nicht, ich will das woanders machen, ich will auch noch ein paar andere Aspekte daraufsetzen, das andere, das brauchte ich eigentlich gar nicht, dann funktioniert das über diese Software. Wenn man das direkt aufruft als Präsentation, man einen kleinen Downloadbutton hat. Das heißt, ich kann das insgesamt herunterladen, mir als für mich neue Präsentation hochladen und dann beliebig daran herumschreiben, umändern und das ganz genau so gestalten, wie ich das eben haben will. Und das ist damit ganz praktisch, also diese Kombination zwischen OER und Open Source. Wenn das auch technisch möglich ist, dass man tatsächlich viel mehr zu etwas kommen kann, dass man gemeinsam an Inhalten arbeitet, dass man Inhalte auch weiterentwickelt, dass man, was wir so oft sagen, dass Kollaboration und gemeinsame Arbeit und Austausch, dass man das im Bildungssystem sowohl eben im schulischen als auch im außerschulischen Bereich viel mehr zur Realität werden lassen kann, als es vielleicht heutzutage oft noch der Fall ist.

### 3. Offene Bildungspraxis

Ja, und der dritte Punkt – es schließt wieder an – ist dann die offene Bildungspraxis. Also, dass man sagt, wie wird denn dann eigentlich gelehrt und gelernt? Und da finde ich diese vier „K's", die man oft für so eine zeitgemäße Bildung, für Kompetenz im 21. Jahrhundert nennt: Kreativität, kritisches Denken, Kollaboration und Kommunikation. Und mir gefällt auch diese Übersetzung, die hier stattgefunden hat, das ist von Jöran Muuß-Meerholz, dieses Bild, das man es eben übersetzt in: „Was heißt das denn überhaupt?" Dass man befähigt wird, Neues zu denken, selbst zu denken, mit anderen zusammen zu denken und eigenes Denken dann auch mitteilen zu können. Das glaube ich, ist ein ganz wichtiger Punkt, diese vier „K's", und wenn wir uns zurückerinnern, was haben wir am Anfang gesagt über Medienpädagogik, und was dann so die Ansprüche sind? Dann sieht man eigentlich genau, dass mit sehr vielen medienpädagogischen Projekten eigentlich ganz genau diese vier „K's" versucht werden umzusetzen, und lernenden Beteiligten zu ermöglichen, Kompetenzen zu erwerben.

### 4. Offenes Internet

Ja, und der vierte Punkt, das ist mein Lieblingsfeld. Das ist das, was man sich angucken kann. Ja, wir wissen es, das Internet ist nicht in einem wirklich guten Zustand. Wir haben die Konzerne, die dominieren, wir haben die sozialen Netzwerke, die doch sehr Interessen geleitet agieren. Ich habe gezeigt, diese Google-Suchanfragen, die 90% in allem umfassen, aber trotz alledem gibt es auch noch sowas, was ich als das offene Internet bezeichne. Wo sich unwahrscheinlich viele Menschen Gedanken darum machen und sich überlegen, wie kann ich das hinkriegen, wie kann ich das Internet nutzen, dass das ein guter Raum ist, ein gesunder Raum ist.

Ganz aktiv in diesem Bereich sind Mozilla, die den Browser Firefox anbieten. Die haben jetzt hier ein Tool, das nennt sich „Mozilla Thimble", wo sie einfach sagen, wir wollen die Möglichkeit bieten, dass man einfach diese Website aufrufen kann und dann kann man anfangen im Netz aktiv zu werden, mit dem Netz zu spielen.

Es gibt da verschiedene Projekte die ich mir aufrufen kann. Eins ist zum Beispiel so ein kleiner „HTML-CMS-Burger", den rufe ich mir auf als ein Projekt und kann dann auf der linken Seite anfangen zu spielen. Was passiert, wenn ich dieses Code-Schnipselstücke nach oben oder nach unten setze, wenn ich etwas dazwischen schreibe? Also das, was ich am Anfang gesagt hatte, wie intransparent, wie unsichtbar das eigentlich ist, was passiert, ist das ein Tool, was es ermöglicht, da dahinter zu schauen, durch aktives Ausprobieren dann ein bisschen einzusteigen und mitzumachen.

Und dieses „Mozilla Thimble" ist jetzt nur ein Beispiel für die Arten und Weisen, wie sehr viel in diesem offenen Internet Projekte sozusagen angestoßen und gemacht wird. Ich habe Ihnen weitere Beispiele verlinkt, die Sie sich dann gerne noch angucken können. Das sind Sachen, dass jemand so eine kleine Zeichenplatte in das Internet stellt, wo ich anfange, so etwas machen zu können, wie rekursives Zeichnen. Wo ich aus zwei Formen, einem Kreis und einem Viereck, neue Formen produzieren kann und dann daraus verschiedene Reihen produzieren kann. Das ist total faszinierend, was da passiert.

Eine andere Initiative sind die so genannten „explorable Explanations". Da geht es darum, interaktive Simulation zu gestalten, um komplexe Theorien erklären zu können. Und das ist auch bereitgestellt, völlig ohne dass ich mich vorher irgendwie anmelden muss oder irgendwas anderes. Da habe ich Tools, mit denen ich starten kann, sowas zu gestalten und ich habe eben auch schon erste Ergebnisse, die andere Menschen produziert haben. Also, beispielsweise gibt es so eine „explorable Explanation" einer Person, die versucht hat zu erklären, wieso die Fake

News, also was die Fake News so schnell im Internet verbreitet, aber andere viel wichtigere Nachrichten zurückgehalten werden. Und das steht dann, auch für alle offen zur Verfügung. Man kann sich durchklicken, man lernt etwas dabei und man sieht zugleich, ah, sowas könnte ich ja vielleicht auch starten, sowas könnte ich ja vielleicht auch gestalten.

Also, das sind alles sehr viele Ideen, oder sagen wir so kleine Funken, die es dann doch noch im Internet gibt, wo ich sagen würde, ja, darauf sollte man hinwirken! Und um jetzt wieder diesen medienpädagogischen Brückenschlag zu machen, für die Medienpädagogik dann eben nicht nur zu sagen, wir nutzen die, und wir gehen darauf, sondern vielleicht auch sich zu überlegen, was können wir dazu beitragen, zum „gesunden Internet", und wie die Mozilla-Leute sagen würden, wenn wir ein gesundes Internet haben, dann trägt es auch dazu bei, zu einer gesunden Gesellschaft. Also diese Verbindung da dann durchaus auch herzustellen.

**5. Offene Orte**

Der letzte Punkt ist der Punkt, dass das Ganze sich natürlich nicht rein nur abspielt im virtuellen Raum. Meine Folie hieß ja auch „Offene Bildungspraktiken in realen und virtuellen Räumen". Und hier gibt es eben die sehr schöne Theorie, von den so genannten „dritten Orten". Ray Oldenburg, ein amerikanischer Soziologe, hat die schon Ende der 80-ziger Jahre entwickelt, aber aus meiner Sicht entwickelt die jetzt, im Zeitalter der Digitalisierung, immer mehr an Bedeutung, weil, wenn ich mich sehr viel auch online bewege, dort mit anderen austausche und dort Sachen erfahre, dann steigt natürlich gleichzeitig auch der Bedarf, so etwas auch direkt zu machen und sich auszutauschen. Und mal genau was zu zeigen, was habe ich denn hier erlebt, wie kann so etwas dann irgendwie gestaltet werden.

Ich hatte Ihnen ganz am Anfang dieses Buch empfohlen „Stumme Medien", dort kommt aus meiner Sicht auch eine sehr schöne Chiffre vor, die diese Frage der Generation so ein bisschen aufgreift. Weil wir ja immer davon reden, die Digital Natives auf der einen Seite und die Digital Immigrants auf der anderen Seite. Und der Roberto Simanowski macht das eigentlich auf eine sehr schöne Art und Weise, dass er sagt, wir reden über Digital Immigrants immer so abwertend, also, die haben es noch nicht so ganz geschnallt, und die Coolen, die Digital Natives, die jetzt alles können. Und man müsste es umdrehen, weil was steckt denn da drinnen, wenn jemand migriert ist? Wenn jemand sowas erst neu kennengelernt hat und er macht es auf sowas wie man zum Beispiel eine Sprache gelernt hat, wenn man in ein fremdes Land geht und dort die Sprache neu lernen muss, dann habe ich ja einen ganz anderen Bezug dazu. Dann versuche ich ja viel besser zu verstehen, wie sind so die grammatikalischen Strukturen, schaue mir das viel genauer an. Ich gucke vielleicht auch erstmal, was sind denn das hier für Bräuche auf der Art und Weise, wie die Menschen kommunizieren, und das ist eigentlich keine Schwäche, sondern das ist eine unwahrscheinliche Stärke, die diese oft als abwertend bezeichneten Digital Immigrants damit mitbringen, weil die natürlich sowas machen können, dass sie auch mal mit einem kritischeren Blick darauf gehen, so etwas einordnen können, so etwas kontextualisieren können, so etwas erklären können, was Digital Natives vielleicht ganz häufig, wenn sie damit aufgewachsen sind, einfach online zu sein, vielleicht in der Form gar nicht mehr können. Und auch für so etwas, also für das Lernen zwischen den Generationen, auch für das Lernen von unterschiedlichen Hintergründen, Herkünften, Traditionen sind sowas wie offene Orte natürlich etwas ganz Entscheidendes.

**Fazit**
Ja, damit bin ich auch bei meinem Fazit. Ich glaube, wenn man sich das alles angeguckt hat und Offenheit als so ein Prinzip setzt und sagt, mit Offenheit können wir versuchen die Medienpädagogik tatsächlich so ein bisschen auch voranzubringen, zukunftsfest zu machen, zukunftssicher zu machen, dann ist es natürlich so, dass offene BürgerInnen-Medien dafür eine ganze entscheidende Rolle spielen können, mit dem, was sie heute schon tun, mit dem vielleicht auch, wo das Potential steckt, was sie noch versuchen können. Darum mein Fazit, sie sind nötiger denn je. Ich gratuliere ganz herzlich zum Sendejubiläum und bedanke mich für die Einladung.

# Diskussionsrunde: Netzpolitischer Salon
## Beitrag der Medienpädagogik zur digitalen Mündigkeit?
Moderation: Tobias Thiel[49]

**Tobias Thiel:** Herzlich Willkommen zur Diskussionsrunde: „Was kann Medienpädagogik für die digitale Mündigkeit leisten?" Wir sitzen hier im Offenen Kanal Merseburg, mein Name ist Tobias Thiel, ich bin Studienleiter an der evangelischen Akademie Sachsen-Anhalt. Im Rahmen eines medienpädagogischen Fachtags, der hier stattfindet, der organisiert wird vom Offenen Kanal Merseburg, der evangelischen Akademie und unterstützt wird von der Medienanstalt Sachsen-Anhalt und dem Bundesministerium für Frauen, Senioren und Jugend. Ich begrüße Sie ganz herzlich; sowohl die, die jetzt live dabei sind oder das später im Fernsehen sehen, und stelle erstmal meine Gäste vor, die da auf dem Podium sitzen.
Wir haben da als erstes Kristin Narr, sie ist unter anderem aktiv für „Jugend beteiligen jetzt". Das ist eine Plattform oder ein Netzwerk, wo versucht wird, digitale Jugendbeteiligung bundesweit voranzubringen. Sie macht das analog als auch digital, ich habe sie auch in einem „Mug", einem Onlinekurs gesehen, den man besuchen kann. Außerdem ist sie Mitglied in der Redaktion des Medienpädagogik-Praxisblogs. Es sind wahrscheinlich viele Medienpädagogen hier, die kennen den, die

---

[49] Transkription der Diskussionsrunde anlässlich des 20-jährigen Jubiläums des Offenen Kanals Merseburg.

wissen, da findet man immer Anregungen, wenn man mal wieder ein neues Projekt machen will – das kann man da nachlesen. Und wir haben sie natürlich auch eingeladen, weil sie im Vorstand der GMK, der Gesellschaft für Medienpädagogik und Kommunikationskultur, ist. Herzlich Willkommen!
Ich mache jetzt einfach weiter mit Ihnen. Stefan Meißner ist hier in Merseburg Professor für Medien- und Kulturwissenschaften und seine Forschungsschwerpunkte sind digitale Kultur, Kultursoziologie, Medientheorie, Organisationssoziologie sowie Design- und Techniktheorie, so steht es zumindest bei Ihnen auf der Homepage. Wir werden da gleich nochmal gucken, was Sie da, wie genau, umsetzen.
Dann haben wir neben mir sitzen Nele Hirsch. Sie ist Medienpädagogin, Mitglied im Bündnis Freie Bildung und sie betreibt - und damit ist sie in Sachsen-Anhalt manchen gerade erst so richtig aufgefallen – also wir haben das im Vorfeld festgestellt – einen Blog, der sich „eBildungslabor" nennt. Und da verschickt sie auch regelmäßig einen Newsletter – also, das nur als kleinen Werbeblock.
Daneben sitzt Jörg Kratzsch. Er ist Projektleiter E-Learning beim Landesfilmdienst Sachsen für Kinder und Jugendbildung e.V., er ist GMK-Landesgruppenchef Sachsen-Anhalt und Jugendschutzsachverständiger der FSK, also er guckt sich Filme an und prüft sie, und er ist auch Vereinsmitglied im Offenen Kanal Merseburg-Querfurt e.V.
Wir werden das jetzt in der Diskussion so handhaben, dass wir Leute einladen, dazu zu kommen. Wir haben uns für die ersten drei Fragen, die ich stellen werde, Gäste eingeladen und für alle weiteren Fragen sind Sie dann aus dem Publikum gerne eingeladen nach vorne zu kommen.
Jetzt habe ich meine Gäste als erstes, damit jeder wenigstens einmal richtig zu Wort kommt gebeten zu der Frage: „Was kann Medienpädagogik für die digitale Mündigkeit leisten?" - eine sehr komplexe Frage, die es in sich hat, wie wir gleich nochmal merken werden. Aber ich habe Sie gebeten ein maximal 2-minütiges Statement zu geben und würde jetzt einfach mal wieder genauso anfangen, mit Kristin Narr. Vielleicht kannst Du erstmal kurz etwas sagen und dann das Mikrofon weitergeben.

**Kristin Narr:** Hallo, ich freue mich, hier zu sein. Vielen Dank! Das ist echt eine Hammer-Frage, muss ich schon sagen. Also, ich habe mich ein bisschen mit digitaler Mündigkeit beschäftigt, und ich stelle gleich den Begriff in Frage. Warum ist es „digitale" Mündigkeit?! Und warum ist es nicht nur Mündigkeit und so weiter?! Aber vielleicht kommen wir darauf mal später zu sprechen. Aus der Medienpädagogik gesprochen, ist es sozusagen etwas, was wir als Zieldimension sehen. Also, wenn wir junge und auch ältere Menschen und jeder Herkunft unterstützen wollen, in der Gesellschaft zu partizipieren, also, wenn wir dieses ganz große Medienkompetenzverständnis, von dem wir heute Morgen schon gehört haben, an sich als eine Zieldimension sehen, zu sagen, wir wollen junge Menschen darin unterstützen, selbstbestimmt und emanzipiert in dieser Gesellschaft teilhaben zu lassen, ist letztendlich die Medienpädagogik als eine Disziplin dazu da, sie möglichst darin zu fördern. Sowohl im schulischen Bereich, im außerschulischen Bereich und sozusagen auch in Weiterbildungseinrichtungen - im ganz groben Sinne, im Bildungsbereich - dazugehört sozusagen. Vielleicht das als ein erster Einstieg in die Frage.

**Stefan Meißner:** Ja, ich wollte eigentlich als Nicht-Medienpädagoge sagen, nichts. Dachte mir aber, das kann ich jetzt doch nicht machen und habe mir vier Punkte rausgegriffen, wo ich denke, dass die Medienpädagogik einen sehr sinnvollen Beitrag leisten kann für eine digitale Mündigkeit.
Der erste Punkt ist einfach, Räume oder Orte des Experimentierens bereitzustellen, zu schaffen sozusagen. Also richtig physische Orte, sie hatten das vorhin „dritte Orte" genannt. Also das finde ich einen ganz wichtigen Punkt, ich kann die verschiedenen Institutionen, die sich auch schon etabliert haben, nutzen wie z.B. den Offenen Kanal.
Der zweite Punkt ist, glaube ich für mich, dass ich eine Haltung vermitteln kann. Ich glaube da ist auch die Medienpädagogik in ihrer Tradition sehr stark, eine Haltung zu vermitteln, die auch in der digitalen Welt sozusagen prolongiert wird.
Der dritte Punkt ist für mich, ich bin von Haus aus Soziologe... vielleicht liegt das daran, dass die Medienpädagogik nicht nur auf die einzelnen Individuen schauen lässt, sondern, dass die Medienpädagogik ein bisschen Richtung Gesellschaft schauen sollte, weil ich glaube,

unsere digitale Lebenswelt ist nicht nur von einzelnen Individuen – sondern die gesamte Gesellschaft verändert sich, die Koordinatensysteme ändern sich – und deswegen finde ich, dass die Medienpädagogik da vielleicht ein Stück justieren sollte, aber das macht sie auch schon. Den vierten Punkt lasse ich mal für die Diskussion, ich muss nicht so viel Kritik machen. Dann machen wir den lieber zum Ende.

**Tobias Thiel:** Okay, dann sind wir ganz gespannt auf den vierten Punkt später, ich hoffe wir vergessen ihn nicht. Ich werde nachfragen. Dann machen wir weiter mit Nele Hirsch.

**Nele Hirsch:** Ja, das schließt eigentlich gut an. Für mich war der erste Zugang zu Medienpädagogik auch dieses, was anklang, auch in den Statements von Ihnen beiden, dieses aktive Ausprobieren, aktive Gestaltung von Medien und dadurch natürlich auch Lernen und in der Folge partizipieren können an einer dann digitalen Gesellschaft.
Was ich wichtig finde, was noch ein bisschen als eine Aufgabe von Medienpädagogik, glaube ich, heutzutage dazukommt, damit wir digitale Mündigkeit erreichen können, ist viel stärker, als wir das vielleicht früher gemacht hatten, dieses Reflektieren über die gesellschaftliche Rolle von Medien, aber nicht bei dem Reflektieren stehen bleiben, sondern uns zu überlegen, wie kann die Medienpädagogik dazu beitragen, dass wir unsere Gesellschaft und die Medien darin auch in einer anderen Art und Weise gestalten, also dass auch durch medienpädagogische Projekte eine andere Art des Internets, der Mediennutzung, der Medienkultur vorangetrieben wird.
Ich habe ja vorhin in meinem Vortrag ziemlich viel gesagt zum offenen Internet, wenn man das so als ein Schlagwort machen kann, also da die Medienpädagogik nicht nur in einer Rolle sehen, dass wir das ganz schön finden, dass es hier nette Projekte gibt und auch Open Source Produkte, die wir nutzen können, sondern dass die Medienpädagogik eben auch den Schritt macht zu sagen, wir gestalten sowas mit und versuchen Alternativen voranzubringen und dadurch das dann überhaupt erst ermöglichen, dass Menschen sich selbstbestimmt in die Gesellschaft einbringen können. Denn heute, das wissen wir alle, ist es eben ganz eindeutig nicht der Fall. Wenn ich bestimmt werde von irgendwelchen Algorithmen, wenn ich mich in sozialen Netzwerken bewege,

Wege die von anderen Interessen geleitet sind als die Interessen der Nutzenden. Also dieser Aspekt, Alternativen schaffen durch medienpädagogische Projekte für eine bessere digitale Gesellschaft, real und virtuell, das ist für mich der Punkt, den ich ganz entscheidend finde.

**Jörg Kratzsch:** Ich sehe das mit der Mündigkeit und dementsprechend auch mit der digitalen Mündigkeit - da stimme ich dir sehr zu - insofern ein bisschen anders, dass ich sie gar nicht so zwingend als Zieldimension betrachte, sondern als gegebenes und verbürgtes Recht erst einmal. Mündig zu sein, sozusagen zu partizipieren, und die Rolle der Medienpädagogik betrachte ich demnach eher eingebettet in einen, zumindest weitestgehend, konsensualen Wertekanon der Vermittlung von verschiedenen Möglichkeiten, sich einzubringen; also befähigen, dieses Recht wahrzunehmen, und Bewusstwerdung und Verantwortung für die Wahrung der Rechte anderer eben zu gebrauchen, dass die Mündigkeit gegeben ist und dass die Pädagogik eher einen Rahmen gibt, dieses Recht eben befähigend wahrzunehmen, seiner Stimme sich bewusst zu werden und dabei eben auch die anderen stets mitzudenken.

**Tobias Thiel:** Okay, die GMK scheint sich einig zu sein, was Mündigkeit betrifft. Aber wunderbar, das freut mich. Das wäre meine nächste Frage, ich hatte ja gesagt, wir nehmen das ein bisschen auseinander, wie Medienpädagogik und digitale Mündigkeit zusammenhängen, und ich würde einmal anfangen mit dem hinteren letzten Teil, da waren wir schon mitten drin: „digitale Mündigkeit". Ich hatte ja gesagt, wir haben einen leeren Stuhl. Ich dachte mir, dafür holen wir uns Martin Ritter, der sich dann gerne hierhersetzen darf. Er ist Bereichsleiter „Bürgermedien" bei der Thüringer Landesmedienanstalt. Ich gebe Ihnen das Mikrofon und frage, „Was ist denn digitale Mündigkeit, stimmt das, was so ein bisschen von den GMK-Mitgliedern kam, dass es so nicht existiert oder anders oder wie würden Sie das sehen?"

**Martin Ritter:** Das sehe ich als Verwaltungsmensch ganz entspannt. Ich sage Ihnen das ganz ehrlich, ob das da oben als Oberbegriff digitale Mündigkeit, digitale Bildung, Medienbildung und Medienkompeten – da stelle ich mir wirklich ehrlich in der Praxis als ein Mensch in einer Medienanstalt, der sich über Strukturen Gedanken macht, da habe ich ganz andere Fragen: Wie schaffe ich solche Räume, wie kriege ich im Freistaat Thüringen viele solcher Räume hin? Wie kann ich die Räume der Bürgermedien dazu nutzen? Wie kann ich Jugendeinrichtungen nutzen? Wie kann das auch am Ende in die Schule hineinkommen? Und vor allem, wo kommt das Personal her? Das ist dann wieder das Denken der Verwaltungsinstitution. Und ganz wichtig, wie kann ich Politik überzeugen, quasi für solche Räume und für solches Personal Geld zur Verfügung zu stellen, damit dann eben dieses Personal arbeiten kann? Somit muss ich sagen ganz ehrlich sagen, brauche ich mich damit nicht zu beschäftigen, das kann die GMK gerne tun, besonders in dem Sinne, dass man auf die Ebene der Praxis kommt.

**Tobias Thiel:** Ich kenne es andersherum. Wenn wir Anträge schreiben wollen, dann müssen wir solche Sachen immer begründen. Das kommt ja dann auch zu Ihnen und dann müssen Sie das ja doch...

**Martin Ritter:** Das kann ich Ihnen sagen, das ist ein Hype! Hätten Sie den Antrag gestellt vor ungefähr zwei Jahren, hätten Sie mit dem Begriff digitale Bildung unheimlich viel gewuppt. Jetzt haben wir diese Problematiken wie Populismus und so weiter und so fort, und dann kommt plötzlich dieser Begriff. Das ist immer so in der Politik, das ploppt plötzlich so auf und dann haben sie plötzlich digitale Mündigkeit. Die Instrumente, die da drunter liegen, die Anträge und die Maßnahmen, wie man das gerne erreichen möchte, die sind fast ähnlich. Deswegen bin ich da in dem Sinne als Verwaltungsmensch recht entspannt.

**Tobias Thiel:** Gut, dann frage ich jetzt trotzdem nochmal nach, falls ich doch mal den Antrag schreiben muss, Sie sagen ja, das Wort ist immer noch aktuell. Dann frage ich mal die anderen Gäste, ob jemand vielleicht doch noch eine Idee hat. Ich kenne das tatsächlich auch, Schlagwort ist jetzt Rechtspopulismus. Dabei geht es auch um die Frage, wie kann ich mich im Netz einbringen. Wir haben bei Jugendbeteiligung jetzt, wo ich auch mitarbeite, die Situation mit den digitalen Medien, da war so die Hoffnung der Verwaltung, wir stellen irgendwas in das Internet und die Jugendlichen sind ja im Internet, und dann sind die da. Da musste ich der Verwaltung erklären, ja wenn da irgendwo eine Webseite steht... ist es halt auch so, wie bisher die Beteiligungsverfahren im Keller des Rathauses: wenn da nicht zufällig jemand vorbei geht, dann geht eben niemand zufällig vorbei. Und dann gibt es auch keine Beteiligung. Das ist jetzt so eine Frage, wie kriegen wir das hin, diese Mündigkeit, sowas wie Partizipation zu haben. Das hieße natürlich aber auch, Fakenews von echten News zu unterscheiden. Oder was gehört noch dazu? Nele Hirsch möchte dazu etwas sagen. Dankeschön.

**Nele Hirsch:** Ja, da kann man eigentlich direkt anschließen. Also, was muss heutzutage gekonnt werden? Und das hört man immer wieder und auch in solchen schlauen Anträgen, die dann wahrscheinlich bei Ihnen auf dem Tisch liegen.
Ja, Fakenews ist jetzt gerade so das Hype-Thema, sprich gibt es dann die Projekte, wie unterscheiden wir Fakenews von echten Nachrichten. Was ich finde, was viel spannender wäre, und was ich als die Aufgabe von der Medienpädagogik und dann auch für das Ziel Mündigkeit sehen würde, ist zu fragen, wie kommt es denn überhaupt, dass es Fakenews gibt? Welche Mechanismen stehen da dahinter, was können wir tun um diese Mechanismen auch zu ändern, so dass eben einfach die Struktur dahinter eine andere ist?
Ich glaube, das ist so eine „Denke", wenn man mit so einem oberflächlichen Ansatz reingeht, ja, cool Fakenews, ist jetzt das Thema, also wir brauchen die Medienpädagogik, dass das erkannt wird. Dann fehlt da dieser Aspekt, da kommt dann das nächste Schlagwort. Es tut mir leid, aber das ist für mich diese „digitale Souveränität".
Wenn wir über Digitalisierung reden, finde ich, ist das die entscheidendere Komponente, ansonsten bin ich da bei Kristin, dass ich eigentlich nicht digitale Mündigkeit und Mündigkeit haben muss, sondern das Bildungsziel ist Mündigkeit. Die Menschen sollen sich einbringen können in die aktuelle Gesellschaft und auch eben in die zukünftige Gesellschaft aus der Lernenden-Perspektive und das bedeutet dann, wenn die Gesellschaft sehr stark digital geprägt ist, müssen sie sich eben auch in digitalen Umgebungen auskennen.

**Tobias Thiel:** Was heißt „digitale Souveränität"?

**Nele Hirsch:** „Digitale Souveränität" wäre für mich dieses, dass ich digitale Medien in einer selbstbestimmten Art und Weise nutzen kann und eben nicht getrieben bin in den Mechanismen, die da sind. Der erste Schritt, was wahrscheinlich noch realisierbar ist, ist überhaupt erstmal zu verstehen, welche Mechanismen sind da dahinter. Das hatten wir heute Morgen in dem Vortrag von Herrn Schorb, dass wir gehört haben, welche Interessen stehen denn dahinter, warum gibt es sowas wie Facebook? Wie funktioniert dieses Ding? Warum ist es total hilfreich, wenn ganz viele Menschen die Google-Suchmaschine nutzen für Google, die dann diese Daten entsprechend weiter nutzen können? Diese Mechanismen und die Interessen, die hinter Strukturen im digitalen Bereich stehen – die zu verstehen, das ist der erste Schritt. Und der nächste Schritt wäre dann, sich bewusst zu überlegen, was kann ich tun? Da wird man erstmal nicht so weit kommen. Da kann man entweder sagen, nein, ich lasse das jetzt, ich suche mir irgendwie eine Alternative. Das funktioniert oft nicht. Aber mit einer medienpädagogischen Brille kann man eben doch sagen, wo gibt es vielleicht Räume oder welche Räume können wir gestalten, um uns eben doch souverän zu bewegen und sowas zu machen wie ein „gesundes Internet", wenn man dieses nächste Schlagwort verwenden will.

**Tobias Thiel:** Herr Ritter, wollen Sie darauf nochmal reagieren aus der Verwaltungssicht? Oder sagen Sie immer noch, das sind alles nur Schlagworte, die nehme ich antragsmäßig zur Kenntnis, das sind nächstes Jahr andere?

**Martin Ritter:** Wir können das ganz kurz zusammenfassen. Wenn Sie Anträge haben, wo es darum geht, dass Sie versuchen generationsübergreifen, am besten im ländlichen Räumen, wo die es die Menschen nicht ganz so einfach haben, also, wenn Sie das schaffen, Angebote zu machen, womit Sie die Menschen abholen, mit Ihnen am besten auch noch im Rahmen digitaler Medien als Instrumente nutzen, dass Sie sich einbringen in die Gesellschaft, partizipativ einbringen können, dann ist das ein super Projekt. Aber diese „Klasse-Projekte" haben wir schon seit 20 Jahren in Offenen Kanälen, da war das Instrument nur ein bisschen was anderes in dem Sinne. Also diese eigentlichen pädago-gischen Ansätze dahinter, die müssen auch nicht immer neu sein. Vielleicht ist mal das

Instrument ein anderes, aber der Ansatz muss nicht immer neu sein. Der muss einfach klappen, der muss für die Region sein und der muss wirken.

**Kristin Narr:** Ich sage jetzt etwas, was man sonst nur ungern sagt. Ich stimme Ihnen zu, und ich habe noch etwas hinzuzufügen! Darauf möchte ich gerne nochmal Bezug nehmen, weil im Grunde genommen, ist es die klassische Dieter-Baacke-Definition von Medienkompetenz, die wir jetzt in ein modernes Gewand sozusagen eingebracht haben. Da geht es um Souveränität.

Das Problem ist glaube ich nur – was dazu gekommen ist –, dass es total undurchsichtige Mechanismen sind, die wir transportieren müssen in unseren pädagogischen Angeboten und Methoden – wir reden ganz viel von Alternativen und dann hängen die doch bei „WhatsApp" rum – also, solche ganz praktischen Dinge, wo wir sagen, ich fühle mich in der pädagogischen Arbeit ein Stück weit unbeweglicher, weil ich auf der einen Seite denke, wir machen lebensweltorientierte Angebote, wir versuchen da auch Alternativen zu bringen, aber ich fühle mich als würde ich mich windmühlenartig bewegen.

Es etwas geworden, was wir im Digitalen, gerade weil wir es mit unglaublichen Machtgefällen und unglaublichen Strategien zu tun haben, die wir in Einrichtungen organisieren, nicht durchschauen können und dadurch die pädagogische Arbeit auch in gewisser Weise wahnsinnig erschwert wird. Da muss ich jetzt kurz sagen, ich mag mich selber nicht dafür. Das war früher anders! Vielleicht war es schon immer so, weil es immer schon Machtgefälle gegeben hat, aber sie sind in gewisser Weise spürbarer und eindringlicher, weil ich sozusagen ja immer das Gerät bei mir habe beziehungsweise nicht nur die Geräte, sondern auch die „Vernetztheit", die in gewisser Weise uns alle, auch wenn wir an Kinderfotos bei Facebook denken, uns alle betrifft. Dann fühle ich mich da, um den Punkt nochmal zu bringen, unbeweglicher in meiner pädagogischen Arbeit. Auch wenn die Ziele, auch wenn es andere „Basewords" sind, gleichgeblieben sind.

**Tobias Thiel:** Ich glaube, was sich auch geändert hat, ist, dass wir jetzt in einem globalen Markt agieren. Solange wir noch das Bürgerfernsehen haben, haben wir noch die Chance, wir veröffentlichen das jetzt für diesen regionalen Raum – so ist es ja ursprünglich entstanden. Die Diskussionsrunde hier wird über den Offenen Kanal auch bei YouTube gezeigt, weil es das Medium ist und wir diese Sachen mit bedienen müssen, und wir übernehmen automatisch die Bedingungen der globalen Konzerne. Da stellt sich die Frage nach „digitaler Souveränität" nochmal anders. Bisher hatten wir das Gefühl, man kann das irgendwie einschränken und kontrollieren und plötzlich gebe ich es nach Außen weiter, und es kommt noch so eine EU-Datenschutzgrundverordnung dazu und plötzlich wissen wir gar nicht mehr, ob es überhaupt noch legal ist, die Sachen bei YouTube zu veröffentlichen und solche Dinge. Das macht es undurchschaubarer. Deswegen ist diese digitale Mündigkeit jenseits dieser Diskussion um Fakenews und um Missbrauch. Es hat das Gefühl, es wird schwerer diese Mündigkeit zu erreichen, es wird schwerer mit den Medien umzugehen in einer Weise, die dem Medium adäquat ist.

**Stefan Meißner:** Ich möchte auf diese Intransparenz oder diese Undurchschaubarkeit eingehen und versuchen einen anderen Punkt stark zu machen. Ich weiß gar nicht, ob das stimmt, ob das wirklich so viel intransparenter geworden ist, weil auf der anderen Seite haben wir durch das Internet und durch die neuen Medien viel mehr Möglichkeiten, Transparenz zu schaffen.
Es gibt zu jeder Sache eine Gegenmeinung, eine Gegenposition. Man bekommt ganz viele Einblicke in Sachen, die es früher nicht gab, wo es extrem schwer war, über so einen Machtblock beziehungsweise Herrschaftsblock zu kommen. Das ist heute viel einfacher, nicht nur durch Snowden.
Ich glaube auch, dass der Zugang zu Produktionsmitteln natürlich extrem demokratisiert ist. Auch das ist gar nicht so intransparent. Jeder weiß oder kann sich damit beschäftigen, wie so ein Computer aufgebaut ist, wie man das machen kann. Es gibt keine prinzipiellen Intransparenzen. Ich glaube aber, dass sich ein Gefühl verschoben hat. Da würde ich Ihnen ja Recht geben. Wir alle haben das Gefühl, gar nicht mehr zu wissen, was da so abgeht. Wir fühlen uns in dem Reagieren und nicht als Gestalter. Wir reagieren auf das, was Google uns vorgibt, und wir können nicht gestalten, was wir selber mit dem Internet machen wollen.

Vielleicht hängt das mit einem heutzutage eher inadäquaten Aufklärungsbegriff zusammen.
Einer meiner großen Heroen ist Niklas Luhmann. Niklas Luhmann hat von abgeklärter Aufklärung gesprochen und meinte damit, dass man der Aufklärung, die immer mehr Transparenz erzeugen will, auch immer etwas entgegensetzen muss, nämlich um Komplexität zu reduzieren. Ich glaube, alle diese Mechanismen, ob nun Facebook oder Google und so weiter, sind extrem gut darin, uns Mechanismen der Komplexitätsreduktion zu geben, und deswegen nutzen wir das Zeug. Wir nutzen ja Google nicht aufgrund von einem Monopol, wir könnten jeder Zeit woanders hingehen, sondern weil die extrem gut sind darin, die Komplexität zu reduzieren für uns als Nutzer, und ich glaube, wir müssen diese beiden Seiten der Medaille beobachten und dürfen nicht nur sagen, okay, Intransparenz ist negativ, sondern diese Intransparenz hat einen extrem großen Wert, weil wir dadurch das Zeug nutzen können. Wir alle erwarten, dass wir sofort mit den Sachen umgehen können.

**Tobias Thiel:** Wir haben jetzt gleich drei Meinungen und befinden uns mitten in einer Diskussion. Kristin Narr wollte anfangen.

**Kristin Narr:** Vielen Dank für den Punkt. Das klang meinerseits bestimmt ein Stück weit zu negativ, und ich würde das gerne aufgreifen. Es geht mir, glaube ich, dann darum zu diskutieren, von wem wir hier als Zielgruppe sprechen. Wer kriegt Zugang zu den Angeboten, wo wir sagen können, wir nennen das Programmieren im 21. Jahrhundert. Also wir haben sozusagen die Gestaltungsräume, von denen Sie sprechen auch ganz oft in Projekten im exklusiven Zusammenhang oder den Zugang zu bestimmten Einheiten, wo Jugendliche im ländlichen Raum Schwierigkeiten haben heranzukommen. Oder, wie kommt man an die, die eigentlich in gewisser Weise auch noch mehr Unterstützung brauchen als die, denen es schon gut geht in Anführungsstrichen. Das wäre ein Punkt, den ich dahingehend noch machen möchte.

**Martin Ritter:** Ich möchte an eine Sache nochmal anknüpfen, was Sie gesagt haben; Reduzierung von Komplexitäten quasi, Luhmann Ausdifferenzierung der Gesellschaft. Man muss sich immer mehr die Gesellschaft erklären, weil sie vielschichtiger wird, da haben sie Google

als Beispiel angesprochen. Ich möchte ein anderes Beispiel anbringen, was mir sehr am Herzen liegt, das ist Journalismus. Das ist die Aufgabe von Journalismus: Gesellschaftliche Komplexität zu reduzieren, so dass sie jeder versteht und in einer bestimmten Zeit quasi aufnehmen kann, dass man das am Tag verarbeiten kann.
Wir brauchen uns als Gesellschaft nicht wundern, dass wir quasi einen Berufsstand, den wir momentan einfach schlecht behandeln, was Beschäftigungsverhältnisse betrifft, was momentan sein Image in der Gesellschaft betrifft – da muss man nur die Worte Lügenpresse verwenden –, dass einen Berufsstand, der so aufgestellt ist, der ja auch Nachwuchs generieren soll, der uns die Welt erklären soll, die Komplexität reduzieren soll, dass er das auch immer wahrscheinlich schlechter kann unter diesen Bedingungen. Das werden wir in den nächsten Jahren zu spüren bekommen und darüber sollten wir als Gesellschaft nachdenken.

**Nele Hirsch:** Das geht in eine ähnliche Richtung. Ich glaube, Komplexität reduzieren, ist etwas unwahrscheinlich Wichtiges. Und anders würde das auch überhaupt gar nicht funktionieren in der heutigen Gesellschaft. Aber die Frage ist immer, in welcher Art und Weise wird diese Komplexität reduziert. Ich glaube, das wäre schon etwas anderes, wenn sowas wie Google in der öffentlichen Hand wäre. Da wären die Daten, die generiert wären, in der öffentlichen Hand, dann wäre grundsätzlich eine Möglichkeit da, dass ich als Einzelperson oder auch wenn ich mich zusammenschließe mit anderen in der Gruppe, sagen kann, ich bringe mich da ein, ich möchte das auch anders gestalten.
Ich glaube, das ist das Grundproblem. Ich selber finde das auch total cool, welche Möglichkeiten mir dieses Internet bietet. Und ich finde es auch total super, wie einfach so viele Sachen sind. Und ich nutze es auch alles. Aber wenn ich die medienpädagogische Brille aufsetze und sage, ich möchte eigentlich diesen Grundsatz der Demokratie, ich möchte in einer Gesellschaft leben, wo wir alle Menschen gemeinsam gestalten, wie wir zusammenleben wollen. Dann kann ich dem nicht zustimmen, dass ich sag, na das ist ja schön, da ist die Komplexität reduziert, sondern da muss ich mir überlegen, wie kriege ich das hin, eine notwendige Komplexitätsreduktion zu machen, aber gleichzeitig zu ermöglichen, dass die Gestaltbarkeit bleibt. Und das ist, finde ich, die Herausforderung, wo Kristin sagte, da fühle ich mich gefangen, da

komme ich irgendwie nicht mehr weiter. Das finde ich ist etwas ganz Komplexes und Schwieriges, wo ich noch keine medienpädagogische Antwort habe, aber ich finde, die müssten wir versuchen zu finden.

**Tobias Thiel:** Das ist ein wichtiges Stichwort mit der Medienpädagogik. Ich danke Ihnen erstmal herzlich Herr Ritter, dass Sie hier waren, und wir nehmen das, glaube ich, nochmal auf mit den Journalisten und dem Berufsethos. Dankeschön. Jetzt machen wir mal mit dem Punkt weiter, den Nele Hirsch gerade schon angesprochen hat. Was ist denn eigentlich Medienpädagogik? Bevor wir uns darüber verständigen, was Medienpädagogik leisten kann, wäre es vielleicht gut, sich darauf zu verständigen. Dazu freue ich mich, dass Alexander Karpilowski nach vorne kommen wird. Er ist Inhaber der Netzwerkstelle Medienkompetenz Sachsen-Anhalt. Herzlich Willkommen! Nach der Diskussion jetzt ist es ja einfach zu sagen, was Medienpädagogik ist, oder?

**Alexander Karpilowski:** Es wurde eigentlich alles schon erklärt. Also, Medienpädagogik wurde hier in der Runde eigentlich bereits definiert. Die Begriffe sind gefallen. Medienwissen, also wie vermittelt man Strukturen, wie sind Medien aufgebaut, das wurde auch angesprochen. Wie funktioniert Google, wie funktionieren die ganzen Machtstrukturen, das Bewerten von Medieninhalten, das ist das, was Medienpädagogik leistet und natürlich auch das Handeln, das bündige Agieren mit Medien in der Gesellschaft. Das Ziel, das klassische Modell der Medienpädagogik und das ist, glaube ich, auch wichtig zu sagen, dass Medienpädagogik auch wirklich an alle Generationen gerichtet sein sollte. Wir haben oft die Kinder und Jugendlichen im Blick, aber mittlerweile jetzt auch in der Debatte, in der Position, in der wir uns befinden, sollten auch Erwachsene mit hineingenommen werden; also, generationsübergreifend, das ist ganz wichtig. Medienpädagogik vermittelt Medienkompetenz. In meiner Sicht geht es in den Kernpunkten darum, kritisches Bewerten von Medien und die Nutzung von Medieninhalten zu vermitteln.

**Tobias Thiel:** Wir haben ja die GMK, das ist ja die Gesellschaft für Medienpädagogik und Kommunikationskultur, den Landesgruppenchef hier. Gibt es etwas zu ergänzen zum Thema Medienpädagogik?

**Jörg Kratzsch:** Wir streiten selbst in der GMK noch trefflich darüber, welches medienpädagogische Modell wir präferieren, und ich glaube, das ist auch nichts, was wir dahingehend abschließen werden, abschließen können. Mir ist halt eben wichtig, Pädagogik umfänglich zu betrachten, und Medienpädagogik dementsprechend eben nur eingebettet in ein weitgehendes pädagogisches Konzept, und da halt eben Pädagogik wirklich als Oberbegriff zu sehen für die Unterkategorien Bildung, Erziehung und Betreuung, wie ich es vorhin schon einmal angedeutet hatte.

Also wirklich einerseits Kinder zu befähigen oder ihnen die Möglichkeit zu geben, sich in gesetzten Rahmen auszuprobieren. Aber auch Werte zu vermitteln und ihnen eben eine geschützte und angstfreie Umgebung zu bieten. Wichtig ist, glaube ich, bei medienpädagogischen Konzepten, dass wir auch Peer-Ansätze denken. Gerade wenn wir über Mündigkeit reden, kommt eine Debatte zu kurz, nämlich die „Peer-to-Peer-Ansätze".

Also, die Frage, in wie fern sind junge Menschen selber nicht nur Subjekte dieser Pädagogik, sondern eben auch Akteure innerhalb dieses Standpunktes... Wir haben eine digitale Agenda in Sachsen-Anhalt beispielsweise; in wie weit waren junge Menschen da eingebunden? Wir hatten jetzt jüngst erst eine Jugendagenda, die die Servicestelle Kinder- und Jugendschutz und FJP Media organisiert haben, wo einfach gesagt wurde, in wie weit wurde im Rahmen dessen tatsächlich auch der Wille und sozusagen die Interessenslagen junger Menschen eingebunden? Das fehlt mir da noch ein bisschen, wenn wir über Mündigkeit reden, sollten wir die Zielgruppen auch ernst nehmen.

**Tobias Thiel:** Jetzt haben wir auch noch aus dem Bundesvorstand der GMK jemanden da. Wir haben gehört, es gibt verschiedene Modelle. Mich würde interessieren Kristin, ob Du demselben Modell oder einem anderen anhängst.

**Kristin Narr:** Ich habe in Leipzig studiert, und Sie haben heute Morgen denjenigen gehört, der mich sehr geprägt hat, als er noch im Dienst war, Professor Schorb. Ich komme sozusagen aus der handlungsorientierten Medienpädagogik. Im Grunde genommen, ist das nicht so wahnsinnig unterschiedlich. Die Zieldimensionen sind sehr ähnlich, je nach dem, wo man eben herkommt. Ich möchte nur ganz kurz einen Punkt an der Stelle machen. Wir haben uns tatsächlich letztes Jahr innerhalb der großen Tagung in dem GMK-Forum mit Professionalität und Standards der Medienpädagogik beschäftigt und haben festgestellt, dass es unglaublich unsortiert ist. Wenn man Medienpädagogik sagt, hat jeder irgendwie etwas anderes im Kopf und das ist auch gut. Es ist unglaublich breit. Medienpädagogik gibt es als Hochschulausbildung, als weiterführende Ausbildung im Weiterbildungssektor, es gibt sie in den Universitäten, und wir haben ein unglaublich breites Feld. Und deswegen haben wir uns dann auch die Frage gestellt nach Standards. Aber es gibt keine Standards. Es gibt keine Leitlinien.

Standards hört sich so eng an, als könnte man nicht nach links und rechts gehen können. Aber es ist schon interessant, dass andere Disziplinen schon eine gewisse Standarddiskussion geführt haben und die Medienpädagogik hat gesagt, ja, irgendwie ist alles so ein bisschen mit Medien. Ich mache was mit Medien und das ist dann Medienpädagogik. Und das geht gerade in einem recht interessanten Diskurs los, sich über solche Begrifflichkeiten überhaupt einmal auszutauschen. Tatsächlich erlebe ich es relativ oft, dass es an mich herangetragen wird mit der Medienkompetenz und so. Und dann hat man diese ewige Debatte über technische Ausstattung in Schulen und man denkt sich, ich bin auf einem anderen Planeten zu Hause, dass wir immer noch über Whiteboards reden. Alsobitte! Das sind so Sachen, wo man sich wirklich mal über Begrifflichkeiten austauschen sollte. Insofern ist es überall ein bisschen mit drin, und ich freue mich sehr, dass wir auf einen Nenner kommen, wenn es um Emanzipierung, Selbstbestimmung und natürlich um etwas Gesellschaftliches geht, was sehr tief in uns allen sein sollte und weniger um die Geräte, die wir alle mit uns rumschleppen.

**Tobias Thiel:** Wenn ich das jetzt richtig verstehe ist Whiteboard deshalb kein Thema, weil es nicht um das Gerät, sondern um das Konzept geht?

**Kristin Narr:** Es geht sozusagen darum, wenn Leute zum Beispiel in Schule an mich herantreten und fragen, „Was meinen Sie denn mit Medienkompetenz?" Dann wird eher erwartet, dass mit Medienkompetenz gemeint ist, ich muss dieses Gerät bedienen können, und dann muss ich wissen, was eine App ist. Gerade wenn man außerschulisch arbeitet und in gewissen medienpädagogischen Konzepten und Projekten steckt, hat man ja eine andere Vorstellung davon. Da geht es weniger darum, ein Gerät bedienen zu können. Da geht es natürlich um Gruppenprozesse und um pädagogische Prinzipien, die dahinterstecken und weniger darum, dass wir gemeinsam eine App bedienen können. Insofern wird dieser Medienbegriff oft in den Mittelpunkt gestellt und weniger das, was damit gesellschaftlich zu verbinden ist; wenn wir von Medienkompetenz sprechen – ich weiß jetzt nicht, wer gerade „wir" ist…"

**Tobias Thiel:** Was gehört alles dazu, wenn Du von Medienkompetenz sprichst?

**Kristin Narr:** Das, was der Kollege Karpilowski gesagt hat, also, im Sinne Baackes, es geht um Medienwissen, es geht um Medien bewerten, um Reflexion und um Medienhandeln. Also, tatsächlich auch gestalterisch tätig sein, selber zu machen – da kommt wieder die handlungsorientierte Medienpädagogin raus – also, wenn wir es anfassen können, dann sind auch solche Sachen wie „Making" ganz spannend, einfach dahingehend, das anzuschauen und dadurch Dinge zu begreifen und auch ein Stück weit sich die Welt selber anzueignen. Die Hoffnung, die damit verbunden ist, ist natürlich, meine eigene Welt und die meiner Mitmenschen selbst gestalten zu können und dadurch auch ein bisschen Weltfrieden hinzuzufügen.

**Tobias Thiel:** Das heißt, ein Whiteboard ist nicht per se schlecht, aber wichtiger ist, dass darüber kreatives Gestalten passiert. Wenn es dazu dient, mit pädagogischen Konzepten zu arbeiten, kann ein Whiteboard auch gut sein.

**Kristin Narr:** Ja, ein super Ding. Vor zehn Jahren hat man die Whiteboards in die Schule gebracht und hat gedacht, jetzt muss man sich über den „Pädagogik-Kram" keine Gedanken machen, das wird schon irgendwie laufen. Doch sie haben zwei Dinge vergessen, einmal den Support, wenn das Ding kaputt ist, und zum anderen irgendwelche Fort- und Weiterbildungen für Lehrkräfte in den Schulen, die das natürlich auch in ihrer Gänze – das sind ja auch coole Geräte, natürlich ist es auch frontal, und das ist jetzt nicht so ein offenes und modernes Lernen, das hat ihnen auch keiner gesagt – aber die stehen da so rum und sind eigentlich weiße Tafeln. Und das ist so etwas, was man jetzt, glaube ich, wieder macht, indem man jetzt anfängt über Konzepte zu sprechen – das finde ich ja gar nicht so schlimm –, aber keiner weiß, was in diesen Konzepten stehen soll. Und da tritt so eine Überforderung ein, wo ich mir denke, lasst uns da gemeinsam herangehen und lasst uns da stärker miteinander arbeiten.

**Tobias Thiel:** Ich muss jetzt eine Anekdote ergänzen. Ich habe in der Grundschule meiner Kinder das einmal erlebt, dass das Whiteboard als Leinwand benutzt wurde, doch man war allerdings nicht in der Lage den Beamer vom Whiteboard zu benutzen. Deswegen stand auf dem Tisch ein anderer Beamer. Den kannte man, und wusste, wie man ihn bedient. Das deckt sich wahrscheinlich so ein bisschen mit dem. Es fehlt so ein bisschen das pädagogische Konzept, aber inzwischen haben sie eine Fortbildung gekriegt und ich hoffe es geht besser. Es gab noch eine Meldung von Jörg Kratzsch.

**Jörg Kratzsch:** Ich möchte das nur nochmal ergänzen und glaube auch, dass es wichtig ist, dass wir eben nicht den Fehler machen, ständig einfach nur den technischen Innovationen hinterher zu hecheln. Denn was anderes ist es letztendlich gar nicht, wenn wir über Standards reden, dann sind das ganz grundlegende- und bodenständige Standards, die allgemeingültig auch sein können. Und wir lassen uns da, glaube ich, zu sehr auf einem tagesaktuellen Agenda-Setting treiben und das ist, meines Erachtens nach, ein Fehler. Wir sollten subjektorientiert gucken, also, was sind denn Kompetenzen, die wir erwarten, was sind denn Sachen, die wir wirklich erzielen wollen? Das ist natürlich eingebettet in die Lebenswelt, und lebensweltorientierte Pädagogik wird sich immer den neuen technischen Innovationen stellen, aber die Zieldimension, die muss eben klar verortet sein. Das ist, glaube ich, ganz wichtig.

**Tobias Thiel:** Genau, das ist jetzt wunderbar die Überleitung zum Thema, wie wir die beiden Dinge zusammenbringen. Wir haben jetzt gehört, was Medienpädagogik ist, dank Alexander Karpilowski. Jetzt hatte ja der Bereichsleiter Bürgermedien der Thüringer Landesmedienanstalt den leichten Auftrag, nur etwas zu digitaler Mündigkeit zu sagen. Ich bitte jetzt Ricardo Feigel, den Bereichsleiter Bürgermedien bei der Medienanstalt Sachsen-Anhalt, jetzt nach vorne. Wie bringt denn jetzt die Medienpädagogik die beiden Dinge zusammen?

**Ricardo Feigel:** Ganz, ganz einfach! Ich bin ein Freund von Orten. Wir habe heute schon ein paar Mal über Orte gesprochen, und ich komme auch aus der Bürgermedienszene wie mein Kollege Martin Ritter. Wir haben Orte, wir brauchen aber Ressourcen an den Orten. Facebook zum Beispiel, das waren vier 19-jährige, die haben in Harvard gesessen. Havard hat ein Stiftungsvermögen von 37 Milliarden USDollar. Diese vier 19-jährigen hatten unbegrenzt Zugang zu Ressourcen, zu Bandbreite, zu Hardware, zu Software, zu Anleitung, zu Leuten, die gezeigt haben, wie C++ funktioniert, wie HTML gehandhabt wird und so weiter. Ich möchte, dass solche Orte entstehen.
Ich möchte ja auch, dass der Offene Kanal ein 37 Milliarden USDollar großes Stiftungsvermögen hat. Hat er nicht. Aber wir haben hier auch Orte. Wir haben Human Ressources. Wir haben hier Leute, die seit zwanzig Jahren jungen Leuten, Senioren, breiten Kreisen der Bevölkerung beibringt, wie man offline schneidet, wie man Videokameras benutzt, wie man die Codecs so zusammenstellt, dass das auch flimmerfrei über die Bildschirme geht. Wir müssen nur jetzt diese Transformation schaffen zu Programmiersprachen, zu Apps. Warum schreiben wir nicht selber Apps? Warum unterhalten wir uns über WhatsApp, wenn man relativ simpel Apps selber gestalten kann? Dazu brauchen wir Leute, die Anleitungen geben und wir brauchen vor allem Orte.
Es gibt tausende Tutorials bei YouTube, die auch alle funktionieren und teilweise sehr gut sind. Mein Sohn hat sich alles beigebracht, was er weiß, über Musiksoftware, hat er sich mit YouTube Tutorials beigebracht. Ich hätte es aber lieber gesehen, und ich merke auch, dass er an seine Grenzen kommt, wenn er einen Ort gehabt hätte. Wenn er einen Ort gehabt hätte, zu dem er gehen kann, wo er sich regelmäßig mit anderen trifft – er sitzt da immer alleine an seinem Schreibtisch, guckt sich die Tutorials an, er macht das toll. – Mittlerweile ist er auch in einem Offenen Kanal, lernt da, macht ein freiwilliges soziales Jahr dort und es tut ihm sehr gut.

Also wie gesagt, ich bin ein Freund von Orten, ich bin ein Freund von Bürgermedien und wenn es um die digitale Mündigkeit geht, dann sage ich, lasst uns das an den Bürgermedien-Standorten machen.

**Tobias Thiel:** Jetzt waren wir gerade in der Diskussion, was dazu gehört. Wir haben vorhin gesagt, dass digitale Mündigkeit momentan ein Schlagwort ist, was jetzt gerade angesagt ist. Jörg Kratzsch sagt, wir müssen Medienpädagogik in einem längeren Atem denken. Was wären denn diese Ziele mit einem ein bisschen längeren Atem? Das, was Sie sagten, war ja auch ein bisschen aktuell. Also Coding, Programmieren ist ja gerade sehr aktuell und Making war vorhin noch ein Stichwort.

**Ricardo Feigel:** Frau Wanka[50], die mal hier war, hat gesagt, dass Coding eine Kulturtechnik ist, die vierte Kulturtechnik. Ich finde auf den Gedanken sollten wir uns einfach mal einlassen. Wenn wir die jungen Leute dazu bringen, Codes so zu verstehen, wie eine Fremdsprache. Also, es ist ziemlich selbstverständlich in Unterrichtseinheiten an Schulen zu implementieren, aber darüber hinaus auf so ein Umdenken. Coding ist ja immer noch ein gewisses Herrschaftswissen, das können ganz wenige, vielleicht ein paar Startups in irgendwelchen Lofts in Berlin. Es ist ja im Prinzip viel simpler, als wir uns das alle vorstellen. C++ zu lernen, ist nicht schwieriger als Englisch zu lernen.

**Tobias Thiel:** Da muss ich jetzt automatisch nochmal zu Herrn Meißner gucken. Ich weiß nicht, ob ich Sie als Kultursoziologen oder als Medientheoretiker darauf ansprechen soll. Sehen Sie das auch so, dass Coding jetzt eine Kulturtechnologie ist, die wir alle können müssen.

**Stefan Meißner:** Ich glaube auf jeden Fall, dass Programmieren und Coden eine Kulturtechnik ist. Die Frage ist, ob sie allgemein verbindlich sein muss, wie das Schreibenlernen vor etwa 200 - 250 Jahren verbindlich geworden ist, die Alphabetisierung. Ich bin unsicher. Ich glaube, wir müssen nicht konkret das Programmieren lernen, wir müssen verstehen, was Programmieren bedeutet. Da reicht für mich der

---

[50] Johanna Wanka war von 1994 bis zu ihrer Berufung als Ministerin in Brandenburg gewählte Rektorin der Fachhochschule Merseburg; sie unterstützte durch einen Kooperationsvertrag mit der der Hochschule Merseburg die Entwicklung des Offenen Kanals Merseburg-Querfurt e.V.

Formalisierungsgrad oder der Abstraktionsgrad und dass man verstehen muss, wie genau man sein muss. Also, das Formalisierung extrem anstrengend ist, weil das nicht einfach mal so geht, sondern man muss ein sehr bestimmtes Denken haben. Mit diesem Denken kann man verschiedene Mythen und magische Ideen, die weitläufig so laufen, entmystifizieren und aufklären. Ich glaube, das reicht schon. Ich glaube, man muss nicht C++ oder was auch immer so genau lernen. Es hilft schon in einem Browser mal zu schauen, wie so ein Seitenquelltext aussieht, was JavaScript ist und CSS, aber das ist Pillepalle, da muss man kein großes Programmieren lernen. Ich würde auch nicht gerne vorschlagen, dass wir in den Schulen jetzt die Curricula noch weiter aufblähen und da Informatik mit 10 Stunden reinpacken, das ist ja auch Quatsch. Wir müssen einfach verstehen, das hat etwas mit digitaler Mündigkeit zu tun. Das Digitale kann man fast in Klammern setzen. Es geht um Mündigkeit in der unserer digitalen Welt, und wie kann man die erhalten, und wie kann man die herstellen und da helfen diese Kompetenzen, aber wir müssen nicht alle alles können. Genauso wie bei einem Automotor, der fährt, und wie das genau funktioniert, ist dem Fahrer in den Einzelheiten nicht notwendig klar.

**Tobias Thiel:** Ich würde gerne da noch kurz was ergänzen, weil ich da auch etwas ambivalent bin. Ich habe in meiner Studienzeit Ende der 90er angefangen, politische Jugendbildung zu machen; und wir haben ein tolles Projekt gemacht, die haben nämlich alle HTML programmiert und eine Website erstellt, und ich dachte, das ist es jetzt. Endlich kann jeder seine Meinung ausdrücken, das ist alles im Netz, das ist toll und es hat auch funktioniert, weil die Lokalzeitung darüber berichtet hat und mir den Link gegeben hat und ganz viele Leute, also die, die damals schon Webseiten zu Hause angucken konnten, das fing ja gerade an, so dass es sich doch einige angeguckt haben, es gab ja noch nicht viele Webseiten und erst recht keine lokalen. Insofern war das eine tolle Sache. Ich würde mich heute nicht mehr trauen, ein Jugendprojekt zu machen und zu sagen, ihr müsst das jetzt mit HTML machen, es sei denn ich will denen HTML beibringen. Ich würde denen sagen, wenn ihr eure Meinung ausdrücken wollt, dann nutzt WordPress oder eines der vielen Tools im Netz, denn damit könnt ihr das viel schneller darstellen. Ich merke dann tatsächlich in der Praxis, dass das denen womöglich fehlt, weil sie das nicht verstehen, was das System macht, weil, ich weiß noch was hinter HTML steht. Ich bin da immer ein bisschen ambivalent, was das mit das Coden anbelangt. Aber eigentlich wollte Nele Hirsch reden, Entschuldigung.

**Nele Hirsch:** Ich wollte jetzt auf diesen Abstraktionsgrad nochmal eingehen, weil das finde ich in der Tat wichtig. Das ist der eine Aspekt davon, warum ich das entscheidend finde, dass das sicher nicht in zehn Stunden zu vermitteln ist, aber dass es eine Rolle in der Grundbildung spielt. Aber warum ich das nochmal entscheidend finde, ist, dass man, wenn man mal so ein bisschen hinter eine Website geschaut hat oder den Calliope mini gesehen hat, ich kann da eine Schleife machen und dann passiert da was; ich glaube, was das tut und was das Prinzip daran ist, ist nicht, dass wir Top-Programmierer und -Programmiererinnen plötzlich haben, weil die alle super die Programmiersprachen gelernt haben. Aber was die verstehen, ist einfach das Grundprinzip, das wird einem klar, ah, ja, das was Menschen machen, die dann tatsächlich professionell programmieren, das ist keine Zauberei, sondern das ist eine Sprache und die funktioniert so, und die kann man auch lernen, wenn man das lernen will.
Das ist dann sehr viel aufwändiger und da muss man sehr viel Energie reinstecken. Aber die Zauberei ist weg. Das Beispiel mit dem Automotor zeigt genau das gleiche. Ich stehe auch nicht vor einem Auto und sage, oh, Wahnsinn, es fährt. Sondern ich hatte eine gewisse Grundbildung gehabt und kann mir so ungefähr vorstellen, das und das passiert da drin, und ich habe die ganz große Gewissheit, wenn ich das lernen wollte, könnte ich mich hinsetzen und könnte es verstehen.
Ich glaube, wenn man das macht, also Programmieren in so einer Art und Weise überhaupt erst einmal den Attraktionsgrad zu zeigen und die Berührungsängste abzubauen, dann ist auch sowas da. Also, wir brauchen ja in dieser Gesellschaft auch Menschen, nicht nur die. die das Programmieren, vor allem auch die, die dann darüber nachdenken, was passiert mit diesen Programmen und was soll in den Programmen darinstehen? Ich glaube da ist dann Bildung gefragt, tatsächlich das in der Breite allesabzudecken. Also, diese Frage, was passiert damit, was will ich, was damit passiert, wie soll das ganze aussehen, das muss dann ganz genau so eine Rolle spielen, aber es ist in der Tat so, dass die

Grundlage da sein muss, dass es weg kommt aus so mystischen Annahmen, wie geht das denn, hin zu, das ist gestaltbar. Das kann man durch solche Programmierprogramme durchaus lernen.

**Kristin Narr:** Ich will noch auf die Entmystifizierung von Technologie hinaus, was Du gerade gesagt hast, Nele, das stark machen, weil es ja auch darum geht, Zugänge zu schaffen zu solchen kryptischen Dingen wie einer Website und, dass das letztendlich fast von jedem und jeder gestaltbar ist. Trotzdem würde ich gerne einen Punkt noch stärker machen, das ist der Punkt der Freiwilligkeit. Also, um auf Ihren Sohn zurück zu kommen, und das ist eine sehr außerschulische Denke, die ich habe. Ich lebe sozusagen in einem freiwilligen Denken dabei, das schafft ja auch die Motivation, dass ich mir selber ausdenken kann, was ich tue und das ist Schule ganz oft nicht.
Und wenn wir das jetzt verpflichtend machen, dass jeder das machen muss, dann tun wir uns überhaupt gar keinen Gefallen. Weil wir eben die Lust und den Spaß daran nehmen und dadurch die intrinsische Motivation daran verlieren. Das würde ich gerne nochmal stark machen, zu sagen, ja, ein bisschen von allem – ich muss irgendwie wissen, wo es steht, in Richtung Medienkompetenz – aber wenn ich das dann zu sehr in eine feste Curriculumform bringe, dann tue ich vielleicht auch nicht allen einen Gefallen.

**Jörg Kratzsch:** Ich will nochmal das Bild des Autos auch aufgreifen, weil es nicht ganz grundlegend darum geht, die Technik zu verstehen, sondern, es ist vielmehr auch damit verknüpft, dass ich nicht wissen muss, wie das Auto als Ganzes als solches funktioniert, sondern, wenn ich mich in ein Auto setze, dann muss ich die Verkehrsregeln kennen, dann muss ich wissen, wie ich verantwortungsbewusst ein solches Fahrzeug lenke, um keinen anderen Schaden zuzufügen und ich muss sozusagen damit umgehen lernen. Das ist das, was Medienpädagogik leisten kann und deswegen stimme ich dem auch zu, dass „informatische" Bildung und Coding als vierte Kulturtechnik eine Fachdidaktik ist. Es ist ganz klar eine Fachspezifik und noch dazu eine, die bestimmten Verwertungszwecken folgt. Das ist insofern auch ein Stück weit perfide, wenn man sagt, wir brauchen das nicht, um mündige Bürger zu haben, sondern wir brauchen das, weil wir Human Resources brauchen, die in der Digitalwirtschaft tätig sein können. Das finde ich ist dann ein zu perfider und zu eng gedachter Ansatz von Medienpädagogik für mich.

**Ricardo Feigel:** Berechtigter Einwand. Die wirtschaftliche Verwertbarkeit von Kenntnissen, da müssen wir drüber nachdenken. Ich möchte nur noch einmal zurück auf die Entmystifizierung. Das ist ganz wichtig. Da fiel mir nämlich gerade noch eine Phase aus meinem früheren Leben ein. Ende der 80iger Jahre habe ich als Softwaretrainer gearbeitet. Da bin ich durch große Versicherungen gefahren und habe den Leuten beigebracht, wie man „Lotusnotes", Microsoft Word und Excel anwendet. Das Problem war gar nicht den Leuten beizubringen, wie man eine Tabelle aufbaut, sondern die Angst vor den Computern zu nehmen. Die Leute hatten Angst, etwas kaputt zu machen und das war ganz wichtig zu sagen, ihr könnt nichts kaputt machen, es kann nichts passieren, hackt darauf rum! Wenn es nicht klappt, dann klappt es nicht. Das war ein wichtiger Bestandteil meines Jobs zu der Zeit, den Menschen die Angst vor den Geräten zu nehmen. Da gab es noch nicht mal Internet zu der Zeit. Es war einfach nur diese beige große Kiste und die Menschen hatten unfassbare Angst, weil sie dachten das Ding kostet 5.000 Mark und ich mache da jetzt etwas kaputt. Das wollte ich nur noch einmal bekräftigen.

**Tobias Thiel:** Dann danke ich Ihnen erstmal ganz herzlich Herr Feigel. Wir hatten ja gesagt, dass wir den Platz nochmal öffnen. Danke, dass Sie da waren. Es wäre jetzt für das Publikum, was hier anwesend ist, auch die Gelegenheit, nach vorne zu kommen, ein Statement zu geben oder auch eine Frage zu stellen.

**Armin Ruda:** Ich bin Leiter des Offenen Kanals in Kassel und Vorsitzender des Bundesverbands Bürgermedien. Wenn man das hier so hört, dann klingt das alles toll. Aber mir fehlt hier einfach eine ganz wichtige Dimension, die politische Dimension. Bernd Schorb hat heute früh, ich habe es da zum ersten Mal gehört, den Begriff der „politischen Medienkompetenz" erwähnt. Aus meiner Sicht müsste der Titel unserer Tagung heißen, „Welchen Beitrag muss Politik, auch in Unterstützung der Medienpädagogik, dazu leisten, die Leute mündig zu erziehen?" Aber es passiert nichts. Wenn man schaut, was die Politik in den letzten

Jahren dafür getan hat, dann ist das beschämend. Es gibt eine Erklärung der Bundeskultusministerkonferenz, da muss wieder etwas mit medialer Bildung in den Schulen passieren. In keinem der Bundesländer ist da etwas passiert. Ich komme aus Hessen und musste mir jetzt vor kurzem sagen lassen, das steht doch im Koalitionsvertrag zweier Parteien drin, dass Medienbildung eigentlich keine Aufgabe der Landesmedienanstalten ist, sondern des Staates. Wir haben in vier Wochen die nächste Wahl, passiert ist gar nichts. Die Frage ist, die geht jetzt an die Medienpädagogen, sind wir an dieser fatalen Entwicklung selbst schuld, weil wir uns erstmal selbst darüber klar werden müssen, wer sind wir eigentlich, worüber diskutieren wir eigentlich, was ist Medienpädagogik? Da diskutiert die Medienpädagogik seit Jahrzehnten darüber und wird deswegen vielleicht auch von der Politik nicht so ernstgenommen, wie sie ernst zu nehmen wäre, um dann tatsächlich auch mal die Ziele, die wir heute alle gehört haben, umzusetzen, ob das jetzt verbindlich in dem und dem Lehrplan und in dem und dem Umfang sein muss, aber wir erleben das Gegenteil.

Jedes Mal ein paar tolle Projekte wie heute auch. Gießkannenprinzip. Ich gehe dahin, wo es brennt; die brauchen wir, auch die jungen Leute, da geht es um Mündigkeit - 70% der Projekte mit denen durchführen, die es gar nicht nötig hätten, aber wir uns als Medienpädagogen auf die Schulter klopfen, weil es ganz toll gelaufen ist mit denen. Da bin ich zufriedener über ein Projekt dort, in dem Stadtteil, in der Umgebung, wo es wirklich nötig ist, wo keine Voraussetzungen da sind. Aber das schaffen wir nicht alleine. Da bedarf es derer, die die Rahmenbedingungen setzen und deswegen meine Frage hier an die *Runde der selbsternannten Medienpädagogen - einer hat ja so getan als wollte er es gar nicht sein*: Wie schaffen wir es, oder wie schafft es die Medienpädagogik, sich da mal einen höheren Stellenwert zu verschaffen in Staat und Gesellschaft?

**Tobias Thiel:** Sie haben eigentlich einen guten Punkt angesprochen. Wer ist denn überhaupt Medienpädagoge? Ich habe das auch nie studiert, aber wenn andere das machen, dann wird das bei mir auch immer dazu geschrieben. Ich würde die Fragen mal weiter geben an Kristin. Brauchen wir Standards um politischer zu sein? Erreichen wir die richtigen Zielgruppen? Wie kommt Medienpädagogik zu den nötigen Ressourcen?

**Kristin Narr:** Ich glaube das Problem ist, dass wir nicht mutig genug sind. Also, gerade an Politik heranzutreten und zu sagen, so geht das nicht. So gehen die Dinge auch wirklich nicht, wenn man sich gewisse Zustände aktuell anschaut, zum Beispiel wie mit Unternehmen umgegangen wird. Wie Politik mit Technologieunternehmen umgeht, und dass es da offenkundig und auch zwischen den Zeilen Zusammenarbeit gibt und die Medienpädagogik, die wir als etwas sehr Großes, was wir jetzt nicht so richtig umreißen können, verstehen, da schwierig Zugänge bekommt. Wir als GMK fordern seit Jahren, dass wir alle ein Stück weit politischer werden. Sowohl in unserer pädagogischen Arbeit als auch im Verband. Das sind Dinge, die wir im Kleinen versuchen, und es gibt viele Sitzkreise an runden Tischen. Man ist bei KMK-Strategiepapieren mit dabei. Das ist ein Grundproblem, was ich immer wieder sehe, sowohl auf landeskommunaler Ebene als auch auf Bundesebene ist zu wenig Geld für Bildung da. Das Problem ist nicht erst seit 2018 da. Das, was von Bildungsangeboten verlangt wird, ist bei weitem nicht das, was wir in irgendeiner Form finanzieren können, was wir auch an Langfristigkeit, Nachhaltigkeit und Innovationscharakter einbringen müssen. Ich habe keine Antwort. Aber ich möchte stark machen, dass ich da voll bei Ihnen bin, dass wir uns auch ein Stück weit aus dieser Nehmerperspektive herausnehmen müssen. Andererseits sind wir auch in gewisser Weise auf die Gelder angewiesen, wenn wir an Förderungsstellen denken. Das ist ein Konflikt, dessen sich viele bewusst sind, der aber auch offen ausgetragen werden muss.

**Nele Hirsch:** Ich kann das aus dem schulischen Kontext sagen, wo wir das immer wieder diskutieren, was wären hier jetzt innovative didaktische Konzepte, wie können wir Kinder und Jugendliche stark machen für ein selbstbestimmtes Leben in der heutigen Gesellschaft. Wenn man dann aber sieht, wie die Realitäten sind, was wir für große Klassen haben, dass wir eben keine Ausstattung haben und so weiter und so fort. Von dem her ist einfach klar, dass es einfach immer wieder am Geld fehlt, und aus dem Geld kommt ja dann alles weitere rüber. Das ist dann die Nachhaltigkeit, die in irgendeiner Form da ist, das ist dann die

Frage, wie kann ich überhaupt den Unterricht gestalten, welchen Freiraum habe ich als Lehrperson überhaupt etwas zu gestalten? Ich habe das Gefühl, dass der Unmut unter Bildungsakteuren wächst und auch der Widerspruch zu der Situation, die da ist. Das stimmt mich erst einmal sehr hoffnungsvoll. Um das dann auch hinzukriegen, politischer zu werden, glaube ich trotzdem, dass das, was wir vorher diskutiert hatten, was ist denn jetzt unsere Definition, was ist unser Ziel dahinter usw. usf., dass das trotzdem nicht müßig ist, weil man wissen sollte, es braucht mehr Geld – ohne dieses Geld kann man im Prinzip überhaupt gar nichts machen. Aber wenn Geld kommt, kann mit Geld auch ziemlich schnell Blödsinn entstehen. Wir hatten dieses tolle Beispiel, jetzt hängt in jeder Klasse so ein Whiteboard, doch ich hätte sinnvollere Ideen für den Gebrauch dieses Geldes gehabt. Darum ist diese doppelte Herangehensweise, sich verständigen und durchaus auch aufzeigen, was wollen wir, warum ist sowas wichtig, wie stellen wir uns das auch vor? – Das als eine Option zu haben und dann eben gleichzeitig, dieses einfordern. Denn damit das funktioniert, braucht das eben auch mehr Ressourcen, in erster Linie erstmal Geld und ich würde auch immer sagen, das Personal, die pädagogische Perspektive, um dann auch Räume schaffen zu können, weil, der Raum allein ist entsprechend auch nicht so wertvoll, wenn er nicht pädagogisch gestaltet wird.

**Kristin Narr:** Was mir in letzter Zeit zunehmend Bauchschmerzen bereitet, ist, Unternehmen in Schulen. Weil Unternehmen in Schulen waren - aus meiner Wahrnehmung heraus, vielleicht haben Sie andere Eindrücke - vor ein paar Jahren noch so, naja die Firma Samsung mach halt so einen Screen dahin, und dann gehen die wieder. Im Moment haben die aber zunehmend natürlich auch Leute eingekauft, die diese pädagogischen Angebote dazu machen. Da gibt es dann Materialien und so weiter, und das wird alles natürlich – Überraschung (!) – von den Schulen angenommen, weil die über jede Form von Unterstützung dankbar sind. Ich glaube, das ist eine gesamtgesellschaftliche Aufgabe mit zu langsamen Prozessen.
Wenn jetzt ein Unternehmen ankommt, dann ist das eine Sache, die relativ schnell gemacht werden kann, und wir müssen über Anträge, Verwaltungen und dann geht das nicht, dann müssen wir das umformulieren und so weiter - relativ kurzweilige Angebote. Wir haben ja

Vormittage und eine ganze Woche haben wir einmal im Jahr ungefähr in der Schule und das muss dann irgendwie auch passen, da sehe ich ein ganz großes Feld, wo wir ganz dringend irgendwie mitmachen sollten, sonst ist da etwas, was sie uns in gewisser Weise auch nehmen, an diese Möglichkeiten zu kommen. Ich möchte nicht dafür plädieren, nicht falsch verstehen, dass ich Unternehmens-Bashing mache. Ich bin sehr dafür Kooperationen einzugehen, dann natürlich mit Transparenz und so weiter. Um solche Sachen geht es mir überhaupt nicht. Ich möchte einfach eine gleichberechtigte Form der Partnerschaft und der Zusammenarbeit weiterhin pflegen und weniger diese Abhängigkeiten spüren.

**Tobias Thiel:** Also erstmal einen großen Applaus für Herrn Ruda, der einen Impuls reingebracht hat. Es gibt nämlich zwei weitere Meldungen. Danke. Jetzt bitte ich den Herren da hinten nach vorne.

**Franz Friedrich:** Ich bin Student der Kultur- und Medienpädagogik und ich bin Teamer im Offenen Kanal. Lehrerkind. Es gibt zwei Fragen, die mich interessieren. Wir hatten gerade diese Diskussion, und ich kenne genau diesen Streitpunkt auch aus familiärer Sicht. Allerdings nur im Positiven, denn wir stimmen in diesem Fall überein. Es sind zwei Punkte. Zum einen ist es; wir Kultur- und Medienpädagogen sehen den Begriff immer auf Medien bezogen, also auf technische Geräte oder Abspielung, jedenfalls empfinde ich das in den Diskussionen immer so. Ich bin aber auch Schauspieler und das Medium fängt bei mir als Mensch an. Ich bin ein Medium, mit meiner Stimme, mit meinem Auftreten und genau das ist es ja dann auch, was ich über ein Gerät nach außen projiziere. Da wäre es mir wichtig, wenn vielleicht auch der Begriff Medienphilosophie einen viel höheren Stellenwert innerhalb der Medienbildung bekommt, denn darum geht es ja im Ende, dass ein Kind oder ein Jugendlicher, ein Mensch, wer auch immer, sich bewusst ist, ich bin mündig. Meine Mündigkeit beginnt bei mir und nicht bei dem, was ich produziert habe.

In dem Kontext ist das so ein Punkt, aber dann zu diesem schulischen Kontext. Zum einen beobachte ich da auch immer, so ein gesellschaftliches Problem wird erkannt. Bis es angegangen wird, dauert es im Schnitt 50 Jahre. Man kennt dieses philosophische Spiel. Ich habe manchmal das Gefühl, wir sind in der Verantwortung, also ich übertreibe absichtlich, auf die Straße zu gehen und zu demonstrieren und zu sagen, wir[51] gehören in die Schule! Das allerdings würde das dann schlussendlich, meiner Meinung nach, dafür sorgen, dass das gesamte Schulsystem überarbeitet wird und davor graut es im Schulamt jedem. Das sind meine Fragen, ob Sie mit mir mitgehen. Wir haben es gerade gehört, wir müssen politischer werden, aber wie weit und was bedeutet politischer werden? Bedeutet das nur Kreise oder bedeutet das wirklich auch Risiken einzugehen? Eben seine Fördergelder zu riskieren, um eben zu sagen, so geht das nicht weiter. Um jetzt mal nicht zivilen Ungehorsam in den Mund zu nehmen, so in diese Richtung.

**Stefan Meißner:** Ich kann vielleicht auf den ersten Aspekt eingehen. Ich spreche natürlich mehr aus dem Herzen. Mehr Medienphilosophie wäre schön. Das gibt es ja leider Gottes in der Hochschullandschaft relativ wenig verbreitet. Ich habe glücklicher Weise meine Doktorarbeit in Weimar schreiben können, einem der großen medienphilosophischen Standorte in Deutschland und bin dadurch natürlich schon infiziert davon.

Ich versuche das auch nach Merseburg zu bringen und die Medienwissenschaft ein Stück philosophischer zu denken und nicht so techniklastig. Sondern zu schauen, was ist denn der Hintergrund. Ich sagte ja vorhin schon, dass ich in Soziologie im Hintergrund bin, und man das dann gesellschaftlich auch noch macht. Also, dass man diese Trias spielt. Ich glaube schon, dass wir dann diese, was auch schon öfter in der Diskussion war, gefühlte Schnelllebigkeit, diese Überforderung, dass wir da ein Stück Ruhe reinbringen. Ich glaube, dass so eine medienphilosophische Sicht ein bisschen Distanz gibt. Und Distanz hilft einen einfach manchmal nicht, über jedes Stöckchen zu springen.

Das ist glaube ich auch für das Selbstverständnis der Medienpädagogik ganz wichtig, dass man sagt, wir werden gebraucht und wir müssen nicht jedes Mal beweisen, dass wir wichtig sind. Die Soziologie hat das vor 10-20 Jahren auch so gemacht, dass sie gesagt hat, ja, Soziologen sind ganz wichtig und dann haben sie festgestellt - Ich würde sagen, Medienpädagogen brauchen mehr Selbstbewusstsein. Ich kann mir vorstellen, dass man mit einer medienphilosophischen Grundierung etwas positiv hinbekommen kann.

---

[51] Gemeint sind Kultur- und Medienpädagogen.

**Tobias Thiel:** Jetzt war die andere Frage an alle, die Geld kriegen vom Staat, ob sie bereit sind, das zu riskieren, um politisch zu werden. Ich glaube Jörg Kratzsch ist in diversen Projekten schon gewesen, die mindestens landesfinanziert sind. Vielleicht mal seine Position dazu.

**Jörg Kratzsch:** Ja, das nimmt einen weder aus der Pflicht noch macht es das schwerer, politisch zu streiten in der Tat. Wir haben uns seit jeher als GMK-Landesgruppe, aber auch vorher mit meiner vorherigen Profession hier in Sachsen-Anhalt bei fjp Media in verschiedenen Arbeitskreisen eingebracht, sind auch in der Landesarbeitsgemeinschaft am ehemaligen Kultus- jetzt Bundesministerium und streiten da trefflich und auch heißblütig um eben solche Themen, das heißt, das ist nichts, was ich ausschließen muss.

Was das Selbstbewusstsein der Medienpädagoginnen und Medienpädagogen angeht, so glaube ich, dass es tatsächlich notwendig ist, da noch ein bisschen weiter zu streiten und mit noch breiterer Brust das anzugehen. Wir sind alle recht junge Professionen, mit 30 Jahren etwa. Die SozialpädagogInnen in den 70er Jahren haben auch eine Weile gebraucht, um die Notwendigkeit aufzuzeigen. Das ging etwas schneller muss man dazu sagen. Nun war der Leidensdruck diesbezüglich auch etwas höher. Diesen Leidensdruck spüren wir im Bereich der Medienpädagogik jetzt, das sollten wir nicht ausnutzen, aber diesen Wind auch nutzen, um nochmal zu sagen, wir sind notwendig, wir sind wichtig. Ich glaube, ein wichtiges Instrument könnte tatsächlich sein, über eine geschützte Berufsbezeichnung zu sagen, das ist eine Profession. Das was Sozialpädagogik damals im Übrigen sehr gut gemacht hat. Das ist eine Profession, die mit gewissen Standards eben auch an das Berufsbild auch gekoppelt sind und da ist es in der Medienpädagogik eben wenig einheitlich. Das schließt aber nicht aus, dass es in der Medienpädagogik ganz tolle Leute gibt, die seit jeher medienpädagogische Projektarbeit machen. Aber für die Profession wäre das wichtig.

**Tobias Thiel:** Das klingt so als wären die Probleme noch nicht gelöst. Bist Du zuversichtlich, dass die Ausstattung der Schulen im nächsten Jahr sowohl technisch gut ist, als auch perfekte Medienkonzepte hat?

**Jörg Kratzsch:** Bei weitem nicht. Steter Tropfen höhlt den Stein. Ich glaube, dass es seit jeher ein langsamer Prozess ist. Trotz dessen haben wir Erfolge zu verzeichnen. Wir reden über frühkindliche Medienbildung, wir reden über die Ausstattung an Schulen, wir reden aber auch über personelle und konzeptionelle Überlegungen an Schulen. Gerade in dieser Arbeitsgruppe und da passiert einiges. Das ist nicht von der Hand zu weisen.

**Tobias Thiel:** Vielleicht eine Sache die kommen wird, die wir noch nicht kennen aus der Arbeitsgruppe?

**Jörg Kratzsch:** Da wage ich mich jetzt nicht weit aus dem Fenster, aber ich weiß, dass zum Beispiel im Rahmen des Schulfaches auch einfach ziemlich viel passiert ist, dass auch entsprechend Curricula angepasst wurden und dass Paul Bartsch da eben auch Großes mit vorangetrieben hat. Auch die MSA und die Hochschule Merseburg dort eben in dieser Runde ist und dass wir durchaus eben auch schon einiges aus diesem Maßnahmenkatalog erreichen konnten. Wenn nicht gleich an Monetärem, doch aber an Bewusstsein an der Notwendigkeit, die ja hier vorgestellt wird. Die Schulen wurden in die Pflicht genommen, ihre Konzepte dementsprechend zu schreiben und eben ordentliche Medienkonzepte auch vorzuweisen, wenn man eben auch Mittel abgreifen möchte. Das sind wichtige Schritte.

**Tobias Thiel:** Okay danke! Vielen Dank auch an Herrn Friedrich. Herr Ritter hatte nochmal das Bedürfnis etwas loszuwerden, was er vorhin nicht losgeworden ist.

**Martin Ritter:** Der Gedanke hat sich erst entwickelt. Mir war das hinsichtlich der Politik zu homogen. Ich danke Armin Ruda wirklich, dass er das eingebracht hat. Die Antworten waren mir aber zu homogen und ich möchte die Lanze brechen. Ich fange mal bei Ihnen an, das fand ich nämlich ganz spannend. Ich kann mich nämlich erinnern, vor genau 5 Jahren, im Jahr 2013, hat die GMK den Medienkompetenzbericht schön in Berlin veröffentlicht. Eine große dicke Publikation. Da war ein großer Forderungskatalog an die Politik angeknüpft. Am Ende sogar noch ein kleines Heftchen, so dass es auch jeder versteht, quasi noch

publiziert. Eine dieser Forderungen war ja, Politik, ihr müsst Schule anpacken! Auch wenn sie es jetzt ein bisschen anders sehen, weil sie es gerne aus der Jugendarbeit betreiben wollen, aber in die Fläche – und so stand es damals auch im Medienkompetenzbericht geschrieben – kommen wir nur über die Schule. Das stimmt auch. Wer sich mal so einen Landeshaushalt anguckt und mal sieht, wann man ein Bildungsministerium hat, wo nämlich Jugend und Schule bedient wird, da sieht man nämlich mal wie die Ressourcen verteilt sind. Da sieht man ganz eindeutig schon an der Mittelverteilung, Schule hat 90% und Jugendhilfe, wo die Jugendarbeit drin ist, sind wir bei 3%.
Die Idee über Jugendarbeit Dinge bewegen zu können, die ist mit dem Vergleich zu Schule utopisch. Also, es muss, wenn man in die Fläche will – und so war es 2013 von der GMK publiziert – in die Schule gehen. Wenn man dann mal schaut, was passiert im politischen Prozess? Möchte ich sagen, man kann ein Stück weit eine Lanze brechen. Weil sie diskutieren, und das hat auch eine Wahl überstanden, jetzt noch bis Ende des Jahres über die Verteilung von 5 Milliarden € über die KMK zusammen mit dem Bund. Der Vertrag wird verhandelt, wir haben in Thüringen einen guten Einblick, weil gerade der KMK bei uns ist und man da momentan einen ganz guten Einblick hat. Die Verträge werden spätestens im Januar oder Februar nächsten Jahres geschlossen sein. Und dann fließen die 5 Milliarden sogar noch bis in die nächste Legislatur zurück.
Wenn man sich jetzt mal die Mühe macht und ausrechnet, ja was heißt das denn jetzt für mein Land - in Thüringen haben wir das gemacht, das sind 3 Millionen. Selbst wenn da nur 150 Millionen bei den Schulen ankommen - weil da ja immer ein bisschen was versickert – bei so viel Geld wird natürlich auch Industrie ein bisschen mobiler – wenn die Hälfte davon direkt bei den Schulen mit Selbstverwaltung ankommt, so ist es auch angelegt, und die Selbstverwaltung der Schulen wird gestärkt. In allen Bundesländern, die ich kenne, wird das in den letzten Jahren gestärkt – wären das ist Thüringen 150 Millionen € in 5 Jahren. Das haben wir mal ausgerechnet, das kann man ja auf die 1000 Schulen runterbrechen. Da ist man in 5 Jahren bei 150.000 €. So viel Geld gab es in Thüringen in 5 Jahren, für egal, wie man die Ausstattung technisch - logisch quasi definiert, nicht mal im Ansatz. Das wird in anderen Bundesländern ebenfalls sein. Wenn man dabei den Hintergrund sieht, dass

Politik sich geeinigt hat, das Grundgesetz zu ändern, die Länder geben ein bisschen ihrer Hoheit ab und der Bund springt mit in die Finanzierung ein. Wenn man dann Politik sagt, ihr macht zu wenig! Dafür, dass man wirklich in einem Grad zwischen Bund und Land sich einigt. Das finde ich schon ein bisschen zu kurz gesprungen. Weil, eine Grundgesetzänderung ist so das Höchste, was man machen kann. Ich finde, dass da wirklich schon viel passiert ist. Natürlich ist das ein politischer Prozess. Das dauert eben in der Politik. Aber da passiert etwas. Vielleicht geht an vielen Stellen noch was ein bisschen anders. Jetzt ist das Spannende, jetzt sind ja die Länder wieder gefragt. Jetzt stehen zwei Fragen im Raum A: Wie kriegen wir die Co-Finanzierung hin? Da stellen die immensen Zahlen in ihren Haushaltsebenen ein. Das zweite ist: Wie kriegen wir die Lehrerfortbildung hin? Jetzt werden Länder kreativ. Eine Idee aus Thüringen ist, lasst es uns doch als Fach machen. Wenn wir es als Fach machen, haben wir die Möglichkeit, es in die Lehrerausbildung verpflichtend hineinzubekommen. Man hat da noch keine Lösung, aber da passiert sehr viel in der Politik.

**Tobias Thiel:** Danke für die provokanten Thesen, die hier schwieriges Schweigen hervorrufen und jetzt auch Antworten.

**Nele Hirsch:** Ja, es ist schön, dass da vielleicht in Kürze etwas passiert und Gelder fließen. Ich will aber diesen Punkt, wie toll die Politik das macht, nicht so stehen lassen. Ich bin in Schulen, gucke mir das an tagtäglich, ich rede mit Lehrkräften, ich sehe, wie die ausgebildet sind, und sehe, wie die Realität ist in den Klassen. Wenn man dann sagt, wir verhandeln jetzt doch schon seit einigen Jahren über diesen Digitalpakt, wir haben uns jetzt vielleicht geändert, und was ich als ein Fehlargument tatsächlich fand, als einen Beleg anzuführen, man hat da wirklich unwahrscheinlich viel gemacht, weil man ja sogar eine Grundgesetzänderung in Betracht zieht. Diese Grundgesetzsache, wie sie aussieht, haben ja genau diese beteiligten Akteure auch so beschlossen. Denen auf die Schulter zu klopfen, wie toll ihr das jetzt macht, und vorher haben sie sich in diese Sackgasse gerannt. Also, das finde ich, kann man tatsächlich nicht sagen, wie gut dann in irgendeiner Form diese Sache aussieht.

Ich kann nur soweit zustimmen, schön, dass vielleicht etwas kommt, aber dass ich dann sage, es ist alles in Ordnung? Dieser Apell, den wir vorher gehört haben, da muss sich jetzt politisch etwas bewegen, ich glaube, der ist tatsächlich kein bisschen von der Hand zu weisen. Es kommt erstens zu spät, zweitens kommt es deutlich zu wenig, wenn man weggguckt von der technischen Komponente, was ansonsten alles fehlt. Ich finde zwar gut, was alles passiert, aber ausreichend ist es noch nicht.

**Jörg Kratzsch:** Wir hatten diese Ausstattungs- und Materialschlachten schon zu Hauf. Ich erinnere an „Schulen ans Netz", ich erinnere an die Ausstattung mit Whiteboards, und wenn man an die Schulen gegangen ist, dann hat man gesehen, wo die Dinger gelandet sind. Die standen teilweise noch verpackt im Keller irgendwo und wurden halt weder gewartet noch verwendet. Ich male jetzt hier ein sehr düsteres Bild, das ist wahrscheinlich nicht mal annähernd an allen Schulen so gewesen, aber das ist zumindest etwas, was man anmahnen muss. So etwas muss begleitet werden, und es braucht auch das Personal, dass das dann in die Schulen hineinträgt. Es muss Verantwortliche geben, die damit eben auch arbeiten können, die da methodisch und didaktisch auch anständig eben verwenden können und das ist natürlich ein ganz anderer Posten. Ich glaube, das ist einfach zu kurz gedacht mit einer Finanzierung.

**Tobias Thiel:** Kristin fiel es ganz schwer zu schweigen und deswegen gebe ich dir jetzt das Mikrofon.

**Kristin Narr:** Ich stimme ja zu, aber ich würde gerne nicht an dem anknüpfen, was Sie gesagt haben, was vor fünf Jahren war, sondern was jetzt ist, und da greife ich gerne Ihre Worte auf, wo wir ansetzen sollten und wollen, das ist der Punkt der Kooperation. Ich rede jetzt ganz positiv und gestalterisch aus meiner freiberuflichen medienpädagogischen Perspektive und auch aus den Verbänden und Vereinigungen, mit denen ich zusammenarbeite und für die ich arbeite.
Wir haben richtig gute Möglichkeiten mit Schule zu kooperieren im Moment. Mal abgesehen davon, dass wir gerade kein Geld haben. Aber die Bereitschaft ist stärker da als vor fünf Jahren, um das aufzugreifen was Sie gesagt haben. Es gibt sozusagen eine gewisse Offenheit. Ich

erlebe das bei Fortbildungen mit Lehrkräften, die ich in der Grundschule zum Beispiel mache. Da gibt es einen Wandel in der Haltung, von dem wir auch ganz offen sprechen. Also, dass wir sagen, wir müssen den Wandel auch ein Stück weit begleiten und wir müssen die Leute vorbereiten auf eine neue Form von Öffnung und Öffentlichkeit. Da sehe ich, das würde ich gerne Ihnen noch antworten aus meiner Sicht, unglaublich tolle Gestaltungsmöglichkeiten, um auch den Unternehmen, die da tätig sind, auch ein Stück weit etwas entgegensetzen zu können. Da fehlt uns natürlich auch der Mut dazu zu sagen, wir vereinigen uns da, wir machen gemeinsam Angebote mit und für Schule, aber da sind die Zeiten gerade sehr gut, weil die Politik so entschieden hat.

**Nele Hirsch:** Wenn wir über diese Verquickung reden - große Unternehmen, die jetzt durchaus auch Morgenluft wittern, wenn man das so sagen kann - und wenn jetzt der Digitalpakt kommt, werden die gucken, das ist jetzt ein bisschen die Frage, ob diese Kooperation zwischen außerschulischen Akteuren und Schule, im Kontext von dieser Technik, auch sehr produktiv wenden kann. Wenn man denkt, jetzt kommen diese Gelder vom Digitalpakt, also, dass man versucht zu sagen, okay, wir haben hier eine Expertise, wir können zum Beispiel auch so etwas mit einbringen, wie gestalten wir Technik, wie gestalten wir Softwarelösungen, um dadurch auch die Möglichkeit zu schaffen, dass wir sowas kriegen wie eine souveräne Schultechnik, wenn die Gelder denn jetzt kommen. Also, das ist vielleicht nur mal so ein Gedankensplitter jetzt, wo man vielleicht weiterdenken könnte, so dass sich etwas bewegt. Was ich mir tatsächlich sehr schwierig vorstelle, ist, wenn jetzt diese Gelder kommen, wenn man sieht, wow, wir können jetzt etwas damit machen, wir können auch was anschaffen. Wir können auch etwas anschaffen. Dann stehen nämlich die Lobbyisten, und das ist eben die Realität, von den verschiedensten Konzernen vor der Tür und sagen, hier haben wir das fertig eingerichtete Tablet, da müsst ihr, liebe Lehrer, euch um gar nichts kümmern. Da sind sogar schon die Apps vorinstalliert, die ihr braucht. Das funktioniert alles und ihr könnt das nutzen. Ob man da im Vorfeld, jetzt, nicht schon versucht tief zu gehen und zu sagen, wenn da Gelder kommen, können wir uns nicht gemeinsam überlegen, wie wir das im Sinne einer medienpädagogisch vernünftigen Herangehensweise machen, so dass dann nachher wirklich technische und damit auch digitale Souveränität dabei herauskommt.

**Tobias Thiel:** Digitale Souveränität heißt, dass ich mir selbst in der Schule aussuchen darf, welche Geräte ich will und lerne diese zu bedienen und sie in ein Medienkonzept einbinde. Oder was heißt das genau?

**Nele Hirsch:** Die Perspektive, die für mich da wäre. Es gibt sowas wie Open Source Software, die auch einfach läuft und funktioniert, aber was Schulen häufig nicht können, ist, dass ich mir die einrichte, dass ich mir die warte, dass ich auch verstehe, wie ich die nutzen kann, dass man versteht, was man damit machen kann. Ich weiß nicht, was da genau drin stehen wird in diesem Digitalpakt, aber, ob man da nicht auch gucken kann, nicht nur was die Hardwarekomponente ist, sondern auch was die Softwarekomponente ist, also ein bisschen zu versuchen, abzuzweigen. Nicht nur zu sagen, okay, wir machen jetzt die Schultechnik, sondern zu sagen, okay, da sind Gelder, kann man diese Gelder nicht auch so verwenden, dass man das unter dem Label Schultechnik laufen lässt? Aber faktisch daruntersetzt, dass es eine Technik ist, die in der Hand der Schule liegt und wir als außerschulische Akteure, die diese Kompetenzen haben, bringen uns da ein mit dieser Expertise und versuchen mitzugestalten.

**Tobias Thiel:** Dann frage ich einfach mal nach Thüringen.

**Martin Ritter:** Man kann da ein bisschen was skizzieren. Also es gibt da ein paar Linien, an denen der Diskurs läuft. Die erste Linie des Diskurses ist quasi, dass es zwischen Ländern und dem Bund hinsichtlich des Themas „Bundes-Cloud", dieser Bundesbildungsserver, den wollen im Großen und Ganzen die Länder nicht. Die haben gesagt, dass sie ihre eigene Lösung finden wollen. Es gibt ja teilweise schon Lösungen, die man ausbauen kann. Der Bund sagt sich, dass es schon irgendwie blöd ist, wenn er die fünf Milliarden in die Länder gibt, welche sich damit sonnen können. Der Bund selbst hat davon irgendwie überhaupt nichts, und er kann überhaupt nichts vorweisen. Das Geld ist weg und die Frage steht im Raum, was habt ihr denn strukturell irgendwie damit geschaffen? Deswegen ist ja der Diskurs auch, dass der Bund irgendetwas haben muss, was er vorweisen kann. Es gibt immer wieder Wahlen. Ja was ist denn mit der digitalen Bildung passiert, liebe Bundeskanzlerin? Man will irgendwas auch hinlegen können. Das heißt, das ist so diese eine Linie, dass man sagt, okay, was kann denn der Bund am Ende präsentieren? Natürlich sind sich aber in den Verhandlungen nicht einmal die Länder einig. Ich könnte ihnen jetzt sagen, welche Länder was wollen. Das ist sehr eng verknüpft mit bestimmten Parteifarben. Die Diskurse sind da sehr offen, aber ich kann ihnen sagen, die Modelle, wie es laufen kann, die sind bekannt, die müssen nicht gestrickt werden.

**Armin Ruda:** Ich weiß, diese fünf Milliarden werden gar nicht unter Bildungsaspekten diskutiert. Deswegen hat ein Land wie Hessen sich bis vor einem Jahr strikt dagegen gewehrt, darüber zu verhandeln, denn das Geld für jede Schule, reicht umgerechnet gerade mal so, um Anschluss zu legen an jeden Schulhof, für einigermaßen schnelles Internet. So waren die Berechnungen in Hessen. Da war noch nicht mal ein Computer dabei, da war auch noch keine Wartung von irgendetwas dabei. Deswegen wurde auch nicht zwischen den Bildungspolitikern alleine diskutiert, sondern das ganze läuft unter Infrastrukturmaßnahmen zur besseren Anbindung an Schulen in Deutschland und nennt sich Digitalpakt.

**Tobias Thiel:** Ich sehe, wir werden das heute nicht abschließend klären, was der Digitalpakt leisten wird. Wir hören, er wird ein bisschen Infrastruktur bringen. Vielleicht aber auch ein bisschen mehr. Wir hören, es gibt unterschiedliche Konzepte, es wird eine Einigung geben und es wahrscheinlich etwas mehr Geld geben als bisher. Ob das genug Geld ist oder nicht, da haben wir eben unterschiedliche Rechnungen gehört.
Um auf das Thema zurück zu kommen. Wir haben gesagt, dass digitale Mündigkeit eigentlich falsch ist. Wenn dann wäre es der mündige Bürger, der sich in einer zunehmend digitalisierten Gesellschaft relativ frei bewegen kann. Das andere war, dass wir bei Medienpädagogik politischer denken müssten. Ich würde nun gerne von Ihnen noch ein Abschlussstatement oder eine letzte Diskussion hören, zu der Frage, wie kann denn das jetzt passieren, dass diese politische Medienpädagogik einen Beitrag dazu leisten kann? Und wie sieht dieser Beitrag konkret

aus, so dass wir ein Stück mehr Mündigkeit in einer digitalisierten Gesellschaft erreichen?

**Kristin Narr:** Am Anfang haben wir ja gesagt, dass Medienpädagogik irgendwie immer so ein bisschen dazwischen ist, und es gibt sie als einzelne Disziplin. Deswegen würde ich das gerne noch einmal bestärken, dass wir das niemals alleine machen können. Erste Frage: Wer ist denn wir? Zweite Frage: Wie können wir es alleine schaffen? Können wir nicht! Es geht überhaupt nicht. Insofern würde ich viel stärker über interdisziplinäre Kooperationen nachdenken und diese auch in Richtung der politischen Bildung denken. Da sehe ich also noch ganz viel Spielraum nach oben, um da dem Ziel auch ein Stück weit gerechter zu werden.

**Stefan Meißner:** Ich will auf eine Sache nochmal zurückgehen und zwar auf den vorhin ausgelassenen vierten Punkt. Abgeklärte Aufklärung war der vierte Punkt, den habe ich auch schon angebracht. Wenn man das jetzt wirklich politisch denkt, dann geht es mir darum, dass die Medienpädagogik die Pflicht, Aufgabe, Chance und Möglichkeit hat, allen Bürgern Lust darauf zu machen, mündig zu sein. Das ist auch der Unterschied von der Medienpädagogik zu Sozialpädagogik, die so professionalisiert ist und sogar ein Zertifikat hat. Wir können einfach spielen. Wir können experimentieren. Das war mein erster Zugang zu Medienpädagogik, dass ich Leute kennengelernt habe, die spielen und die richtig viel Spaß haben und dadurch eine Haltung transportieren, dass Gestaltung erstens möglich ist und zweitens, dass das richtig viel Spaß machen kann. Das ist ein Punkt, der für mich mit Politik zu tun hat. Ich glaube in der digitalen Bildung steckt die Möglichkeit, in das Gestalten und Experimentieren zu kommen und zu zeigen, okay, das ist unsere Welt, das ist unsere Gesellschaft, das ist unsere Schule, das ist unser Verein. Das ist nichts Neues, aber man sollte auf diese jetzige Situation anders reagieren.

**Nele Hirsch:** Politischer werden - für mich der Knackpunkt in der Diskussionsrunde, was wir am Anfang geredet haben über diese Zwänge, in denen man sich in der handlungsorientierten Medienpädagogik doch befindet heutzutage. Dass man sagt, man möchte gerne Medienhandeln, aber man sieht zugleich, dass dieses Medienhandeln eben doch sehr bestimmt, sehr eng ist und man da eben nicht rauskommt. Ich glaube, politischer werden kann bis zu einem gewissen Grad schon sein, dass man diese Zwänge aufgreift, stärker thematisiert im Rahmen von so einer Selbstverständigung, was ist denn überhaupt die Medienpädagogik, und zu einer politischen Frage dahingehend kommt, weil man damit die Frage aufstellt, in was für einer Gesellschaft wollen wir eigentlich leben, wie wollen wir, dass unsere digitale Gesellschaft gestaltet wird? Und dann eben auch deutlich machen, dazu braucht es die Medienpädagogik und wir suchen dazu gerne gemeinsam mit euch die Antworten. Das ist die eine Herangehensweise, das Inhaltliche.

Die andere Herangehensweise ist das Strategische, wo können wir das ansiedeln und wo können wir die Kooperationen schließen. Ansonsten ganz wichtig, was man auch immer stärker machen muss, ist dieser Punkt, Orte und Räume zu schaffen, bei denen Menschen zusammenkommen können. Das ist tatsächlich der entscheidende Punkt, dass Menschen etwas lernen können, und dass wir etwas voranbringen.

**Jörg Kratzsch:** Wir haben heute sehr stark auf zwei Ebenen geredet, einerseits zum Selbstverständnis und eben auch unsere strukturellen Arbeitsbedingungen, dass die gewissermaßen defizitär sind, haben wir auch herausgestellt. Dass wir trotzdem Spaß an der Arbeit haben, das liegt auf der Hand. Wir machen es nach wie vor. Wir machen es gerne und leidenschaftlich. Nichtsdestotrotz glaube ich, dass es wichtig ist, einen guten Rahmen dafür zu finden, dass es eben auch strukturell langanhaltend und nachhaltig gefördert eben stattfinden kann. Über das Inhaltliche – haben wir herausgestellt, digitale Mündigkeit als solche ist obsolet, da Jugendliche und Kinder ohnehin gar nicht mehr ins Internet gehen, denn Kinder sind per se mit dem Internet verbunden und per se online. Insofern ist es folgerichtig, dass Mündigkeit heute den digitalen Raum mitbeinhaltet. Das ist etwas, das wir anerkennen müssen, was wir in unseren pädagogischen Konzepten aufgreifen müssen, wo wir ansetzen sollten.

**Tobias Thiel:** Noch eine kleine Anekdote zu dem letzten Punkt. Meine Kinder haben sich ganz bewusst entschieden, nicht immer online zu sein. Als sie ein Smartphone geschenkt bekommen haben, haben sie auch die passende Flat dazu bekommen. Nach zwei Monaten kamen meine Kinder an und haben gefragt, ob sie die fünf Euro nicht lieber ausgezahlt bekommen können, weil es ihnen das WLAN reicht. Auch das gibt es. Ich war auch überrascht. Aber es ist ja auch ein Zeichen für Mündigkeit.

Ich danke ganz herzlich nochmal Kristin Narr vom GMK-Vorstand, Prof. Dr. Stefan Meißner von der Hochschule Merseburg, Nele Hirsch vom E-Bildungslabor und Jörg Kratzsch, dem Projektleiter E-Learning beim Landesfilmdienst Sachsen für Kinder- und Jugendbildung e.V. Sie waren hier Zeuge des Netzpolitischen Salons zum Thema „Welchen Beitrag kann Medienpädagogik zur digitalen Mündigkeit leisten?", dies war Teil der Fachtagung „Medienpädagogik in den Bürgermedien, lebenslanges Lernen mit, von und über Medien" des Offenen Kanals Merseburg-Querfurt e.V. und der evangelischen Akademie.

# OFFENER KANAL MQ HEUTE: PÄDAGOGISCHE ARBEIT VS. FREIE BÜRGERMEDIENARBEIT

## Das vereinsgetragene Bürgerfernsehen in Merseburg
Diana Elsner / Kai Köhler-Terz

Der Verein Offener Kanal Merseburg-Querfurt e.v. betreibt nach der Satzung der Medienanstalt Sachsen-Anhalt auf der medienrechtlichen Grundlage einer erteilten Lizenz einen Offenen Kanal Fernsehen. Paragraf 3 der Satzung der Medienanstalt Sachsen-Anhalt für Offene Kanäle (OK-Satzung) regelt im Absatz 1: „Die technische und organisatorische Trägerschaft eines Offenen Kanals soll von einem eingetragenen Verein jeweils für ein räumlich begrenztes örtliches Verbreitungsgebiet (Kommunikationsraum) übernommen werden (Trägerverein)." (Land Sachsen-Anhalt 2016, S. 326)
Der Offene Kanal Merseburg-Querfurt e.V. wurde durch einen Bescheid vom 15.12.1997 erstmalig als förderwürdiger Trägerverein eines Offenen Kanals durch den damaligen Landesrundfunkausschuss für Sachsen-Anhalt im Kommunikationsraum Merseburg anerkannt. Im Bescheid vom 19.03.2024 wird die Erneuerung dieser Anerkennung bis zum 31.01.2026 bestätigt, zugleich wird auf die Anerkennungsvoraussetzungen hingewiesen, die bei Änderungen anzeigepflichtig sind: die Zusammensetzung des Vereinsvorstandes, die Person, die „…die Erteilung von Einzelgenehmigungen zur Verbreitung von Beiträgen im Offenen Kanal beauftragten Person…" verantwortet, und die Verpflichtung des Trägervereins sicher zu stellen, „…dass die sende- und produktionstechnischen Einrichtungen sowie die Übertragungskapazitäten ausschließlich zur Verbreitung selbstgestalteter und selbstverantworteter Beiträge genutzt werden." (Medienanstalt Sachsen-Anhalt 2022)
Alle Aufgaben im OKMQ gehen auf die „Technische und organisatorische Trägerschaft des Offenen Kanals" zurück.

# Betrieb des Offenen Kanals

Die Aufgaben, die wir als Trägerverein täglich zu erfüllen haben und abstrakt in unserem MSA-Bescheid benannt werden, bestehen in der **Betreuung unserer Nutzer\*innen**. „Technische und organisatorische Trägerschaft" ist auf die Nutzung der produktions- und sendetechnischen Einrichtungen durch nutzungsberechtigte Personen gerichtet. Damit sind die Tätigkeiten gemeint, die mit der Herstellung und Veröffentlichung von TV-Beiträgen zusammenhängen. Bürgermedienarbeit umfasst nach unserer Erfahrung:

- die Betreuung von Personen und Personengruppen, die für das Programm des OKMQ produzieren oder produzieren möchten,
  - Beratung auf Wunsch in den Bereichen Journalismus und Bewegtbildgestaltung bei der Entwicklung und Planung von TV-Projekten, in den Phasen der Post- und Liveproduktion sowie Entwicklung neuer OK-TV-Formate
  - Buchung, Ausgabe und Rücknahme der TV-Aufnahmetechnik sowie Buchung und Vergabe der Montageplätze und des TV-Studios mit dem Liveübertragungsequipment
  - die Entgegennahme von selbstproduzierten und selbstverantworteten Bürgerbeiträgen, die Erteilung von Einzelgenehmigungen und die Verwaltung der zugehörigen Aktenbestände sowie die Erstellung des TV-Programms aus den Bürgerbeiträgen und deren Archivierung
- die Realisierung von Öffentlichkeitsarbeit für das TV-Programm des OKMQ
- das permanente Informieren über und das Motivieren zur Mitarbeit im OKMQ

Welche konkreten Arbeiten im Einzelnen zu leisten sind, kann in dieser Darstellung nur angedeutet werden. Gerade die Verwaltung, die notwendig ist, um den Betrieb des Offenen Kanals überhaupt erst zu ermöglichen, ist nach außen wenig sichtbar, umfasst aber eine ganze Reihe von Tätigkeitsbereichen, ohne die der Betrieb des Offenen Kanals durch unseren Trägerverein nicht möglich wäre. Neben dem Bereich der **„Bürgermedienarbeit"**, dem Bereich der **„Verwaltung/Personalführung"** und dem Bereich der **„Medientechnik"** haben wir im

Offenen Kanal Merseburg-Querfurt e.V. mit unterschiedlichen inhaltlichen Akzentuierungen den Bereich „**Medienpädagogik**" entwickelt und ausgebaut. Nicht genauer können wir hier auf die vielen Aktivitäten eingehen, die durch unsere Mitarbeiter\*innen im Landesverband der Offenen Kanäle in Sachsen-Anhalt, dem Bundesverband Bürgermedien oder der Gesellschaft für Medienpädagogik und Kommunikationskultur e.V. (GMK) im überregionalen Bereich entfaltet werden. Exemplarisch sollen jedoch die Projektstellen in den Bereichen „**Politische Bildung**", „**Jugendmedienschutz**", „**Inklusive Medien-arbeit**" sowie „**Barrierefreiheit im Bürgerfernsehen**", die wir hier zeitlich begrenzt einrichten konnten, vorgestellt werden. Für uns sind dies implizite Arbeitsbereiche, die wir als Aspekte der Gewinnung und Betreuung von Nutzer\*innen betrachten, und durch Fachpersonal stärken und betonen wollen.

Die Herstellung von TV-Beiträgen und deren Veröffentlichung im Programm durch Bürger\*innen ist das zentrale Anliegen Offener Kanäle. Für die Erledigung dieser Aufgabe wird die finanzielle Förderung durch die Medienanstalt Sachsen-Anhalt gewährt. In der Satzung der Medienanstalt Sachsen-Anhalt für Offene Kanäle (OK-Satzung) werden die für die Erfüllung dieser zentralen Aufgabe notwendigen Regelungen bereitgestellt; sie betreffen z.B. folgende Aspekte:

- den Zugang zu und den Ausschluss von den sende- und produktionstechnischen Einrichtungen
- die Anzahl und den Zeitraum für Buchungen der sende-technischen Einrichtungen (Höchstgrenze pro Nutzer, Ausnahmeregelungen)
- Regeln zur Ausleihe von Produktionstechnik und Nutzung gebuchter Produktionstechnik
- Programmgestaltung (Sendeplatzvergabe nach der Reihenfolge des Eingangs der Anmeldungen; Regelungen für Wiederholungen und die Änderung der Reihenfolge der Sendungen „Unter Gewährleistung des gleichberechtigten Zugangs zu den sendetechnischen Einrichtungen"; Möglichkeit und Anzahl fester Sendeplätze und Themenschwerpunkte; Möglichkeiten des Trägervereins zu eigener Medienarbeit nach vorheriger Zustimmung der MSA in Einzelfällen, um lokale oder regionale Ereignisse im Sendegebiet festzuhalten)

- Nutzungsberechtige Personen- und Personengruppen (in der Regel Menschen, die im Verbreitungsgebiet ihre Wohnung, ihren ständigen Aufenthalt oder ihren Arbeitsplatz haben oder sich dort in Ausbildung befinden)
- Inhaltlich begründete Nutzungseinschränkungen (keine Herstellung und Verbreitung von Beiträgen zur Vorbereitung von Wahlen, kommerzielle Werbung, …)

Diese Aspekte werden in einer Nutzungsordnung festgehalten, die von Personen, die im Offenen Kanal mitarbeiten möchten, akzeptiert werden müssen. Unsere Mitarbeitenden betreuen die Einzelpersonen und/oder Personengruppen, um im Sinne der gesetzlichen Vorgaben korrekt Bürgermedienarbeit leisten zu können.

Die Tätigkeiten unserer Mitarbeitenden, die mit der Veröffentlichung von Beiträgen zu verknüpfen sind, werden in der OK-Satzung zum Stichwort Einzelgenehmigungen geregelt. Es werden hier Prüfkategorien formuliert mit deren Hilfe unsere Kolleg*innen in der Nutzerarbeit entscheiden können, welchen Personen Einzelgenehmigungen unter welchen Umständen als rechtliche Grundlage für Veröffentlichungen von TV-Beiträgen im OK-Programm zu erteilen sind. Solche sind z.B.:

- die Feststellung der Nutzungsberechtigung einer Person für die sendetechnischen Einrichtungen
    - Personen mit „…Sitz oder Wohnsitz […] in der Bundesrepublik Deutschland" (Land Sachsen-Anhalt 2016, S. 327)
    - Personen ohne „Zulassung nach § 13 Abs. 1 MedienG LSA [oder eine…] rundfunkrechtliche Zulassung außerhalb von Sachsen-Anhalt" besitzen. Einzelgenehmigungen dürfen ebenso „Gebietskörperschaften, öffentlich-rechtlichen Rundfunkanstalten, deren gesetzlichen Vertretern und leitenden Bediensteten, politischen Parteien und Wählervereinigungen […] nicht erteilt werden. Gleiches gilt für Unternehmen, die in einem Abhängigkeitsverhältnis im Sinne des § 15 des Aktiengesetzes zu den in Satz 1 genannten Institutionen stehen."
- die Feststellung der Sendbarkeit durch die Vorlage von schriftlichen und beglaubigten Erklärungen (Freistellungserklärung) der sendeberechtigen Person über

- die Unbedenklichkeit des Beitrages bezogen auf geltendes Recht
- die eigene Gestaltung des Betrages
- den Besitz der dazu erforderlichen Rechte

Teil der Nutzerbetreuung ist es in diesem Zusammenhang, den Personen, die Beiträge veröffentlichen möchten, zu erklären, was genau darunter zu verstehen ist, ob ein Beitrag „überwiegend selbst gestaltet ist" und welche Aspekte zu beachten sind:
- Beitragslänge (über 50% wurde „redaktionell zusammengestellt, aufgenommen oder geschnitten")
- Nutzung von Fremdmaterial als kurzes und gekennzeichnetes Zitat

Als „nicht selbst gestaltet" gelten Beiträge, in denen Bewegtbildmaterial Verwendung findet, „das erkennbar oder nachweislich von Dritten, insbesondere aus kommerziellen Quellen oder öffentlich-rechtlichen Fernsehprogrammen stammt und nicht lediglich als kurzes Zitat einer ansonsten eigenen redaktionell bearbeiteten und produzierten Darbietung dient."
Unsere Mitarbeiter*innen weisen darauf hin, dass „bei Verwendung von fremd produziertem Material […] die Senderechte auf Verlangen der MSA schriftlich nachzuweisen" sind.
In der Erklärung, die der Einzelgenehmigung voraus geht, erklärt die sendeberechtigte Person, „den Trägerverein, die MSA und den Betreiber der Kabelanlage schriftlich von der Inanspruchnahme Dritter aus der Verletzung ihrer Rechte einschließlich der Kosten eines Rechtsstreites" freizustellen.
Weiterhin informieren wir als OK über die inhaltlichen Grenzen der Veröffentlichung von Beiträten im OK-Fernsehen; nicht erlaubt sind:
- Werbung kommerzieller, politischer, weltanschaulicher oder religiöser Art
- Teleshopping sowie gesponserte Beiträge
- Beiträge staatlicher Stellen
- Beiträge, die der Wahlvorbereitung oder Öffentlichkeitsarbeit politischer Parteien oder an Wahlen beteiligter Vereinigungen und Personen dienen

Unser OK-Fernsehprogramm wird aus unterschiedlichen Quellen gespeist. Die wichtigste Quelle ist die Bürgermedienarbeit, die unsere Nutzer*innen für unseren Offenen Kanal leisten. Diese Personen oder Personengruppen produzieren mit eigener oder bei uns geliehener Produktionstechnik und veröffentlichen diese Beiträge im laufenden Programm. Eine weitere Quelle, aus der das Fernsehprogramm für den Livestream und für das Verbreitungsgebiet per Kabelnetz in Teilen von Merseburg, Schkopau, Halle, Leuna, Bad Dürrenberg und Günthersdorf gebildet wird, sind Produktionen, die in den bzw. für die anderen sachsen-anhaltischen Offenen Kanälen erstellt wurden. Die Personen, die diese Beiträge in Magdeburg, Stendal, Wettin, Wernigerode, Salzwedel oder Dessau erstellt und dort veröffentlicht haben, habe zugleich der Wiederholung ihrer Beiträge in den anderen Offenen Kanälen zugestimmt. Auf diese Weise kommt es zu einem Programmtausch zwischen den einzelnen Offenen Kanälen; bereits in der Frühphase der Offenen Kanäle im Land Sachsen-Anhalt wurde dieser Tausch durch die Versendung von Sendebändern realisiert. Heute erfolgt dies über gemeinsame Speicherbereiche, in denen die Sendedateien abgelegt und von dort aus heruntergeladen werden können.
Damit gibt es zwei Gruppen von Nutzer*innen der Offenen Kanäle: Solche, die in erster Linie oder nur in bzw. für einen „Heimat-OK" produzieren, jene, die ihre Beiträge auch überregional als wichtig oder bedeutsam erachten und diese für den Programmtausch ausweisen. Es können aber auch Beiträge im OK-Programm gezeigt werden, die nicht von Nutzer*innen hergestellt und veröffentlicht werden. Unsere OK-Produktionen, d.h. Beiträge, die von unseren OK-Mitarbeiter*in-nen erstellt und veröffentlicht werden, sind Produktionen, die ereignisbezogen sind oder sich auf die Öffentlichkeitsarbeit für das Bürgerfernsehen beziehen. Dazu wird in der OK-Satzung der MSA festgehalten, dass „…der Trägerverein im Rahmen der technischen und personellen Möglichkeiten im Zusammenhang mit den allgemeinen Informationen über die Tätigkeit des Trägervereins allgemeine Hinweise auf Veranstaltungen (Veranstaltungskalender) für das Sendegebiet des Offenen Kanals…" herstellen und veröffentlichen kann. In unserem Fernsehprogramm sind dies vor allem Beiträge zur Programmvorschau, Trailer und Programmtafeln zur Projekt- und Vereinsarbeit. Ebenso werden OK-

spezifische Beiträge wie der zum 25. Jahrestag der Erstsendung unseres Offenen Kanals in Zusammenarbeit unserer Mitarbeiter*innen hergestellt und veröffentlicht. Es handelt sich bei diesen OK-Produktionen also um Ausnahmen, die aber der Arbeit im Bürgerfernsehen dienlich sein sollen. Ausdrücklich nicht zu den Aufgaben unserer Mitarbeiter*innen besteht also die Fernsehproduktion oder die lokal-regional ausgerichtete journalistische Berichterstattung, die - das sei nebenbei bemerkt - bei der aktuellen personellen Ausstattung auch nicht zu leisten wäre.

Es besteht auch die Kooperationsmöglichkeit zwischen einzelnen Offenen Kanälen, um „…öffentliche Veranstaltungen von allgemeinem Interesse, die nicht der Gewinnerzielung dienen, nach Maßgabe dieser Satzung…" zu dokumentieren und verbreiten. Eine solche OK-Kooperation ist unter der Voraussetzung möglichen, „…sofern nicht ein zugelassener, kommerzieller Fernsehveranstalter über diese Veranstaltung berichtet." (Medienanstalt Sachsen-Anhalt 2022) Ebenso gehört die Lösung von Streitfällen in Bezug auf die Nutzung der produktions- und sendetechnischen Einrichtungen nicht zu den Aufgaben unserer Mitarbeiter*innen; diese müssen an die Medienanstalt Sachsen-Anhalt weitergegeben werden (Medienanstalt Sachsen-Anhalt 2022). Ebenso müssen verschiedene programmbezogene Entscheidungsprobleme der Medienanstalt Sachsen-Anhalt zur Bescheidung übergeben werden; wichtige Entscheidungsprobleme sind z.B.:

- „die Ablehnung von Anträgen auf Erteilung von Einzelgenehmigungen"
- „die Erteilung von Einzelgenehmigungen für Angehörige der MSA und für Mitarbeiter von Offenen Kanälen"
- „die Erteilung von Einzelgenehmigungen in anderen Fällen, wenn dies zur Gewährleistung des gleichberechtigten Zugangs zum Offenen Kanal erforderlich ist" (Medienanstalt Sachsen-Anhalt 2022)

Nutzerbetreuung und die damit zusammenhängenden Arbeiten finden schwerpunktmäßig zu unseren Öffnungszeiten statt. Aktuell öffnen wir folgendermaßen:

| | |
|---|---|
| montags | 13 – 16 Uhr |
| dienstags bis donnerstags | 10 – 18 Uhr |
| freitags | 10 – 16 Uhr |

Außerhalb dieser Zeiten besteht die Möglichkeit, nach Vereinbarung am Abend und am Wochenende die Produktions- und Sendetechnik im Offenen Kanal zu nutzen. Veranstaltungen, die noch nicht in die produktive Bürgermedienarbeit münden, sondern die Querschnittsthemen „Politische Bildung", „Jugendmedienschutz", „Inklusive Medienarbeit" sowie „Barrierefreiheit im Bürgerfernsehen" betreffen, finden auch außerhalb der festen Öffnungszeiten statt.

## Tätigkeitsfeld: Bürgermedienarbeit
Weiter oben haben wir darauf hingewiesen, dass die Produktion und die Veröffentlichung von Beiträgen im Offenen Kanal von nutzungsberechtigten Personen realisiert wird. Dieser Personenkreis lässt sich in zwei Gruppen differenzieren: die Gruppe der Einzelpersonen, die ohne Kooperation mit anderen Nutzer*innen in der Beitragserstellung auskommen, und die Gruppe der Personen, die sich gegenseitig bei der Beitragserstellung unterstützen. Beide Personengruppen oder Arbeitsweisen stehen für die zwei grundsätzlichen Herangehensweisen in der Bürgermedienarbeit bei uns.

Es fällt auf, dass sich beide Gruppen nicht streng unterscheiden lassen, sondern dass es Überschneidungen gibt, die situativ entstehen und realisiert werden. Hierin zeigt sich auch ein methodisches Problem bei der Beschreibung unserer Nutzerschaft: Oft lässt sich im Nachgang zu einer Produktion und Veröffentlichung nicht trennscharf erfassen, wer, wieviel oder wie intensiv an einer Produktion mitgewirkt hat. Häufig bleibt für die Analyse lediglich die Information, welcher Person eine Einzelgenehmigung aufgrund der Vorlage einer Freistellungserklärung in Verbindung mit einem fertig produzierten Fernsehbeitrag zur Veröffentlichung erteilt wurde. Somit lassen sich gegenwärtig lediglich eher angenäherte Daten zur Produktionsrealität, z.B. durch die Kurzbeschreibung zum TV-Beitrag oder durch die direkte Unterstützung beim Filmprojekt ermitteln.

Nachfolgend wollen wir einen knappen Einblick in den Status der Herstellung und Veröffentlichung der für das Programm des Offenen Kanals Merseburg-Querfurt relevanten Beiträge geben. Dabei wollen wir uns auf die Darstellung der Daten des nutzungsberechtigten Personenkreises beschränken, die unsere Einrichtung als ihren Heimat-OK betrachten. Exemplarisch zeigen wir Informationen (Mediendaten) zu

Alter und Geschlecht der veröffentlichenden Personen sowie zur damit verbundenen Anzahl und Länge der Neusendungen in den Jahren 2018 bis 2021. In diesem Zeitraum gab es durch die Pandemie auch veränderte Nutzer*innenzahlen, besonders in der Altersausprägung. Danach gehen wir exemplarisch auf lang- und kurzfristige Kooperationsprojekte ein, innerhalb derer TV-Beiträge hergestellt und veröffentlicht werden.

## Mediendaten
## Anzahl der Nutzer*innen

In den Jahren 2018 bis 2021 übernahmen pro Jahr im Durchschnitt 85 unterschiedliche Personen die Sende-verantwortung für TV-Beiträge. Für die Interpretation müssen die unterschiedlichen Arbeitsweisen, dass die Filmbeiträge häufig in Gruppenarbeit entstehen, Berücksichtigung finden. Somit kann unterstellt werden, dass die 85 unterschiedlichen Personen auch für Arbeitsgruppen ab 2 Personen bestehen.

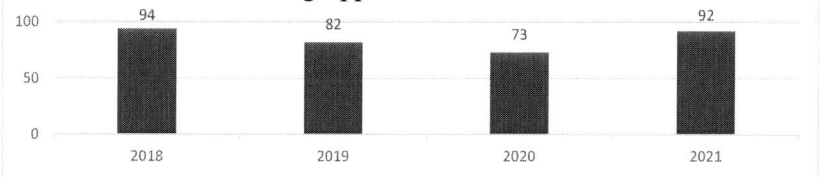

| Jahr | Anzahl |
|---|---|
| 2018 | 94 |
| 2019 | 82 |
| 2020 | 73 |
| 2021 | 92 |

Anzahl der Nutzer*innen Sendeverantwortungsübernahme

Damit muss die Anzahl der Nutzer*innen der produktions- uns sendetechnischen Einrichtungen gedanklich noch höher angesetzt werden. Die Nutzungsintensität kann aus dieser Perspektive aufgrund der geringen Schwankungen über den Beobachtungszeitraum als „sehr hoch" und als „sehr stabil" eingeschätzt werden.

## Anzahl der Neusendungen

Unter Neusendung verstehen wir TV-Beiträge, die erstmalig einer Veröffentlichung von Nutzer*innen im Bürgerfernsehen zugeführt wurden, die den OKMQ als „Heimat-OK" verstehen. Damit sind deren TV-Beiträge auch als „Eigenproduktionen" aufzufassen. Im Zeitraum 2018 bis 2021 wurden im Programm des OKMQ jährlich im Durchschnitt 306 Neusendungen von 85 verschiedenen Nutzer*innen veröffentlicht.

| | | 315 | | 312 |
|---|---|---|---|---|
| 320 | | | 304 | |
| 310 | 296 | | | |
| 300 | | | | |
| 290 | | | | |
| 280 | | | | |
| | 2018 | 2019 | 2020 | 2021 |

Anzahl der Neusendungen

Wenn auch hier berücksichtigt wird, dass TV-Beiträge sehr häufig komplexe Produktionsweisen beinhalten, so kann gesagt werden, dass die Herstellung von TV-Beiträgen durch die Nutzer*innen im OKMQ quantitativ im Beobachtungszeitraum auf einem sehr hohen Niveau und stabil realisiert worden ist.

## Länge der Neusendungen
Im Programm des Offenen Kanals Merseburg-Querfurt e.V. wurden in den Jahren 2018 bis 2021 Beiträge mit einer durchschnittlichen Gesamtlänge von rund 231 Stunden im Jahr im ehrenamtlichen Engagement produziert.

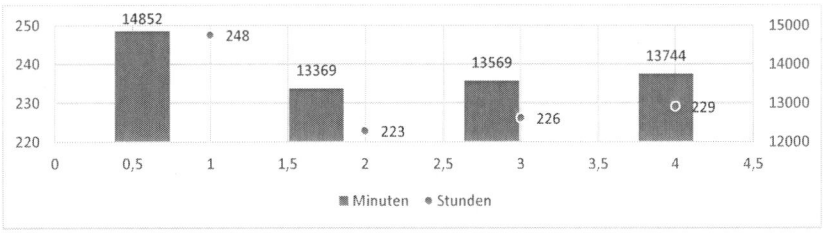

| 250 | 14852 | | | | | | | | 15000 |
|---|---|---|---|---|---|---|---|---|---|
| | | • 248 | | | | | | | |
| 240 | | | 13369 | | 13569 | | 13744 | | 14000 |
| 230 | | | | | | | | | 13000 |
| 220 | | | | • 223 | | • 226 | | O 229 | 12000 |
| | 0 | 0,5 | 1 | 1,5 | 2 | 2,5 | 3 | 3,5 | 4 | 4,5 |
| | | | | ■ Minuten | • Stunden | | | | |

Länge der Neusendungen

Die beobachtbaren Schwankungen sind gering und betragen maximal 25 Stunden neu produzierter und veröffentlichter Sendezeit. Hierin zeigt sich ein hoher Professionalisierungsgrad, weil die über die verschiedenen Jahre sichtbar wird, dass die Schwankungen auf hohem Niveau bei über 220 neuproduzierter Sendezeit auftreten.

## Altersstruktur und Anzahl der Neusendungen
Die Anzahl der neuproduzierten TV-Beiträge, die unterschiedlichen Altersgruppen zuzuordnen sind, ist im Beobachtungszeitraum nicht gleichbleibend. Unserer Beobachtung nach lag das einerseits an der

Lockdown-Zeit, andererseits daran, dass der Sendeverantwortliche des stark engagierten Teams „Merseburg Report" Klaus Treuter im Jahr 2021 in die Kategorie der über 65-jährigen Personen gewechselt ist. Die kleinste Ausprägung ist in der Gruppe der über 65-jährigen Personen im Jahr 2020 mit 49 TV-Beiträgen zu finden, die größte mit 120 TV-Beiträgen im gleichen Jahr in der Gruppe der 51- bis 65-jährigen Personen.

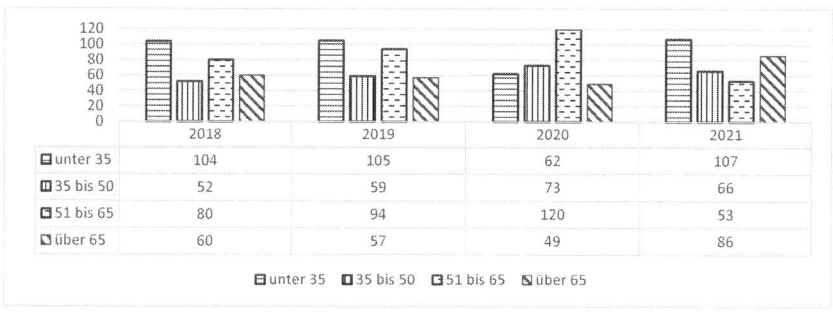

|  | 2018 | 2019 | 2020 | 2021 |
|---|---|---|---|---|
| unter 35 | 104 | 105 | 62 | 107 |
| 35 bis 50 | 52 | 59 | 73 | 66 |
| 51 bis 65 | 80 | 94 | 120 | 53 |
| über 65 | 60 | 57 | 49 | 86 |

Altersstruktur und Anzahl der Veröffentlichungen

Die erfasste Altersgruppe „unter 35 Jahre" ist bis auf das Lockdown-Jahr immer sehr stark vertreten. Studierende nutzen die Praxismöglichkeiten des OK, doch 2020 waren sie im Online-Studium. Ebenso kann für die über 65-jährigen Personen festgestellt werden, dass diese sich aus dem öffentlichen Leben 2020 stärker zurückgezogen haben. Die Altersgruppe, die Personen ab 51 Jahre erfasst, zeigte 2020 einen Anstieg an Aktivitäten. Anhand der Beiträge kann festgestellt werden, dass diese Gruppe die Notwendigkeit des Engagements erkannte und die Bürgermedien als Informationsreserve in der Krise (z.B. Übertragung von Gottesdiensten, aktuelle Corona-Informationen, Online-Formate...) vorbildlich nutzten.

## Altersstruktur und Länge der Neusendungen

Die Gruppe der 51- bis 65-jährigen Personen steht in drei für vier Jahren für eine kumulierte neuproduzierte Sendezeit von um die 100 Stunden im Jahr. Durch den Wechsel des Sendeverantwortlichen vom Team „Merseburg Report" im Jahr 2021 in die nächste Alterskategorie können die größeren Unterschiede bei der kumulierten Länge der neuproduzierten Veröffentlichungen festgemacht werden.

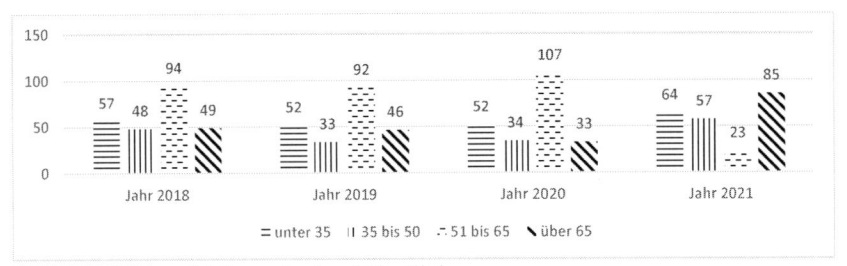

```
150
         94              92            107
100                                                    85
    57 48    49      52      46   52         64  57
 50         33                  34    33        23
  0
      Jahr 2018      Jahr 2019      Jahr 2020      Jahr 2021
              = unter 35   || 35 bis 50   ∴ 51 bis 65   \ über 65
```

Altersstruktur und Länge der Veröffentlichungen

Dieser Wert zeigt sehr deutlich, dass die Personen, die diese Altersgruppe repräsentieren, in erheblicher Weise persönliche Aufwände (vor allem in Form von Arbeitszeit, aber häufig auch durch die Verwendung selbst finanzierter Arbeitsmittel und notwendiger Zusatzarbeiten wie Transporte usw.) in die Erstellung dieses Programms investiert haben. Bereits die Planung der TV-Berichte erfordert umfangreiche kooperative Leistungen, die anschließend ebenso umfangreiche produktive Prozesse der Quellmaterialerstellung und der Postproduktion bzw. der Liveproduktion nach sich ziehen. Weitere Aspekte sind die der Kommunikationsabsichten und der damit zu verbindenden Gestaltung von TV-Beiträgen, die sich auch in der Länge der Sendungen widerspiegeln. Die Formate, die von unseren Nutzer*innen entwickelt worden sind, umfassen redaktionelle Bearbeitungen von Einzelthemen, Einzelpersonen oder Institutionen ebenso wie die Darstellung von Ereignissen oder prozessualen Entwicklungen, die für sie Relevanz besitzen und von denen sie im Programm des OKMQ Bericht erstatten möchten. Dazu haben wir ausführliche exemplarische Beschreibungen in einem weiteren Abschnitt dieser Publikation vorgelegt, genannt werden sollen hier aber Produktionen der Genres „Kulturelles und soziales Engagement" und „Politisch orientiertes Bürgerfernsehen", die sehr häufig vorkommen.

Für diese Produktionen nutzen die Nutzer*innen die Möglichkeit, auch über das vorgegebene Zeitmaß einer Veröffentlichung im Programm Offener Kanäle von 60 Minuten hinaus, nach einer Genehmigung durch die Medienanstalt Sachsen-Anhalt, lokale- und regionale Ereignisse wie Stadtrats- und Kreistagssitzungen[52] zu dokumentieren und bereitzustellen. Mit solchen dokumentarischen oft ungekürzten Formaten verbinden unsere Nutzer*innen die Absicht, allen interessieren Personen im Verbreitungsgebiet die Möglichkeit zu verschaffen, sich einen eigenen Eindruck von den politischen Arbeitsweisen der hier handelnden Personen machen zu können. Es darum plausibel, dass der hohe Anteil der Sendezeit in der genannten Altersgruppe vor allem diesen Genres zuzuordnen ist.

**Vorläufige Interpretation**
Die ehrenamtlich realisierte Arbeitsleistung zur Herstellung von Bürgermedienbeiträgen im OKMQ kann nicht hoch genug gewürdigt werden. Diese Einschätzung hat mehrere Dimensionen. Bereits an den hier vorgestellten Mediendaten kann gezeigt werden, wie viel ehrenamtliche Arbeit als unentgeltliches Engagement zu leisten ist, um das Programm des Bürgerfernsehens Offener Kanal Merseburg-Querfurt herzustellen. Die Veröffentlichung eines TV-Beitrags stellt in diesem Prozess lediglich einen der letzten Prozessschritte dar.

Mit anderen Worten kann auch gesagt werden, die hier vorgestellten Mediendaten bilden lediglich einen kleinen Ausschnitt des Bürgermedienarbeitsprozesses ab. Um z.B. die Dokumentation einer Sitzung des Merseburger Stadtrates herzustellen, ist es nötig, ein Team aus einer entsprechenden Anzahl Personen zusammenzustellen, logistische und inhaltlich-gestalterische Absprachen zu treffen (Schritt 1). Die Aufnahmetechnik ist zu organisieren und in den Sitzungssaal des alten Merseburger Rathauses zu transportieren, dort aufzubauen und zu testen (Schritt 2). Anschließend wird das Quellmaterial für die kommende Sendung aufgenommen (Schritt 3). Dann wird die Aufnahmetechnik wieder zurück gebaut und zurück transportiert (Schritt 4). Endlich erfolgt die Montage, inklusive Betitelung (Schritt 5) und die Veröffentlichung (Schritt 6).

In einem Gedankenspiel, das wir an dieser Stelle einfügen möchten, wollen wir diese Arbeitsleistungen versuchen für Personen, die mit der

---

52 Sendungen der Ratsversammlungen der Stadt Merseburg, Stadt Bad Dürrenberg und Stadt Braunsbedra sowie Kreistag Saalekreis werden vom Team „Merseburg Report" unter Leitung unseres Nutzers Klaus Treuter als Fernsehsendungen mit mehreren Kameras aufgenommen und anschließend produziert. Gegen einen Livemitschnitt spricht sich das kleine engagierte Team zugunsten sorgfältiger Arbeit aus.

Arbeitsweise Offener Kanäle in Sachsen-Anhalt nicht vertraut sind, transparent machen. Gedankenspiel deshalb, weil wir aus vielerlei Gründen noch nicht über entsprechende Daten verfügen, mit denen die Teilschritte des Bürgermedienprozesses im Sinne der Erfassung von Arbeitszeit im engeren Sinn erfasst werden. Wir unterstellen am Beispiel der Herstellung und Veröffentlichung der Dokumentation einer Sitzung des Merseburger Stadtrates, dass für die Teilschritte des Bürgermedienproduktionsprozesses folgende Zeitaufwände nötig sein könnten:

|   | Bezeichnung | Zeitaufwand in h | Anzahl der Personen | Gesamtaufwand in h |
|---|---|---|---|---|
| 1 | Planung | 0,5 | 1 | 1 |
| 2 | Transport, Aufbau, Test | 3 | 3 | 9 |
| 3 | Produktion des Quellmaterials | 3 | 3 | 9 |
| 4 | Abbau, Rücktransport | 1 | 3 | 3 |
| 5 | Montage/Finalisierung | 8 | 1 | 8 |
| 6 | Veröffentlichung | 0,5 | 1 | 1 |
|   |   |   | Gesamt: | 30 |

Wenn die oben vorgestellten Daten zugrunde gelegt werden, kann sehr einfach ein Gefühl dafür erarbeitet werden, welcher zeitlicher Aufwand betrieben werden muss, um Bürgerfernsehen zu erstellen. Das hier bemühte Gedankspiel beinhaltet zwei gedachte Stunden neuproduzierte Sendezeit. Für die Sitzungsperiode des Jahres 2020 können 11 Dokumentationen zu Sitzungen des Merseburger Stadtrates in der Mediathek des OKMQ nachgeschaut werden, das entspricht 22 Sendestunden, denen wahrscheinlich 330 oder mehr Arbeitsstunden gegenüberstehen. Wir sprechen hier von ehrenamtlicher Arbeit, vom Dienst an der Gemeinschaft. Wem nützen die Herstellung und Veröffentlichung von Fernsehsendungen im Programm des Offenen Kanals Merseburg-Querfurt, kann gefragt werden, wenn nicht der lokalen und regionalen Gesellschaft? Und wir möchten hier nur zur Illustration der Problematik die Frage stellen, welche finanziellen Beträge zur Verfügung gestellt werden müssten, wenn unseren Nutzer*innen für ihre Medienproduktionen eine angemessene Bezahlung gegeben werden sollte. Hier können beim Versuch, plausible Antworten auf unsere Fragen zu finden, unter Berücksichtigung im lokal-regionalen Bereich vorhandener oder auch

nicht vorhandener journalistischer Infrastrukturen, einige der Bedeutungsaspekte der Bürgermedienarbeit erfasst werden.
Was kann aus den Mediendaten des OKMQ noch herausgelesen werden? Die jährlich ca. 85 unterschiedlichen sendeverantwortlichen Personen kommen aus allen Altersgruppen. Sie stehen vermutlich mit einem Verhältnis von 1:3 für weitere Nutzer*innen, die bislang nicht erfasst werden. Dieser Nutzer*innen-Kreis bildet die Bürgermedienszene unserer Einrichtung. Quantitativ in Anzahl und Länge arbeitet diese Szene stabil auf hohem Niveau.

## Nutzerredaktionen

Um einen Einblick in die Arbeit unserer Nutzer zu geben, die sich in autonomen Teams zusammengeschlossen haben, möchten wir hier kurz fünf Bürgermedienredaktionen beispielhaft vorstellen. Nutzerredaktionen arbeiten selbstorganisiert im Offenen Kanal zu selbstgewählten Themen. Die Mitarbeitenden des Offenen Kanals unterstützen je nach Bedarf und Erfahrung der Redaktionsmitglieder auf technischer und konzeptioneller Ebene. Die Ergebnisse werden in verschiedenen Formaten im Programm des Offenen Kanals und in der Mediathek veröffentlicht: von Magazinsendungen mit Einzelbeiträgen über Studiosendungen bis hin zu längeren oder kürzeren Einzelbeiträgen gab es bislang eine Bandbreite unterschiedlicher TV-Formate.

## Merseburg-Report und Stadtratssitzungen
Leitung: Klaus Treuter
Das ehrenamtliche ca. 6-köpfige Team um Klaus Treuter produziert seit 2001 zu politisch und kulturell interessanten Themen. Vierzehntägig dienstags um 18 Uhr ging das Team mit der Sendereihe „Merseburg Report" auf Sendung. Anfang 2024 wurde ein neues Sendeformat mit kurzen Einzelsendungen, teilweise tagesaktuell veröffentlicht, sowie eine monatliche Zusammenfassung der Beiträge. Es entstehen immer wieder auch Sondersendungen, vor allem rund um das Thema Corona hat sich „Merseburg Report" engagiert. Stadtratssitzungen in Merseburg und die Kreistagssitzungen des Landkreises werden vom Team aufgezeichnet. Weiterhin wurde Unterstützung bei der Etablierung von

Aufzeichnungen von Stadtratssitzungen in Bad Dürrenberg und Braunsbedra geleistet.

Screenshot: Gerhard Kämpfer und Klaus Treuter

## 4 - Jahreszeitenstammtisch / Seniorenredaktion
Leitung: Wolfgang Dietzsch
Seit 2008 treffen sich ca. 10 Senior*innen monatlich zu Redaktionstreffen und produzieren gemeinsam saisonabhängige Magazinsendungen, die sie anschließend auswerten. Der Offene Kanal bietet der Arbeitsgruppe Workshops nach ihren Bedürfnissen an (z.b. zu solchen Themen wie Ordnerstrukturen, Bildbearbeitung, Animation usw.).
Mit der Coronakrise wurden die Mitglieder mit dem digitalen Videokonferenztool vertraut gemacht, so dass die Redaktionssitzungen nun sogar zusätzlich mit zwei eigentlich ehemaligen Stammtischmitgliedern stattfinden konnten, die aus der Region weggezogen sind und ihr Engagement ruhen ließen. Es entstehen jährlich vier etwa einstündige Magazinsendungen, für die die Anmoderationen jeweils an einem kulturellen Ort der Region aufgezeichnet wurden.

2018 im TV-Studio: v.l.n.r. vorne Wolfgang Dietzsch, Doris Starke, Horst Zeitz, Klaus-Dieter Bernd, Klaus-Dieter Tiedemann, Rosemarie Wiegleb, Oliver Stanislowski; hinten: Rüdiger Trautmann, Wolfgang Mehl, Dieter-Klaus Meybehm, Hans-Reiner Quauck und Roland Enke (Foto: OKMQ)

2024: Fotoshooting, v.l.n.r.: Werner Anton, Dietmar Eißner, Wolfgang Mehl, Birgit Eißner, Anne-Katrin Zimmermann, Gerhardt Hardies, Klaus-Dieter Tiedemann, Wolfgang Dietzsch (Foto: OKMQ)

## Behindert, na und?!
Leitung: Katharina Kirch
In der Sendereihe, die 2007 unter dem Titel „Ich bin Ich" starte, befassen sich die Teilnehmenden mit dem Themenkreis Inklusion von Menschen mit Behinderung in der Gesellschaft. Die Leiterin Frau Kirch, selbst mehrfach behindert, motiviert ehrenamtlich ein Team, das Beiträge im Bereich Kultur, Behindertenpolitik, Soziales und Freizeit von und für Menschen mit Behinderung produziert.
Die Sendungen werden weitgehend barrierefrei und, wenn möglich, mit Gebärdensprache produziert.

Redaktionsarbeit: Katharina Kirch (Foto: OKMQ)

## Kurz & Gut
Leitung: Studierende der Hochschule Merseburg (wechselnd)
Der seit 2008 jährlich organisierte Kurzfilmwettbewerb hat die Intension, Kurzfilmproduktionen des Offenen Kanals zu würdigen. Dabei soll der Kooperationsgedanke mit Personen und Institutionen des kulturellen Umfelds im Sendegebiet gepflegt und entwickelt werden.
Ein Studierendenteam organisiert und koordiniert das gesamte Event mit Juryarbeit und / oder Publikumspreisen. In diesem Rahmen werden die Filmbeiträge zusammengestellt und die Veranstaltung in Form einer Livesendung moderiert. Zum Kurzfilmtag wird die Sendung wiederholt ausgestrahlt.

Studentische Moderation 2024: Liveübertragung aus dem Theater am Campus (TaC) der Hochschule Merseburg (Screenshot)

## Adventskalender

Leitung: Petra Wallmann-Möhwald

Das eigene Sendeformat „Adventskalender" entstand aufgrund des Lockdowns und dem Verlangen nach Nähe und Unterstützung. Seither organisiert Frau Wallmann-Möhwald mit unserer Unterstützung für die Weihnachtszeit jährlich Geschichten und Lieder zum Advent, vorgetragen von Menschen aus unserer Region, oft über die üblichen 24 Türchen hinaus. Jugendliche der evangelischen Gemeinde Schkopau unterstützen einige der kleinen Aufnahmen. Dazu wurde vorab im Offenen Kanal ein kurzer Handy-Workshop gegeben. Ausgerüstet mit Gimbal, Zoom-Aufnahmegerät und natürlich dem Handy wurden Menschen der Region angefragt kleine Geschichten, Lieder oder Gedichte zu präsentieren. 102 Adventskalendertürchen sind bisher in den Jahren 2020 – 2023 entstanden.

https://kurzlinks.de/g3y1

## Individuum - Die Sendereihe für Körper, Seele und Geist
Leitung: Thomas Rettig
2022 startete ein neues Format zur Aufklärung über psychische Erkrankungen. Dabei werden verschiedene Interviewpartner eingeladen, um sich über Erfahrungen und Hintergrundinformationen auszutauschen.

Ziel dieses einmaligen Projektes ist mit Vorurteilen gegenüber psychischen Erkrankungen aufzuräumen und einen authentischen Einblick in das Leben mit psychischen Erkrankungen zu erhalten. Thomas Rettig, Psychiatrieerfahren, ExIn'ler, Mitglied im Psychiatrieausschuss/ Besuchs-kommission und weiterer Gremien Sachsen-Anhalts mit 9 Jahren Erfahrung im Radiobereich mit der Sendung „Radio Depressione" bei Radio HBW startete mehr oder weniger als ein Ein-Mann-Projekt, welches mehr und mehr Unterstützung erhält.

Produktionsvorbereitung im TV-Studio, v.l.n.r.: Jan Ermentraut (Kamera), Matthias Kowarschik, Carsten Kiehne, Manuela Petri und Thomas Rettig (Foto: OKMQ)

**Das I-Team: Die inklusive Redaktion**
Leitung: Andrea Rüthel und Anne Scheschonk
Das von 12/22 bis 2/24 über Aktion Mensch geförderte Projekt ist Teil des Projektes „In anderen Umständen". Menschen mit und ohne Behinderungen produzieren gemeinsam Beiträge für das OK-TV Programm. Nach Auslaufen der Förderung werden die Treffen nun vorübergehend ehrenamtlich 14tägig durchgeführt und es wird nach einer neuen Fördermöglichkeit gesucht. Bei den wöchentlichen Treffen der inklusiven Redaktion sind jederzeit alle herzlich willkommen - unabhängig von Alter, Herkunft oder Geschlecht.
Vorkenntnisse sind dafür nicht nötig. Viele niederschwellige Workshops werden angeboten, die Produktionsergebnisse sind auch in der Mediathek zu finden.

**Kurzfristige kooperative Bürgermedienprojekte / Formate**
Die folgenden Projekte illustrieren den experimentellen und entwicklungsorientierten Charakter der Bürgermedienarbeit im OKMQ. Hier kommen Nutzerredaktionen zusammen, um zeitnah und kooperativ Inhalte zu produzieren, die sich oft durch ihre Vielfalt und ihre innovative Herangehensweise auszeichnen. Diese Projekte zeigen, wie

Bürgermedien eine Plattform bieten, auf der kreative Ideen und gemeinschaftliche Initiativen entstehen können, um lokale Themen aufzugreifen und einem breiten Publikum zugänglich zu machen. Dabei handelt es sich um das Ausprobieren von Produktionstechniken und Sendeformaten.

2021 haben wir dank der Förderung von Neustart Kultur „Programm digitale Angebote für Begegnung, Vernetzung, für Bildung und für die Beteiligung" an der Gestaltung des Programms vom Offenen Kanal Merseburg-Querfurt e.V. eine zukunftsweisende Entwicklung beginnen können. Mit und für einige unserer Zielgruppen wurden verschiedene Formate und neue Mitmachangebote im Rahmen unserer drei TV-Ideenschmieden entwickelt und getestet. Die entstandenen Konzeptleitfäden können nun weiter genutzt werden.

**TV-FORMAT IDEENSCHMIEDE**

Gemeinsam mit Euch wollen wir digitale Angebote für Begegnung, Vernetzung, Bildung und Beteiligung für das Bürgerfernsehen entwickeln.

2. Online-Treffen
21.04.2021 um 17 Uhr
Anmeldung: info@okmq.de

Häufig engagieren sich Personen nur kurzfristig und setzten ihre Bürgermedienarbeit aus persönlichen oder auch beruflichen Gründen nicht fort. Es gelingt nicht immer und ist auch nicht immer Ziel Formatinnovationen zu verstetigen. Dennoch wollen wir hier auch solche Entwicklungen vorstellen, weil sie aus unserer Perspektive ein wichtiges Moment unserer Einrichtung darstellen.

## Sport News im TV

Leitung: Saskia Heinrich

Ein Sportmagazin über die Vereine und Aktivitäten im Saalekreis wurde im Rahmen der Ideenschmiede (gefördert durch Neustart Kultur) erarbeitet, und die ersten beiden Sendungen wurden als Praxisfeld von Kultur- und Medienpädagogik-Studierenden der Hochschule Merseburg und Sportvereinen der Region produziert. Die Idee besteht darin, mit vorhandener Technik Aufnahmen herzustellen und an den OKMQ zu geben, wo diese z.b. Handy-Aufnahmen zu einer Sendung über Sportaktivitäten zusammengefügt werden. In einem weiteren Schritt soll eine Verstetigung dieses Formates versucht werden; bestenfalls soll auf diese Weise monatlich ein Sportmagazin erstellt und veröffentlicht werden.

Mit Beiträgen des SV Geiseltal Mücheln (Kegeln, 2. Bundesliega Ost) und HSG Volleyball sowie dem Tutorial Handyfilm. (Screenshot)

## POKO - Politisch Kochen

Leitung: Susann Hunger & John-Marc Kröber

Mit POKO - politisches Kochen - ist ein neues TV-Format (gefördert durch Neustart Kultur) entwickelt worden, das für die jugendpolitische Bildung genutzt werden kann. Themen werden einfach erklärt und in eine Kochshow eingebettet, die zum Mit- und Nachkochen kurzweiliger Gerichte anregen soll (Rezepte auf unserer Webseite). Ziel ist es, Menschen an politische Diskurse heranzuführen und sie bestenfalls zu beteiligen. Hier wurden bisher eine Pilotsendung sowie eine Folgesendung umgesetzt. Über Social Media sollen sich Zuschauende einbringen.

(Screenshot)

## Ferien- und Familien- Hackathons
Leitung: Johannes Osterburg
Hackathonformate als On-& Offline Veranstaltung (gefördert durch Neustart Kultur) wurden 2021 geplant und getestet. Ein Hackathon kann alles und nichts sein. In diesem Fall geht es vor allem um die Gestaltung von kleinen, komplett selbst erstellten digitalen Spielen. Gemeinsame Einstiegsevents im Offenen Kanal (oder auch online) und familiäres Weiterlernen und Ausprobieren bis zum nächsten Event mit Hilfe der vorgefertigten Tutorials zu Hause sollen dafür die Unterstützung bieten. Ein Schwerpunkt bei der Auswahl der Werkzeuge und Materialien lag darauf, dass diese möglichst offen, frei verfügbar, nachhaltig und fair sind. TV-Dokuberichte mit den Teilnehmenden selbst vervollständigten die Ferien- und Familien- Hackathons.

## Lernbar - dezentrales Lernen
Leitung: Matthias Baran
Die Veranstaltungen (gefördert durch Neustart Kultur) haben das Ziel Erfahrungen aktiv zu teilen und gemeinsam praxisorientiert zu lernen und Wissen zu erweitern. Die Aufzeichnung der Sendungen werden für das selbstorganisierte Lernen im eigenen Tempo online zur Verfügung gestellt und durch Erklärvideos und Übungen flankiert. Dazu wurde die Lernbar-Präsenz programmiert, die Verbindungen der Themen aufzeigt und jederzeit gemeinsam erweiterbar ist. Alle verwendeten und produzierten Materialien und Werkzeuge stehen unter einer freien und quelloffenen Lizenz. Auf der Webpräsenz des OKMQ können die Lernbar-Kurse abgerufen werden.

## „Smart Democracy" Veranstaltungsreihe der VHS zu Digitalisierung und Gesellschaftspolitik
Leitung: Melanie Peter / Gunnar Hensel (VHS - Saalekreis).
Das Sendeformat in Form eines einführenden Webinars aus einer Volkshochschule und einer regionalen Bearbeitung des Themas mit Gästen in unserem TV-Studio (unterstützt von weiteren Ehrenamtlichen) führte zu einer sehr abwechslungsreichen und informativen Sendereihe (2018-2021).

## Bürgermedienarbeit von Einzelpersonen

Bürgermedienprojekte von Einzelpersonen sind ein wesentlicher Bestandteil der Eigenproduktionen unseres Offenen Kanals. In diesem Abschnitt möchten wir einige dieser TV-Projekte beispielhaft vorstellen, die das Engagement und die Kreativität einzelner Bürgerinnen und Bürger in unserer Community widerspiegeln. Diese Projekte zeigen, wie individuelle Stimmen und Perspektiven durch die Plattform des Offenen Kanals Gehör finden und wie sie dazu beitragen, ein vielfältiges und lebendiges Medienangebot für unsere Zuschauerinnen und Zuschauer zu schaffen.

### Fritz Kallweit, Merseburg:

Unser ältester, aber nicht mehr aktiver Nutzer hat seinen ersten Sport-Beitrag im Februar 1999 freigestellt. Als ehemaliger Sportlehrer und bis ins hohe Alter selbst olympisch sportlich Aktiver thematisierten seine Beiträge auch immer den Sport in der Region, von Leistungs-, über Breiten- bis hin zu Behindertensport sowie schulische Themen. Insgesamt hat er 240 Beiträge produziert und bei vielen Veranstaltungen filmisch unterstützt.

### Rosemarie Wiegleb, Leuna

263 Beiträge hat Frau Wiegleb seit 2000 selbst veröffentlicht. Darunter sind sehr viele Reiseberichte aus dem In- und Ausland. Die Drehorgelfeste in Merseburg sowie viele Lesungen und kulturelle Veranstaltungen wurden von ihr dokumentiert. Hauptsächlich war sie aber „Motor" unseres Seniorenstammtisches und hat die Gruppe über viele Jahre zusammengehalten, entwickelt und motiviert.
Seit 2020 wohnt Frau Wiegleb in der Nähe ihrer Kinder in Winsen/Luhe. Dank der Einführung unseres Videokonferenzsystems BigBlueButton konnte Sie weiterhin Teil des Senioren-stammtisches bleiben und produziert bis heute Beiträge für unser Bürgerfernsehen.

Rosemarie Wiegleb und Fritz Kallweit (2012) (Foto: OKMQ)

## Ursula Grabe, Merseburg

Seit 2005 produziert Frau Grabe Sendungen für das Bürgerfernsehprogramm, oft aus dem Bereich Kulturelles und soziales Engagement. Oft ist sie Unterstützerin in anderen Produktionsteams, führt die Kamera, moderiert oder/ und schneidet die Beiträge. Bisher hat Sie 195 Beiträge selbst freigestellt. Seien es die Mitschnitte des Goldenen Abiturs am Domgymnasium, Berichte über Merseburger Stadtführer, Schonema-Jeschichdn, Nachtwächterführungen, aktuelle Bauvorhaben, Stadtspaziergänge, Merseburger Kultur-gespräche, Feste, Einweihungen, Umbauten und vieles mehr. Aber auch die Aktivitäten der Merseburger Sportvereine stehen bei ihr im Fokus. Die Liebe zu und das Engagement für Merseburg spürt man in allen ihren Beiträgen.

Ursula Grabe (2014) (Foto: OKMQ)

## Olaf Spörl, Naumburg

Herr Spörl erstellte bisher 155 Beiträge. Der erste Beitrag entstand 2008 mit dem Titel „Karnevalumzug 2005 - 33 Jahre FKK in Freyburg". Seither produziert er sehr gewissenhaft größtenteils Mitschnitte von Theateraufführungen, Umzügen und Festen in der Region Naumburg, Freyburg, Bad Bibra, Zeitz und Umgebung. Seine Beiträge reicht er in allen sachsen-anhaltinischen Bürgermedien zur Ausstrahlung ein, um das Interesse an seiner Region bei anderen zu wecken.

Olaf Spörl (2014) (Foto: OKMQ)

## Michael Proschek, Halle

2009 veröffentlichte Herr Proschek im OK seinen ersten Beitrag über seine „Seldom Sober Company". Als Musiker und Kulturförderer hat er seitdem 22 Beiträge im Bereich der Förderung der Künste veröffentlicht. Mit Nachwuchstalenten und Weggefährten gestaltete er Sendungen im TV-Studio, spielt zu OK-Events, produziert Musikvideos und -interviews und arbeitet pädagogisch mit Kids.

## Andreas Möhwald, Schkopau

Herr Möhwald ist technisch gesehen mit Aufbauer des OKMQ, da er bei der Videofirma arbeitete, die den OK ausstattete. Seit 2004 produzierte er selbst erste Beiträge, brachte seine Kinder in die Trick-AG des OK und ist vor und hinter der Kamera aktiv. Sein erstes Sendeformat war eine Grußsendung zum Valentinstag, die er von Jahr zu Jahr erweiterte, selbst Liveanrufe waren sehr früh in seinen Sendungen möglich. Sogar seinen Heiratsantrag in einer Valentinstags-Sendung gibt es in unserem Archiv noch zu sehen. Und die Verbindung hält. Seit 2020 ist auch seine Frau aktive Nutzerin des OK. Herr Möhwald hat bisher selbst 53 Beiträge z.b. mit den Themenschwerpunkten „Kino Völkerfreundschaft", DEFA-Filmtage, Merseburger Amateurfilmrunde, jährlich die Aufzeichnung der Christvesper sowie einige Beiträge „Auf der Schiene unterwegs..." produziert.

## Helmut Seik, Leipzig

2013 veröffentlichte Herr Seik seinen ersten Beitrag „Ein Besuch bei der Deutschen Marine ..." und produziert seither Beiträge rund um die Marine, Militär, Reservisten-kameradschaft und geschichtliche Ereignisse, wie die Völkerschlacht bei Leipzig. Aufwendige Produktionen bei Schlachtnachstellungen lassen hautnah das Geschehen erleben. Beiträge zu Musik, Länderkunde und Natur sind bei den bisher veröffentlichten 21 Beiträgen auch zu finden.

## Mehdi Chaghakaboudi, Merseburg

Seit 2018 lebt Mehdi in Merseburg und hat uns schnell als Unterstützungsstelle für seine filmischen Fragen gefunden. 56 Beiträge, meist Musikvideos, sind bisher entstanden, die die Schönheit seiner neuen Heimat darstellen. Orte die wir alle kennen, sind durch seine Kamera noch einmal viel schöner.
Er versteht es die Orte wie Merseburg, Bad Kösen, Halle, Magdeburg, Dresden und weitere gut in Szene zu setzen, mit Farbfiltern und Musik aus einem anderen Blickwinkel erscheinen zu lassen. Aber auch Feste, Veranstaltungen und eigene Musik gehören zu seinem Beitragsrepertoire, das er vorrangig mit eigener Handytechnik aufzeichnet.

## Programmerstellung und Programmverbreitung
Die Arbeiten, an deren Ende das Fernsehprogramm aus den produzierten Beiträgen unserer Nutzer*innen erstellt wird, umfassen für uns drei Aspekte: 1) die Verwaltung, 2) die Organisation und 3) die technische Umsetzung. Wir stellen diese Aspekte hier kurz vor.

## Programmverwaltung
Der hier zu beschreibende Prozess beginnt mit einem Verwaltungsschritt, der mit der Entgegennahme von selbstproduzierten Bürgerbeiträgen zu verbinden ist, nämlich mit der Erteilung einer Einzelgenehmigung. Die Einzelgenehmigung wird auf der Grundlage einer Freistellungserklärung erteilt. Die Person, die die Sendeverantwortung für einen eingereichten Beitrag tragen möchte, stellt den Offenen Kanal, den Kabelnetzbetreiber und die Medienanstalt Sachsen-Anhalt von eventuell durch die Veröffentlichung hervorgerufene rechtliche Ansprüche dritter frei.

Die hierzu bestimmten Mitarbeitenden des Offenen Kanals erteilen nach Prüfung der entsprechenden Unterschrift auf der Freistellungserklärung dann die Einzelgenehmigung. Die Verwaltung des so entstehenden Aktenbestandes aus Nutzeranmeldung, Freistellungserklärung und Einzelgenehmigung beinhaltet deren Ablage in Papierform. Die Übergabe des selbstproduzierten Beitrags in Dateiform wird bei uns mit der Bitte verbunden, neben Titel und Untertitel eine Kurzbeschreibung des Beitrages einzureichen.

Bereits seit 2004 haben wir mit Hilfe einer Access-Datenbank, diese Vorgänge begonnen digital festzuhalten, um die Möglichkeit zu erhalten, kontinuierlich und gleichbleibend Mediendaten zu sichern. Wenn Beiträge eingereicht werden, wird seit damals die Erfassung von Titel, Untertitel und Kurzbeschreibung sowie die Selbstbeurteilung des Beitrags als Einordnung in ein OK-Genre größtenteils am Rechner realisiert. Die zugehörigen Formulare werden auf Papier zur Unterschrift vorgelegt.

Mit der Förderung „100x Digital - Förderung des digitalen Wandels sozialer Organisationen" der Deutschen Stiftung für Ehrenamt und Engagement konnte 2023 die alte fragile Access-Datenbank in eine offene Datenbank (MariaDB) gewandelt und Vereins-Daten implementiert werden. Die Programmierung der Funktionen der Nutzer*innenregistrierung /- verwaltung, die Beitragsverwaltung und die Projektverwaltung sind Teil der Umsetzung.

Ein Ticketsystem (Zammad) zum Managen der Nutzer*innen- und Projektanfragen sowie -aufträge wurde eingerichtet und eingeführt. Jede Anfrage erzeugt ein Ticket, sodass Anfragen nicht verloren gehen und mit allen zugehörigen Informationen bearbeitet werden können. Alle Prozesse werden mit freier quelloffener Software abgebildet, nach unseren Möglichkeiten weiterentwickelt und stehen anderen Bürgermedien zur Nutzung über Github zur Verfügung.

## Programmorganisation

Das Fernsehprogramm im Bürgerfernsehen entsteht durch die Reihenfolge der Einreichungen. Dieses basisdemokratische Prinzip der Chancengleichheit hat sich als ein Strukturmerkmal Offener Kanäle bewährt. Selbstverständlich ist aus vielen Gründen heraus die chancengleiche Veröffentlichungsreihenfolge im Programmverlauf häufig nicht deckungsgleich mit den inhaltlichen Erfordernissen von Aktualität und empfundener Bedeutsamkeit der eingereichten Beiträge.

Aus diesem Grund hat die Versammlung der Medienanstalt Sachsen-Anhalt (MSA) in den vergangenen Jahrzehnten immer wieder entsprechende Ergänzungen in der Satzung für Offene Kanäle eingebracht, durch die hier eine den inhaltlichen Erfordernissen angepasste Flexibilität bei der Programmerstellung möglich wird und gleichzeitig die Chancengleichheit beim Zugang zu den sendetechnischen Einrichtungen gewahrt bleibt.

Die Struktur unseres Fernsehprogramms sieht zwei Kategorien von Sendungen vor: die Neusendung und die Wiederholung. Täglich um 18 Uhr sendet der Offene Kanal Merseburg-Querfurt für zwei Stunden Neusendungen. Diese werden an den Folgetagen bis zu elfmal wiederholt, wenn keine Livesendungen zu diesen Zeiten ausgestrahlt werden. Das Programmschema nutzen wir seit 2005. Damals erfolgte die Umstellung vom Sendebandbetrieb auf eine sendedateibasierte programmierte Sendeablaufsteuerung; unsere Einrichtung war damals die Testeinrichtung für diese digitalisierte Form des Sendeablaufs.

| Montag | Dienstag | Mittwoch | Donnerstag | Freitag | Samstag | Sonntag |
|---|---|---|---|---|---|---|
| 0.00 Wiederholung Freitag | 0.00 Wiederholung Samstag | 0.00 Wiederholung Sonntag | 0.00 Wiederholung Montag | 0.00 Wiederholung Dienstag | 0.00 Wiederholung Mittwoch | 0.00 Wiederholung Donnerstag |
| 2.00 Wiederholung Donnerstag | 2.00 Wiederholung Freitag | 2.00 Wiederholung Samstag | 2.00 Wiederholung Sonntag | 2.00 Wiederholung Montag | 2.00 Wiederholung Dienstag | 2.00 Wiederholung Mittwoch |
| 4.00 Wiederholung Mittwoch | 4.00 Wiederholung Donnerstag | 4.00 Wiederholung Freitag | 4.00 Wiederholung Samstag | 4.00 Wiederholung Sonntag | 4.00 Wiederholung Montag | 4.00 Wiederholung Dienstag |
| 6.00 Wiederholung Dienstag | 6.00 Wiederholung Mittwoch | 6.00 Wiederholung Donnerstag | 6.00 Wiederholung Freitag | 6.00 Wiederholung Samstag | 6.00 Wiederholung Sonntag | 6.00 Wiederholung Montag |
| 8.00 Wiederholung Freitag | 8.00 Wiederholung Samstag | 8.00 Wiederholung Sonntag | 8.00 Wiederholung Montag | 8.00 Wiederholung Dienstag | 8.00 Wiederholung Mittwoch | 8.00 Wiederholung Donnerstag |
| 10.00 Wiederholung Donnerstag | 10.00 Wiederholung Freitag | 10.00 Wiederholung Samstag | 10.00 Wiederholung Sonntag | 10.00 Wiederholung Montag | 10.00 Wiederholung Dienstag | 10.00 Wiederholung Mittwoch |
| 12.00 Wiederholung Mittwoch | 12.00 Wiederholung Donnerstag | 12.00 Wiederholung Freitag | 12.00 Wiederholung Samstag | 12.00 Wiederholung Sonntag | 12.00 Wiederholung Montag | 12.00 Wiederholung Dienstag |
| 14.00 Wiederholung Sonntag | 14.00 Wiederholung Montag | 14.00 Wiederholung Dienstag | 14.00 Wiederholung Mittwoch | 14.00 Wiederholung Donnerstag | 14.00 Wiederholung Freitag | 14.00 Wiederholung Samstag |
| 16.00 Wiederholung Samstag | 16.00 Wiederholung Sonntag | 16.00 Wiederholung Montag | 16.00 Wiederholung Dienstag | 16.00 Wiederholung Mittwoch | 16.00 Wiederholung Donnerstag | 16.00 Wiederholung Freitag |
| 18.00 Neusendung Montag | 18.00 Neusendung Dienstag | 18.00 Neusendung Mittwoch | 18.00 Neusendung Donnerstag | 18.00 Neusendung Freitag | 18.00 Neusendung Samstag | 18.00 Neusendung Sonntag |
| 20.00 Wiederholung Sonntag | 20.00 Wiederholung Montag | 20.00 Wiederholung Dienstag | 20.00 Wiederholung Mittwoch | 20.00 Wiederholung Donnerstag | 20.00 Wiederholung Freitag | 20.00 Wiederholung Samstag |
| 22.00 Wiederholung Samstag | 22.00 Wiederholung Sonntag | 22.00 Wiederholung Montag | 22.00 Wiederholung Dienstag | 22.00 Wiederholung Mittwoch | 22.00 Wiederholung Donnerstag | 22.00 Wiederholung Freitag |

Sendeschema im OKMQ seit 2005

Ebenso selbstverständlich wie Länge und Aktualität mit unserem Sendeschema nicht immer konformgehen, sind die eingereichten Beiträge nicht immer passgenau mit dem Sendefenster für Neusendungen von zwei Stunden. Ebenso gibt es Perioden im Jahr, in denen weniger Produktionen zur Veröffentlichung eingereicht werden. Solche jahreszeitlich bedingten Fehlstellen werden durch Wiederholungen von vorhandenen Sendungen ausgeglichen. Die Auswahl des zu wiederholenden Materials erfolgt weitestgehend durch unsere Mitarbeitenden in Rücksprache mit den sendeverantwortlichen Nutzer*innen. Künftig wollen wir die Programmgestaltung durch Wiederholungen gemeinsam mit interessierten Nutzer*innen bearbeiten. Ziele dieser medienpädagogisch orientierten Betreuung von Nutzer*innen besteht in der Entlastung unserer Mitarbeitenden, die damit diesen Arbeitsaufwand nicht mehr in dieser Form leisten müssen, sondern nur noch unterstützen. Eine durch

Nutzer*innen erfolgte und dadurch legitimierte Auswahl von zu wiederholenden Beiträgen entspricht unserer Philosophie eines Offenen Kanals; wir verbinden mit dieser künftigen Arbeitsweise die Erwartung, dass ältere Beiträge durch eine aktuelle redaktionelle Bearbeitung dem Publikum die Rezeption erleichtert.

Neben dem Sendematerial, das Bürger*innen zur Veröffentlichung einreichen (Postproduktion) oder ankündigen (Liveproduktion), werden sogenannte Programmtafeln veröffentlicht, die zur Selbstdarstellung von Vereinen und Initiativen dienen. Der Offene Kanal selbst darf auch auf eigene Aktivitäten im laufenden Programm hinweisen; wir zeigen dazu Kurzinformationen in Form von Bildschirmtafeln und Trailern zu Kursen, Veranstaltungen und allgemeinen Informationen, sowie aktuelle Programmhinweise für die Neusendungen, die täglich um 18 Uhr gezeigt werden. Die aktuellen Programmtrailer werden aufgrund der Sendeplatzvergabe durch Verwendung von Ausschnitten der eingereichten Beiträge mit dem On-Air-Design des OKMQ wöchentlich durch Freiwillige neu zusammengestellt. Schließlich wird der Programmablauf in Verbindung mit den selbsterstellten Kurzbeschreibungen auf unserer Webseite veröffentlicht und dem Lokalteil der Mitteldeutschen Zeitung, dem Neuen Landboten, zur Veröffentlichung zur Verfügung gestellt.

## Technische Umsetzung

Häufig wird parallel zur Sendeplatzvergabe bereits die Programmierung des entsprechend festgelegten Sendeplatzes in der Sendeablaufsteuerung vorgenommen. Die Sendedatei wird hierzu an einem für diesen Zweck festgelegten und gesicherten Speicherplatz abgelegt und in die Ablaufsteuerung eingepflegt. Ähnlich wird die Veröffentlichung einer Liveproduktion vorbereitet, nur dass dazu keine Sendedatei eingepflegt wird, sondern durch eine Livefunktion das automatische Umschalten von dem Mediaplayer auf eine Livequelle und zurück mit einem Start- und Endzeitpunkt in der Sendeablaufsteuerung softwareseitige festgelegt wird. Anschließend werden die Wiederholungsblöcke erstellt bzw. beim Vorliegen besonderer Sendetermine von Liveproduktionen modifiziert.

Das von den Nutzern bereitgestellte Fernsehprogramm wird von unseren Mitarbeitern daraufhin zusammengestellt und im Kabelnetz, per

Satellit (Voraussetzung hierfür HbbTV und Internetzugang am TV, Infos: www. lokal-tv-portal.de) und über das Internet zu verbreitet. Das Verbreitungsgebiet im Kabelnetz erstreckt sich von Teilen Merseburgs über Leuna, Bad Dürrenberg, Günthersdorf, Schkopau und Halle. Per Livestream kann das aktuelle TV-Programm auf unserer Internetpräsenz www.okmq.de und über das Medienportal www.medienportal-lsa.de angeschaut werden. Alle Filme und Projektergebnisse, bei denen unserer Nutzer*innen der Veröffentlichung in unserer Mediathek zugestimmt haben, sind dort zu finden. Einige Beiträge, die die öffentliche Wahrnehmung stärken sollen, sind in Abstimmung auch auf unserem Youtube - Channel veröffentlicht.

## Tätigkeitsfeld: Kultur- und medienpädagogisches Handeln

Kultur- und medienpädagogisches Handeln stellt in unserem Offenen Kanal das methodisch-didaktische Herangehen an die Bürgermedienarbeit dar, durch das überhaupt erst eine professionelle Vermittlung von Medienkompetenz ermöglicht werden kann. Durch gezielte pädagogische Maßnahmen werden nicht nur technische Fertigkeiten vermittelt, sondern auch ein reflektierter Umgang mit Medieninhalten gefördert. In diesem Kontext spielen Projekte, Schulungen, und Maßnahmen der Zielgruppenarbeit eine entscheidende Rolle, um Bürgerinnen und Bürger aller Altersgruppen zu befähigen, sich aktiv in der Medienlandschaft zu engagieren und kritisch mit Medien umzugehen. Im Folgenden werden verschiedene Aktivitäten und Initiativen vorgestellt, die im Rahmen der Bürgermedienarbeit durchgeführt wurden, um Medienkompetenz auf vielfältige Weise zu fördern und zu stärken.
Gemäß der Satzung der Medienanstalt Sachsen-Anhalt für Offene Kanäle umfassen unsere Arbeitsaufgaben auch die Planung und Umsetzung medienpädagogischer Aktivitäten für unterschiedliche Zielgruppen. In den vergangenen 25 Jahren wurden verschiedene Projekte und Veranstaltungen geplant. Die Angebote unterschieden sich je nach Fördermöglichkeiten und Projektausrichtungen. Im Folgenden werden Schulungen, Schulprojekte, Ferienaktionen, Arbeitsgemeinschaften und Events kurz vorgestellt. Die Angebote werden in Präsensveranstaltungen realisiert, können aber auch digital bzw. hybrid stattfinden. Es zeigte sich in der Corona-Zeit, dass unsere Zielgruppen, einschließlich

der Multiplikatoren, schnell bereit waren, digitale Konferenzmedien zu nutzen. Auch die Nutzerbetreuung und -beratung zu Medienprojekten fanden während der Lockdowns auch telefonisch oder über Videokonferenzen statt. Wir waren auch hier durchweg ein verlässlicher immer ansprechbarer Partner. Kultur- und medienpädagogische Angebote unserer Mitarbeitenden beinhalten neben der permanenten Nutzerbetreuung, thematische Schulungen in den Bereichen Kameraarbeit, Videomontage, Tonbearbeitung, Lichtsetzung, Animation oder Liveproduktion. Diese Schulungen werden nach Bedarf durchgeführt. Jährlich werden bis zu sechs „Phänomedial"-Kurse im Rahmen des Medienkompetenz-zentrums der MSA angeboten. Darüber hinaus bieten wir weitere Maßnahmen der Zielgruppenarbeit an, die spezifische Arbeitsweisen der Bürgermedienproduktion zum Thema haben. Diese wollen wir nun kurz vorstellen.

### Trickfilmwerkstatt (seit 2003)

Donnerstags von 16 -18 Uhr im Offenen Kanal. Teilnehmende: 3 - 9 Kinder aus Merseburg, Saalekreis und Halle. Projektleiter: Fachkräfte für den Jugendmedienschutz, temporäre Unterstützung durch Studierende der Hochschule Merseburg. Die Trickfilmwerkstatt bietet die Möglichkeit, verschiedene Tricktechniken zu erlernen. In Kleingruppen entwickeln die Teilnehmenden Trickfilme in unterschiedlichen Techniken z.B. Knettrickfilm, Stopptrick, Brickfilm...

Trickfilmwerkstatt: Albert und Karl bei der Brickfilmproduktion (Foto: OKMQ)

**Jugendredaktion (seit 2004)**
Donnerstags (seit 2024 montags) von 16-18 Uhr, Teilnehmende: 3-5 Schüler*innen der Region (Merseburg, Halle, Saalekreis). Projektleiter: Fachkräfte für den Jugendmedienschutz. In der Jugendredaktion werden Themen aufgegriffen und filmisch bearbeitet, die die Jugendlichen selbst festlegen.

Jugendredaktion im TV-Studio (Foto: OKMQ)

**Medienpädagogischer Stammtisch**
Halbjährlich, Teilnehmende: Mitarbeitende des OK, Studierende der Hochschule Merseburg, Fachkräfte, Institutionen, Interessierte. Projektleiter: Fachkräfte für den Jugendmedienschutz. Die Veranstaltung dient dem Erfahrungsaustausch, der gegenseitigen Vorstellung aktueller Projekte, Diskussion und Veröffentlichung von Arbeitsergebnissen, Planung von Medienbildungsprojekten, Ausbau des Medienkompetenz-netzwerks, praktische medienpädagogische Qualifizierung. Teilweise wird Veranstaltung im Onlineformat durchgeführt.

**Projekt: Jugendfond**
Bei diesem Projektvorhaben, das wir seit 2019 jährlich unterstützen, haben Jugendliche gezielt die Möglichkeit, Selbstwirksamkeit, eigenverantwortliche Organisation und insbesondere demokratische Meinungsbildung und Teilhabe zu erproben und zu praktizieren. Das

Projekt ermöglicht Jugendlichen und jungen Erwachsenen die eigenen Ideen und Vorstellungen aktiv und eigenverantwortlich mit anderen gemeinsam zu organisieren und umzusetzen. Auf lokaler Ebene werden jährlich ca. 10 Kleinprojekte mit Jugendlichen realisiert. Die Teilbereiche der Partnerschaft für Demokratie (Bildungsreferent:in, Jugendfonds, Koordinierungs-& Fachstelle) standen diesem Engagement wieder unterstützend zur Seite. Förderung: Weltoffener Saalekreis „Partnerschaft für Demokratie", gefördert im Rahmen des Bundesprogramms „Demokratie leben! Aktiv gegen Rechtsextremismus, Gewalt und Menschenfeindlichkeit" Die Verwaltung des Projektes übernahm wir, finanziert über AWO SPI.

**Beratungszeit Jugendmedienschutz**
Dienstags von 16 - 18 Uhr & nach Absprache (Anfragen per E-Mail, telefonisch, persönlich). Projektleiter: Fachkräfte für den Jugendmedienschutz.
Erste Hilfe und Informationen bei Problemen, die durch und mit Medienkonsum, Mediengebrauch oder Medienproduktion entstehen. Hilfeformate sind persönliche Gespräche, E-Mails oder Telefonberatung. Themen können sein: Abhängigkeit von verschiedenen Medien (Spiel- oder Onlinesucht) oder dem Umgang mit sozialen Medien. Die Weiterleitung an professionelle Hilfsangebote bei nicht präventiven Unterstützungsmöglichkeiten steht im Fokus. Infoveran-staltungen, z.B. „Medien.update" stehen auch in der Mediathek zum Nachschauen und Informieren zur Verfügung.

**Projekte der aktiven Medienarbeit**
Besonders mit unseren Partnerschulen „Saale Elster Auen Sekundarschule Schkopau", Sekundarschule „Adolf Holst" Mücheln, Domgymnasium und dem Herdergymnasium Merseburg sowie der Schule Am Südpark (Förderschule) werden Medienprojekte erarbeitet und realisiert. Auch alle anderen Schulen, Institutionen und Vereine im Saalekreis erhalten Beratung, Inputs und Unterstützung bei medienpädagogischen Projekten nach unseren personellen Möglichkeiten, vorrangig durch die Fachkräfte für den Jugendmedienschutz.

## Kindergeburtstags-Workshop
Nach Anmeldung, Teilnehmende: Geburtstagskind und Gäste. Projektleiter: Honorarkräfte (Studierende der Hochschule Merseburg). Die Kinder lernen den Offenen Kanal und die OK-Technik kennen und produzieren eine Geburtstagssendung mit Moderationen im Studio oder Trickaufnahmen.

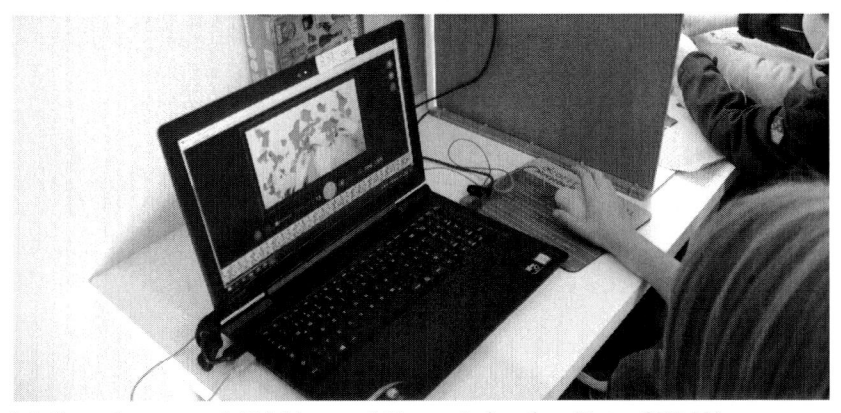

Mediengeburtstag mit Trickbox und Heron-Animation (Foto: OKMQ)

## Ferienaktionen
Nach Anmeldung, Teilnehmende: Grundschulkinder, je nach Thema und Interesse können sich zu den kostenfreien Angeboten zwischen 10 bis 30 Kinder anmelden. Von selbst gestalteten Gruselfilmen, Zaubershows, Programmierkursen, Phantasiereisen bis hin zur Filmgeschichte werden wechselnde medienpädagogische Angebote der aktiven Medienarbeit angeboten. Hier eine Grusel-Ferienaktion:

Teilnehmende bei der Studiodekoration für eigene Filmszenen (Foto: OKMQ)

Teilnehmende bei der Animation mit Blender (Foto: OKMQ)

## Kinderstadt Halle

Seit 2016 unterstützen wir das Projekt Kinderstadt „Halle an Salle", dass zwei Jahre ihre Tore auf der Peißnitzinsel öffnet mit eigenen Stationen. Im Sommer 2022 gab es neben über 30 anderen Stationen über fünf Wochen die Videoreporter, die Greenscreenwand, Camera obscura und die Trickfilmstation auf der Peißnitz in Halle durch uns betreut.

Kinderstatt 2022: Unser Gebäude für die Trickfilmstation, Greenscreen und Reporter (Foto: OKMQ)

## Thalia Fasching
Seit 2017 unterstützen wir die Veranstaltung für Halle und den Saalekreis durch zwei eigene Stationen. Hierzu erarbeiten wir immer passend neue Angebote. Ob Lightpainting, Reise zum Mars mit NFC-Chips, eigene Escape-Rooms, selbst erschaffene 3D-Brillen-Spiel zur Schatzsuche oder ein Lasergesicherter Ausstellungsraum, unterschiedliche Herausforderungen gilt es zu meistern. Eine Greenscreen-Station wird in jedem Jahr integriert und diese werden dann 5 Wochen (ca. 17 Vorstellungen) vorrangig durch unsere Bundesfreiwilligen und Mitarbeitenden medienpädagogisch betreut.

Unsere Stationen beim Thalia-Fasching 2024: Schatzrückführung im hochgesicherten Ausstellungraum, links daneben „Greenscreen" (Foto: OKMQ)

## Kindermedienfest on Tour
Das Merseburger KinderMedienFest wurde das erste Mal im Jahr 2003 vom OKMQ gemeinsam mit der Stadtjugendpflegerin Merseburgs, Frau Marita Kranz und Studierenden der Hochschule Merseburg durchgeführt. 2012 wurde der Offene Kanal Merseburg-Querfurt e.V. dafür mit dem Dieter-Baacke-Preis im Bereich „Projekte mit und von

Kindern" ausgezeichnet. 2017 wurden die Erfahrungen aus dem Kindermedienfest in einem didaktisch aufbereiteten, mobilen Konzept für Schulen, Hort- und Freizeiteinrichtungen umgesetzt. Für das „Kindermedienfest on Tour" wurden 10 verschiedene Medienstationen für den Medienkompetenz-erwerb als Arbeitsmaterial unter Open Educational Resources (OER) für den pädagogischen Einsatz erarbeitet und an diversen Einrichtungen durchgeführt. Seit 2018 können die Einrichtungen die Medienstationen aus dem Methodenangebot auswählen und selbst verantwortet oder über anderweitige Finanzierung „mieten". Aber der Bedarf nach einem pädagogisch betreuten und finanzierten Projekt ist deutlich geworden. Die Angebote werden jährlich erweitert und aktualisiert und an die Nutzungsgewohnheiten angepasst. Zwischen 6-12 Events mit über 300 Teilnehmenden und Fortbildungen finden jährlich vorrangig finanziert über das Jugendamt des LK - Saalekreis statt.

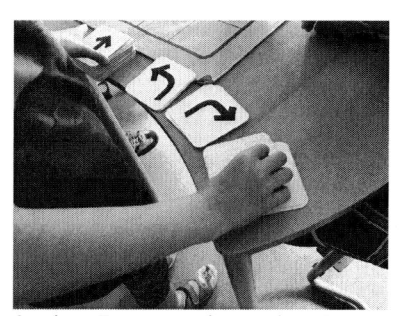

Station: Schattentheater
(Foto: OKMQ)

Station: Programmieren ohne Strom

## Weitere Tätigkeitsfelder

Die folgenden Tätigkeitsfelder stellen wichtige ergänzende kultur- und medienpädagogische Aufgaben dar, die dazu beitragen, die Arbeit unserer Nutzer*innen zu fördern. Durch gezielte Maßnahmen werden Medienkompetenz und kreative Fähigkeiten entwickelt, um eine aktive Teilhabe an der Medienlandschaft zu ermöglichen. Im Fokus stehen dabei vor allem die Bürgermedienarbeit unserer Nutzerschaft, die auch durch unsere Mitarbeit in Gremien und Vernetzung unseres Offenen Kanals in Land und Bund grundgelegt und unterstützt wird. Ebenso wichtig ist uns die Öffentlichkeitsarbeit für das Bürgerprogramm und unsere Aktivitäten zur Förderung der Medienkompetenz, die auf unterschiedlichen Ebenen stattfindet und ein zentrales Moment unserer Arbeit bildet. Verknüpft damit ist selbstverständlich unser Bestreben, weitere Förderer unserer Arbeit zu finden und zu motivieren, unsere Anliegen zu unterstützen. Nach unseren Möglichkeiten wollen wir die Vereinsarbeit und Engagement Förderung durch verschiedene Aktivitäten weiter stärken.

## Mitarbeit in Gremien und Vernetzung

Die Gremienarbeit stellt einen wichtigen Bestandteil unserer Tätigkeit dar. Wir sind im Begleitausschuss des „Weltoffenen Saalekreis" der „Partnerschaft für Demokratie" im Saalekreis aktiv. Zudem engagieren wir uns im „Arbeitskreis Bildung" und im „Arbeitskreis Inklusio" der Initiative Familien-freundlicher Landkreis Saalekreis. Unsere Mitarbeiter fungieren außerdem als Prüfer bei der USK und FSK.
Wir arbeiten auf Vorstandsposten intensiv im Landesverband der Offenen Kanäle (LOK) und im Bundesverband Bürgermedien (BVBM). Darüber hinaus sind wir in der Gesellschaft für Medienpädagogik und Kommunikationskultur (GMK) aktiv, insbesondere als Fachgruppe Bürgermedien und Landesgruppe Sachsen-Anhalt. Jährlich organisieren wir einen Workshop beim GMK-Forum im November sowie in loser Folge einen Fachtag zu Bürgermedienthemen in Bezug zur GMK, vorrangig durch den OK Merseburg.
Im Bereich Medienarbeit engagieren wir uns im Arbeitskreis „Medienkompetenz" der Stadt Halle und des Saalekreises, im AK Kinder- und Jugendschutz des LVA sowie als Mitglied der AG Medienbildung des Landes Sachsen-Anhalt.

Seit Januar 2024 sind wir eines der ersten 3 NetzwerkLABs „Gutes Aufwachsen mit Medien" Deutschlands. Wir, das sind der Arbeitskreis Medienkompetenz Halle & Saalekreis mit den medienpädagogischen Akteuren der Region. Der Offene Kanal MQ e.V. ist die finanzielle Koordinierungsstelle. Zum Auftakttreffen haben sich die 3 LABs und zwei Kolleginnen des Initiativbüros im MakerSpace Mayen-Koblenz zum Projektstart getroffen. Als NetzwerkLAB vernetzen wir die Interessierten, beraten und geben Input.

## Öffentlichkeitsarbeit

Die Öffentlichkeitsarbeit ist von zentraler Bedeutung für unsere Arbeit. Sie ermöglicht es uns, unsere Aktivitäten sichtbar und die Bürgermedienarbeit bekannter zu machen. 2021 konnten wir unsere Sichtbarkeit weiter verbessern, wobei die kontinuierliche Öffentlichkeitsarbeit eine wesentliche Rolle spielt. Dank der Förderung durch das Land konnten wir unsere Aktivitäten ausweiten und ein neues Erscheinungsbild mit Logo und Materialien für die Öffentlichkeitsarbeit erstellen. Unsere Programmvorschau wurde neu strukturiert und modernisiert, die Fensterfronten erhielten die neue Logogestaltung. Unser Ziel ist es, die Aktivitäten des Offenen Kanals weiterhin sichtbar zu machen. Weiterhin konnten wir durch die finanzielle Aufstockung durch das Land einen monatlichen Newsletter mit regelmäßigen Rückblicken und TV-Sendungsübersichten sowie einen Tag der offenen Tür mit Einweihung des neuen Erscheinungsbildes realisieren.

Unsere Maßnahmen zur Öffentlichkeitsarbeit umfassen unter anderem medienpädagogische Kooperationen, wissenschaftliche Publikationen in der Reihe „Dialog: Bürgermedien", die Internetpräsenz des OKMQ sowie die sozialen Netzwerke, Veröffentlichungen im Fernsehprogramm des OKMQ nach dem Mediengesetz Sachsen-Anhalt, den Kultur- und Veranstaltungskalender in der „Bildschirmzeitung" im TV, Broschüren, Flyer & Faltblätter, Briefsendungen, Veranstaltungen zur Öffentlichkeitsarbeit sowie Mitteilungen per E-Mail.

Unsere Internetseite www.okmq.de dient als Visitenkarte des OKMQ im Internet. Hier werden wichtige Informationen zu unserer Einrichtung veröffentlicht, darunter die Vereinssatzung, die Nutzerordnung, die Vorstellung von Projekten und das aktuelle Fernsehprogramm. Durch die Mediathek können Nutzer*innen ihre Fernsehbeiträge auf

unserer Internetpräsenz veröffentlichen und auch nach dem Sendetermin weiterhin anschauen.
Seit 2012 nutzen wir regelmäßig die Möglichkeiten, die die sozialen Netzwerke bieten. Wir sind momentan bei Facebook, x (Twitter), Instagram, Youtube und Mastodon angemeldet und posten die Neuigkeiten zu unseren Aktivitäten, laden zu Veranstaltungen, Projekten oder Schulungen ein und erschließen uns auf diesem Weg auch weitere Nutzer und Sympathisanten.

**Unterstützer und Förderer des OK**
Neben der Förderung durch die Medienanstalt Sachsen-Anhalt werden wir durch temporäre Förderprogramme und andere Institutionen sowie Personen der Region unterstützt. Zu unseren Unterstützer*innen in Form von finanzieller oder kooperativer Art gehören unter anderem die Hochschule Merseburg, der Landkreis Saalekreis, die Stadt Merseburg, das Schulverwaltungsamt, der Eigenbetrieb für Arbeit, die Agentur für Arbeit, die Landesvereinigung kulturelle Kinder- und Jugendbildung Sachsen-Anhalt e.V., die Bundesvereinigung Kulturelle Kinder- und Jugendbildung, das Bundesamt für Familie und zivilgesellschaftliche Aufgaben, das Bundesministerium für Bildung und Forschung, das Landesintegrationsamt, das Landesverwaltungsamt Halle, die Saalesparkasse, Biomarin, MediMax, die Stadtwerke Merseburg, Bayerische Motorenwerke, Zurück ins Leben e.V., der Rotary Club Merseburg, MVV Energie/TREA Leuna, Palme & Seifert, Bühnen Halle GmbH, das WUK Theater Halle, das Planetarium Merseburg, das Bundesprogramm „Demokratie leben" mit den Partnerschaften für Demokratie, die Landeszentrale für politische Bildung, Neustart Kultur, Aktion Mensch, Heidehof-Stiftung, Lions-Club u.a.

# Organisation

## Trägerverein
Der Offene Kanal Merseburg-Querfurt ist ein eingetragener Verein. Seit 1997 bewährten sich Vereinsträgermodell für Offene Kanäle in Sachsen-Anhalt erfolgreich, so auch in Merseburg. Diese Organisationsform ermöglicht eine effektive und demokratische Strukturierung unserer Einrichtung.

## Mitgliederversammlung, Vorstand und Mitarbeitende

Im Mittelpunkt unserer Vereinsarbeit stehen der Vorstand und die Mitgliederversammlung, die gemeinsam die strategischen Entscheidungen treffen und die Richtung unserer Arbeit bestimmen. Der Vorstand mit fünf Mitgliedern übernimmt die Leitung und Vertretung des Vereins, während die Mitgliederversammlung als oberstes Organ die wesentlichen Entscheidungen trifft und die Entwicklung des Offenen Kanals mitgestaltet.

v.l.n.r. Vorstand: Kai Köhler-Terz, Astrid Altmann, Doreen Benn, Michael Finger und Barbara Schneider (Foto: OKMQ)

Mitgliederversammlung Januar 2024 (Foto: OKMQ)

## Ausstattung
Großen Wert legen wir auf eine qualifizierte personelle und technische Ausstattung. Nachfolgend soll hierzu informiert werden.

## Personal
Unsere Mitarbeiterinnen und Mitarbeiter verfügen über umfassende kultur- und medienpädagogische Kompetenzen und unterstützen unsere Nutzerinnen und Nutzer bei der Umsetzung ihrer Projekte.

## Feste Mitarbeiter
Für den Offenen Kanal Merseburg-Querfurt finanziert die Medienanstalt Sachsen-Anhalt zwei volle Stellen (80h), die auf mehrere Mitarbeitende aufgeteilt sind. Fest angestellt arbeiten bei uns die Geschäftsführerin (30h), der Medientechniker (25h) und die Medienpädagogische Assistenz (15h). Ein zusätzliches Stundenkontingent für die Verwaltung sowie eine Bezahlung in Anlehnung an Tarif muss ein nahes Ziel sein, um einen stabilen Mitarbeitendenstamm halten zu können.

## Fachkraft für den Jugendmedienschutz
2010 wurde erstmalig eine halbe Stelle und seit 2017 eine 90% Förderung für eine volle Stelle für die „Fachkraft für den Jugendmedienschutz" des Jugendamtes des Landkreises Saalekreis in Form einer jährlichen Projektförderung gewährt. Seit 2019 haben wir die Förderung für zwei Fachkraftstellen zu 90 % erhalten. Die 10% Eigenanteil zahlen wir aus dem von der Medienanstalt Sachsen-Anhalt zur Verfügung gestellten Personalkostenanteil im Einvernehmen mit dem Jugendamt des Saalekreises. In Kombination mit der Medienpädagogischen Assistenz des OKMQ können eine Vielzahl an medienpädagogischen Projekten, Projektunterricht, Veranstaltungen und Elternabende durchgeführt werden. Der Bedarf ist aber weitaus höher.

## Bildungsreferent*in der Partnerschaften für Demokratie
Das Projekt Bildungsreferent*in der Partnerschaften für Demokratie „Weltoffener Saalekreis" und „Merseburg engagiert" soll u.a. vernetzen und Engagement fördern. Im Rahmen der Unterstützung für eine vielfältige Gesellschaft mit dem Ziel der gesellschaftlichen und demokratischen Teilhabe und der politischen Bildung sollen überwiegend

jungen Menschen u.a. in Form der öffentlichen Meinungsäußerung unterstützt werden.
Schwerpunkte sind die Sensibilisierung gegenüber Diskriminierung, Ausgrenzung, für die Möglichkeit der Partizipation, Meinungsfreiheit und kultureller Diversität. Gerade das Aufzeigen der vielfältigen Möglichkeiten, sich einzubringen und zu beteiligen, sowie die hintergründige Arbeit, diese Beteiligung im Saalekreis in Form von z.B. Jugendfondsgeförderten Projekten zu ermöglichen und auch als politische Macht für junge Menschen nutzbar zu machen, war und ist in diesem Projekt relevant.
Finanziert über den Weltoffenen Saalekreis mit dem Programm „Demokratie leben!" konnte seit Juni 2017 jährlich eine Teilzeitstelle für eine Bildungsreferent*in geschaffen werden (15h). 2020 2023 wurde die Stelle auch über die PfD „Merseburg engagiert" mitfinanziert.

**Bundesfreiwilligendienst**
Seit Juni 2012 ist der Offene Kanal als Einsatzstelle anerkannt. Bisher waren bereits 10 Bundesfreiwillige im Offenen Kanal im Einsatz, nachdem eine Förderung der FSJ-Kulturstellen nicht mehr finanzierbar war. Die Bildungstage absolvieren die Freiwilligen über die Kreisvolkshochschule Saalekreis und das Bildungszentrum Sondershausen. Die Freiwilligen nutzen die Zeit im OKMQ zur eigenen Qualifizierung und Orientierung, als Wartesemester, zur Erlangung der Fachhochschulreife oder / und aus dem Bedürfnis heraus, sich ehrenamtlich engagieren zu wollen.
Finanziert werden die Bundesfreiwilligen über das Bundesamt für Familie und zivilgesellschaftliche Aufgaben sowie einen kleinen Eigenanteil.

**Praktika**
Praktikumsteilnehmende erhalten die Möglichkeit, Einblicke in die Arbeit unserer Einrichtung zu erlangen und Qualifikationen zu erwerben. Mit unterschiedlicher Verweildauer von Praktikanten im OKMQ von 2 Wochen oder bis zu 10 Monaten ändern sich Praktikumsinhalte, die Betreuungsintensität und die Anzahl der zur Verfügung stehenden Praktikumsplätze. Praktika können im Rahmen von Umschulungen, Fachoberschulpraktika oder Schulpraktika stattfinden.

## Ehrenamtliche Arbeit und freiwillige Mitarbeit im OKMQ

Ehrenamtliche Arbeit und freiwillige Mitarbeit im Verein des OKMQ sind sehr ausgeprägt. Hierzu zählen die Vorstandsarbeit unserer fünf Vorstandsmitglieder, unsere Vereinsmitglieder und die Unterstützung der OK - eigenen und anderen medienpädagogischen Aktivitäten vor allem durch Studierende der Hochschule Merseburg aus den Bereichen Kultur- und Medienpädagogik und ehemalige Inhaber von Maßnahmen. Selbstverständlich arbeiten alle unsere Nutzer*innen ehrenamtlich.

## Räume und Technik

Menschen, die im Verbreitungsgebiet des Offenen Kanals Merseburg-Querfurt e.V. leben, lernen oder arbeiten, können sich kostenfrei als Nutzer*in anmelden. Dazu benötigt man einen gültigen Personalausweis und muss die Nutzungsbedingungen des Offenen Kanals akzeptieren. Die Nutzungsbedingungen sind auch auf unserer Internetpräsenz unter dem Menüpunkt „Formulare" einsehbar. Das Anmeldeformular für die Nutzer*innenkartei ist in unserem Portal (portal.okmq.de) ausfüllbar, muss aber erstmalig vor Ort verifiziert werden, das heißt die Anmeldung muss unterschrieben und von Mitarbeitenden im OK auf Korrektheit der angegebenen Daten überprüft werden.
Nutzer*innen unter 18 Jahren können an unseren Projekten teilnehmen, wenn die Erziehungsberechtigten die Einverständniserklärung unterschreiben. Nach der Anmeldung ist die Nutzung der Technik im OK sowie der Leihtechnik möglich.
Die Ausleihe der gewünschten Kameratechnik erfolgt für Nutzer*innen durch telefonische oder persönliche Reservierung der Ausleihzeit. Maximal kann eine Kamera für fünf Tage ausgeliehen werden. Ein Versicherungsschutz besteht für unsere Leihtechnik ausschließlich in Deutschland. Bei der Ausgabe wird ein Technik-Check durchgeführt und die ausleihende Person unterschreibt die vollständige und funktionstüchtige Übernahme der Technik auf dem Leihschein. Bei der Rücknahme der Leihtechnik wird ebenso durch einen Mitarbeitenden die Technik geprüft und quittiert.
Zwei 4 K-Kameras und zwei HD-Kameras mit Stativen, Lichtkofferset und Tonequipment stehen momentan bei uns kostenfrei zur Ausleihe bereit. Im 100m² Livestudio stehen HD-Studiokameras mit

Lichttraverse und Steuerpult sowie Teleprompter zur Erstellung von Sendungen, Anmoderationen, Talkrunden, Bluebox-Effekten und eigenen Aufführungen zur Verfügung. Drei Videoschnittplätze stehen für die Bearbeitung der Filme nach Anmeldung zur Verfügung. Beamer, Leinwand, Kamerakran, Trickboxen sowie weitere Licht- und Tontechnik können unsere Vereinsmitglieder ausleihen. Die Technik kann auch über die Bibliothek der Dinge angefragt werden: https://saalekreis.depot.social/ Hier gibt es z.b. für eine Veranstaltung weitere notwendiges Equipment, wie Veranstaltungszelte, Biertischgarnituren, Liegestühle, Grill.

Die Reservierung eines Schnittplatzes kann ebenso telefonisch oder persönlich erfolgen. Unsere Schnittplätze sind mit Videoschnittprogrammen (z.b. Adobe Premiere CS 6 und Adobe Premiere CC) ausgestattet. Der Schulungsraum kann ebenso für Redaktionstreffen und Kurse reserviert werden. Linux-Laptoparbeitsplätze mit freier Open Source Software für Schulungen und Projekte stehen ebenso zur Verfügung. Soll ein Projekt im Fernsehstudio durchgeführt, muss dies mindestens 14 Tage vor der Produktion mit den Mitarbeitenden abgesprochen werden. Hinweise und Unterstützung zur eigenen Gestaltung der Kulisse, zur Studiotechnik und zum Produktionsablauf (Live oder Aufzeichnung) wird geboten. Am Schnittplatz und im Studio beraten und unterstützen die Mitarbeitenden auf Wunsch bei den Vorhaben.

**Liveproduktion**
Im TV-Studio kann jede Sendung als Livesendung gefahren werden. Die Anmeldung einer Livesendung muss mindestens 14 Tage im Voraus geschehen, da die logistischen Abläufe sonst gestört und nur mit sehr viel Zusatzaufwand noch realisiert werden können. Livezuspielquellen können auch von extern nach vorherigen Testläufen realisiert werden. Sei es vom Hochschul-Campus (TAC, Bibliothek, Hörsäle, TV-Studio, ...) von der Städtischen Bibliothek, dem Rathaus, dem Ständehaus oder anderen entfernteren Orten. Natürlich lassen sich in eine Sendung auch Personen über unser Videokonferenztool BigBlueButton in die Sendung schalten. Unsere Vereinsmitglieder können sich das mobile Livestudio ausleihen und außerhalb des OK live produzieren. Dazu bieten wir Kurse, um die notwendigen Abläufe zu üben.

# Zusammenfassung

Der Offene Kanal Merseburg-Querfurt (OKMQ) ist ein vereinsgetragenes Bürger*innenfernsehen mit chancen-gleichem und kostenfreien Zugang zu den produktions- und sendetechnischen Einrichtungen nach dem Mediengesetz Sachsen-Anhalt. Dabei spielen Selbstbestimmtheit und Selbstverantwortlichkeit bei Produktion und Sendung eine zentrale Rolle. Der OKMQ stellt den Nutzer*innen/ Aktionsgruppen die Technik sowie Räume zur Verfügung und realisiert die Ausleihe. Die Mitarbeiter*innen bieten auf Wunsch technische, journalistische oder dramaturgische Beratung. Neben der Vergabe und Organisation der Schnittplatz- und Live - Studionutzung konzipieren und unterstützen die Mitarbeiter*innen medienpädagogische Projekte.
Der OKMQ ist Kooperations- und Bildungspartner*in für Kindergärten, Schulen, Vereine, Institutionen und weitere Akteure der Region und möchte durch verschiedene Angebote die Menschen motivieren selbst aktiv zu sein.

Die unterschiedlichen Zielgruppen werden mit Arbeitsgemeinschaften, Redaktionen, Projekten oder einmaligen Impulsveranstaltungen an die Medienarbeit herangeführt. Durch zusätzliche Förderungen können Projekte zum präventiven Jugendmedienschutz und der inklusiven aktiven Medienarbeit realisiert werden.
Ziele der Arbeit mit den Nutzer*innen sind:
- eigene Meinungen und Ansichten äußern (lernen)
- Medien reflektierter wahrnehmen zu können
- eigene aktive mediale Mitgestaltung
- Eigenverantwortung, Selbstwirksamkeitserfahrungen, Sendungsbewusstsein
- kritischer Diskurs und Feedback schafft Möglichkeiten des gemeinsamen Lernens, der Vernetzung und der Weiterentwicklung

Die von den Nutzer*innen des OK produzierten Sendungen sind Bürgerbeiträge im besten Sinn des Wortes und daher nicht nur ein Mediengut, sondern ein erhaltungswürdiges Zeugnis von Zeit, Anschauungen und Zustand der gesellschaftlichen Umstände im lokalen Nahraum Merseburgs, des Landkreises Saalekreis und darüber hinaus. Daher werden alle gesendeten Beiträge archiviert. Kultur- und medienpädagogische Bemühungen zur Aufarbeitung kultureller Problemstellungen können durch diese Vorleistungen ermöglicht werden. Durch Vernetzung und Kooperation mit unterschiedlichen Akteuren übernimmt der OKMQ die Brückenfunktion für Dialog und Austausch auf ganz unterschiedlichen Ebenen. Die vielfältigen Medienangebote werden durch die Etablierung von begleitenden Online- Angeboten und Multiplikatorenfortbildungen für unterschiedliche Zielgruppen erweitert.

Der Offene Kanal ist somit ein Open Space, eine Freifläche für alle Menschen zur Verwirklichung und Erweiterung der Meinungsfreiheit, der lokalen Demokratie und sozialen Integration, der politischen und kulturellen Bildung sowie der Medienkompetenz. In diesem geschützten Raum fördern wir das Lernen mit, durch und über Medien, den Vor-Ort-Austausch untereinander, sowie den souveränen selbstbestimmten Umgang mit den Medien.

**Literatur**

Land Sachsen-Anhalt (2016). Ministerialblatt für das Land Sachsen-Anhalt. MBl. LSA Nr. 20/2016 vom 30. 5. 2016.

Medienanstalt Sachsen-Anhalt (2022). Anerkennung als förderwürdiger Verein. Bescheid, 15.2.2022.

# Programmschau des Offenen Kanal MQ
Kai Köhler-Terz

Eine Nutzererhebung ist im weiteren Sinne Rezipienten-forschung. Dieses ist auf verschiedenen Wegen möglich. Je nach den Zielen, den Fragestellungen, den Eigenschaften des zu untersuchenden Gegenstandes und natürlich auch nach den zur Verfügung stehenden Ressourcen. Nachfolgend sollen die Ergebnisse der Nutzerbefragung und Rezipienten Erhebung (Produktionssichtungen) vorgestellt werden.

Das Programm, das Nutzer*innen in den letzten 25 Jahren im Offenen Kanal MQ hergestellt und veröffentlicht haben, soll mittels drei unterschiedlicher Ansätze beschrieben werden. Dazu wollen wir Nutzer zu Wort kommen lassen, die sich in Vorbereitung auf unsere Feierlichkeiten bereitfanden, sich zu ihrer Arbeit im Offenen Kanal zu äußern. Des Weiteren werden wir die uns zugänglichen Daten der Nutzung des Medienportals Sachsen-Anhalt vorstellen, die durch die Medienanstalt Sachsen-Anhalt erhoben werden. Leider gibt es gleichartige Informationen zur Nutzung des linearen Programms, das in den Kabelnetzen unseres Verbreitungsgebietes entstehen, nicht; diese Daten werden erstmalig von uns einer Interpretation unterzogen. Anschließend werden wir einen analysierenden Blick in unsere Mediathek richten, die technisch in dieser Form seit 2008 von unserer Einrichtung bereitgestellt wird.

## Nutzerstimmen

Ein, wenn nicht sogar das wichtigste Arbeitsproblem des Offenen Kanal MQ ist die Gewinnung neuer Nutzer*Innen und die Betreuung des aktiven Nutzer*Innen-Stamms, auf den die Produktion und Veröffentlichung neuer Beiträge zurückgeht In einem Offenen Kanal werden von Bürgerinnen und Bürgern Beiträge eigenverantwortlich produziert und veröffentlicht; Mitarbeiter*Innen Offener Kanäle tun dies nicht. Die Aufgabe der Mitarbeiter*Innen besteht darin, eben jene Betreuungs- und Unterstützungsleistungen zu realisieren, die dazu führen, dass Menschen, die den Offenen Kanal nutzen, dies erfolgreich tun können. Mit anderen Worten sollen sie dazu beitragen, dass Sendungen inhaltlich und gestalterisch sendefähig werden durch die Leistung der OK-

Nutzer*Innen und dass diese Sendungen auch gesendet werden. Solche Betreuungsleistungen sind, verkürzt ausgedrückt, kultur- und medienpädagogisches Handeln. Menschen, die im Verbreitungsgebiet eines Offenen Kanals in Sachsen-Anhalt leben, lernen oder arbeiten, können in das Bürgerfernsehen gehen, sich kostenfrei Produktionstechnik, also Kamera und Mikrofon, ausleihen, Aufnahmen machen, diese zu einem Fernsehbeitrag zusammenfügen und anschließend ebenso kostenfrei im Programm veröffentlichen. Eine weitere Variante der freien Bürgermedienarbeit im Offenen Kanal besteht in der Nutzung der Studiotechnik, die ebenso dazu führt, dass eine Fernsehsendung entweder „live-on-tape" vorproduziert und anschließend zu einem späteren Termin veröffentlicht wird oder dass live aus dem Fernsehstudio gesendet wird und gleichzeitig eine Aufzeichnung erfolgt. Ob vorproduziert, live-on-tape oder live - es handelt sich bei all diesen Arbeits- und Gestaltungsmöglichkeiten um hochkomplexe Vorhaben, die durch Einzelpersonen nur durch einen erheblichen Aufwand und als eine Gruppenleistung realisiert werden können. Hier fachliche Betreuung zu gewähren und bereitzuhalten in dem Sinn, dass gestalterische und technische Schwierigkeiten erkannt und gemeistert werden können, ist die Aufgabe des Personals Offener Kanäle.

Es sind unsere Nutzer*Innen, die Sendungen herstellen und veröffentlichen; wir - der Offene Kanal - hilft dabei, wenn es gewünscht wird, und stellt nach dem Mediengesetz Sachsen-Anhalt die technisch-organisatorische Grundlage dafür bereit. Von außerhalb unserer Einrichtung kann das u.U. nicht erkannt werden. Ebenso verhält es sich, wenn verstanden werden muss, dass Fernsehbeiträge häufig nicht von Einzelpersonen, sondern von Personengruppen gestaltet werden. Darum muss die nachfolgende willkürliche Auswahl von Nutzer*innen des Offenen Kanals MQ so aufgefasst werden, dass die hier vorgestellten Personen[53] ihre Fernsehbeiträge verantwortlich veröffentlicht, diese zum größten Teil selbst hergestellt haben, aber eben häufig auch nicht außerhalb eines Teams von gleichgesinnten Medienschaffenden und häufig nicht ohne fachliche Betreuung und Beratung. Darum ist das Engagement unserer Nutzer*Innen nicht hoch genug einzuschätzen: Ohne unsere Nutzer*Innen gäbe es keinen Offenen Kanal und schon gar kein Programm.

---

[53] Die Abbildungen sind Screenshots aus den Interviewsituationen.

# Gottfried Baier

Selbstverantwortete Sendebeiträge im Programm des OKMQ: Gesamtlänge von 8 Stunden in den Kategorien

| Familie und Freizeit | 3 |
|---|---|
| Kulturelles und soziales Engagement | 13 |
| Gesamtergebnis | 16 |

**Beispielsendung:** Gespielt und gesungen - Melodien zur schönen Frühlingszeit
Verschiedene Volkslieder, welche die erwachende Natur im Frühling zum Inhalt haben.

**Interview mit Gottfried Baier**
Schönen guten Tag, liebe Zuschauerinnen und Zuschauer. Mein Name ist Gottfried Baier. Ich bin von Beruf Biologie- und Musiklehrer und war lange Zeit direkt, sozusagen mit Direktvertrag am Gymnasium tätig. Jetzt bin ich schon im Unruhestand, wie es so schön heißt und unterrichte aber noch ein paar Stunden auf Honorarbasis. Man muss es ja machen, damit man fit bleibt, sage ich mal. Ich bin verheiratet und habe zwei bereits größere Kinder. Mein Hobby, wenn man es mal so nennen will, ist das Singen. Deswegen habe ich hier im Offenen Kanal seit 2021 auch schon ein paar Sendungen gemacht, mit dem Titel „Gespielt und gesungen". Vielleicht hat der eine oder andere von Ihnen so eine Sendung schon mal gesehen.

**Wie entstand der erste Kontakt zum Offenen Kanal Merseburg Querfurt?** Ich habe schon seit circa 14 oder 15 Jahren eine Radiosendung „laufen", im Radio HBW, das ist die Harz Börde Welle, und dort moderiere ich immer noch die Sendung „Gespielt und gesungen". Vor ungefähr zweieinhalb Jahren habe ich einen Aufruf gelesen, der vom OKMQ hier in Merseburg gekommen ist. Die suchen Leute, junge Leute. Da bin ich nicht mehr ganz so jung, aber habe einfach gesagt, ich gehe mal hin, stelle mich vor. Und so kam ich dann zur ersten Sendung im OKMQ. Die erste Sendung, die war im Seniorenkolleg oder wie das damals hieß. Und da haben wir eine Sendung gemacht mit anderen Kollegen, noch zum Thema Domschatz. Das war meine allererste Sendung. Da hatte ich nur eine kleine Rolle, dann kam aber schon „Gespielt und gesungen" mit Frühlingsliedern.

**Was haben Sie produziert?** Ich produziere nach wie vor, das mache ich von zu Hause aus. Ich habe zuhause ein kleines Studio, ein Arbeitszimmer mit dem Mikrofon drin. Die Radiosendung, die ich mache, ist so gedacht, dass man ein Thema wählt. Das kann ich selber wählen und sozusagen Musik drumherum machen, Moderation und Musik. Das Ganze geht ungefähr 50 Minuten. Da gibt es Sendungen, die stehen fest: Weihnachten, Ostern, Pfingsten, Himmelfahrt usw. Dann gibt es aber auch, weil das ja ein Harz Rundfunk ist, schöne Harzer Jodler. Die Harzer sind ja reich an volkstümlichen Gruppen, die haben mir ja auch sehr viele CDs geschickt und die moderiere ich. Das läuft immer Sonntag früh von 9 bis 10 Uhr, also wenn man es mal so will, eine Volksmusiksendung. Aber nicht nur, es gibt auch klassische Themen oder auch mal Themen zu einem ganz anderen Genre oder zu einer ganz anderen Thematik. Man hat mir viele CDs zugeschickt im Laufe der 15 Jahre und deswegen kann ich da auch reichhaltig aus den Vollen schöpfen. Aber ich muss mir immer etwas einfallen lassen und die Idee muss von mir kommen. Manchmal ist auch keine Idee da, dann nehme ich eine Konserve von vor zehn Jahren, päppel die ein bisschen auf und mache was Neues draus. Wie lange das noch geht, weiß ich nicht. Irgendwann gehen mir sicherlich die Ideen aus. Dann sage ich Ade, aber noch läuft alles.

**Wie arbeiten Sie mit dem Offenen Kanal Merseburg Querfurt zusammen?** Also im OKMQ haben wir damals vereinbart, dass ich ungefähr vier Sendungen mache, die natürlich jahreszeitlich determiniert sind. Also eine Frühlingslieder - Sendung, eine Sommerlieder-Sendung, dann eine Liedersendung zum Herbst und natürlich Advent und Weihnachten. Da gibt es ja unwahrscheinlich viele Lieder und da stelle ich da einige zusammen.

**Welche Herausforderungen traten beim Produzieren der verschiedenen Sendungen für Sie auf?** Ja, welche Herausforderung? Erst einmal musste ich natürlich die Technik erlernen oder mich in die Technik hereinfuchsen. Aber bei der ersten Sendung, da hatte ich noch zwei Studentinnen hier, die ich im OKMQ kennengelernt hatte und die haben mir geholfen. Aber ich habe mich natürlich auch ein bisschen hineingefuchst in das technische Geschehen dort im Offenen Kanal Schnittraum. Ja, das ist natürlich viel mehr Arbeit, als beim Radio notwendig ist. Ich habe beim Radio ein Programm, wo ich mir selber die Dinge zusammen mische und zusammen regle. Aber hier ist natürlich viel mehr zu tun, ich habe auch nicht alles verstanden, das gebe ich zu. Deswegen haben mir die Leute hinter der Scheibe geholfen. Aber es ist hochinteressant, etwas zu machen. Und die jetzigen Sendungen, 234 Sendungen zum Schluss, die habe ich immer zusammen gemacht mit dem Kollegen Kowarschick, eine schöne, nette Zusammenarbeit.

**Was hat Ihnen am meisten Spaß gemacht?** Das Schöpferische, das Gestalten. Wie mixt man etwas zusammen? Wie schneidet man? Wie pegelt man die Lautstärke richtig ein? Oder was schneidet man am besten raus? Das sind ja alles Dinge, die ich bis dato noch nie gemacht hatte. Aber mittlerweile kriegt man natürlich mit, welchen Hintergrund man wählen sollte und welche Bewegungen man machen kann und dass man eben ein Lied nicht nur in einem Schnitt macht, sondern verschiedene Schnittebenen hat, mal große, mal kleine Einstellungen usw., das lernt man natürlich alles. Das bedeutet natürlich auch, dass man sich zu Hause mal Sendungen anschauen muss, wo irgendjemand singt und um dann zu sagen „Jawoll", das würde ich eventuell auch so machen oder so ähnlich machen. Da gibt es natürlich auch gewisse Vorbilder die ich mir gerne anschaue. Nicht kopieren, aber durch eigene Ideen ergänzen.

**Was sind Ihre Inspirationsquellen?** Ja, also ich gebe es ganz offen zu, ich bin ja so ein bisschen volkstümlicher Typ vom Gesang her. Und da gibt es einen Sänger, Rudy Giovannini, aus Südtirol. Das ist also wirklich jemand, den ich oder dessen Lieder ich sehr mag, auch meine Frau. Auch seine Art, die Lieder zu präsentieren, die gefallen mir sehr.

**Was ist Ihre Lieblingserinnerung?** Ich würde sagen, jede Sendung hat ihre eigenen Erinnerungen und ist nachhaltig. Und bei jeder Sendung, die man macht, mit jemandem zusammen. Jede Sendung ist anders. Und dann nimmt man bestimmte Dinge mit nach Hause und sagt, jawoll, das war schön, oder das war weniger schön und beim nächsten Mal mache ich es anders oder ziehe dieses Hemd nicht mehr an oder es passt nicht farblich zusammen. Und dann frage ich meine Frau, was sagst du dazu? Die sagt, Um Gottes willen, wie rennst du rum, du sollst das anziehen. Ja, okay, jetzt mache ich es so, und dann ist die nächste Sendung sicherlich besser. So denke ich zumindest. Oder ich schöpfe bei jeder Sendung neue Ideen für die nächstfolgende Sendung. So kann man es vielleicht ausdrücken.

**In welche Richtung könnte sich der Offene Kanal Merseburg Querfurt noch weiterentwickeln?** Der Offene Kanal ist recht vielfältig und die Rubriken sind ja auch sehr interessant und die Vielfalt ist sehr groß. Vielleicht noch ein paar mehr Musiksendungen, würde ich mir wünschen. Also manchmal ist das ein bisschen zu sehr sachorientiert. Die Musikschiene könnte ein kleines bisschen noch verstärkt werden, umfangreicher sein, vielfältiger sein. Es gibt ja auch Menschen, die lieben Volksmusik, andere lieben Schlager, dann gibt es wieder andere, die lieben klassische Musik. Und meiner Meinung nach sollte da jede Gruppe, die ich erwähnt habe, auf ihre Kosten kommen. Es könnte noch ein kleines bisschen mehr Vielfalt in puncto Musik da sein, das würde ich mir wünschen.

**Welchen Mehrwert hat der OKMQ für Sie?** Der Offene Kanal. Da kann jeder, der Ambitionen hat und der ein kleines bisschen gescheit ist, irgendwas auf die Beine stellen und sich präsentieren. Man kann schöpferisch tätig sein und hat die Möglichkeit, sich zu äußern. Und sich äußern bedeutet, sich darstellen, Ideen zu verbreiten, zu sagen „Jawohl", ich habe über dieses Thema irgendwas zu sagen. Und habe das Bedürfnis, das auch anderen Menschen mitzuteilen, diese Möglichkeit besteht. Und da kann eigentlich jeder kommen, natürlich auf der Grundlage bestimmter Werte, die ich natürlich jetzt nicht verletzen darf. Menschenwürde usw., da brauchen wir nicht drüber reden, aber das weiß jeder. Aber jeder kann seine Ideen anbringen und kann sagen „Jawoll", ich äußere mich, ich habe die Möglichkeit und vielleicht hören mir einige zu und sagen „Jawoll", der da vorne hat Recht. Also das, denke ich mal, ist die Motivation. Das war übrigens auch meine Motivation, das so zu machen, weil, ich sage „Jawoll", ich habe irgendwann mal singen gelernt, vor vielen Jahren am Konservatorium. Und jetzt zeige ich euch mal, was ich kann oder was ich nicht kann.

**Was bedeutet Ihnen der OKMQ?** Der Offene Kanal Merseburg Querfurt hat durchaus eine Bedeutung. Ich meine, ich habe ja mittlerweile jetzt 12, 13 Sendungen gemacht. Schon da spielt das also schon eine gewisse Rolle. Die sind bei mir auch alle im Computer gespeichert. Gelegentlich höre ich mir das eine oder andere Mal an oder schaue ich mir das eine oder andere an und sage „Jawoll", das könnte man weiter so machen oder das andere könnte man verbessern, das war nicht gut. Die erste Sendung zum Beispiel hat mir jetzt aus jetziger Sicht natürlich gar nicht mehr gefallen. Der Beitrag war viel zu steif und das sollte man anders machen. Man lernt also bei jeder Sendung dazu. Ja, das erzähle ich auch alles meinen Freunden. Schaut mal her, hier mache ich eine Sendung. Habt ihr Lust mal reinzuschauen. Macht mir Spaß, eröffnet mir eine neue Dimension.

# Wolfgang Dietzsch

Selbstverantwortete Sendebeiträge im Programm des OKMQ - Gesamtlänge von ca. 24 Stunden in den Kategorien

| Familie und Freizeit | 1 |
| --- | --- |
| Heimatdoku | 5 |
| Kulturelles und soziales Engagement | 17 |
| Politisch orientiertes Bürgerfernsehen | 1 |
| Sonstiges | 3 |
| Gesamtergebnis | 27 |

**Beispielsendung:** Der Seniorenstammtisch „Vier Jahreszeiten" zeigt das Herbstmagazin 2018.

Moderation Pfännerhall; Interview mit einer Museumsmitarbeiterin; Gedanken über den Herbst des Lebens; „DDR-Sportfest"; Besuch des Berliner Fernsehturms; Seniorenausflug zum Geiseltalsee; Senioren-Vogtlandwanderung 2018; Schüler untersuchen ein Gewässer; Wandern in der Schweiz.

**Statement von Wolfgang Dietzsch:**
Wir sind eine tolle Truppe, wie man so schön sagt. Wir ergänzen uns wunderbar. Jeder bringt Ideen mit und jeder lebt auch von den Ideen des anderen. Wir kommen aus den verschiedensten Berufen. Und wir haben nur einen dabei, der mal für das Fernsehen der DDR gearbeitet hat. Es ist erstaunlich, wie die einzelnen Berufe hier aufeinandertreffen und sich in einer gemeinsamen Arbeit finden. Also ich bin durchaus der Meinung, dass der Antrieb für mich, hier zu arbeiten, die Mitarbeiter sind. Wir sind ein Kollektiv, das meiner Meinung nach nicht ein zweites Mal hier in der Gegend zu finden ist.

## Johannes Osterburg

https://kurzlinks.de/fwj4

Selbstverantwortete Sendebeiträge im Programm des OKMQ - Gesamtlänge von ca. 31 Stunden in den Kategorien

| Kulturelles und soziales Engagement | 16 |
|---|---|
| Medienpädagogische Produktionen | 24 |
| Orientierungshilfen | 1 |
| Politisch orientiertes Bürgerfernsehen | 4 |

| Sonstiges | 3 |
|---|---|
| Trailer | 1 |
| Gesamtergebnis | 49 |

### 3.1 Bisherige Erklärungsmuster versagen

- Arbeitsteilung
- Fanatismus
- Sadismus
- Indoktrination
- Das „deutsche Projekt"
- Judenhass Antisemitismus
- (Hinrichtung bei Befehlsverweigerung)

https://kurzlinks.de/3oqp

**Beispielsendung:** Gewalt im Nationalsozialismus

Der Beitrag behandelt eine Veranstaltung, die über das Thema „Gewalt im Nationalsozialismus" informiert. Der Referent Dr. Nils Franke betont die Notwendigkeit über das Thama zu informieren und zu diskutieren. Die grundlegende Frage ist, wie „normale" Menschen zu Massenmördern werden konnten.

**Interview mit Johannes Osterburg:**
Also, ich bin Johannes, 25 Jahre alt und Medienpädagoge in der Stadtbibliothek in Merseburg. Habe Kultur- und Medienpädagogik studiert, hier in Merseburg. Ansonsten bin ich sehr interessiert am Thema Mediengestaltung, freie Software, Open Source und Datenschutz. Und im Moment auch Interesse an Computerspielgestaltung.

**Wie entstand der erste Kontakt zum Offenen Kanal MQ?** Der Offene Kanal ist für mich sehr früh in Erscheinung getreten. Ich habe 2017 angefangen, Kultur- und Medienpädagogik zu studieren und direkt am Anfang hatten wir gleich Kontakt mit den Mitarbeitern vom Offenen Kanal im Rahmen des Kulturkompasses. Damals hatte ich dann auch eine Person als Betreuung für meine Gruppe. Und da hatte ich schon sehr positive Erfahrungen gemacht, einfach weil sich die Menschen auskannten. Das war für mich schon ein Vorbild, so richtig cool. Da sind Leute, die haben Lust, mit Medien zu arbeiten. Dann gibt es beim Offenen Kanal auch regelmäßig einen Stammtisch für Medienpädagogen, da war ich dann auch mit dabei. Der damalige Mitarbeiter, Oliver Stanislawski, hat sich mit mir hingesetzt und mit mir gesprochen. Ich hatte mich damals schon ganz viel mit dem Thema „3-D Gestaltung" auseinandergesetzt und auch mit digitaler Gestaltung schon viel gemacht. Und war sehr interessiert am Thema Linux und Open Source auseinanderzusetzen. Ich wurde auch zu einem „Kurz und gut" Filmwettbewerb eingeladen und konnte dort mitmachen. Da habe ich dann auch innerhalb eines Abends einen Film, einen kleinen Animationsfilm erstellt, den ich dann noch rechtzeitig abgeben konnte. Ich habe nicht gewonnen, aber habe zumindest schon mal mitgemacht und da hatte ich schon richtig Lust drauf. Und dann, irgendwann ab dem zweiten oder dritten Semester, habe ich dann hier am Offenen Kanal auch bei Veranstaltungen mitgefilmt und Produktionen mitbetreut. Und dann ging es irgendwann los, dass ich hier ganz viel gemacht habe und dann kam auch irgendwann mein Praktikum hier.

**Was haben Sie produziert?** Produziert habe ich im Offenen Kanal schon sehr viel. Ich habe bei zahlreichen Livesendungen mitgemacht, hinter der Kamera, in der Regie, beim Schnitt und habe dabei sehr viele Erfahrungen sammeln können. Dann habe ich einfach selbst Sachen produziert. Manchmal mithilfe der Techniker vom Offenen Kanal. In Bad Dürrenberg z.B. habe ich bei einem Verein mehrfach Veranstaltungen gefilmt und das mit der Technik vom Offenen Kanal. Habe den Beitrag dann hier auch veröffentlicht und darüber dann auch weitere Kontakte knüpfen können. Ansonsten habe ich einfach nur für Wettbewerbe, zum Beispiel für den Kurzfilmwettbewerb „Kurz und gut" gearbeitet und die Beiträge dann auch eingereicht. Meine Lieblingsfilme sind immer noch Animationsfilme. Hauptsächlich habe ich im OK aber Kameraarbeit und manchmal auch Konzeption gemacht.

**Welche Herausforderungen traten beim Produzieren der verschiedenen Sendungen für Sie auf?** Bei der Arbeit hier im Offenen Kanal, vor allem bei der Produktion? Bei der Produktion hier im Offenen Kanal, sind für mich ein paar Herausforderungen entstanden. Die Kameratechnik ist nicht die allerneueste ist im Moment, das heißt, die Kameras sorgen eher für einen Retrolook. Das ist etwas, was mir tatsächlich nicht so gut gefällt. Wir haben einen super gut beleuchteten Studio.

Ansonsten war meine Herausforderung, an möglichst viele Teilnehmende heranzukommen. Das heißt für Veranstaltungen wie Kurzfilmwettbewerbe, wo ich auch dann nicht nur eingereicht habe, sondern teils auch mitorganisiert habe oder Veranstaltungen, wie die „Big Brother Awards", wo ich hier auch mit moderiert habe. Da war die Herausforderung, Leute hierher zu bekommen, die sich das mit angucken. Publikum zu bekommen war in den letzten Jahren immer etwas schwierig. Das Team Offenen Kanal hat mich hier auch immer super unterstützt und mir auf jeden Fall dabei geholfen, meine Ideen umzusetzen. Teils sogar mit Fördergeldern, die dann für mich mit verwendet wurden. entsprechend. Ich habe hier immer sehr, sehr große Unterstützung erfahren können im Offenen Kanal.

**Welche spannenden und schönen Momente haben Sie im Offenen Kanal MQ erlebt?** Die schönsten Erinnerungen, die ich so an den Offenen Kanal habe, sind Veranstaltungen letztendlich, die ich hier hatte. Das ist gar nicht mal so eine konkrete Veranstaltung, sondern mehrere Verschiedene. Es gab einige Veranstaltungen, wo wir dann teils hier vor der Tür auf dem Außengelände gesessen haben, manchmal zum zur Begrüßung der neuen Erstsemester von der Hochschule. Dann gab es Musik dazu, auch ein bisschen was Alternativeres. Es gab viele interessante Gespräche, sowas fand ich immer sehr schön, auch um sich zu vernetzen, ein bisschen wieder Kontakt zum Offenen Kanal zu halten. Dazu noch Kurse und Veranstaltungen hier, ich habe hier zweimal Computerspielgestaltungskurse angeboten. Das hatte für mich auch einen hohen Stellenwert. Aber auch Kurse, an denen ich teilgenommen habe, einfach mit den Leuten zusammen etwas zu machen. Stark herausstellen möchte ich zum Beispiel die lange „Blendernacht", die es früher gab. Mit einem Dozenten, der mit einem 3-D Programm ganz gut umgehen konnte. Und es macht aber immer wieder Spaß mit Leuten etwas auszuprobieren, mit den Sachen herumzuspielen und zu bemerken, dass ich die Möglichkeit habe, hier ganz viel zu lernen und für mich mitzunehmen und gleichzeitig auch noch anderen etwas mitzugeben. Also nicht nur für mich, sondern auch für andere, etwas zu erreichen.

**Wie lange arbeiten Sie mit dem Offenen Kanal MQ zusammen?** Mit dem Offenen Kanal zusammen arbeite ich seit 2018 zusammen, das heißt ungefähr sechs Jahre jetzt. Ich habe angefangen als Student und habe bei Veranstaltungen mitgefilmt. Dann irgendwann habe ich selber Veranstaltungen mitorganisiert, dann auch selbst Veranstaltungen komplett allein organisiert oder überhaupt erst mal den Impuls dazu gegeben. Dann habe ich an einem Praktikum hier gemacht fürs Studium, ein halbes Jahr. Ich dann hier entsprechend mitgearbeitet als Praktikant und verschiedene Arbeiten gemacht.

**Was bedeutet Ihnen der Offene Kanal MQ?** Der Offene Kanal hat für mich auf jeden Fall eine große Bedeutung und zwar vor allem als Ort des Experimentierens. Ich habe hier von Anfang an zumindest für mich eine riesige Freiheit gesehen und auch bekommen. Das heißt, ich konnte auch an Filmprojekten mitmachen. Und natürlich, der Offene Kanal muss auch Sachen ausstrahlen. Das ist ehrlich gesagt der Teil, der mich am wenigsten interessiert, den ich auch mal mitmache. Das ist auch ganz cool, das zu können. Aber mich interessieren vor allem andere Sachen. Ganz viel Experimentieren, ganz viel Ausprobieren und gleichzeitig aber auch noch zu bemerken, dass ich auch wertgeschätzt werde und Unterstützung bekomme von den Menschen, die hier arbeiten. Und dafür bin ich sehr dankbar.

# Moritz Haenel

https://kurzlinks.de/3zhy

Selbstverantwortete Sendebeiträge im Programm des OKMQ - Gesamtlänge von ca. 24 Std. in den Kategorien

| Kulturelles und soziales Engagement | 4 |
|---|---|
| Politisch orientiertes Bürgerfernsehen | 12 |
| Sonstiges | 3 |
| Gesamtergebnis | 19 |

**Beispielsendung:** sowas e.V. DJ-Set: emmazing

**Interview mit Moritz Hänel**
Ja, ich bin Moritz. Ich bin 23 Jahre alt, habe bis letztes Jahr hier in Merseburg an der Hochschule Kultur- und Medienpädagogik studiert und studiere jetzt weiter an der MLU Halle Lehramt.

**Wie entstand der erste Kontakt zum Offenen Kanal Merseburg-Querfurt?** Ich bin zum Offenen Kanal gekommen. Das war 2018 in meinem ersten Semester, als ich in Merseburg angefangen habe zu studieren. Und da gab es ja die ersten zwei Wochen. Ich glaube, es hieß Kulturkompass, wo wir halt eingeführt wurden in die verschiedenen medialen Konzepte wie Fotografie, Videodreh, etc. Und dort war ich glaube ich dann zum allerersten Mal im Offenen Kanal und über das Studium hinweg habe ich mich immer ein bisschen reingetraut und geschaut, was es halt hier so gibt. Ich war mal bei „Kurz und Gut" dabei, bei einem kleinen Konzert, war glaube ich auch hier mal, wenn ich mich nicht irre. Vielleicht verwechsle ich das auch gerade und auch beim Tag der offenen Tür und habe auch hier mein Praktikum für den SOWAS e.V. gemacht.

**Können Sie einige Produktionen aufzählen, an denen Sie mitgewirkt haben?** Vieles, was ich hier mitproduziert habe, waren im Jahr 2020 hatten wir vom Verein aus so eine kleine digitale Reihe gemacht, wo wir halt „gedjaed" haben, mein Kumpel und ich, und dann hier einfach Musik gespielt haben, die Musik aufgenommen und dann gesendet haben. Wir haben auch zusammen mit den anderen Initiativen damals in der Hochschule die kritischen Einführungswochen organisiert und auch dann digital hier umgesetzt. Sowohl 2020 wie auch 2021, glaube ich. Hm, und ich habe hier auch öfter mal geholfen, beim Aufbau, beim Dreh, bei der Bildmischung oder beim Schnitt oder Ton. Also immer mal so da und da ein bisschen kleine Sachen mit.

**Welche Herausforderungen traten beim Produzieren der verschiedenen Sendungen für Sie auf?** Wie stelle ich am besten irgendwelche Kameras ein? Wie kann ich das am besten machen? Wie schneidet man ordentlich? Auch als wir das mit den ganzen DJ-Pulten gemacht haben, wie schwierig das sein kann, irgendwie mit Tontechnik zu arbeiten, weil dann geht das eine Signal da rein, das andere Signal da rein und du hast 500 verschiedene Kabel, die hier irgendwie auf einem Tisch liegen und du musst dann da das da reinstecken und das da reinstecken. Und wenn du das Kabel herausnimmst, dann kommt plötzlich Ton und dann war halt irgendwie so ein sehr verwirrend am Anfang für mich. Aber man hat irgendwann so ein bisschen den Dreh rausgehabt. Ich glaube, wir haben bei unserer ersten Aufnahmesendung irgendwie zwei Stunden für den Aufbau gebraucht und dann beim zweiten Mal, als wir das gemacht haben, nur eine Stunde und dann ging das wirklich ratzfatz und haben das dann aufgenommen. Ähm. Genau. Ich habe also, wenn ich irgendwie eine Herausforderung gefunden habe im Offenen Kanal oder wenn ich hier irgendwie was gemacht habe, habe ich dann auch immer was Neues dazugelernt?

**Was ist Ihre Lieblingserinnerung?** Meine liebsten Erinnerungen mit dem OK waren tatsächlich auch die kritischen Einführungswochen, die wir damals gemacht hatten. Weil, es war so eines der ersten Sachen, die ich hier auch wirklich aktiv mitgestaltet hatte und auch viel. (...) Ja, war eines der ersten Sachen, die ich hier auch aktiv mitgestaltet habe und auch bearbeitet habe und auch mit einer Person war, die halt auch Ansprechperson war. Und ja, es war ganz schön, weil wir hatten das halt als Verein und mit den Initiativen zusammen organisiert und dann kamen die immer in die Big Blue Button Räume und dann haben wir dort mit denen geredet. Dann war die nächste Veranstaltung, das heißt, wir mussten noch mal ein bisschen umräumen, hatten dazwischen noch mal ein bisschen Zeit, einen Tontest zu machen, nochmal mit den Rednerinnen noch mal zu reden.

**Wie lange arbeiten Sie mit dem Offenen Kanal MQ zusammen?** Also die Zusammenarbeit mit dem Offenen Kanal, würde ich meinen, hat nie so wirklich geendet. Also, weil, ich bin ja jetzt auch beim Sowas e.V., und der Offene Kanal hat uns sehr oft sowohl technisch als auch mit logistischen Sachen geholfen. Also, zum Beispiel hatten wir unser erstes feministisches Festival. Lückenlos hatten wir auch komplett digital 2021 gemacht und hatten halt auch wieder halt die Räumlichkeiten vom OK genutzt, hatten die Kameras und die Technik hier genutzt. Auch jetzt dieses Jahr hatten wir wieder zusammen mit dem Offenen Kanal ganz, ganz viel Lichttechnik zum Mehrgenerationenhaus in Merseburg gebracht und haben dort unsere kleine Feier organisiert. Ähm, also die Zusammenarbeit von uns oder von mir mit dem Offenen Kanal hat kein Ende.

**Was bedeutet Ihnen der Offene Kanal MQ?** Ich würde sagen, der Offene Kanal als Ort ist auf jeden Fall ein sehr großer Teil meines Studiums und auch dementsprechend meiner Biografie, würde ich sagen. Einfach weil man hier Sachen, die man in der Hochschule irgendwie gelernt hat, hier praktisch umsetzen kann und noch mal praktisch schauen, wie funktioniert das, wie kann ich das machen? Ich würde mich auf jeden Fall freuen, noch mal öfter einfach hier zu sein. Ich habe jetzt auch sehr viel zu tun mit dem neuen Studium, weil, das ist auch immer Vollzeit, das heißt, ich habe halt nicht so viel Zeit. Aber ich hoffe, dass ich öfter mal die Kraft finden kann, hier wieder zu sein und vielleicht auch mal wieder was zu schaffen.

**Worin besteht der Mehrwert des Offenen Kanal MQ für Sie?** Mehrwert im Offenen Kanal kann ich auf jeden Fall sehen, dass es hier eine sehr heterogene Gruppe ist, die Sachen machen, die jüngere Leute auch ansprechen und die dann unsere DJ - Sets machen. Ja, eine sehr diverse Gruppe, die hierherkommen, und ihr Zeug machen können. Auch wir, die hier unser feministisches Festival gemacht haben und damit den Feminismus ein bisschen mehr in Merseburg etabliert haben.

**Was können Sie sich vorstellen, wie der OKMQ noch intensiver genutzt werden kann?** Der Offene Kanal hat einen riesigen Keller, Also der Keller ist wirklich groß und da steht viel Kram da unten rum. Und ich habe so ein Faible für Kleinkram und Trash und alte Technik usw. Und woran ich schon öfters so gedacht hatte, wäre auf jeden Fall etwas wie ein Flohmarkt zu machen, wir haben alte Technik, die wollen wir loswerden, könnt ihr gerne haben.

## Jochen Spieß

https://kurzlinks.de/ddwe

Selbstverantwortete Sendebeiträge im Programm des Offenen Kanal MQ, Gesamtlänge von ca. 83 Std. in den Kategorien

| Familie und Freizeit | 111 |
|---|---|
| Heimatdoku | 1 |
| Kulturelles und soziales Engagement | 2 |
| Gesamtergebnis | 114 |

**Beispielsendung:** Von Italien zu den Perlen im Indischen Ozean
Ein Film von Jochen Spieß über eine Reise mit dem Kreuzfahrtschiff. Stationen: von Genua, durch Adria und Mittelmeer, Halt auf der Insel Kreta, Besuch von Heraklion, weiter durch das Rote Meer zur Halbinsel Sinai und durch den Suez-Kanal nach Saudi-Arabien. Thematisiert wird das Leben auf dem Schiff und verschiedene Unterhaltungsprogramme, sowie eine Äquatortaufe. Weiter zu den Seychellen, Mauitius, La Reunion, Durban – zurück über Istanbul.

**Interview mit Jochen Spieß:**
Mein Name ist Jochen Spieß. Ich bin eigentlich promovierter Pädagoge und bin seit etwa, mindestens 15 Jahren Nutzer im Offenen Kanal. Das war noch zu Zeiten, als Dr. Köhler-Terz OK-Chef war und auch Diana war damals noch da und einige andere, die inzwischen andere Funktionen ausüben, zum Beispiel auch in Luxemburg. Ich habe erstmalig vom OKMQ Kenntnis genommen, vom Offenen Kanal in unserer Tageszeitung. Gefilmt habe ich noch mit der entsprechenden primitiven Technik damals. Und ich hatte dann jede Menge Kassetten auch eingesammelt. Ich habe vorwiegend nur in den Ländern gefilmt, die ich damals bereist habe. Und das waren viele. Und aufgrund dessen wurde damals Reklame gemacht in der Zeitung. Man könne hier seine Filme entsprechend bearbeiten und da bin ich hierhergekommen. Ich habe Glück gehabt, dass ich mit Dr. Köhler-Terz gesprochen habe. Und dann konnte ich hier entsprechend anfangen.
Ich hatte natürlich von der ganzen Technik Null-Ahnung. Zuvor habe ich die Filme immer eingeschickt, ins DEFA-Studio. Das war damals zu DDR - Zeiten so und das dauerte ewig, ehe etwas zurückkam. So habe ich mir hier Termine geben lassen und habe dann erst mal eine

entsprechende Einführung bekommen, wie ein Film zu bearbeiten ist, diese ganze Palette. Ja und dann habe ich meine Filme im Laufe der Jahre, so 70 - 80 Filme, hier eingespielt mit entsprechender Unterstützung der Mitarbeiter, die hier tätig waren. Ich muss sagen, ich war damals sehr erfreut darüber, dass man, egal wen man angesprochen hat, entsprechend immer Hilfestellung bekommen hat. Es war also nicht so nach dem Motto: „Na ja, also du warst fünf Mal da. Du wirst ja irgendwann begriffen haben, wie das Ganze funktioniert." Ich habe mich vorher nie mit dieser ganzen Technik beschäftigt und ich habe das immer vor mir hergeschoben, das bereue ich heute bitter. Aber was soll's. Und dadurch habe ich mich hier und da ein wenig auch in die Sache reinfuchsen können. Natürlich so bestimmte Sachen wie grafische Gestaltung usw., da lasse ich die Hände davon, da bin ich nicht firm genug. Aber wie gesagt, die entsprechenden Mitarbeiter sind da natürlich auch ausgebildet. Die zeigen auch, wie es geht. Und da bin ich natürlich auch sehr erfreut darüber, dass man diese Unterstützung findet. Ja, und natürlich ist die Technik hier ein wenig bescheidener als anderweitig. Ich kriege das ja oft auch zu hören von meiner Umgebung. Ich sage Leute, das ist nicht das DEFA-Studio. Das sind also bescheidene Mittel und ich sage: „Ihr müsst euch mal selber hören, wenn ihr ins Mikrofon sprecht, wie das dann klingt." Ja, ich habe während meiner damaligen Ausbildung ja auch Sprecherziehung gehabt, allerdings noch mit Tonbandgerät und ich war furchtbar erschrocken, als ich meine Stimme gehört habe, die aus diesem Tonband kam. Ich hatte nur das große Glück, dass ich nach einem halben Jahr Ade dort sagen konnte, während ich Studienkollegen hatte, aus Karl-Marx-Stadt. Die mussten dann teilweise ein Jahr oder anderthalb Jahre diesen ganzen Spaß über sich ergehen lassen.

**Warum ist es Ihnen wichtig, Sendungen zu produzieren?** Ich bin sehr viel ins Ausland gereist. Schon mit nicht mal ganz 18 Jahren habe ich meine erste Tour nach Bulgarien gemacht, zum Entsetzen meiner Mutter. Ich habe dann so viel Spaß dran gehabt, immer auch fremde Länder kennenzulernen, vor allen Dingen auch die Historie, die Architektur. Und da habe ich Dias gemacht, war ja damals so üblich und ich hatte am Ende etwas über 1500 Dias von den ganzen Ländern, wo ich war. Und die habe ich dann meiner Tochter angeboten, davon entsprechende Bilder zu machen. Ich erntete nur mitleidige Blicke, die Dias wollte keiner haben. Ich habe mich auf diese Auslandstouren spezialisiert. Und ich habe dann entsprechend das auch archivieren lassen auf Festplatte, weil die vielen Kassetten und DVD, besser gesagt, das war mit der Dauer nicht so das Ideale. Und es gibt heute nicht mehr viel, was ich noch bereisen kann, was sich lohnt.

**Welcher Teil der Produktion eines Filmes macht Ihnen am meisten Spaß?** Ich muss ja, wenn ich den Film erstellt habe, den entsprechenden Text dazu machen. Ich neige dazu, viel Text zu machen, weil ich der Meinung bin, derjenige oder diejenigen, die es sehen, waren noch nicht da. Die möchten so viel wie möglich über das Land, die Stadt hören und sehen natürlich, um vielleicht mal selber die Möglichkeit zu haben, da hin zu fahren. Denn ein Katalog bringt in der Regel nicht allzu viel. Ich habe es oft erlebt, da werden Ausflüge angeboten, die sind im Prinzip sinnlos, weil man nichts sieht, aber einen Haufen Geld dafür bezahlt hat. Und dann sind die Enttäuschungen immer relativ groß. Obwohl Olli vom OKMQ immer zu mir gesagt hat, Du machst zu viel Text, aber ich habe dazu eben einen anderen Standpunkt. Das kann auch sein, dass das durch meinen Beruf bedingt war, ich bin ja von Hause aus „Pädagoge". Was mich natürlich auch interessiert, ist zum Beispiel die grafische Gestaltung, die zu meinem Beitrag passt, da bin ich nicht firm und da würde ich gerne mal ein wenig mehr dazulernen.

**Was lernen Sie beim Produzieren?** Ich bekomme sehr viele Prospekte. Und dann suche ich mir aus, was möchte ich machen? Das sind meistens Städtereisen. Dann gehe ich in die Bücherei und hole mir entsprechende Literatur. Dann suche ich den Stadtplan dazu und weiß jetzt, was sind so die wichtigsten Sehenswürdigkeiten in dieser Stadt. Die schreibe ich mir dann im Einzelnen raus. Wenn ich dann in die Stadt gehe und filme, gehe ich immer mit dem Stadtplan. Das habe ich zu meinen Anfängen nicht gemacht und wusste dann teilweise nicht mehr, was ich gesehen habe. Das ist meine jetzige Vorgehensweise. Ich frage den Reiseleiter, wann ist Treffpunkt und wo. Dann seile ich mich von der Truppe ab und verwirkliche meinen Plan. Ich will mir nicht stundenlang in der Kirche etwas anhören oder etwas, was mich nicht interessiert, weil ich das schon vorher ausgearbeitet habe. Ich konzentriere mich auf dieses Objekt in erster Linie. Alles andere habe ich ja schon gemacht.

**Wie ist Ihre Vorgehensweise, um einen Film produzieren zu können?** Naja, in erster Linie muss ich mal so sagen, die Hilfsbereitschaft von allen Mitarbeitern im OKMQ, egal ob das feste Mitarbeiter waren oder Studierende der Hochschule, das hat mich sehr positiv überrascht. Das trifft man nicht überall. Und dann auch, wenn hier mal entsprechende Veranstaltungen sind, wie Jubiläum etc., dass man recht viele Mitarbeiter bzw. auch Leute, die die Filme hier gemacht haben, kennenlernt. Ja. das hat mir auch sehr gut gefallen hier und das natürlich auch viel Außenwirkung erzielt wird, auch durch Kinderveranstaltungen. Das sind für mich so die Höhepunkte. Ich mache auch ein bisschen nach außen hin, zum Beispiel hier in Merseburg, das Stadtteilzentrum, die haben mich vor Jahren mal angesprochen. Besser gesagt über Diana ist das gegangen und sie hat mich angesprochen, ob ich nicht für die älteren Leute in dem Stadtteilzentrum meine Filme im Einzelnen vorstellen möchte. Ich habe gesagt, selbstverständlich mache ich das. Ja, weil auch viele von den älteren Leuten schon mal hier gewesen sind. Da hat man dann auch hinterher auch ein bisschen Gesprächsstoff. Diesen Film da vorbeirauschen zu lassen, das macht mir unheimlich viel Spaß, denn aufgrund meiner früheren Tätigkeit hatte ich viel mit Studenten zu tun, weil mir diese Arbeit mit den Studenten natürlich fehlt. Und da bin ich eben auf die ältere Generation gewechselt. Und das funktioniert schon.

**Welche spannenden und schönen Momente haben Sie im Offenen Kanal MQ erlebt?** Ich habe ja während meiner Tätigkeit als Lehrer und Aspirant viel pädagogische Forschung im weitesten Sinne gemacht u.a. für die Pädagogischen Hochschulen Karl-Marx-Stadt und Halle. Entwicklung und Ausprobieren von Unterrichtsmitteln für den Bereich Polytechnik und diese Unterrichtsmittel haben wir Lehrer praktisch entwickelt. Es waren visuelle Artikel mit Begleitmaterialien. Die sind ausprobiert worden an den Hochschulen, an den Schulen. Und wenn sie für gut befunden wurden, sind sie dann nach Berlin zum Institut für Unterrichtsmittel gekommen, die waren damals verantwortlich. Diese Materialien sind dann vorwiegend in die skandinavischen Länder gekommen, darum hat z.b. Finnland so ein hervorragendes Bildungswesen. Die haben viele Materialien damals aus DDR bekommen. Ich habe hier nachher auf dieser Strecke promoviert, über Unterrichtsmittel. Diese ganze Tätigkeit hat mir Spaß gemacht und ich bringe das Ganze hier mit in die Sache ein. Ich habe ja Chemie studiert, eigentlich wollte ich bei der Kriminalpolizei anfangen in dem Bereich Kriminalistik, Tatort. Aber ich hatte das große Pech, nie gedient zu haben. Aus diesen Gründen hat man mich leider nicht genommen. Und das wäre eine Strecke gewesen, die ich gerne beruflich gemacht hätte.

**Haben Sie schon mal darüber nachgedacht, Reiseberichte beruflich zu erstellen?** Das käme für mich nicht in Frage, wenn man mich fragen würde. Okay, zu manchen Dingen würde ich meine Meinung dazu sagen, gerade was so bestimmte Sachen anbelangt z.B. Gestaltung. Ja okay, dass aufgrund meiner beruflichen Erfahrungen. Klugrederei liegt mir nicht.

**Was können Sie sich vorstellen, wie der OKMQ noch intensiver genutzt werden kann?** Na ja, vor allen Dingen das Entgegenkommen. Wenn ich sage, ich habe einen Film dabei, dann gucken wir uns an! Wie lange ist der Film? So spielen wir das Ganze mal ein und gucken mal durch. Was ist da niveauvoll dran? Was wäre langweilig für den Zuschauer? Man filmt ja alles Mögliche, um es nachher dann auch zu eliminieren. Ja, das finde ich gut. Ich habe es schon gesagt, die ganze Art der Betreuung. Egal, wen man anspricht, sie sind immer bereit zu helfen, falls nicht eine andere Tätigkeit zeitgleich anliegt, das ist klar. Die geht natürlich vor, die studentische Tätigkeit, statt jetzt hier sich mit mir zu beschäftigen. Aber das ist eine Sache, die so gut hier funktioniert. Und selbst die „Bufdis" (Bundesfreiwilligendienst), die hier manchmal sind, die sind auch ansprechbar. Die freuen sich immer, wenn man solchen „Alten" einmal zeigen kann, was man „drauf hat". Ja, ich muss darüber natürlich auch mal lächeln, aber trotzdem ist es schön, wenn die sich dann auch entsprechend einbringen. Denn sie wollen ja mal später wahrscheinlich in der Richtung arbeiten und da ist es nicht verkehrt, wenn man auch solche Kontakte mal hat, dass man sieht, wo klemmt es, wo kann ich was von meinem Wissen weitergeben, wo kann ich entsprechend auch was hier einbringen?

**Was wünschen Sie sich weiterhin für den Offenen Kanal MQ?** Ja, dass sie immer so freundlich bleiben sollen, so offen sein sollen, so hilfsbereit. Mit den Finanzen steht es ja auch nicht so weltbewegend. Die Technik, die der OK hier hat, ist der Stand, den man sich nur leisten kann, und dass man versucht, mit dieser Technik das Bestmögliche herauszuholen. Und dass die Mitarbeiter, noch lange bezahlt werden können, damit eine solche Einrichtung nicht einschläft wie vielleicht in manch anderen Städten.

## Klaus Treuter

https://kurzlinks.de/9mn1

Selbstverantwortete Sendebeiträge im Programm des OKMQ - Gesamtlänge von ca. 1012 Std. in den Kategorien

| | |
|---|---|
| Experimentierfeld "Video" | 3 |
| Familie und Freizeit | 18 |
| Heimatdoku | 23 |
| Kulturelles und soziales Engagement | 170 |
| Orientierungshilfen | 3 |
| Politisch orientiertes Bürgerfernsehen | 729 |
| Sonstiges | 4 |
| Trailer | 10 |
| Gesamtergebnis | 960 |

**Beispielsendung:** Merseburg Report: Sitzung des Merseburger Stadtrates vom 15.02.2024

**Kurzbeschreibung:** Gezeigt wird die öffentliche Sitzung des Stadtrates der Stadt Merseburg, der u.a. zu folgenden Punkten beriet: Einwohnerfragestunde; Bericht des Oberbürgermeisters; Wahl der/des Beigeordneten; Feststellung der Neubesetzung in den Ausschüssen des Stadtrates sachkundige Einwohner.

**Statement Klaus Treuter:**
Ich glaube, dass es zu den etablierten Medien einfach ein Gegengewicht geben muss. Und ich denke, der Offene Kanal und unsere Produktionsgruppe Merseburg Report sind da ein gutes Beispiel, weil es ja im Prinzip keine permanente regionale Berichterstattung in den etablierten Massenmedien gibt. Die können natürlich nicht überall sein und ich denke, es gehört sich schon, dass man im kommunalen Bereich, wie in Merseburg oder Bad Dürrenberg, den Bürgern zeigt, was in ihrer eigenen Stadt los ist. Ich fühle mich auch ein bisschen gebraucht. In meinem Alter ist das nicht ganz unwichtig. Und ich fühle mich gefordert. Das ist vielleicht sogar 51 % dessen, was ich tue oder warum ich es tue. Also ich glaube, unser Team besteht nur aus aktiven Menschen, die mit ihrer Zeit etwas Sinnvolles anfangen wollen und als Nebeneffekt natürlich fit im Kopf bleiben wollen. Und wir waren damals vor 23 Jahren, glaube ich, die allerersten in Sachsen-Anhalt, die überhaupt Stadtratssitzungen übertragen hatten. Wir waren also weit vorne, wo der Offene Kanal in Merseburg war, da waren wir vorne.

# Aleksandar Turuntas

Selbstverantwortete Sendebeiträge im Programm des OKMQ - Gesamtlänge von ca. 23 Stunden in den Kategorien:

| | |
|---|---|
| Experimentierfeld "Video" | 2 |
| Kulturelles und soziales Engagement | 13 |
| Medienpädagogische Produktionen | 40 |
| Gesamtergebnis | 55 |

**Beispielsendung:** Halles Museen entdecken, Landesmuseum für Vorgeschichte (Zentraldepot)

Das Landesmuseum für Ur- und Frühgeschichte gehört zu den wichtigsten archäologischen Museen in Mitteleuropa. Seine Ausstellungen sind ein außergewöhnliches Erlebnis und vermitteln aktuellste Forschung in großartigen Bildern und Geschichten. Neben der berühmten Himmelsscheibe von Nebra gibt es hier unzählige weitere Objekte von internationaler Bedeutung zu entdecken. Einblicke in das Zentraldepot bietet das Landesmuseum nur sehr selten und wir stolz, dass wir Euch dorthin mitnehmen können. Folgt uns auf eine lebendige Reise in die Vergangenheit von Halle und erfahrt Spannendes über die Salzgewinnung.

**Interview mit Aleksandar Turuntas:**
Ich heiße Aleksandar Turuntas und habe letztendlich, wie ihr, auch Kultur- und Medienpädagogik studiert. Und ich denke, auch einige Leute,

die hier im Offenen Kanal sind, haben Kultur- und Medienpädagogik studiert. Ich habe meinen Abschluss gemacht und bin dementsprechend Medienpädagoge. Ich habe auch meinen Master gemacht, den ich auch abgeschlossen habe. Und ja, das Ganze begleitet mich arbeitstechnisch und auch mal privat und generell. Natürlich hat das bis heute gedauert.

**Wie entstand der erste Kontakt zum Offenen Kanal MQ?** Während des Studiums hatten wir schon mit dem Offenen Kanal zu tun. Also im ersten Semester gab es etwas, das sich bei uns Kulturführerschein nannte. Später hieß es, glaube ich, Kulturkompass. Und da haben wir verschiedene Einrichtungen in Merseburg kennengelernt, unter anderem den Offenen Kanal. Weil mich Medien stark interessierten, war es nahezu unausweichlich, auch mal ein bisschen hier zu sein. Wir hatten natürlich ein paar Seminare, letztendlich wie ihr auch, und ich habe mich auch entschlossen, damals mein Praktikum im Offenen Kanal zu machen. Das war eine wohl überlegte Sache, weil ich mir dachte, warum jetzt irgendwie weggehen für 6 Monate. Ich wusste, was ich hier finde, könnte mein restliches Leben beeinflussen. Ohne jetzt nochmal Umzüge und Stress und Wohnungen und WG - Zimmer und was auch immer klarzumachen. Und so kam es tatsächlich dazu, dass ich auch mein Praktikum hier gemacht habe.

**Wie lange arbeiten Sie mit dem Offenen Kanal MQ zusammen?** Für den Offenen Kanal arbeite ich nicht, weil die Leute, die hier sind, ein fester Stamm von Personen sind. Also sicherlich könnte man sich mal bewerben, wenn eine Stelle mal frei wäre, aber das war gerade in den letzten Jahren nicht das Thema. Aber ich bin nach wie vor ein Offener Kanal - Nutzer und wenn ich mal etwas habe, was ins Rahmenprogramm passt, bringe ich immer noch etwas vorbei. Das habe ich zum Beispiel letztes Jahr ein paar Mal gemacht. Gut, vielleicht sind das auch etwas weniger Produktion gewesen, wegen Corona und den ganzen Umständen. Ich bin dem Offenen Kanal nach wie vor verbunden, das kann ich schon sagen. Zeit ist immer so ein Problem, aber wenn ich Zeit hätte, würde ich auch zu solchen Jahresfesten kommen oder zu Aktivitäten oder Jubiläen.

**Was war eines der letzten Projekte, die Sie im Offenen Kanal MQ eingereicht haben?** Eines der letzten Projekte, dass ich hier eingereicht habe, hatte mit den kulturellen Themen zu tun. Das ist ein Projekt in Halle, das schon seit zehn Jahren läuft. Ich glaube, der Zeitraum war von 2020 bis 2030 ausgelobt und wird sicherlich auch stattfinden. Und da hatte ich 2021 den Auftrag, Kultureinrichtungen in Halle zu besuchen, also zum Beispiel das Beatles-Museum oder die Gedenkstätte „Roter Ochse" Halle. Das ist der korrekte Ausdruck und ich dachte mir, dass passt eigentlich auch alles ganz gut zu senden, das ist alles gutes Programm für den Offenen Kanal. Für Leute in Merseburg und die Offenen Kanal Empfänger drumherum ist es doch immer cool, Kulturtipps und Infos auch aus Halle zu bekommen. Das waren zehn Folgen, jeweils etwa drei Minuten. Und die Produktion lief etwa zwei bis drei Monate, weil die Rahmenbedingungen schwierig waren. Museen waren ja zu der Zeit eigentlich auch geschlossen. Ich durfte aber rein. Dann haben wir ein bisschen gefilmt, das Material wurde bearbeitet. Das waren dann die Produktionen, die ich abgegeben habe. Ich habe auch etwas für einen Verein aus Sachsen gefilmt. Die haben neue Mitglieder für ihre Sektion gesucht. Es ist ein klassischer e.V., der aber ein ziemlich breites Programm hatte, von Oldtimern bis zum Theatersingen. Die waren breit aufgestellt und da dachte ich mir, gut, das ist Sachsen. Die wenigsten würden sich jetzt diesem Verein anschließen, aber es war interessant zu sehen, was Leute 50 Kilometer von Merseburg entfernt machen. Vielleicht hat es auch jemanden inspiriert. Ich habe den Beitrag abgegeben, Länge ca. eine halbe Stunde.

**Welche Erinnerungen haben Sie an Ihr Praxissemester?** Im Praxissemester wurden wir ins kalte Wasser geworfen, was okay war. Wir hatten eine Schulklasse aus Merseburg zu filmen, mit einem sehr engagierten Lehrer, er ist ebenfalls Nutzer im Offenen Kanal. Er war da und hatte mit seinen Schülern eine Medien - AG und ich meine, wir reden hier von vor zehn Jahren. Das war schon Pionierarbeit, die er da freiwillig auf sich genommen hat. Und mein Kollege und ich wurden gebeten, mit dieser Klasse zusammenzuarbeiten. Wir hatten natürlich anfangs so etwas wie Respekt vor einer ganzen Schulklasse. Wir mussten jetzt einer Schulklasse irgendwie etwas erklären, plötzlich hatte man zwölf Teenager vor sich. Eine Schulklasse zu unterrichten war dann doch etwas anderes und das war eine gute Lernerfahrung. Einige waren nicht wirklich interessiert, aber am Ende hatten alle Spaß und es war eine coole Veranstaltung im Offenen Kanal. Das war dann auch mein finaler Praktikumsnachweis. Wir haben eine Livesendung mit ihnen gemacht, bei der sie an verschiedenen Stationen standen. Ein Mädchen hat moderiert, jemand stand hinter der Kamera und zwei, drei Leute waren vorne. Es gab einen Guitar - Hero - Contest, an dem alle teilgenommen haben und hinterher gab es eine DVD und ein Booklet zum Abschied. Und ich glaube, die Schülerinnen mochten uns am Ende nach ein paar Wochen und Monaten. Es war es eine gute Erfahrung, besonders weil wir mit der Zielgruppe Kinder und Jugendliche arbeiten konnten. Wenn man sie erstmal kennengelernt hat, ist es leichter, aber im ersten Moment war es schon eine Herausforderung und natürlich haben wir viel gelernt und hatten eine gute Zeit.

**Was haben Sie beim Produzieren gelernt?** Praxissemester beim Offenen Kanal zu machen, war grundsätzlich etwas anderes und auch etwas cooles, weil es eine freie Spielwiese war. Ich meine, es gab ein, zwei Inhalte, die wir nicht bedienen konnten, was völlig okay ist, zum Beispiel wenn es um rassistische Inhalte ging. Aber im Großen und Ganzen hatten wir die Freiheit, Beiträge und Sendungen über das zu machen, was wir wollten und das war cool. Man war der Kopf der Produktion! Es gab keinen wirtschaftlichen Druck oder bestimmte Vorgaben, was die Rahmenbedingungen betrifft. Insofern hatte man eine Menge Freiheit und das hat natürlich Spaß gemacht. Man konnte umsetzen, was man gut fand. Und im Vergleich zu meiner Arbeit auf dem freien Markt, was ich auch mache, ist es eine ganz andere Baustelle, weil die Rahmenbedingungen dort enger sind und bestimmte Erwartungen an das Produkt gestellt werden. Aber es ist auf jeden Fall etwas für alle, die es mal machen wollen. Und ich glaube, das ist der große Vorteil, dass hier jeder vorbeikommen kann, die Tür ist offen. Man lernt Leute kennen, die einem helfen und dann kann man die Themen bearbeiten, die einen interessieren.

Ich erzähle mal etwas anderes. Man lernt hier auch einfach Leute kennen. Ich habe gestern zufällig Hanna in der Stadt getroffen, eine ehemalige „Studentin" von mir, die ich im Offenen Kanal kennengelernt habe. Hanna hat im Offenen Kanal ihr FSJ gemacht und war irgendwie hier und da aktiv, hat Plakate gemalt und so weiter. Mit Hanna habe ich bis heute Kontakt, wir haben auch eine freundschaftliche Beziehung, also es ist lustig, wie man über die Jahre Kontakt behält, weil man dieselbe Einrichtung besucht hat. Ansonsten habe ich zum Beispiel das 10jährige „Offener - Kanal Fest" aktiv begleitet. Ich saß hinten in der Regie mit einem Teil des alten Personals. Jürgen hat früher hier gearbeitet, ist mittlerweile im Ruhestand und es war schon aufregend, den ganzen Tag für ein paar Sachen verantwortlich zu sein. Es gab einige gute Tage hier, eigentlich eher immer gute Tage und kaum schlechte. Also es ist ein guter Ort, den man besucht, und man assoziiert ihn nicht mit Negativem.

**Was stellen Sie sich vor, wie der OKMQ sich noch weiterentwickeln kann?** Nun ja, ich denke mal, man sollte mit der Zeit gehen, aber auch die grundlegenden Kenntnisse darüber, was eine gute Sendung ausmacht, beherrschen, ohne nur irgendwelchen Trends zu folgen. Es gibt klare journalistische und handwerkliche Standards, die eingehalten werden sollten. Und ich glaube, dass es wichtig ist, immer wieder neues Personal zu haben, das am Puls der Zeit ist, wie ihr im Offenen Kanal. Natürlich haben sich die Dinge in den letzten zehn Jahren auch verändert. Es gibt neue Plattformen wie „Snapchat", die es damals nicht gab. Vielleicht gibt es jetzt Projekte mit Schulen, die von den Mitarbeitern des Offenen Kanal durchgeführt werden. Ich denke, der Offene Kanal wird seinen Beitrag leisten und ist auch wichtig für eine kleine Stadt, weil er ein Angebot schafft und eine gewisse Modernität transportiert, die vielleicht in Schulen oder anderswo zu kurz kommt. Es ist grundlegend zu verstehen, wie wichtig Kultur- und Medienpädagogik ist. Ich denke, der Offene Kanal hat definitiv eine Zukunft, aber es ist wichtig, dass die Entscheidungsträger erkennen, wie wichtig Bürgerfernsehen ist. Ich finde immer noch, dass es zu wenig implementiert ist, es sollte mehr sein. Aber wir sind erst einmal dazu angehalten, unseren Job zu machen und dann muss der Groschen irgendwann gefallen sein. Und dann kann man vielleicht auch mehr erreichen. Manche Schulen haben vielleicht einen Medienpädagogen, aber es wäre cool, wenn jede Schule einen hätte, so wie man sich an Sozialarbeiter gewöhnt hat. Vor 30 Jahren gab es die auch nicht an jeder Schule. Ich finde unseren Job sehr wichtig, gerade weil es ein ultradynamisches Umfeld ist. Der Offene

Kanal leistet sicherlich seinen Beitrag zur Aufklärung und vermittelt wichtige Fähigkeiten.

**Würden Sie andere Leute motivieren, eigene Filme zu produzieren?** Ich weiß gar nicht, ob ich Leute motivieren möchte. Zum Teil finde ich gut, was wir machen. Wir haben uns das ausgesucht, aber ich bin auch nicht der Meinung, dass es alle machen müssen oder sollten. Vielleicht habe ich da eine etwas andere Haltung. Ich würde manchen Leuten sogar sagen, dass sie lieber keine Videos machen sollen, weil ich einfach keinen Sinn darin sehe. Ich könnte eine ethische Frage aufwerfen und sagen, dass alles Ressourcen kostet und das kommt in der gesellschaftlichen Diskussion zu kurz. Kaum jemand spricht darüber, dass wir dafür Strom brauchen, dass Server gekühlt werden müssen und dass wir Output produzieren, ohne Ende. Vor zehn Jahren brauchte man wahrscheinlich ein Menschenleben, um alle YouTube-Uploads eines Tages anzusehen. Das war damals so, wenn ich mich richtig erinnere. Ich weiß nicht, ob ich alle ermutigen möchte, aber wenn Leute Themen und Anliegen haben, würde ich ihnen auf jeden Fall helfen und versuchen, ihnen grundlegende Fähigkeiten beizubringen. Heutzutage ist das viel einfacher, weil es verdauliche Informationen gibt, um das Wesentliche aufzunehmen. Dann hat man den Offenen Kanal und man braucht keine Angst zu haben, weil der Inhalt wichtig ist. Man muss wissen, auf welcher Spielwiese man sich bewegt. Wenn mir ein 10jähriger Junge sagt, dass er „Influencer" werden will, würde ich ihm wahrscheinlich davon abraten.

# Heinz-Jürgen Voß

Selbstverantwortete Sendebeiträge im Programm des Offenen Kanal MQ, Gesamtlänge von ca. 36 Std. in den Kategorien

| | |
|---|---|
| Familie und Freizeit | 2 |
| Kulturelles und soziales Engagement | 4 |
| Orientierungshilfen | 3 |
| Politisch orientiertes Bürgerfernsehen | 13 |
| Sonstiges | 5 |
| Gesamtergebnis | 27 |

**Beispielsendung:** Jüdisches Leben in Sachsen-Anhalt - Wissenschaftsfernsehen der Hochschule Merseburg (Aufzeichnung vom 22.01.2024).

In einer Veranstaltung an der Hochschule Merseburg wurden ausgesuchte Aspekte vorgestellt. Über jüdisches Kochen, die Geschichte jüdischer Menschen und jüdische Perspektiven in der Sexualwissenschaft wurde refertiert.

**Interview mit Heinz-Jürgen Voß**
Mein Name ist Heinz Jürgen Voß, mein Tätigkeitsbereich ist die Hochschule Merseburg. Zurzeit fungiere ich als Prorektor für Studium und Lehre und bin entsprechend in der Hochschulleitung tätig. Andererseits habe ich auch eine Professur für Sexualwissenschaft und sexuelle Bildung am Fachbereich Soziale Arbeit.Medien.Kultur inne.

**Wie kam es zum ersten Kontakt mit dem Offenen Kanal MQ?** Das hat eigentlich relativ nahe Ausgangspunkte. Seit 2014 bin ich an der Hochschule und habe dann Kai Köhler-Terz im Fachbereich kennengelernt. Über verschiedene Veranstaltungen ergaben sich Kooperationen. Da ich technisch nicht so versiert bin, greife ich gerne auf die Expertise von Studierenden oder Freiwilligen zurück, die mich freundlicherweise unterstützen. Daraus ergaben sich verschiedene Veranstaltungen. Ich kann gar nicht sagen, ob es einen ganz bewussten Anlass dafür gab, sondern eher ein natürliches Hineinwachsen.

**Wie lange arbeiten Sie bereits mit dem Offenen Kanal MQ zusammen?** Bereits seit geraumer Zeit kontinuierlich. Einzelne Veranstaltungen sind mir besonders im Gedächtnis geblieben, wie zum Beispiel die mit Peggy Pasche zu Intersektionalität. Sie hielt einen sehr guten Vortrag, den ich gelegentlich moderieren durfte. Auch die Konferenzen an der Hochschule, die aufgezeichnet und im Blog gesendet wurden, sowie ähnliche Veranstaltungen sind Teil unserer Zusammenarbeit und werden auch weiterhin stattfinden.

**Warum ist es Ihnen wichtig, Sendungen zu produzieren?** Für mich ist es wichtig aus zweierlei Gründen. Erstens möchte ich, dass wissenschaftliche Inhalte verständlich dargestellt werden. Ich finde es wichtig, Komplexität in verständlicher Weise zu vermitteln. Deshalb halte ich Diskussions- und Fragerunden in verschiedenen Medienformaten für sehr geeignet. Zweitens schätze ich Beteiligungsformate in der Region, insbesondere im Bereich der Medienarbeit. Ich finde das Engagement des Offenen Kanals daher sehr wichtig, um zu einer besseren Zusammenarbeit und Verständigung in der Gesellschaft beizutragen.

**Können Sie einige Produktionen aufzählen, an denen Sie mitgewirkt haben?** Wir haben einige Konferenzen und Diskussionsveranstaltungen übertragen. Besonders im Gedächtnis sind mir Veranstaltungen zu Intersektionalität geblieben, die ich moderiert habe. Es gibt sicherlich noch viele kleinere Projekte, an denen ich beteiligt war.

**Welche Herausforderungen traten beim Produzieren der verschiedenen Sendungen für Sie auf?** Die Herausforderungen lagen meistens bei den Personen, die für die Technik und die Redaktion zuständig waren. Da ich selbst wenig technisches Know-how besitze, bin ich sehr dankbar für die Unterstützung durch Studierende und andere Freiwillige. Es erfordert außerdem die Fähigkeit, mit unerwarteten Situationen umzugehen und in der Moderation strukturiert und kurzentschlossen zu agieren.

**Was haben Sie beim Produzieren gelernt?** Bei Veranstaltungen lernt man eine Menge. Zum Beispiel habe ich gelernt, mich auf ein festes Sendeformat einzustellen und prägnante Aussagen zu treffen. In Bezug auf die Technik gibt es sicherlich noch Verbesserungspotenzial, das ich gerne angehen möchte, wenn ich dafür mehr Zeit finde.

**Was hat Ihnen am meisten Spaß gemacht?** Mir macht vor allem die Zusammenarbeit mit verschiedenen Personen Spaß. Es ist faszinierend, wie viele kreative Projekte entstehen und wie gut Menschen zusammenarbeiten können, selbst über unterschiedliche Professionen hinweg. Außerdem bereitet es mir Freude, interessante Gespräche zu führen und inspirierende Vorträge zu hören.

**Worin besteht der Mehrwert des Offenen Kanal MQ für Sie?** Im Vergleich zu anderen Medienanstalten schätze ich besonders die Freiheit, die der Offene Kanal bietet. Hier haben Bürgerinnen und Bürger die Möglichkeit, eigene Inhalte zu produzieren und sich auszuprobieren. Dies fördert die Medienkompetenz und ermöglicht Projekte mit Kindern und Jugendlichen.

**Welche Entwicklungen konnten Sie wahrnehmen?** In den letzten Jahren habe ich eine deutliche Professionalisierung wahrgenommen, ohne dass dabei die Offenheit verloren ging. Die Zusammenarbeit wurde effizienter und es entstanden vielfältige Vernetzungen in der Region.

**Was können Sie sich vorstellen, wie der Offene Kanal MQ noch intensiver genutzt werden kann?** Ich könnte mir vorstellen, dass eine intensivere Zusammenarbeit mit Schulen und flexiblen Studios das Potenzial des Offenen Kanals weiter ausschöpfen könnte. Besonders Kinder und Jugendliche könnten davon profitieren und ihre Medienkompetenz stärken.

**Haben Sie weitere Sendungen in Kooperation mit dem Offenen Kanal MQ geplant?** Ja, wir planen eine Sendung zum Thema „Jüdisches Leben in Sachsen-Anhalt und in Merseburg" am 10. November in Zusammenarbeit mit Schulen. Außerdem streben wir eine Tagung zur Jugendhilfe und Prävention sexualisierter Gewalt an. Auch ein Beitrag zum Altersbericht der Bundesregierung zur Situation von trans- und intergeschlechtlichen Personen im Alter ist geplant.

## Saskia und Tanja Wenck

Tanja (l.) und Saskia (r.) während einer Sendung 2017

https://kurzlinks.de/2cyn

Hallo, wir sind Tanja und Saskia. Wir erinnern uns sehr gerne an die Zeit im Offenen Kanal MQ zurück. Mit acht Jahren meldete uns unsere Mutti bei einer Osterferienaktion im Offenen Kanal an. Das Herstellen des Trickfilms machte viel Spaß, sodass wir Lust auf mehr bekamen. Ab da kamen wir regelmäßig. In der Trickfilm-AG wurden von uns dann auch zahlreiche Filme produziert.

Nach der Trickfilm-AG folgte dann die Medienmacher-AG, in der wir auch weitere Genres ausprobierten. Von Reportagen über Hörspiele und Kurzfilme bis zum eigenen Musikvideo probierten wir alles aus. Während der Zeit im OKMQ lernten wir auch viel über Kamera, Licht, Ton und die Bearbeitung von Videos. Das alles war der Grundstein für unseren weiteren Weg, denn wir wollten auf jeden Fall weiter Filme machen. Es war also schnell klar, welchen Beruf wir erlernen wollten. Dank der erlernten Fähigkeiten im OKMQ fanden wir beide einen Ausbildungsplatz zur Mediengestalterin in Bild und Ton und schlossen diese auch erfolgreich ab. Während der Ausbildungszeit konnten wir leider nicht mehr aktiv Filme im OKMQ produzieren. So oft es unsmöglich war erstellten wir aber Beiträge, welche dann auch im OKMQ gezeigt wurden. 2017 wurden wir im OKMQ auf einen Wettbewerb aufmerksam gemacht, bei dem man eine Drehbuchidee einsenden konnte. Aus allen Ideen wurden elf ausgewählt, gemeinsam weiterentwickelt und auch verfilmt.

Eine tolle Erfahrung waren auch die DEFA-Filmtage 2018 und 2019. Da durften wir verschiedene Filmschaffende interviewen. Dabei waren unter anderem Dieter Wien, Laila Stieler, Eberhard Görner, Peter Gotthardt, Christian Steier, Matti Geschonneck, Sarah Kierkegaard und Wolfgang Kohlhaase. Auch sahen wir bekannte Gesichter wieder, wie zum Beispiel Gojko Mitic, den wir bereits 2011 schon interviewen durften. Aktuell sind wir wieder mehr beim OK anzutreffen und helfen gerne ab und zu bei der Betreuung von Kindergeburtstagen und Kindermedienfesten. Wir bedanken uns beim OKMQ für die tolle Zeit und wünschen von Herzen alles, alles Gute zum 25. Geburtstag und freuen uns auf viele weitere Jahre im Offenen Kanal.

# Saskia Wenck

Selbstverantwortete Sendebeiträge im Programm des OKMQ, Gesamtlänge von ca. 4 Std. in den Kategorien

| Kulturelles und soziales Engagement | 12 |
|---|---|
| Medienpädagogische Produktionen | 3 |
| Gesamtergebnis | 15 |

**Interview mit Saskia Wenck**
Hallo, ich bin Saskia wohne derzeit in Jena und bin Mediengestalterin für Bild und Ton.

**Wie entstand der erste Kontakt zum Offenen Kanal MQ?** 2008 hat unsere Mutti uns bei einer Ferienaktion angemeldet. Uns, das heißt meine Schwester und ich, und es hat uns sehr gefallen. Seitdem sind wir in verschiedensten AGs mit dabei gewesen und haben uns dann hier mit engagiert.

**Was war das für eine Ferienaktion?** Das war eine Osterferienaktion und da haben wir einen kleinen Hasen mit roten Ohren und blauer Nase erstellt und animiert, als Trickfilm.

**Hatte der OKMQ einen Einfluss auf deine Berufswahl gehabt?** Ja, der Offene Kanal war schon sehr ausschlaggebend dafür, welchen Beruf wir gewählt haben.

**Was hat Ihnen am meisten Spaß gemacht?** Eigentlich alles, man steht hinter der Kamera, dreht, schneidet.

**Was haben Sie produziert?** Als erstes haben wir die Trickfilm – AGs gemacht und als dann die Ausbildung begonnen hat, haben wir ab und zu noch ein paar Filme geliefert, weil wir dann nicht mehr so aktiv sein konnten. Und jetzt bin ich wieder dabei und mache Kindermedienfeste mit und Kindergeburtstage. Es gibt verschiedene Gruppen beim Kindermedienfest und je nachdem, wie viele Leute da mitmachen, teilen wir uns dann auf die Gruppen auf und betreuen dann die Kinder an den Stationen. Hauptsächlich habe ich jetzt die Trickfilmbox übernommen und bin aber bereit, auch mal was anderes zu machen. Es war jetzt im Moment die Station, die ich dann geleitet habe. Ich glaube, beim Trickfilm erstellen ist es für die Kinder immer ganz spannend zu sehen, wie es dann am Ende auch aussieht. Wenn man so kleine Bilder macht, können sich die Kinder das meistens noch nicht vorstellen. Aber am Ende dann den Film zu sehen, das freut sie schon sehr. Ich frage meistens die Kinder, ob sie schon mal ein Trickfilm gesehen haben, was meistens schon so ist, denn Trickfilme sind für Kinder schon bekannt. Sie haben Spaß, zu basteln für den Trickfilm und dann die Bilder zulegen und einfach Neues zu erfahren und zu erlernen. Man muss gucken, dass sie konzentriert bleiben. Da muss man dann schauen, wie man das Ganze organisiert. Aber ansonsten habe ich da jetzt noch keine schlechte Erfahrung gehabt.

**Welche spannenden und schönen Momente haben Sie im Offenen Kanal MQ erlebt?** Besonders interessant fand ich unsere Reportage zum Thema Geflüchtete, wo wir eine Reportage gedreht haben. Ein ganzes Programm, ich glaube, es ging sogar über 30 Minuten, wo verschiedene Themen angesprochen und darüber aufgeklärt wurde. Die Idee haben wir selber gehabt. Ich weiß jetzt nur nicht mehr, wer genau, aber es kam halt aus dem Team. Also wir als Kinder haben das schon so gewollt. Wir waren im Flüchtlingsheim in Merseburg, haben dort mit den Menschen gesprochen. Ansonsten haben wir noch Interviews in Merseburg gedreht, wo wir tatsächlich nicht so eine hohe Resonanz bekommen haben, und wir haben ein paar Sketche gedreht über Vorurteile. Es war immer schwierig, alle Beteiligten unter einen Hut zu bekommen und Drehtermine zu finden. Aber ansonsten lief der Dreh eigentlich ganz glatt.

**Welche Herausforderungen traten beim Produzieren der verschiedenen Sendungen für Sie auf?** Am meisten herausfordernd finde ich die Tonqualität, das ist so eine Sache, die ich nicht gerne übernehme. Ansonsten sind die anderen Bereiche eigentlich ganz cool.

**Was ist Ihre Lieblingserinnerung?** Es gab schon einige Momente, wo man sich gern zurückerinnert. Also natürlich die ganzen Trickfilm-AGs Medienmacher-AGs, wo man einfach als Team zusammenarbeitet. Wenn man dann mit den Filmen zum Beispiel auch irgendwelche Preise gewonnen hat, war es natürlich auch immer schön zu sehen. Und woran ich mich auch immer ganz gerne noch zurückerinnere, ist ein Wettbewerb. Der nannte sich KLAK und an dem haben meine Schwester und ich teilgenommen Wir haben ein Drehbuch geschrieben und dieses wurde auch verfilmt von Filmstudierenden der Filmhochschule Babelsberg.

**Was bedeutet Ihnen der Offene Kanal MQ?** Für mich bedeutet der OK sehr viel, weil er mir auch den Weg gezeigt hat in die Richtung der Medienbranche. Ich bin ja jetzt Mediengestalter für Bild und Ton und das war schon sehr ausschlaggebend.

**Worin besteht der Mehrwert des Offenen Kanals MQ für Sie?** Ich finde es wichtig, dass die Medienpädagogik dann auch auf die Kinder abzielt und diese dann lernen, wie sie mit Medien umgehen. Ansonsten finde ich auch die Idee ganz cool, dass man als Nutzer hier auch Filme abgeben kann und die dann auch gezeigt werden.

**Was wünschen Sie sich weiterhin für den Offenen Kanal MQ?** Ich wünsche dem OK natürlich, dass er noch sehr lange besteht und viele weitere Produktionen macht.

# Elli Zabczyk

https://kurzlinks.de/jdp7

Selbstverantwortete Sendebeiträge im Programm des OKMQ, Gesamtlänge von ca. 58 Std. in den Kategorien

| | |
|---|---|
| Experimentierfeld "Video" | 1 |
| Familie und Freizeit | 8 |
| Heimatdoku | 122 |
| Kulturelles und soziales Engagement | 19 |
| Orientierungshilfen | 1 |
| Sonstiges | 2 |
| Gesamtergebnis | 153 |

**Statement Elli Zabczyk:**

Mein Name ist Elli Zabczyk. Ich war Grundschullehrerin viele Jahre und habe leidenschaftlich gerne mit den Kindern zusammengearbeitet. Als meine Rentenzeit begann, wurde es ein wenig anspruchslos, was mir nicht angenehm war. Ich habe versucht, diese Zeit interessant zu gestalten, indem ich meine Ansprüche an meine Arbeit in anderer Form übernahm. Ich musste probieren, wie ich das machen konnte. Schließlich bin ich durch Zufall auf Kollegen vom Offenen Kanal gestoßen, die mir einiges erzählten. Ich dachte, ich probiere es einfach aus. So kam ich zum Offenen Kanal im Jahre 2006 und von da an entwickelte sich alles rasch von unten nach oben. Es war eine Herausforderung für den Offenen Kanal, da wir alle hart kämpfen mussten, um aktiv zu werden. Geldmangel war ein Problem, denn es brauchte finanzielle Mittel,

die anfangs knapp waren. Das Schlimmste und zugleich das Schönste war, dass ich mich mit einer völlig anderen Technik vertraut machen musste. Im Gegensatz zu meinen Kollegen, die bereits Erfahrungen hatten, musste ich von Grund auf lernen.
Ich lernte Kollegen kennen, die Erfahrungen mit der alten Technik hatten und uns Ratschläge gaben, wie wir sie mit modernerer Technik harmonisieren können. Wir staunten und versuchten, es nachzumachen. Wir probierten vieles aus und kämpften gemeinsam, um Erfolge zu erzielen. Wir hatten ein großes Interesse und lernten viel durch eigenes Ausprobieren. Es gab immer Hilfe, und wir unterstützten uns gegenseitig. Unter anderem gab es Oliver Stanislowski, der sich um ältere Gruppen kümmerte und uns half, zielstrebig zu arbeiten. Jürgen Sadlik half uns immer treu und brav, wenn wir nicht weiterwussten. Silvio Hinsch half uns auch privat mit technischen Fragen. Andere Kollegen wie Horst Zeitz, Ursula Grabe, Rosemarie Wiegleb und viele mehr trugen ebenfalls zum Erfolg bei. Wir hatten viel Interesse an Kinderthemen und versuchten, Kontakt zu ihnen herzustellen.
Es gab bereits erste Kindersendungen, obwohl wir noch nicht technisch fortgeschritten genug waren. Wir versuchten, die Heimat in unseren Sendungen zu präsentieren, indem wir Filme über das Unstruttal und die umliegenden Burgen drehten. Wir produzierten insgesamt etwa 28 kurze Filme, hauptsächlich über Gebäude und Landschaften. Ich war stolz auf unsere Arbeit und freute mich über jeden kleinen Erfolg, auch wenn nicht alles perfekt lief. Wir hatten gute Bilder, trotz unserer anfänglichen Ausrüstung.
Ein weiteres Thema, dem wir uns widmeten, waren die Landkirchen. Wir bekamen Einblicke in Dorfkirchen und entdeckten dabei Überraschendes. Ich konnte sogar meinen eigenen Taufstein wiedersehen. Wir waren überrascht, was wir in den Dorfkirchen entdeckten. Ich verfolgte auch den Bau der ICE-Strecke über zehn Jahre, dokumentierte die Fortschritte und brachte die Aufnahmen der Bevölkerung näher. Es war befriedigend zu sehen, wie sich die Meinung über Projekte veränderte, wenn die Menschen die Resultate sahen. Ich möchte mich für die Möglichkeit bedanken, meine Rentenzeit sinnvoll im Offenen Kanal gestalten zu können. Ein besonderer Dank geht an Diana Elsner, die uns sehr unterstützte. Ich wünsche mir, dass der Offene Kanal die Welt so zeigt, wie sie ist, und dass wir uns alle bemühen, unsere Welt zu erhalten.

# Anne-Katrin Zimmermann

Selbstverantwortete Sendebeiträge im Programm des OKMQ, Gesamtlänge von ca. 104 Std. in den Kategorien

| | |
|---|---|
| Experimentierfeld "Video" | 3 |
| Familie und Freizeit | 18 |
| Heimatdoku | 12 |
| Kulturelles und soziales Engagement | 176 |
| Medienpädagogische Produktionen | 4 |
| Politisch orientiertes Bürgerfernsehen | 4 |
| Sonstiges | 7 |
| Gesamtergebnis | 224 |

**Statement Anne-Katrin Zimmermann**
Der Offene Kanal ist für mich ein Ort, um Menschen zu treffen, um persönlich mit ihnen zu reden. Ich kann zwar viel am Computer zu Hause machen oder auch viel über mein Handy erreichen, aber ein persönlicher Kontakt ist für mich doch das Wertvollste. Ich bin schon immer gerne mit der Kamera unterwegs gewesen und als ich dann das erste Mal hier die Schwelle vom Offenen Kanal übertreten habe, hat es mich eigentlich fasziniert. Und ja, seitdem steht die Tür hier immer für mich offen. Beim Filmemachen gibt es hier am Offenen Kanal viele Menschen, die mich begleitet haben und die mich immer auch dabei unterstützt haben. Und das fand ich immer ganz toll. Und auch vor meiner Kamera hier habe ich oft Menschen, die viel zu sagen haben, die

sich engagieren. Und das ist mir dann jeweils eine Freude, das festzuhalten. Ich finde es immer schade, wenn ich zu einem Konzert gehe oder eine schöne Buchlesung sehe oder eine Reise mache und das nicht filmisch festhalte, weil das dann so eine einmalige Sache ist und dann ist sie weg. Und wenn ich das gefilmt und bearbeitet habe, es ein ganzer Film ist, dann kann man vielleicht auch der nächsten Generation erzählen, wie das mal war oder man sieht dann die Veränderung und die Entwicklung daran.

## Daten des Medienportals Sachsen-Anhalt

Seit Januar 2019 betreibt die Medienanstalt Sachsen-Anhalt ein Medienportal. „Auf diesem Medienportal präsentieren sich die privaten Hörfunk- und Fernsehprogramme sowie die Bürgermedienprogramme aus Sachsen-Anhalt per Livestream." Von der Medienanstalt Sachsen-Anhalt werden für die Einzelinstitutionen zugleich Mediendaten für die hier veröffentlichten Programme in Form von statistischen Auswertungen der Zugriffe auf den High-Quality-Stream, den Low-Quality-Stream und die HbbTV-Verbreitung der Programme bereitgestellt. Erfasst und aufbereitet wird neben den Zugriffen die Verweildauer (monatlich, täglich und stündlich).

Medienportal Sachsen-Anhalt (https://medienportal-sachsen-anhalt.de/tv.html#)

## Zugriffe High-Quality-Stream (01/2019 bis 03/2024)

Zur Aufbereitung, Bereitstellung und Interpretation werden vom verantwortlichen Leiter in der MSA folgende Hinweise gegeben: „Die Rohdaten werden bei der Nutzung des OK Merseburg und aller anderen Livestreams im Medienportal, per - Samsung, Android, IOS App und dem Kabelnetz genutzt und ausgewertet."

Interessant ist, dass im Jahr 2023 die Hauptnutzung mit 68% über ein Fernsehgerät erfolgte (links Geräte), 36 % der Zugriffe (links Geo-global) über ausländische Server stattfand und bei der Nutzung in Deutschland 59% der Zugriffe aus Sachsen-Anhalt stattfanden."[54] In der folgenden Tabelle werden die alle gemessenen Zugriffe auf den High-Quality-Stream des OKMQ in Gegenüberstellung der 59%-Markierung „Zugriffe aus Sachsen-Anhalt im Jahr 2023" dargestellt.

| Monat | Zugriffe | 59% Zugriff LSA | Monat | Zugriffe | 59% Zugriff LSA | Monat | Zugriffe | 59% Zugriff LSA |
|---|---|---|---|---|---|---|---|---|
| Jan 19 | 14369 | 8478 | Jan 21 | 133800 | 78942 | Jan 23 | 43303 | 25549 |
| Feb 19 | 23454 | 13838 | Feb 21 | 178773 | 105476 | Feb 23 | 52040 | 30704 |
| Mrz 19 | 21117 | 12459 | Mrz 21 | 280483 | 165485 | Mrz 23 | 60434 | 35656 |
| Apr 19 | 30494 | 17991 | Apr 21 | 471644 | 278270 | Apr 23 | 50842 | 29997 |
| Mai 19 | 11365 | 6705 | Mai 21 | 441796 | 260660 | Mai 23 | 35765 | 21101 |
| Jun 19 | 20431 | 12054 | Jun 21 | 340215 | 200727 | Jun 23 | 42454 | 25048 |
| Jul 19 | 18537 | 10937 | Jul 21 | 229711 | 135529 | Jul 23 | 69299 | 40886 |
| Aug 19 | 72644 | 42860 | Aug 21 | 632290 | 373051 | Aug 23 | 58485 | 34506 |
| Sep 19 | 470889 | 277825 | Sep 21 | 741404 | 437428 | Sep 23 | 71875 | 42406 |
| Okt 19 | 57982 | 34209 | Okt 21 | 443612 | 261731 | Okt 23 | 72386 | 42708 |
| Nov 19 | 75569 | 44586 | Nov 21 | 341066 | 201229 | Nov 23 | 115179 | 67956 |
| Dez 19 | 30252 | 17849 | Dez 21 | 93997 | 55458 | Dez 23 | 73461 | 43342 |
| Jan 20 | 37282 | 21996 | Jan 22 | 73311 | 43253 | Jan 24 | 196131 | 115717 |
| Feb 20 | 33515 | 19774 | Feb 22 | 51143 | 30174 | Feb 24 | 469465 | 276984 |
| Mrz 20 | 128940 | 76075 | Mrz 22 | 79016 | 46619 | Mrz 24 | 168278 | 99284 |
| Apr 20 | 319147 | 188297 | Apr 22 | 54486 | 32147 | | | |
| Mai 20 | 328010 | 193526 | Mai 22 | 51899 | 30620 | | | |
| Jun 20 | 224034 | 132180 | Jun 22 | 62647 | 36962 | | | |
| Jul 20 | 225823 | 133236 | Jul 22 | 66393 | 39172 | | | |
| Aug 20 | 169646 | 100091 | Aug 22 | 45191 | 26663 | | | |
| Sep 20 | 114566 | 67594 | Sep 22 | 89254 | 52660 | | | |
| Okt 20 | 316567 | 186775 | Okt 22 | 76038 | 44862 | | | |
| Nov 20 | 310316 | 183086 | Nov 22 | 66580 | 39282 | | | |
| Dez 20 | 245907 | 145085 | Dez 22 | 60837 | 35894 | | | |

Zugriffe zum High-Quality-Stream des OKMQ und bereinigt um die Zugriffe außerhalb Sachsen-Anhalts

Wir können somit annehmen, dass das Interesse des überwiegenden Teils der Nutzer*Innen des Livestreams des Offenen Kanals Merseburg-Querfurt bei ca. 60% gleichbleibend von Personen aus dem Land Sachsen-Anhalt herrührt. Besonders stechen bei den vorliegenden Zugriffswerten folgende Monate hervor, die Zugriffswerte mit über 400.000 insgesamt und über 200.000 aus dem Land Sachsen-Anhalt aufweisen. Einschränkend muss darauf hingewiesen werden, dass die

---

[54] Michael Richter, Bereichsleiter Technik, Medienanstalt Sachsen-Anhalt Anstalt des öffentlichen Rechts, Reichardtstraße 9, 06114 Halle (Saale) in einer Email vom 2024-02-1

Frage, ob in diesen Werten automatisierte Zugriffe aus dem Internet enthalten sind, augenblicklich nicht abschließend beantwortet werden kann.

Erstmalig steigen die Zugriffswerte im Monat September 2019 auf 470.889 Zugriffe insgesamt und belaufen sich bereinigt auf Zugriffe 277.825 aus dem Land Sachsen-Anhalt. Ähnliche Spitzenwerte können für die Monate April, Mai, August, September und Oktober 2021 sowie den Februar 2024 festgestellt werden. Den bisher absoluten Höhepunkt bei den Zugriffen auf das Programm des OKMQ im High-Quality-Livestream bildet der Wert vom September 2021 mit insgesamt 741.404, die bereinigt Zugriffe in Höhe von 437.428 aus dem Land Sachsen-Anhalt bedeuten können.

Die niedrigsten Ausprägungen finden sich in den Monaten Januar bis Juli 2019. Hier erreichen die Zugriffswerte maximale Ausprägungen bis ca. 30.000 insgesamt und bereinigt ca. 18.000. Das Minimum des gesamten Beobachtungszeitraums liegt im Januar 2019 bei ca. 14.000 insgesamt bereinigt bei ca. 8.500 Zugriffen. Die grafische Darstellung der Ausprägungen verdeutlicht die hier beschriebenen starken Schwankungen und einen deutlich hohen Trend bei den Zugriffen.

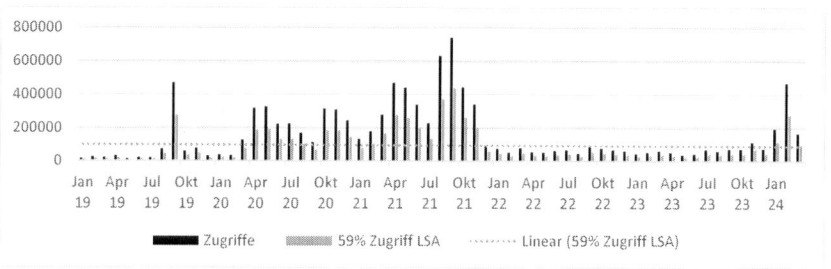

Grafische Darstellung der gemessenen und bereinigten Zugriffe inkl. Trend

Selbst wenn die massiv hoch ausgeprägten Monate Daten-Verzerrungen aus hier nicht näher feststellbaren Gründen darstellen würden und daher zu vernachlässigen wären, müssen die Zugriffszahlen des High-Quality-Streams, durch den das Programm des Bürgerfernsehens Offener Kanal Merseburg-Querfurt weltweit verbreitet wird, als ein ernstzunehmender Beleg hoher regionaler und überregionaler Bedeutsamkeit aufgefasst werden. Das gilt ebenso für den Trend, der sich aus den gemessenen Werten ablesen lässt.

## Einblick in die täglich-stündliche Nutzung des HQ-Streams am Beispiel des 24.12.2023

Die Mediendaten, die von der MSA zur Nutzung der Livestreams (High- und Low-Quality und HbbTV) bereitgestellt werden, können für jeden einzelnen Tag und jede Stunde angezeigt werden. Exemplarisch stellen wir die Zugriffszahlen für den 24.12.2023 sowie die durchschnittliche Verweildauer für den Monat Dezember 2023 vor.

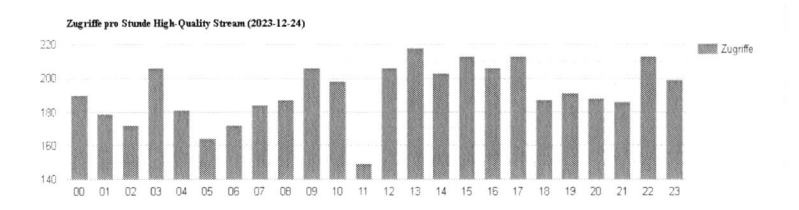

Screenshot der Datenzugangsseite des Medienportals Sachsen-Anhalt für den OKMQ; Zugriffe HQ-Stream

Am 24.12.2023 sind die 3., die 9. Und 10., die 12., die 15. bis 17. sowie die 22. und 23. Stunde mit Zugriffswerten um die Zahl 200. Der niedrigste Wert erscheint in der Stunde 11 - gerade darin zeigt sich möglicherweise die Authentizität der Daten, da hier offenbar viele Zuschauer*Innen durch das tageszeitlich bedingte Mittagessen eher vom Fernsehkonsum über den Livestream abgehalten werden. Bemerkenswert erscheint die Tatsache, dass die Werte in keiner Stunde unter die 140-Zugriffe-Marke fallen.

## Verweildauer im Monat Dezember 2023

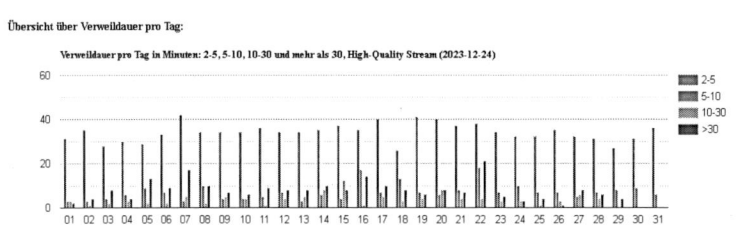

Screenshot der Datenzugangsseite des Medienportals Sachsen-Anhalt für den OKMQ; Verweildauer HQS 12/23

Typisch für die hier vorgestellten Zugriffswerte im Monat Dezember 2023 erscheint eine Verweildauer von 2 bis 5 Minuten zu sein; dies ist die bei weitem häufigste Verweildauer in diesem Monat zu sein. Wenig ausgeprägt erscheinen die anderen drei Kategorien. Nur selten - hier am 22.12.2023 - bleiben Zuschauer*Innen im HQ-Livestream länger als 30 Minuten beim Programm des OKMQ. Hier könnten künftige programmgestaltungsbezogene Aktivitäten ansetzen mit der Frage danach, ob das OK-Programm optimiert werden könnte. Denn ein Anfangsinteresse am laufenden OK-Programm kann durch die konstant hohen Kurzzeiteinblicke rund um die Uhr festgestellt werden. Es muss sich jeweils um unterschiedliche Personen handeln, da es unwahrscheinlich erscheint, dass immer gleiche Personen stündlich den gleichen Livestream aufsuchen, um im Durchschaltmodus das laufende Fernsehprogramm zu erkunden.

## Monatsübersicht der Zugriffe im Dezember 2023

Eine in dieser Darstellung noch nicht weiter beachtete Verbreitungsmöglichkeit des Programms des Offenen Kanals Merseburg-Querfurt stellt das HbbTV (Hybrid Broadcasting Broadband TV) dar. Sie bildet gemeinsam mit den Daten zum HQ- und LQ-Stream im Internet neben dem normalen Verbreitungsweg über das Kabelnetz einen Eckpfeiler der Programmdistribution außerhalb des normalen Verbreitungsgebietes.

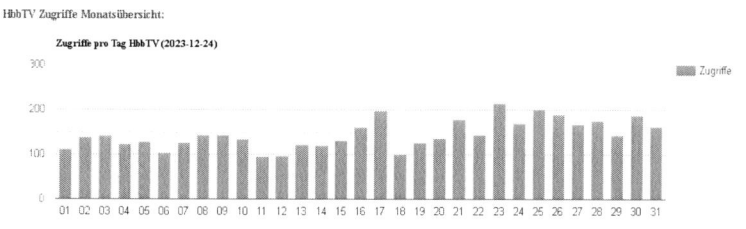

Screenshot der Datenzugangsseite des Medienportals Sachsen-Anhalt für den OKMQ; Zugriffe HbbTV 12/23

Für die HbbTV-Verbreitung kann durchweg für den Monat Dezember 2023 festgestellt werden, dass täglich um die 100 (01.12.2023) bis zu 200 (17., 23. und 25.12.2023) Zugriffe erfolgt sind. Diese

Übertragungsform ist nicht so stark ausgeprägt wie die Nutzung des HQ-Streams, bildet aber ebenfalls eine kontinuierlich genutzte Form.

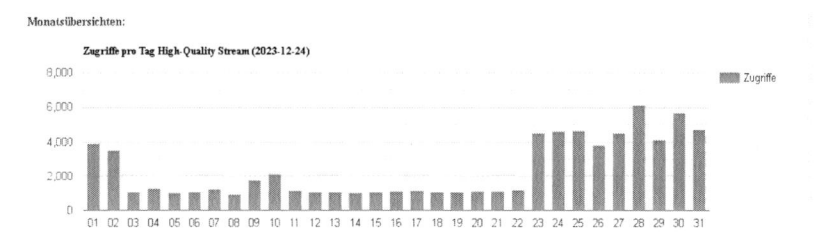

Monatsübersichten:

Zugriffe pro Tag High-Quality Stream (2023-12-24)

Screenshot der Datenzugangsseite des Medienportals Sachsen-Anhalt für den OKMQ; Zugriffe HbbTV 12/23.

Für den HQ-Stream wurden im Dezember an 20 Tagen Werte um 1.000 Zugriffe aufgezeichnet. An den übrigen Tagen wurden Werte um bzw. über 4.000 Zugriffe festgestellt. Der Spitzenwert von 6.100 Zugriffen wurde am 28.12.2023 registriert. Diese Zugriffszahlen weisen auf eine positive Erwartungshaltung der Zuschauenden hin. Die auf den HQ-Stream und das HbbTV zugreifenden Personen messen dem laufenden Programm des Offenen Kanals Merseburg-Querfurt offenbar durchweg inhaltliche Relevanz bei, so dass sie immer wieder auch probehalber bzw. suchend das OK-Programm anwählen. Dieser Einblick in die von der Medienanstalt Sachsen-Anhalt zur Verfügung gestellten Mediadaten zu den Verbreitungsmöglichkeiten der Offenen Kanäle neben dem Hauptverbreitungsweg in den Kabelnetzen, verweist auf die hohe Relevanz der Bürgermedienaktivitäten.

## Ansätze zur Interpretation der Mediadaten

Neben den Verbreitungswegen des linearen OK-Fernsehprogramms betreiben wir als ergänzendes Medium eine eigene Mediathek. Derzeit sind dort ca. 1.400 Nutzerbeiträge abgelegt und können weltweit abgerufen werden. Um eine angemessene Auswahl hier zugänglich gemachter Beiträge zu erhalten, soll zunächst unser herkömmliches – das lineare – OK-Fernsehprogramm beschrieben werden.

# Das lineare Fernsehprogramm

In unserer OK-Datenbank sind seit dem ersten Sendetag im Jahr 1998 insgesamt 10.116 OK-Fernsehbeiträge registriert, die von Personen und Personengruppen im Offenen Kanal Merseburg-Querfurt hergestellt und veröffentlicht worden sind. Im Rahmen einer Studie konnten Genré in den Programmen der Offenen Kanäle im Land Sachsen-Anhalt eruiert werden, die seitdem im OKMQ als eine Möglichkeit der Selbsteinordnung der Filmbeiträge durch die verantwortlichen Nutzer*Innen bei der Abgabe der Freistellungserklärung erfolgt. Die konsequente digitale Erfassung aller Veröffentlichungen ermöglicht es uns an dieser Stelle, eine erste Analyse nach den OK-Genre über alle für unser Programm hergestellten und veröffentlichten Beiträge vorzustellen.

| Jahr | Experimentierfeld "Video" | Familie und Freizeit | Heimatdoku | Kulturelles und soziales Engagement | Medienpädagogische Produktionen | Orientierungshilfen | Politisch orientiertes Bürgerfernsehen | Sonstiges | Trailer |
|---|---|---|---|---|---|---|---|---|---|
| 1998 | 7 | 14 | 18 | 30 | 0 | 6 | 2 | 3 | 0 |
| 1999 | 3 | 68 | 69 | 65 | 0 | 15 | 7 | 19 | 0 |
| 2000 | 2 | 33 | 99 | 78 | 1 | 8 | 3 | 12 | 0 |
| 2001 | 3 | 58 | 90 | 70 | 3 | 13 | 6 | 10 | 0 |
| 2002 | 10 | 39 | 44 | 46 | 41 | 38 | 12 | 11 | 0 |
| 2003 | 7 | 47 | 58 | 47 | 42 | 19 | 13 | 15 | 4 |
| 2004 | 16 | 82 | 98 | 101 | 35 | 35 | 24 | 41 | 0 |
| 2005 | 25 | 115 | 131 | 106 | 53 | 30 | 21 | 48 | 0 |
| 2006 | 13 | 67 | 76 | 110 | 11 | 32 | 25 | 6 | 2 |
| 2007 | 29 | 57 | 31 | 141 | 23 | 12 | 30 | 21 | 3 |
| 2008 | 19 | 56 | 36 | 125 | 20 | 8 | 42 | 19 | 4 |
| 2009 | 14 | 49 | 33 | 137 | 42 | 2 | 37 | 12 | 2 |
| 2010 | 11 | 47 | 32 | 112 | 69 | 8 | 52 | 26 | 8 |
| 2011 | 24 | 43 | 42 | 124 | 68 | 1 | 61 | 14 | 4 |
| 2012 | 18 | 70 | 70 | 170 | 93 | 2 | 59 | 20 | 3 |
| 2013 | 30 | 79 | 37 | 166 | 82 | 1 | 63 | 12 | 1 |
| 2014 | 11 | 81 | 33 | 156 | 64 | 2 | 98 | 18 | 2 |
| 2015 | 5 | 64 | 29 | 173 | 117 | 1 | 88 | 31 | 1 |
| 2016 | 14 | 50 | 36 | 163 | 78 | 5 | 90 | 11 | 1 |
| 2017 | 6 | 46 | 18 | 256 | 87 | 0 | 75 | 3 | 3 |
| 2018 | 2 | 75 | 19 | 207 | 62 | 0 | 84 | 7 | 7 |
| 2019 | 1 | 50 | 10 | 236 | 53 | 13 | 158 | 7 | 0 |
| 2020 | 1 | 48 | 10 | 277 | 44 | 1 | 140 | 15 | 1 |
| 2021 | 0 | 51 | 26 | 220 | 60 | 6 | 106 | 12 | 1 |
| 2022 | 15 | 16 | 6 | 190 | 52 | 13 | 113 | 14 | 3 |
| 2023 | 2 | 39 | 8 | 205 | 51 | 4 | 70 | 23 | 6 |
| 2024 | 1 | 1 | 1 | 9 | 6 | 0 | 0 | 3 | 2 |
| Gesamt | 289 | 1445 | 1160 | 3720 | 1257 | 275 | 1479 | 433 | 58 |

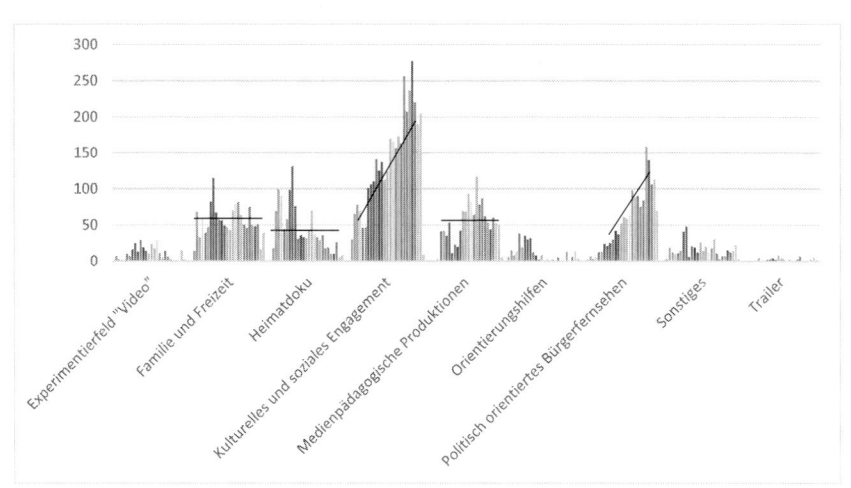

Zahlenmäßige Ausprägung der OK-Genre des OKMQ 1998 – 2024

Anhand der grafischen Veranschaulichung der quantitativen Ausprägungen unserer Fernsehbeiträge können auf Anhieb mehrere interessante Feststellungen erfolgen. Typisch erscheinen für das Programm des OKMQ vor allem fünf OK-Genre:

**Kulturelles und soziales Engagement**, dieses Genre ist am stärksten in unserem Fernsehprogramm vertreten, sowohl was die Anzahl der Einzelbeiträge betrifft als auch was die Jahre betrifft, in denen regelmäßig entsprechende Themen aufgegriffen wurden. Ebenso typisch ist das Genre **Politisch orientiertes Bürgerfernsehen** für das Programm des OKMQ. Die Genre **Familie und Freizeit** und **Heimatdoku** sind daneben Genre mit einer etwas geringeren Ausprägung, jedoch können Beiträge in allen Jahren beobachtet werden. Das gilt ebenso für das Genre der **Medienpädagogischen Produktionen**. Die OK-Genre Experimentierfeld „Video", Orientierungshilfen und Sonstiges erscheinen im Programm. Das aus formalen Gründen eingeschobene Genre „Trailer" ist vernachlässigbar. Die gewachsene Bedeutung der Schwerpunkt-Genre **Kulturelles und soziales Engagement** und **Politisch orientiertes Bürgerfernsehen** kann deutlich an den ansteigenden Werten nachvollzogen werden

| Jahr | Experimentierfeld "Video" | Familie und Freizeit | Heimatdoku | Kulturelles und soziales Engagement | Medienpädagogische Produktionen | Orientierungshilfen | Politisch orientiertes Bürgerfernsehen | Sonstiges | Trailer |
|---|---|---|---|---|---|---|---|---|---|
| 1998 | 1:25:00 | 6:05:00 | 5:29:00 | 12:55:00 | 0:00:00 | 2:39:00 | 1:40:00 | 0:49:00 | 0:00:00 |
| 1999 | 0:39:00 | 30:36:00 | 27:02:00 | 26:27:00 | 0:00:00 | 5:59:00 | 2:56:00 | 9:12:00 | 0:00:00 |
| 2000 | 0:12:00 | 12:11:00 | 46:33:00 | 38:54:00 | 0:40:00 | 2:37:00 | 1:23:00 | 5:25:00 | 0:00:00 |
| 2001 | 2:11:00 | 22:58:00 | 36:53:00 | 44:49:00 | 0:28:00 | 2:23:00 | 2:38:00 | 3:25:00 | 0:00:00 |
| 2002 | 3:10:00 | 16:00:49 | 16:25:00 | 25:57:00 | 8:18:00 | 6:45:00 | 15:33:00 | 5:07:00 | 0:00:00 |
| 2003 | 1:48:00 | 19:29:00 | 27:38:00 | 31:21:00 | 12:15:00 | 5:03:00 | 16:31:00 | 3:52:00 | 0:09:00 |
| 2004 | 9:56:00 | 42:49:44 | 52:47:00 | 45:04:00 | 9:51:00 | 10:48:00 | 30:47:00 | 15:16:00 | 0:00:00 |
| 2005 | 3:48:00 | 58:11:00 | 66:10:00 | 55:31:00 | 14:57:00 | 9:48:00 | 24:27:00 | 22:59:00 | 0:00:00 |
| 2006 | 2:25:00 | 34:02:45 | 38:08:13 | 62:14:00 | 3:20:00 | 11:46:00 | 31:36:00 | 3:44:00 | 0:05:00 |
| 2007 | 16:17:00 | 31:02:00 | 11:17:00 | 70:44:15 | 14:05:00 | 5:48:00 | 29:58:00 | 7:23:00 | 0:04:00 |
| 2008 | 9:51:00 | 27:41:00 | 15:59:00 | 68:46:00 | 6:56:00 | 1:51:00 | 44:59:00 | 6:34:00 | 0:09:00 |
| 2009 | 5:14:00 | 28:21:00 | 15:42:10 | 73:14:00 | 11:54:00 | 1:14:00 | 45:58:00 | 4:57:00 | 0:02:00 |
| 2010 | 6:20:00 | 30:19:00 | 16:23:00 | 73:36:17 | 26:43:00 | 2:35:00 | 48:34:00 | 12:23:00 | 0:19:00 |
| 2011 | 11:57:00 | 28:31:00 | 24:54:01 | 81:00:15 | 28:32:00 | 7:00:00 | 65:21:00 | 13:36:00 | 0:13:00 |
| 2012 | 9:49:51 | 50:38:51 | 26:44:09 | 138:24:15 | 44:22:45 | 0:47:00 | 65:51:00 | 11:31:00 | 0:13:00 |
| 2013 | 17:16:22 | 47:13:44 | 20:42:51 | 136:39:35 | 46:48:37 | 0:05:00 | 67:37:08 | 7:10:35 | 0:10:00 |
| 2014 | 6:24:35 | 72:07:09 | 15:27:09 | 119:58:28 | 26:29:49 | 0:55:00 | 98:20:14 | 12:59:59 | 0:04:00 |
| 2015 | 3:21:18 | 50:54:06 | 17:45:38 | 133:51:59 | 46:51:41 | 1:28:08 | 102:21:33 | 25:11:53 | 0:03:30 |
| 2016 | 5:51:00 | 29:27:43 | 22:18:10 | 125:06:31 | 29:01:52 | 2:17:04 | 105:50:22 | 7:14:00 | 0:05:00 |
| 2017 | 1:53:42 | 33:34:41 | 8:48:33 | 228:56:20 | 28:12:27 | 0:00:00 | 83:22:13 | 1:16:36 | 0:08:00 |
| 2018 | 0:22:50 | 49:10:54 | 8:42:57 | 176:01:54 | 37:15:45 | 0:00:00 | 94:50:59 | 4:24:29 | 0:18:00 |
| 2019 | 0:05:00 | 27:50:23 | 5:26:52 | 168:45:39 | 23:49:14 | 7:15:58 | 164:57:15 | 5:20:00 | 0:00:00 |
| 2020 | 0:08:27 | 24:39:21 | 6:19:20 | 196:22:56 | 29:25:01 | 8:45:00 | 141:43:44 | 8:35:15 | 0:01:00 |
| 2021 | 25:31:50 | 5:46:34 | 0:00:00 | 152:58:37 | 48:27:25 | 6:19:00 | 117:19:02 | 6:55:05 | 0:02:00 |
| 2022 | 1:07:26 | 11:17:58 | 1:51:23 | 109:18:38 | 13:11:55 | 7:33:00 | 101:50:58 | 9:15:38 | 0:04:00 |
| 2023 | 0:29:32 | 14:34:19 | 2:18:37 | 117:14:56 | 10:34:35 | 1:23:01 | 68:12:47 | 13:03:21 | 0:09:41 |
| 2024 | 0:03:22 | 2:00:06 | 0:12:26 | 5:53:50 | 0:56:32 | 0:00:00 | 1:59:12 | 8:59:49 | 0:00:00 |
| Gesamt | 147:38:15 | 807:33:07 | 537:58:29 | 2520:06:25 | 523:26:38 | 113:04:11 | 1576:37:27 | 236:39:40 | 2:19:11 |

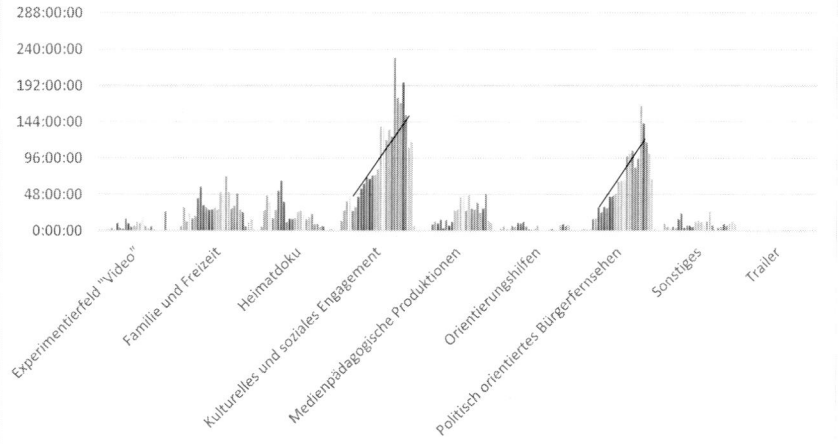

Länge OK-Genre des OKMQ 1998 – 2024.

Die kumulierten Längen in den einzelnen OK-Genre bestätigen die Beobachtungen zu den zahlenmäßigen Ausprägungen, denn die OK-Genre „Kulturelles und soziales Engagement" werden sowie „Politisch orientiertes Bürgerfernsehen" von unseren Nutzer*Innen auch mit der höchsten zeitlichen Ausdehnung im Programm des OKMQ platziert. Ebenso sind in diesen beiden Genre stetig anwachsende Werte typisch.

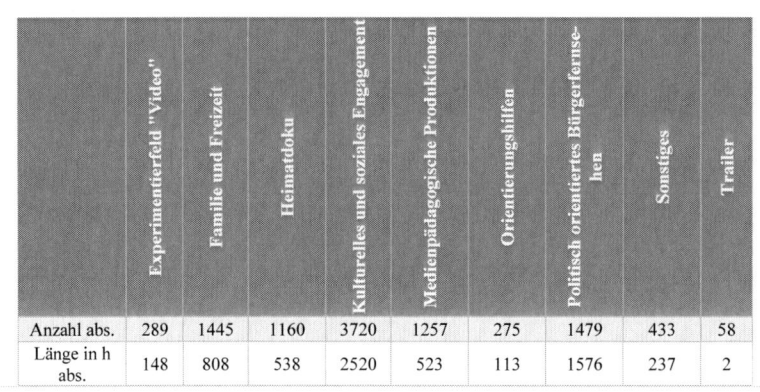

| | Experimentierfeld "Video" | Familie und Freizeit | Heimatdoku | Kulturelles und soziales Engagement | Medienpädagogische Produktionen | Orientierungshilfen | Politisch orientiertes Bürgerfernsehen | Sonstiges | Trailer |
|---|---|---|---|---|---|---|---|---|---|
| Anzahl abs. | 289 | 1445 | 1160 | 3720 | 1257 | 275 | 1479 | 433 | 58 |
| Länge in h abs. | 148 | 808 | 538 | 2520 | 523 | 113 | 1576 | 237 | 2 |

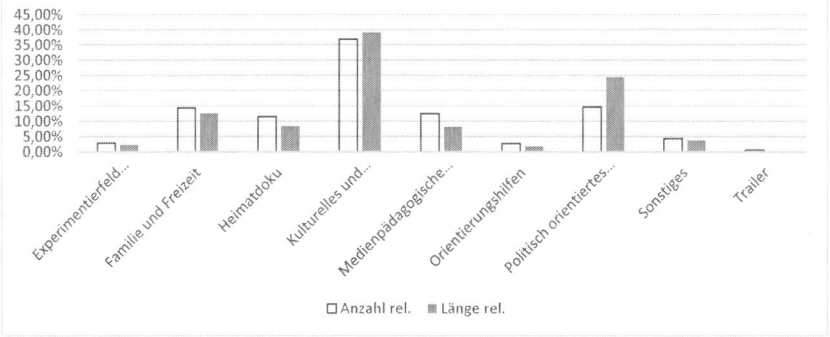

Anzahl und Länge OK-Genre des OKMQ von 1998 – 2024

Die Zusammenfassung der Werte verdeutlicht, dass es zwischen Anzahl und Dauer von Sendungen für die wichtigsten OK-Genre in unserem Offenen Kanal zwei Zusammenhangstypen gibt: Die relativen Ausprägungen sind für die Beiträge des „Kulturellen und sozialen Engagement" sowie des „Politisch orientierten Bürgerfernsehens" in der Anzahl weniger, dafür in der Länge der Sendungen etwas bzw. deutlich stärker ausgeprägt. Diese Beobachtung passt zu den hier nicht genauer untersuchten konkreten inhaltlichen Schwerpunkten, Produktionsweisen und -bedingungen, die sich in der Arbeitspraxis immer wieder beobachten lassen. OK-Sendungen, durch die kulturelle und politische Ereignisse im kommunalen und regionalen Kontext thematisiert werden, werden vor allem arbeitsteilig von Nutzer*Innen-Gruppen - Nutzerredaktionen - mit eher weniger redaktionellem Aufwand hergestellt. Hier steht offenkundig die terminliche Unmittelbarkeit bei der Bereitstellung der Beiträge im linearen OK-Programm und anderen Verbreitungsmedien (Mediathek) im Vordergrund. Ganz verständlich ist darum die zeitnahe Darbietung von z.b. Stadtrat- und Kreistagssitzungen oder der Sportgala, Konzerten oder Lesungen.

Dazu passt, dass die anderen Schwerpunkte, ebenfalls wichtige Genre im OK-Programm in Merseburg („Familie und Freizeit", „Heimatdoku", „Medienpädagogische Produktionen"), ein umgekehrtes Verhältnis der Werte von Anzahl und Dauer aufweisen. Hier führen vermutlich die redaktionellen Arbeiten z.B. durch einen anderen Anspruch an Langfristig- oder Dauerhaftigkeit der Aussagen zu den filmisch bearbeiteten Themen und deren differenzierte filmische Darstellung zu kürzeren Beiträgen, die zugleich inhaltlich und dramaturgisch dichter gestaltet werden. Ob es sich hier um Beiträge handelt, die eher von Einzelpersonen oder von Teams erstellt werden, lässt sich aus der Datenbankanalyse nur interpretativ erschließen. Aber wir wissen aus den Beobachtungen der Arbeitspraxis, dass sich hier keine durchgehende Arbeitsweise etabliert hat, sondern je nach Gusto und Situation Einzel- und Gruppenarbeiten realisiert werden.

Wir können sagen, dass unser Offener Kanal eine über Jahre hinweg stabile Programmgestaltung sowohl von der Anzahl als auch von der Länge der Sendungen her aufweist und dass von unseren Nutzer*Innen inhaltliche wie formalästhetische Produktionsentscheidungen gefällt wurden, die eine qualitativ hochwertige lokal-regionale Berichterstattung sicher stellt, innerhalb derer die Themen Kultur, Soziales und Politik seit 25 Jahren deutlichen Bedeutungsanstieg aufweisen.

## Die Mediathek des OKMQ

Die Mediathek unseres Offenen Kanals ist - wie unsere Webseite und alle unsere Publikationen überhaupt - ein Dienst, der von unserem Verein neben den Aufgaben, die mit dem Betrieb des Offenen Kanals direkt verbunden sind, unseren produzierenden Nutzer*Innen angeboten wird. Die Mediathek ist zudem ohne die seit 1997 bestehende enge Kooperation mit der Hochschule Merseburg nicht denkbar, durch die wichtige technische Basisleistungen wie die des nötigen Speicherplatzes bereitgestellt werden. Der Mediathek-Dienst ist kein Arbeitsschwerpunkt, der gesetzlich vorgeschrieben vom Trägerverein Offener Kanal Merseburg-Querfurt e.V. zu erbringen ist. Dennoch haben wir uns dazu entschlossen, diesen Dienst anzubieten, um die Attraktivität unserer Einrichtung im Internet rund um die Uhr darstellen zu können. Für den reinen OK-Betrieb ist eine Mediathek nach dem derzeitigen Stand überhaupt nicht notwendig und wird finanziell von der Medienanstalt Sachsen-Anhalt auch nicht gefördert; alle dazu notwendigen weiteren Aufwendungen (z.B. Entwicklungs- und Supportkosten, GEMA) werden durch den Verein getragen.

In unserer Mediathek werden auf Wunsch der sendeverantwortlichen Nutzer*Innen, Beiträge im Internet bereitgestellt. Das bedeutet, dass es zur Veröffentlichung in der Mediathek keinen Automatismus gibt, der durch unsere Mitarbeitenden ohne besondere Aufforderung realisiert wird. Wird der schriftlich zu dokumentierende Wunsch vorgetragen, einen Beitrag in die Mediathek aufzunehmen - mittlerweile werden hier über 1.400 Einzelbeiträge gehalten - übernimmt ein Mitarbeitender die entsprechend vorbereitete Filmdatei und veröffentlicht diese in der Mediathek gemeinsam mit dem Titel und Untertitel des Films, dem von den Nutzer*Innen selbst erstellten Beschreibungstexten und ebenso selbst gewählten Suchstichwörtern. Der Mediathek-Dienst ist für unsere Nutzer*Innen kostenfrei.

Seit einer vor kurzem notwendig gewordenen und durchgeführten Softwareerneuerung unserer Webseite und damit verbunden unserer Mediathek, werden neben dem Titel, Untertitel, der Beschreibung, einem Bild aus dem Film und Suchstichwörtern auch die Zugriffszahlen für den Film angezeigt. Ob bei den hier seit kurzem sichtbaren Zugriffswerten Skepsis angebracht ist, oder ob diese Werte authentisch, also echt, sind, kann und soll hier nur am Rande thematisiert werden. Ein

Argument für die Authentizität der angezeigten Zugriffszahlen ist das gleichzeitige oder auch gleichlange Nebeneinander von Filmbeiträgen in der Mediathek mit sehr deutlich sich unterscheidenden Zugriffszahlen; ein Argument dagegen ist die Verwendung von Suchkriterien, die automatisierten Zugriffen durch Suchmaschinen Vorschub leisten. Wir möchten das Thema hier nicht weiter vertiefen und unterstellen, dass die hier zu findenden Zugriffszahlen in weiten Teilen echt sind. Das bedeutet, das Menschen es interessant fanden, sich in der Mediathek des OKMQ über einen Beitrag zu einem Thema zu informieren und darum dorthin navigiert sind.

Darum sollen nachfolgend beispielhaft Beiträge aus der Mediathek mit einem Screenshot und der Beschreibung, die dort bereits vorhanden ist, vorgestellt werden. Auf dieser Weise soll gezeigt werden, was für ein phantastisches Fernsehprogramm Merseburger Nutzerinnen und Nutzer jede Woche aufs Neue zu Stande bringen, sich Mühe geben und ihren Mitbürgern etwas Schönes und Nützliches vermitteln oder sich selbst verwirklichen oder alles zusammen.

Die Film-Auswahl soll anhand der OK-Genre in der oben ermittelten Reihenfolge durchgeführt werden. Gewürdigt werden soll in der Auswahl aber auch das Ergebnis zur Zugriffszahlen. Dabei wollen wir an dieser Stelle noch darauf hinweisen, dass bei Beiträgen, die längere Zeit in der Mediathek bereitgestellt werden, natürlich die Möglichkeit gegeben ist, höhere Zugriffswerte zu erzielen. Die Auswahl bleibt auch aufgrund der schieren Masse an Beiträgen eine subjektive Wahl, sie dient auch dazu zu illustrieren, wie die OK-Genre in unserer Einrichtung sich darstellen.

## Genre: Kulturelles und soziales Engagement

## Vereine vorgestellt im Offenen Kanal Merseburg – Querfurt – Familienpatenschaften

https://kurzlinks.de/wyrs

Sendeverantwortung: Anne-Katrin Zimmermann seit 2016: 7.262 Ansichten. Ute Fischer vom AWO-Stadtverband Leuna und Grit Herzog von der Villa Jühling in Halle organisieren in Kooperation Familienpatenschaften. Anne-Katrin Zimmermann stellt als OK-Nutzerin die Initiative vor.

## Künstlerporträt Otto Möhwald

https://kurzlinks.de/yqn3

Prof. Otto Möhwald im Gespräch mit Anne Röder

Leitung der Lehrveranstaltung: Prof. Dr. Johann Bischoff, Medienwissenschaft und angewandte Ästhetik, Fachbereich Soziale Arbeit.Medien.Kultur. Im Rahmen der kulturellen Bildung werden im Studiengang Kultur- und Medienpädagogik medienpraktische Ver-anstaltungen angeboten. Im Projektseminar „Künstlerporträt" werden von Studierenden Porträts, die Künstler der Region zeigen, erstellt. Veröffentlichung seit 2016 mit 14.101 Ansichten.

## Der Seniorenstammtisch „Vier Jahreszeiten" präsentiert: Das Frühlingsmagazin 2015

Brauchtum Osterfeuer - dokumentiert vom Seniorenstammtisch

Die Sendung umfasst unterschiedliche Beiträge, z.B. April, April - Launen des Monats April; Osterfeuer Brauchtum in Sachsen-Anhalt; Frühling an der Unstrut; Wasserwanderung mit Faltboot; Müritzeum - Leben unter Wasser; Fürst Pückler-Park - Besuch des Parkes; Köprülü Kanyon - Ein Besuch des Nationalparks; Geocaching am Petersberg - Eine Geocachingtour; Eine bemerkenswerte Frau: Porträt Erika Zuchold; Burg Eltz: Eine Wanderung in Rheinland-Pfalz. Seit 2016: 6.557 Ansichten. Sendeverantwortung: Hans-Reiner Quauck

## Genre: Politisch orientiertes Bürgerfernsehen

## Sitzung des Stadtrates von Bad Dürrenberg

Aufzeichnung der Stadtratsitzung in Bad Dürrenberg von Klaus Treuter und Team, Donnerstag, den 29.02.2024

Die Sendung zeigt die öffentliche Sitzung des Stadtrates von Bad Dürrenberg mit u.a. mit folgenden Tagesordnungspunkten: Anfragen und Anregungen der Stadträte; Beschluss über den Jahresabschluss 2022 der Stadt Bad Dürrenberg per 31.12.2022 gemäß § 118 KVG LSA; Festsetzung der Höhe von Aufwandsentschädigungen der Mitglieder des Wahlausschusses und der Wahlvorstände bei den Kommunalwahlen am 09.06.2024; überplanmäßige Ausgabe „Kommunale Wärmeplanung"; Einwohnerfragestunde. Sendeverantwortung: Klaus Treuter, Stichworte: Politisch Orientiertes Bürgerfernsehen, Merseburg Report, Stadtratsitzung; 16 Ansichten

## Merseburg Report: Gespräche vor und nach der Stadtratsitzung

Der CDU-Stadtrat Heyn spricht aus seiner Sicht über die politische Lage im Land. Sendeverantwortung: Klaus Treuter, seit 2024: 168 Ansichten

## Ehre, wem Ehre gebührt – Zwischenbericht eines Forschungsseminars

https://kurzlinks.de/5pz3

Einen Zwischenbericht des Forschungsseminars zu Günter Adolphi (1902-1982) stellten Studierende des Studiengangs Angewandte Medien- und Kulturwissenschaft am 10. Februar 2016 im Fernsehstudio der Hochschule Merseburg vor. Die umstrittene Persönlichkeit Günther Adolphi zu Zeiten seiner Aktivitäten während der Zeit des Nationalsozialismus in Leuna und dem damaligen Auschwitz und seine spätere Berufung als Professor der Verfahrenstechnik an der ehemaligen Technischen Hochschule Leuna-Merseburg, wurde von den Studierenden untersucht. Sie haben Quellen zu Stationen in Adolphis Leben erhoben und präsentierten die Ergebnisse ihrer Forschung.

In den Blick genommen wurden dabei unter anderem auch Adolphis Tätigkeit für die „IG Farben" in Auschwitz-Monowitz und Informationen aus den Unterlagen der ehemaligen Staatssicherheit der DDR, die über ihn gesammelt wurden.

Die Darstellung erfasst sowohl, dass ca. 1.500 Menschen der Merseburger Region zwischen 1942 und 1945 im Bunawerk Auschwitz-Monowitz arbeiteten, als auch, dass jede Person, die zwischen 1942 und 1945 in Auschwitz gewesen ist, von der Vernichtung von Menschen muss Kenntnis erlangt hat. (vgl. Wagner 2000b, 246ff.).

Literatur: Wagner, Bernd C. (2000a): Darstellungen und Quellen zur Geschichte von Auschwitz: Band 3: IG Auschwitz. Zwangsarbeit und Vernichtung von Häftlingen des Lagers Monowitz 1941-1945. Berlin: De Gruyter.; Wagner, Bernd C. (2000b): Gerüchte, Wissen, Verdrängung. Die IG Auschwitz und das Vernichtungslager Birkenau. In: Norbert Frei (Hg.): Ausbeutung, Vernichtung, Öffentlichkeit. Neue Studien zur nationalsozialistischen Lagerpolitik. München: Saur (Darstellungen und Quellen zur Geschichte von Auschwitz, 4), S. 231–248

Sendeverantwortung: Alfred Georg Frei; seit 2016: 21.142 Ansichten

## Genre: Familie und Freizeit

## Winterlinge im Schloßpark Ostrau - Gemeinde Petersberg Sachsen-Anhalt

https://kurzlinks.de/mi9m

Blick auf den Schloßgraben in Ostrau dokumentiert von Anne-Katrin Zimmermann

In jedem Jahr zeigen sich Anfang Februar die ersten Frühlingsboten in einer Vielzahl im Schlosspark Ostrau aus und laden zum Verweilen und staunen ein. Sendeverantwortung: Anne - Katrin Zimmermann; seit 2023: 1.211 Ansichten.

## Inbetriebnahme des restaurierten Merseburger Dombrunnens

https://kurzlinks.de/n6h2

Merseburger Bürger würdigen den Dombrunnen. Sendeverantwortung: Dietmar Eißner; seit 2021: 3.766 Ansichten.

## Liebe, Lust, Leidenschaft – Sex im hohen Alter

**Veränderungen mit höher werdendem Alter**
- Es gibt nicht die „Alterssexualität" – sexuelle Wünsche und Bedürfnisse sind auch im Alter sehr unterschiedlich und individuell.
- Normativ statistisch gesehen nimmt die Häufigkeit genital-sexueller Aktivitäten ab. Die Bedeutung von Zärtlichkeitsaustausch und Berührung wird größer.
- Insbesondere chronische Erkrankungen wie Diabetes, Demenz und Herzkreislauferkrankungen beeinflussen die sexuellen Möglichkeiten älterer Menschen.

https://kurzlinks.de/gwzm

Harald Stumpe berichtet über das Thema Sex im Alter

In der kleinen Galerie in Döbeln fand eine Projektausstellung „Alter" statt. In diesem Rahmen befragte Kathrin Fuchs den Sexualwissenschaftler Harald Stumpe von der Hochschule Merseburg. Sendeverantwortung: Prof. Dr. Harald Stumpe; seit 2021: 4.064 Ansichten.

## Genre: Heimatdoku
## Karl Völker und die Kirche in Schmirma

https://kurzlinks.de/nju5

Eine Filmaufzeichnung von Elli Zabczyk über das Dorf Schmirma und deren Kirche

Neben Informationen zum Bauwerk der Dorfkirche wird über die Ausmalung der Kirchendecke berichtet, die vom Halleschen Maler Karl Völker in den 1920er Jahren realisiert wurde. Sendeverantwortung: Elli Zabczyk; seit 2017 mit 97 Ansichten

## Nollendorf – erster Merseburger Ehrenbürger vor 200 Jahren benannt

Der erste Merseburger Ehrenbürger Friedrich Kleist von Nollendorff

In einem kurzen Vortrag wird die Bedeutung der Ehrenbürgerschaft erläutert. Sendeverantwortung: Dietmar Eißner; seit 2021: 3.761 Ansichten

## Merseburg Report: Grün ist Leben

https://kurzlinks.de/3mtz

Merseburg Report thematisiert jahreszeitliche Landschaftspflege

Gezeigt wird ein Gespräch über den Merseburger Rosengarten am hinteren Gotthartsteich. Sendeverantwortung: Klaus Treuter; seit 2024 mit 334 Ansichten

## Genre: Medienpädagogische Produktion

## „Romeo und Julia in Zöschen" & „Der Zöschener Kreidekreis"

Ergebnisse der Projektwoche der Sekundarschule Berthold Brecht Zöschen

Im Rahmen einer Projektwoche erarbeiteten Schüler*innen der Sekundarschule Zöschen einen Kurzfilm und ein Hörspiel. Der Kurzfilm basiert auf dem klassischen Drama „Romeo & Julia" und das Hörspiel auf dem Drama „Der Kaukasische Kreidekreis". Gemeinsam mit dem OKMQ brachten sie diese Stoffe in die Gegenwart und setzten sie kreativ um. Sendeverantwortung: Henrik Amende; seit 2024: 8 Ansichten.

## Klasse 7b - The Big Three - Wir Im Netz

Schüler*innen der Klasse waren zu Gast im OKMQ. In einer Studiosendung wird zum Thema Sicherheit im Netz berichtet. Vorgestellt werden darin „The Big 3", die drei großen Apps, die im Leben vieler junger Leute eine Rolle spielen. Sendeverantwortung: Tina Deutschmann; seit 2024: 18 Ansichten

## Gemeinsam gegen Mobbing

Mobbing wird in einer Spielszene von den Schüler*Innen nachgestellt. In dem Clip hatten die Schüler*Innen die Idee, einen Spot gegen Mobbing zu drehen. Sendeverantwortung: Christiane Hamann; seit 2023 mit 876 Ansichten.

## Genre: Orientierungshilfen

## Reagenz - Analytik im Wissenschaftsfernsehen

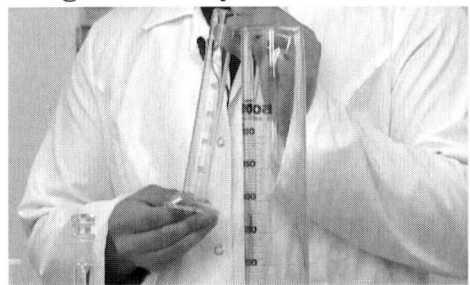

https://kurzlinks.de/bfyx

Interdisziplinäres Projekt zwischen Studierenden von B-KMP, B-CUT und MCUI und Nutzung der Chemielabore des FB Ingenieur- und Naturwissenschaften und der Medientechnik des FB Soziale Arbeit.Medien.Kultur; Kurze Lernvideos (10 min) zum Selbststudium. Sendeverantwortung: Valentin Cepus; Produktionen an der Hochschule Merseburg; seit 2023: 1993 Ansichten.

## HS-Live – HIT & HoMe – Campusfernsehen Spezial

Rektor Prof. Dr. Markus Krabbes spricht zur Eröffnung des HIT

Innerhalb eines Praktikums der Lehrveranstaltung Campusfernsehen wurde am 30.04.2022 anlässlich des Hochschulinformationstages (HIT) der Hochschule Merseburg eine experimentelle Fernsehsendung live hergestellt und im Programm des OKMQ simultan veröffentlicht werden. An vielfältigen Beispielen z.B. an interdisziplinären Kooperationsprojekten wird gezeigt und erklärt, was angewandte Wissenschaften für die unterschiedlichen Akteure innerhalb und außerhalb unserer Hochschule bedeuten kann. Sendeverantwortung: Leonard Bremer, seit 2022: 2.649 Ansichten

## Seniorenkolleg: Gefäßerkrankungen

https://kurzlinks.de/1cyg

Im Vortrag wird die Problematik chronischer Wunden besprochen. Sendeverantwortung: Hannah Folhoffer; seit 2016: 7.282 Ansichten.

## Genre: Experimentierfeld „Video"

### Kurz & Gut Sommerwettbewerb 2012

https://kurzlinks.de/fwlw

Präsentation der Livesendung aus experimentellen Kurzfilmen. Sendeverantwortung: Claudia Horvat; seit 2012: 374 Ansichten.

### Medienpädagogischer Austausch mit Studierenden aus La Réunion 2017/2018

Abschlusspräsentation eines internationalen Medienkompetenzprojektes

Bei einem Medienworkshop auf der Insel La Réunion sind zwei Kurzfilme entstanden. Die Beiträge wurden mit Unterstützung des OKMQ erstellt und von Studierenden der Germanistik der Universität in St. Denis produziert. Sendeverantwortung: Oliver Stanislowski; seit 2018: 6.459 Ansichten

**Fazit**
Wünschenswert ist eine übergreifende medien- und kulturwissenschaftliche Auswertung der Mediendaten des OKMQ, durch die Erklärungen für die Unterschiede der verschiedenen Ausprägungen eruiert werden können. Ein Vergleich der Zugriffszahlen der unterschiedlichen Bürgermedieneinrichtungen in Sachsen-Anhalt könnte das Bild vervollständigen.

Wir sind der Auffassung:
- Bürgerinnen und Bürger als Nutzer*Innen Offener Kanäle gestalten selbstbestimmt und selbstverantwortlich ein regional und lokal orientiertes Fernsehprogramm.
- Der Inhalt und die Form von Bürgermedienbeiträgen im TV-Programm Offener Kanäle ist eine von vielen Menschen intensiv genutzte Alternative zum sonstigen Medienangebot von öffentlich-rechtlichen und privaten Anbietern, den lokal-regionalen Printmedien und den sogenannten Sozialen Medien.
- Die Angebote Offener Kanäle sind bedeutende Bestandteile der lokalen politischen, sozialen und kulturellen Aktivitäten in den zugehörigen Verbreitungsgebieten und darüber hinaus.
- Kabelnetze und Internet sind wesentliche Verbreitungswege des Programms der Offenen Kanäle.
- Kultur- und medienpädagogisches Handeln in Offenen Kanälen hat einen entscheidenden Einfluss darauf, wie und dass Nutzer*Innen regional relevante Themen für das Programm aufbereiten.

# Politische Bildung im Bürger*innenfernsehen findet immer statt!
Philipp Schüller

Seit dem „Urknall der Offenen Kanäle" (Kertscher 2005, S. 1), der sich 1984 in Ludwigshafen ereignete und der sich in den verschiedenen Bundesländern teilweise ganz unterschiedlich wiederholte (vgl. ebd.), sind bunte und lebendige Orte der Bildung mit dem Grundgedanken der freien Meinungsäußerung im demokratischen Sinne entstanden (vgl. Krüger 2016). Das ergibt sich klar aus dem zentralen Prinzip des freien Zugangs zu den produktions- und sendetechnischen Einrichtungen für alle Menschen als wichtigstes basisdemokratisches Prinzip innerhalb des Systems der Offenen Kanäle, auf dem die Medienarbeit hier zu realisieren ist. Das Prädikat „politisch" mit dieser Form der Mediengestaltung und Mediendistribution ist nicht nur eine sachlogische Zuspitzung, sondern der Ausdruck einer didaktischen Wirkung; nämlich, indem Menschen ihre eigenen Themen medial bearbeiten wollen, kommen sie in eine Situation, in der die entscheidende „Methode des verständigen Erfahrens" (Dewey 2011, S. 204) als Bestandteil der Institution systemisch zur Wirkung gelangt, das „D e n k e n" (ebd.). Strukturmerkmale Offener Kanäle können wie folgt zusammengefasst werden:

**Bürgermedienarbeit**: Eines der wichtigsten Merkmale ist die selbstverantwortete und aktive Beteiligung der Bürgerinnen und Bürger an der Produktion und Gestaltung sowie Veröffentlichung von Inhalten basierend auf freiem Zugang. Freier Zugang im Sinne der vollständig unentgeltlichen Nutzung der sendetechnischen Anlagen (u.a. Fernsehstudio), Ausleihe und Nutzung von Technik zur Filmerstellung und kostenfreie Unterstützung durch pädagogische Fachkräfte oder Vereinsmitglieder für nichtkommerzielle Produktionen. Offene Kanäle ermöglichen es Einzelpersonen und Gruppen, ihre eigenen Sendungen, Nachrichten, Diskussionen oder kulturelle Programme zu produzieren und zu senden. Die Demokratie braucht für den Diskurs Räume und freie Zugänge dazu (vgl. Krüger 2016).

**Motivierung von Nutzer*innen**: In Offenen Kanälen konzentrieren sich die Mitarbeitenden typischerweise darauf, Bürgerinnen und Bürger zu motivieren ihre eigenen Themen aus ihrer Sicht medial zu bearbeiten.

**Beratung auf Wunsch:** Die Fernsehbeiträge sind prinzipiell keiner Gestaltungsvorgabe oder Zensur unterlegen. Es kann gesendet werden, was immer produziert wird. Begrenzt nur durch gesetzliche Vorgaben. Wer möchte, kann sich helfen lassen, z.b. in Redaktionen, Weiterbildungsangeboten, Nutzer*innenbetreuung vor Ort im Offenen Kanal und beim Dreh (eins zu eins).

**Nichtkommerziell und unabhängig**: Das Programm der Offenen Kanäle ist nichtkommerziell. OKs werden aus Rundfunkbeitrag-Mitteln der Medienanstalten finanziert; die OK-Nutzung ist kostenlos, die OK-Beiträge müssen frei von kommerzieller und politischer Werbung sein (vgl. Kertscher 2005, S. 1).

Die intendierte und in der Praxis beobachtbare Wirkungen der Arbeit Offener Kanäle sind:
**Lokale Ausrichtung und Vielfalt der Inhalte**: Themen, die in Filmbeiträgen wie z.B. Nachrichten und Dokumentationen aufgearbeitet werden, erlangen durch ihre Produzent*innen lokale und regionale Bedeutung und beinhalten eine entsprechende Vielfalt an Inhalten, die in den etablierten Medien nicht erscheinen.

**Medienhandeln und Bildung**: Medienhandeln ermöglicht Medienbildung als Form demokratischen Handelns; der damit verbundene Prozess des Medienkompetenzerwerbs ist die Verlaufsform politischer Bildung.

**Partnerschaften und Zusammenarbeit**: Die Nutzer*innen finden im Produktionskontext zusammen und bilden bei der Planung, Produktion und Veröffentlichung von Beiträgen engagierte und kompetente Austauschformen und -foren.
Im 16. Kinder- und Jugendbericht der Bundesregierung wird der Begriff „politische Medienbildung" eingeführt. Ein kritischer und kompetenter Umgang mit Medien sei grundlegnd für politische Bildung. Die Förderung der Medienkompetenz spiele dabei eine wesentliche Rolle

(o.V. 2020, S. 10). Politische Bildung ist nicht mehr ohne Medienbildung und Medienbildung nicht mehr ohne politische Bildung zu bekommen. Die Verflechtung beider Disziplinen sei nicht mehr zu entwirren, so Thomas Krüger (2024, 15:35 ff, Präsident der Bundeszentrale für politische Bildung (BpB).

„Aus Sicht der politischen Bildung hat Medienbildung das Ziel Freiheit und Gleichheit als Grundwerte unserer politischen Kultur zu vermitteln und Menschen die Teilhabe, sowie eine qualifizierte politische Meinungsbildung zu ermöglichen. Dafür müssen sie nicht nur mit der Geschwindigkeit der digitalen Welt mithalten, sondern auch analoge wie digitale Kanäle finden, um sich auszutauschen und auszudrücken." (Krüger 2024, 15:35 ff)

Thomas Krüger stellt weiterhin drei Thesen zur Bedeutung und Entwicklung von Bürger*innenmedien in der digitalen Ära auf:

**1. Notwendigkeit von Bürger\*innenmedien zur Förderung des demokratischen Diskurses:** Die Rolle von Bürger*innenmedien ist eine essenzielle Plattform für den Austausch und die Diskussion, die sowohl physische als auch digitale Räume für den demokratischen Dialog schaffen. Diese Medien ermöglichen es Bürgerinnen und Bürgern, aktiv an der Gestaltung der öffentlichen Meinung teilzunehmen und tragen somit zur politischen Bildung bei. Reflexion, Diskussion und Aktion werden in dem institutionellen Raum dieser Medien in Gang gesetzt. Sie erfüllen damit ein Alleinstellungsmerkmal. Krüger nimmt dabei auch Bezug auf die Wertschätzung, die Nutzer*innen der Offenen Kanäle erfahren. Sie werden durch ihre „Beiträge" zu mündigen und aktiven Mitgliedern einer pluralen Gesellschaft und können diese durch ihren „Beitrag" auch mitgestalten. Besonders wichtig ist der Austausch vor Ort, gerade in Strukturwandel geprägten Regionen. Zudem ist die Vernetzung der Bürger*innenmedien mit einer Vielfalt gesellschaftlicher Einrichtungen wie Schulen, Hochschulen etc. von großem Wert. Das Andocken daran, bezugnehmend auf die Lebensrealitäten der Menschen ist der lebensweltliche und aufsuchende Ansatz der politischen Bildung (vgl. Krüger 2024, 16:40).

**2. Anpassung der Medienkompetenz an digitale Realitäten:** Die digitale Transformation erfordert eine Weiterentwicklung der Medienkompetenz. Bürger*innenmedien spielen dabei eine Schlüsselrolle, indem sie einen „safe space" bieten, in dem Bürger*innen die

Grundfähigkeiten des Journalismus erlernen können. Dies ist notwendig, um die Glaubwürdigkeit von Informationen in einer zunehmend von Algorithmen gesteuerten, kommerzialisierten, propagandistischen und mit Fälschungen aufgeladenen Informationslandschaft bewerten zu können. „Bürgermedien [sind] potente Alliierte der politischen Bildung. Die höchst interessante, wenn man so will, komplementäre Zugangswege bereithalten." (Krüger 2024, 28:20).

**3. Steigerung der Sichtbarkeit von Bürger\*innenmedien, besonders im ländlichen Raum:** Krüger fordert eine stärkere Präsenz von Bürger\*innenmedien, um lokale Gemeinschaften besser zu erreichen und zu bedienen. Die Betonung liegt auf der lokalen Verankerung und der Fähigkeit dieser Medien, Themen aufzugreifen, die für lokale Gemeinschaften relevant sind und die von traditionellen Medien möglicherweise vernachlässigt werden (vgl. Krüger 2024, 29:15).
Studien zeigen, dass bei fehlenden (kommerziellen) Lokalmedien die Demokratiezufriedenheit der Menschen ohne Lokaljournalismus vor Ort abnimmt und die Wahl von Populist\*innen fördert. Wissen die Menschen weniger über lokale Politik, fühlen sie sich in geringerem Maße mit ihrer Gemeinde und der Gesellschaft verbunden (vgl. Flößer 2024). Flößer bezieht sich auf Lokaljournalismus mit dem Schwerpunkt Lokalzeitungen. Durch Parallelen der Themen und Inhalte sowie durch den Lokalbezug eröffnet sich die These, dass Teile der Studienergebnisse übertragbar auf Bürger\*innenmedien sind.

**Bildungsreferent\*in**
Neben dieser Grundlage, die ein Offener Kanal als Plattform leistet, erscheint es notwendig weitere Maßnahmen zu ergreifen, um die Möglichkeiten dieses Bildungs- und Erfahrungsraumes weiterzuentwickeln. Auch um im Verbreitungsgebiet der Offenen Kanäle noch wirksamer werden zu können und damit auf spezifische Probleme mit Zielgruppenarbeit einzugehen.
Seit 2017 wird über das Bundesförderprogramm „Demokratie Leben!" im Rahmen der Partnerschaften für Demokratie „Weltoffener Saalekreis" und zeitweilig auch „Merseburg engagiert" eine Teilzeitstelle finanziert. Mit dem Projekt werden Ziele verfolgt, die an die Thesen von BpB - Präsident Krüger andocken.

Schwerpunkt des Projektes „Bildungsreferent*in" sind demokratiestärkende **Engagementförderung und politische Bildung.** Oft mit dem Schwerpunkt medienpädagogischer Beteiligungsmethoden, passend zur Einsatzstelle im Offenen Kanal. Das Projekt Bildungsreferent*in erreicht in Form von Bildungsveranstaltungen, Netzwerkarbeit und Unterstützung von Engagement sowie mithilfe von Methoden der politischen Bildung und der Medienpädagogik die Hauptzielgruppe junge Menschen, aber auch Multiplikator*innen und sonstige engagierte Menschen. Ziel ist die Schulung, Motivierung, Fortbildung und das Bürgerschaftliche Engagement der Zielgruppen sowie die Vernetzung und individuelle Projektunterstützung. Jährlich werden gut 50 Veranstaltungen organisiert bzw. begleitet.

Diverse Phänomene führen zum Auseinanderdriften der gesellschaftlichen Strömungen und zu sozialen Spannungen. Durch Globalisierung, Migration aus anderen Kulturkreisen und im Zuge von Individualisierungsprozessen wird die Konfrontation mit dem Fremden als Verlust der hergebrachten Identität empfunden. Populismus hat Chancen Breschen in den gesellschaftlichen Zusammenhalt zu schlagen. Das wirkt sich auf die Kommunikationskultur aus (vgl. Decker o.J.). Immer mehr Menschen in Deutschland schotten sich von den Sichtweisen anderer ab. Eigene Meinungen werden verabsolutiert - wenn viele andere einer anderen Meinung sind, „fühlt man sich davon unter Druck gesetzt, reagiert aggressiv" (Gierke 2017). Wertschätzende Diskussion ist so nicht mehr gut möglich. Diskriminierungen werden begünstigt, wenn gesellschaftliche Gruppen miteinander wenig Austausch hegen (vgl. Heitmeyer 2016a, 2016b). Diese Punkte sind in Merseburg und im Saalekreis zu beobachten. Ihnen muss begegnet werden. Die Partnerschaft für Demokratie Weltoffener Saalekreis und die Mittel aller, sich zu artikulieren, müssen sichtbarer werden, um Aufmerksamkeit auf ein besseres Miteinander zu lenken (vgl. Weltoffener Saalekreis 2024).

Mit der besseren Sichtbarkeit wird die Möglichkeit einer erhöhten Wirksamkeit die das Projekt Bildungsreferent*in mit den Mitteln der Medienarbeit und der damit zusammenhängenden Kooperationsleistungen sicherstellt verbunden. Kooperationspartner*innen sind z.B. Multiplikator*innen, Gruppen, Vereine und Initiativen, (ehrenamtliche) Redaktionen, Verwaltungen, Schüler*innen und auch (jugendliche) Einzelpersonen, die je nach Bedarf miteinander vernetzt werden. Dabei

können insbesondere im Bereich des Bürger*innenfernsehens die Nutzer*innen auf ein gewachsenes Netzwerk und individuelle Projektunterstützung zurückgreifen. Engagement erhält in spezifischen Belangen Unterstützung. Es ist dabei immanent als Beteiligungsform am demokratischen Prozess (vgl. Nanz und Leggewie 2020, 29 ff, 45).
Sendungsmacher*innen und andere aktive Menschen werden medienpädagogisch befähigt und mit anderen Ehrenamtlichen verknüpft, die sie u.a. bei ihren Sendungen unterstützen können. Die Kontakte sollen über die Förderperioden hinaus bestehen bleiben.
Ein wichtiger methodischer Ansatz besteht hierbei in der gemeinsamen Medienarbeit der Akteur*innen im Offenen Kanal. Medienbildung ist als „Instrument zur Förderung einer gelingenden Demokratie […] unerlässlich. Denn Medienbildung ermöglicht gesellschaftliche Handlungsfähigkeit und befähigt Menschen, Technologien, wie z.b. generative KI, selbstbestimmt nach eigenen Zielen nutzen zu können." (GMK e.V. 2024).
Daraus ergeben sich spezifisch auf Merseburg und den Saalekreis bezogene positive Effekte in folgenden Bereichen:
- Teilnehmer*innen des „Jugendforums" (DemoCrazy) sowie z.B. Jugendliche einer Initiative für ein Jugendparlament auf Kreisebene werden begleitet und empowert.
- Das Kultur- und Vereinsleben wird gestärkt, denn das ehrenamtliche Miteinander zeigt, wie gut es das notwendige Aushandeln von (demokratischen) Prozessen (selbst-) verständlicher macht.
- Über Medienkompetenzentwicklung lernen (junge) Menschen grundlegende Elemente des gesellschaftlichen Zusammenhalts verstehen und erfahren Selbstwirksamkeit.
- Vertrauen in Mitmenschen soll durch die gemeinsame Arbeit aufgebaut werden. Dabei soll der Austausch zwischen Generationen, verschiedenen sozialen Schichten und Menschen in unterschiedlichen Lebensphasen befördert und damit Verständnis geschaffen und Vorurteile abgebaut werden.
- Die Zielgruppen sollen sich Orte der Selbstbeteiligung erarbeiten, räumlich und in Bezug auf das menschliche Umfeld und damit Identifikation mit der Region bewirken.
- Menschen sollen zu Themen wie Jugendbeteiligung, LGTBQI*, Intersektionalität, Diversität, Inklusion, Ableismus, Feminismus,

Rassismus, Antisemitismus, lokale Geschichte, Kommunalpolitik, Zivilcourage, Engagement, Populismus und (Rechts-) Extremismus sensibilisiert werden.

**Indirekte Engagementförderung - die Bibliothek der Dinge**
Im Sinne der Nachhaltigkeit, Ressourcenschonung und der Sharing-Economy hat die Bildungsreferent*in die „Bibliothek der Dinge" aufgebaut und betreut sie fortlaufend. Damit wird das Teilen, (Ver-) Leihen und Vernetzen im Saalekreis gefördert. Auf der Internetseite www.saalekreis.depot.social können lokale Bürger*innen und Akteur*innen ihre Ressourcen online stellen, die sonst vielleicht nur im Keller verstaubten. Außerdem können sie sich dort, zum Beispiel für das nächste Vereinsfest Dinge ausleihen, bei denen eine Anschaffung nicht nachhaltig wäre.

**Projektjahre 2017-2023**
Das Projekt beinhaltet Bildungsangebote zu u.a. folgenden Themen:
- vorurteilsbewusste Bildung
- Rollenbilder in den Medien
- Sexismus und Geschlechterrollen
- Antidiskriminierungspädagogik
- Beteiligung und Partizipation im (Schul-) Alltag
- Demokratie im Klassenrat
- Demokratiebewusstsein
- Kommunalpolitik
- Europäische Union und Europa
- Öffentlichkeitsarbeit für Schüler*innenvertretungen und Jugendinitiativen
- digitale Beteiligungsmöglichkeiten
- Projektentwicklung und Finanzierung von Kinder- und Jugendprojekten

Offen stehen die Bildungsangebote allen Interessierten u. a. in Form von:
- (Schul-) Projekttagen
- Weiterbildungen
- Seminaren

- (Sensibilisierungs-) Workshops
- Planspielen
- einem Demokratiemobil
- Input auf Veranstaltungen
- Unterstützung bei Konzeption sowie der Vernetzung mit anderen Fachkräften zu ihren Wunschthemen

Die Themen können durch medienpädagogische Projektarbeit vertieft werden. Das Projekt vernetzt Bildungsangebote mit sozialen Einrichtungen, interessierten Aktiven, Schulen sowie Vereinen und unterstützt bei Demokratieprojekten gern auch vor Ort. Filmische Dokumentationen für das Bürger*innenfernsehen und weitere Verbreitungswege können vereinbart werden (Demokratieprojekte - Offener Kanal Merseburg-Querfurt e.V. 2024).

**Netzwerkbildung und Teilhabe**
Durch die Etablierung einer Personalstelle kann praxisorientiert auf Anfragen eingegangen werden. Insbesondere zur Unterstützung beim Engagement und zur Vernetzung. Die Anbindung von OK-Angeboten an zivilgesellschaftliches Engagement von anderen lokalen Akteur*innen schafft Querverbindungen von politischer Bildung, Demokratieförderung und Umsetzung in Projekten wie z.B. mit:
- sowas e.V.
- „lücken_los - feministisch fragen, lernen, handeln", Merseburgs erstes queerfeministisches Festival
- „Initiative 12. August" zur rassistischen und todbringenden Hetzjagd auf Raúl Garcia Paret und Delfin Guerra 1979 in Merseburg
- Kritische Einführungswochen Merseburg der Initiative „Change my HoMe"
- Bündnis Merseburg für Vielfalt und Zivilcourage (z.B. Demokratie- und Inklusionsfest)
- Fridays for Future
- Betreuung der Redaktion PoKo (Politisch Kochen) bei Sendungsplanung und Aufzeichnung
- Redaktion des Kurz & Gut Kurzfilmwettbewerbs
- Redaktion „Behindert, na und?"

- institutionell organisierte Veranstaltungen wie die Interkulturelle Woche, Projekte des Streetwork Merseburg, dem Jugendengagementpreis Sachsen-Anhalt, Bibliothek Merseburg

Neben zivilgesellschaftlichen und hauptamtlich / zivilge-sellschaftlich gemischt organisierten Projekten gelingt das z.b. über Anknüpfungspunkte in Institutionen wie (Hoch-) Schulen in Form von Medienprojekten mithilfe medienpädagogischer Beteiligungsmethoden: Medienkompetenzerwerb zur effektiven Teilnahme am öffentlichen Diskurs.

**Umsetzung und Beispielprojekte:** Leistungen des/der Bildungsreferent*in bestehen somit
- in der **Beratung** von Akteuren*innen und Unterstützung bei der Planung und Umsetzung verschiedener Formate mit Kooperationspartner*innen an Schulen als auch Film- und Diskussionsveranstaltungen
- in der **Unterstützung, Vernetzung** und **Förderung** der Aktivitäten für mehr gesellschaftliche Teilhabe, politische Bildung oder Sensibilisierung gegenüber Diskriminierung, Ausgrenzung und Hass
- in der **Medienarbeit** und **Veröffentlichung** von Sendeformaten im Bürger*innenfernsehen im Programm und in der Mediathek und auf dem YouTube-Kanal des OK.

**Fortlaufend und regelmäßig**
- Motivierung relevanter Fachstellen vor allem in den Verwaltungen zu mehr Kinder- und Jugendbeteiligung
    - „Die Kommunen sollen Kinder- und Jugendliche […] bei Planungen und Vorhaben, die deren spezifische Interessen berühren, in angemessener Weise beteiligen." (§80 Kommunalverfassungsgesetz LSA)
- Kinderrechte in Form von Thementagen mit Mitmach- und Informationsaktionen in der Fußgängerzone, Sendungen mit Kindern z.B. zum Thema „Unsere Kinderrechte"
- Zu den Zukunftstagen (Girls* & Boys* Day) fanden in Kooperation u.a. mit dem Projekt FEMININ und Prof. Heinz-Jürgen Voß (beide Hochschule Merseburg) Workshops mit aktiver Medienarbeit und Produktion von Magazinsendungen zu Themen wie

„Rollenbilder in den Medien", „Geschlechterklischees" und „Frauen im MINT-Bereich" statt
- Moderationen und didaktische Gestaltung der Demokratiekonferenzen der Partnerschaften für Demokratie
- Beteiligung am Thementag „Safer Internet Day" mit eigenen Sendungen
- Aufbau und Betreuung der „Bibliothek der Dinge"
- Unterstützung der Partnerschaft für Demokratie (PfD) und des OK und Präsenz beim Demokratie- und Inklusionsfest mit Mitmach- und Bildungsangeboten
- Durchführung von U18 und U16- Wahlen aus Anlass der Kommunal-, Landtags-, Bundestags- und Europawahl in Schulen, Jugendfreizeiteinrichtungen und im öffentlichen Raum (u.a. auch politische Bildung für Menschen mit sonderpädagogischem Unterstützungsbedarf in den Entwicklungsbereichen Lernen und geistige Entwicklung)
- Durchführung von Planspielen (z.B. das Kommunalwahlplanspiel „Wahlleben") gemeinsam mit der Landeszentrale für politische Bildung (LpB)
- Unterstützung von Netzwerkpartner*innen bei der Nutzung von E-Learning und Videokonferenztools, Recherche didaktischer Methoden, Recherche externer Bildungsangebote zu Demokratiebildung

**Unterschiedliche Bildungsangebote wurden u.a. mit folgenden Kooperationspartner*innen umgesetzt:**

**Schulen**
- Anne-Frank-Schule Gutenberg
- BBS Leuna
- Burgstadt-Gymnasium Querfurt
- Gemeinschaftsschule J.-G. Borlach Bad Dürrenberg
- Grundschule Ulrich von Hutten Halle
- Herder-Gymnasium Merseburg
- Hort Tollwitz
- KiTa Blösien

- Sekundarschule Braunsbedra
- Sekundarschule Landsberg
- Sekundarschule Leuna
- Sekundarschule Mücheln
- Sekundarschule Petersberg
- Sekundarschule Zöschen

**Verwaltung & Öffentliche Einrichtungen**
- Europe Direct Magdeburg
- Gleichstellungsbeauftragte des Landes
- Hochschule Merseburg (FEMPower, FEMININ, Professur für Sexualwissenschaften, Medienkompetenzzentrum)
- Koordinierungsstelle Integration und Teilhabe des LK-Saalekreis
- Landeszentrale für politische Bildung
- Mampfe (Jugendfreizeiteinrichtung Merseburg)
- Martin-Luther-Universität Halle/Saale
- Medienanstalt LSA
- Samariterherberge Horburg
- Stadt Wettin-Löbejün
- Stadtbibliothek Merseburg
- Streetwork Merseburg
- Teilhabemanagement Saalekreis
- VHS-Saalekreis

**Zivilgesellschaftliche Verbände**
- AG „Inklusives Engagement" des Familienbündnisses im Saalekreis
- AWO SPI (Merseburg)
- Café Internationale
- Digitalcourage e.V.
- Diskutier mit mir e.V.
- Ev. Akademie Sachsen-Anhalt e.V.
- freistil - Jugend engagiert in Sachsen-Anhalt
- Geschichtswerkstatt Merseburg-Saalekreis e.V.
- Initiative Offene Gesellschaft e.V.
- IVIZ e.V.

- Landesnetzwerk Migrantenorganisationen in Sachsen-Anhalt (LAMSA e.V.)
- Landesheimatbund Sachsen-Anhalt e.V.
- Landesverband der Offenen Kanäle Sachsen-Anhalt e.V.
- Landesvereinigung Kulturelle Kinder- und Jugendbildung Sachsen und Sachsen-Anhalt
- Mehrgenerationenhaus Merseburg
- Modellprojekt Jugend für Vielfalt
- Netzwerkstelle Schulerfolg sichern im Saalekreis
- Offener Kanal Berlin (Alex)
- Offener Kanal Magdeburg
- Offener Kanal Wettin

**Beispielprojekt Projektjahr 2020 „Lernort Rathaus"**
Konzeptionierung von **Lernort Rathaus** gemeinsam mit der Landeszentrale für politische Bildung (Projektmitarbeit: Christian Franke-Langmach).

**Zielstellung** "Lernort Rathaus" ist ein modulares Projekt für Schüler\*innen ab der 8. Klasse mit dem Ziel Kommunalpolitik erlebbar zu machen. Vor Ort im Rathaus und an signifikanten Orten der Gemeinde sollen das Wirken und die Prozesse von Politik im kommunalen Nahbereich aufgezeigt werden. Dazu werden verschiedene interaktive Methoden der politischen Bildung angewandt. Das Projekt verfolgt einen nachhaltigen Ansatz. Junge Menschen, die keine eigenen Vorerfahrungen mit dem Rathaus und politischen Beteiligungsmöglichkeiten vor Ort haben, sollen durch die Teilnahme an dem Projekt zu aktiven Mitbürger\*innen ausgebildet werden. Der Abbau von Schwellenängsten und das Schaffen von Erfahrungen zur politischen Selbstwirksamkeit stehen im Fokus.

**Durchführung durch Teamer\*innen und Beteiligungsmoderator\*innen** "Lernort Rathaus" wird von geschulten Teamer\*innen der Landeszentrale für politische Bildung angeleitet. Eine Durchführung mit durch das Landeszentrum Jugend + Kommune ausgebildeten Beteiligungsmoderator\*innen ist ebenfalls möglich.

**Einfache Verknüpfung mit Lehrplänen ab der 8. Klasse** "Lernort Rathaus" eignet sich hervorragend zur Integration in den Sozialkunde-Unterricht ab der 8. Klassenstufe. Verschiedene in den Fachlehrplänen vorgeschriebene Kompetenzschwerpunkte werden im Rahmen der einzelnen Module behandelt. Dazu gehören das Erschließen demokratischer Strukturen und Mitwirkungsmöglichkeiten im Nahraum der Gemeinde, das Kennenlernen der Funktionsweise der parlamentarischen Demokratie und die Auseinander-setzung mit Wahlen.

**Modulare Lern- und Erlebnisphasen** Die Inhalte sind zu einzelnen Modulen zusammengefasst, in denen die Lerninhalte mit verschiedenen Methoden verbunden werden, um eine abwechslungsreiche und spannende Durchführung zu ermöglichen.

**Referenzen** Die Heranführung von Schüler*innen an die Kommunalpolitik ist keine neue Erfindung. Viele Kommunen haben bereits spezielle Führungen und Projekttage für die Heranführung an ehrenamtliches politisches Engagement entwickelt. So begleitet die Stadt Augsburg seit Jahren Grundschüler*innen mit einem ebenfalls "Lernort Rathaus" genannten Konzept durch das Rathaus. Spezielle Kinder- und Jugendführungen bieten auch Leipzig, Würzburg und viele weitere Städte an. Schnuppertage in Rathäusern, wie etwa in Pirna im Rahmen der "Gläsernen Stadt" dienen bereits heute dazu, Berührungsängste mit öffentlicher Verwaltung und Kommunalpolitik abzubauen und die Selbstwirksamkeit von jungen Menschen auf lokaler Ebene zu stärken. An diese Erfahrungen soll mit jenem Konzept angeknüpft werden.

**Beispielprojekte Projektjahr 2022**
Beispiele für Sendungsunterstützungen von Nutzer*innen und Vermittlung von Teamer*innen im zweiten Quartal
- 22.04., 18 Uhr, Livesendung Heinz-Jürgen Voß (Hochschule Merseburg), OK Studio: **„Postpandemisches Leben - neue Formen der Ethik und sozialer Gerechtigkeit nach der Pandemie"**

- 27.04., 17 Uhr, Livesendung Heinz-Joseph Sprengkamp (LpB), OK Studio: „Krieg im Netz: Die Cyber-Armee der Ukraine und die Cybermacht Russlands"
- 29.04., 18 Uhr, Livesendung mit Johannes Osterburg und dem Digitalcourage e.V., Stadtbibliothek Merseburg: **BigBrotherAwards „Oscars für Datenkranken"** (bigbrotherawards.de)
- 30.04., 10 Uhr, Livesendung, „Hochschulinformationstag", Hochschule Merseburg, - und „Tag der Offenen Tür im OK"
- 04.05., 15 Uhr, Aufzeichnung Interview mit Kerstin Schmitt (FEMPower HoMe), OK Studio: **„Landesweite Umfrage zu Diskriminierungsrisiken"**
- 07.05., 14 Uhr, Mobile Liveschalten, Innenstadt Merseburg: **„Sportfest inklusiv"** vom Streetwork Merseburg und dem Paritätischen
- 21.06., 12:30 Uhr, Aufzeichnung, FEMPower: „Lunchlecture, Vergangenheit, Gegenwart, Zukunft"
- 21.06., 18 Uhr, Livesendung Prof. Heinz-Jürgen Voß, OK Studio: „Queere Gespenster" – Erinnerungen an gefahrvolle und schamhafte Momente und Ableitungen für das (gute) Leben nach der Pandemie"

**Beispielprojekte Projektjahr 2023**
Begleitung einer Sendung zum Thema „Kulturelle Bildung". In „Das Gesocks" zeigen Studierende, was der Begriff Kulturelle Bildung alles umschließt. Angefangen beim Höhlengleichnis über Theater, Literatur und Gesang zeigen die „coolen Socken" der „grauen Socke" was geht, bis sie zur „bunten Socke" geworden ist, weil sie alles einmal ausprobiert hat.

Die Puppenspieler*innen hinter ihrer improvisierten Bühne (Foto: P. Schüller)
Sendung: https://okmq.de/video/das-gesocks/

Studierende in Merseburg produzieren im Rahmen ihrer Seminare viele Filme. Thematisch im Bereich politischer Bildung angesiedelt, gestalteten Studierende des Seminars „Elektronische Berichterstattung" eine Magazinsendung mit ihren Beiträgen zu „Netzwerken in der politischen Bildung".

Vorbereitung der Magazinsendung „Im Austausch miteinander – Netzwerken im politisch- und kulturellen Kontext" (Foto P. Schüller)
Sendung: https://okmq.de/video/im-austausch-miteinander-netzwerken-im-politisch-und-kulturellen-kontext/

Der Bildungsreferent organisierte gemeinsam mit der Koordinierungs- und Fachstelle der PfD „Merseburg engagiert" und dem Festival-Team des lücken_los-Festivals einen Awareness-Workshop für Awareness-Arbeit (Diskriminierungssensibilität) im Veranstaltungskontext. „lücken_los - feministisch fragen, lernen, handeln" wird ehrenamtlich von jungen Menschen aus Merseburg und der Region organisiert, um „uns selbst und anderen kritische Fragen zu stellen und den Antworten zuzuhören. Lücken_los will Lücken sichtbar machen und Lücken schließen, die in unserer Gesellschaft, unserem Wissen und unserer Vernetzung bestehen." (lülo-Team 2023). Der Workshop von „Act Aware e.V." war Teil der Demokratiekonferenz der PfD.
„Be Smart - Don't start, Rauchen ist schädlich" - bei einem Filmwettbewerb zu jenem Thema wollten Schülerinnen und Schüler einen Film einreichen. Die Idee war mit der Schulsozialarbeiterin vorbereitet, aber recht spontan an den Offenen Kanal herangetragen worden. Das flott zusammengewürfelte Team von den Offenen Kanälen Merseburg und Wettin und einer Medienpädagogik-Studentin hatte zwei Tage für

Filmdreh und Schnitt. Während die eine Hälfte ihren Film montierte, gab es für den Rest der Klasse 7C der Sekundarschule Landsberg einen Workshop zu Klischees und Schubladendenken. Der entstandene Film brachte der Klasse ein Preisgeld ein.

Beim Dreh. Das Fußballteam hatte schlecht gespielt. Die Trainerin vermutet, dass Rauchen sei verantwortlich dafür (Foto: P. Schüller)
Sendung: https://okmq.de/video/rauchen-ist-schaedlich/

Das Angebot des Bildungsreferenten und der Fachkräfte für Jugendmedienschutz zum Zukunftstag (im Rahmen des „GirlsDay") sollte FLINTA - Personen einen geschützten Raum zum Ausprobieren und Erfahren im Medienbereich - Schwerpunkt Fernsehen – ermöglichen. Die Teilnehmerinnen tauschten sich mit Lijana Bertola aus dem Projekt FEMININ (HoMe) zum Thema „Repräsentation von Frauen in MINT-Berufen" aus und besetzten selbst alle Positionen wie Kamera, Bildmischer, Ton, Grafik, Aufzeichnen/MAZ, Regie im Studio/Aufnahmeleitung, Dokumentation (Fotos), EB -Kamera, EB-Ton, EB-Redaktion (EB = Elektronische Berichterstattung) und Moderation.

Das EB-Team begleitet die Studioproduktion. Im Endprodukt des Tages finden sich sowohl Studiosendung als auch EB-Beitrag über den Tag (Foto: P. Schüller) Sendung: https://okmq.de/video/girls-day-2023/.

„Status Quo und Visionen für globale Filmgeschichten und eine umweltverträgliche Filmproduktionsweise". Im Gespräch mit Green Consultant Korina Gutsche im Rahmen der Public Climate School in Merseburg. Die Veranstaltung war öffentlich und fand an der Hochschule statt.

Korina Gutsche im Austausch mit Studierenden. (Foto: Filmstill F. Schuster) Sendung ab Min. 6:15: https://okmq.de/video/gestern-heute-morgen-aufzeichnung-public-climate-school-mai-2023-hochschule-merseburg/

Welche Kinderrechte gibt es? Mit dem Fokus auf Bildung (Art. 28 UN Kinderrechtskonvention) und Analphabetismus (ca. 25% der 4. Klässler*innen haben Probleme mit Lesen und Rechnen (vgl. McElvany und Lorenz 2023)) tauschten sich der Bildungsreferent, die Streetworker*innen und der Stadtbibliothek Merseburg am Kindertag mit Kindern und Jugendlichen auf der Kliaplatte aus. Auch die Jugendredaktion des Offenen Kanals traf sich dort für einen Dreh zu diesem Thema.

Die Jugendredaktion beim Dreh auf der Kliaplatte (Foto: P. Schüller)

In einer großen Preisverleihung wurde durch freistil - Jugend engagiert in Sachsen-Anhalt der Jugend-Engagementpreis gefeiert. Damit die Gewürdigten, die nicht vor Ort waren, auch zuschauen konnten, wurde mit einem Team um den Bildungsreferenten die Preisvergabe live ins Fernsehen übertragen. Das Team war Teil eines Praxisworkshops zur Livesendung. U.a. hatten Ehrenamtliche der Freiwilligenagentur die Möglichkeit bei der Sendung mitzugestalten.

Die Anfrage für Projekttage einer Lehrerin der 5. Klasse des Herdergymnasiums Merseburg war recht offen: „Etwas zu Demokratie, zu Klassenzusammenhalt, Rollen in der Klassengemeinschaft, Sozialkompetenz" sollte es sein. Gemeinsam mit dem Kinder- und Jugendkoordinator von Merseburg engagiert, Ronny Block, wurde ein Projekt mit dem Schwerpunkt Mobbing konzipiert. Die Klasse tauschte sich darüber aus, was für sie Mobbing heißt, und erfuhr in einem spielerischen Turmbau-Wettbewerb, wie schnell „eingespielte" Rollen, generalisierte

Zuweisungen, Misskommunikation und Unachtsamkeit den gemeinsamen kreativen Prozess behinderten.

Die mobile Livestreamtechnik des OK im Einsatz (Foto P. Schüller)
Sendung: https://okmq.de/video/preisverleihung-des-20-jugendengagementpreises-2023-aufzeichnung/

In der Gruppe wurden typische Mobbing-Szenarien ausgemacht und beispielhaft zu kurzen Filmgeschichten ausgearbeitet. Die Klasse drehte einen Spot gegen Mobbing. Anschließend kam eine kleine Gruppe in den Offenen Kanal, um den Film zu schneiden. In der Auswertung betonten die Schülerinnen und Schüler, dies sei das erste Projekt gewesen, bei dem die Klasse gut zusammengearbeitet hätte. Der Film wurde für den Jugendfilmpreis Sachsen-Anhalt nominiert. Der Besuch bei der Preisverleihung motivierte die angereisten Schüler*innen für ihr nächstes Filmprojekt 2024.

Erarbeitung des Themas „Mobbing" und der Filmidee (Foto: J. Cornelius)
Sendung: https://okmq.de/video/gemeinsam-gegen-mobbing/

Der Kreisfamilientag steht jedes Jahr auf dem Programm. Das gut besuchte Event wird sowohl zur Ansprache der Gäste als auch zum Austausch mit Multiplikator*innen, ehrenamtlich Engagierten und Verwaltungsmitarbeitenden genutzt. Der OK-Stand in Querfurt wartete auf mit Mitmach- und Bildungsangeboten zur Bibliothek der Dinge, mit Trickfilm-, Bastel- und Comic-Stationen im Rahmen des „Kindermedienfest on Tour" und mit Informationsvermittlung und Austausch zu den Partnerschaften für Demokratie.

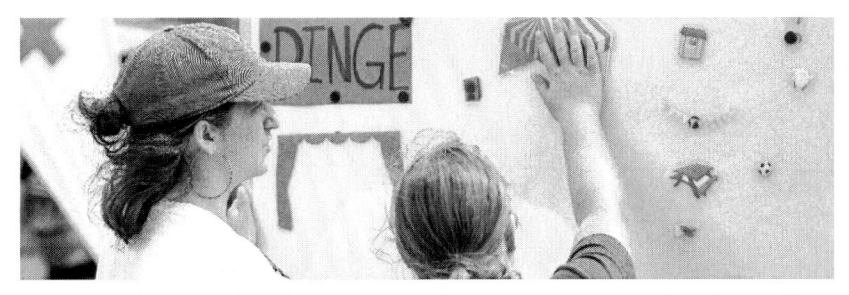

„Welche Dinge würdest du gerne für deine Veranstaltung mal ausleihen?" Die Besucher*innen des Fests konnten ihre eigenen Ideen grafisch auf der Magnettafel der Bibliothek der Dinge beisteuern (Foto: P. Schüller)

Höhepunkt der aufs Jahr verteilten „Demokratiekonferenz" war der „DemokraTisch" mit dem Schwerpunkt der Strategieplanung für die PfD für 2024. Der Bildungsreferent erarbeitete die Strategie mit den Begleitausschüssen der PfD und weiteren Teilnehmenden. Über 50 Personen, überwiegend junge Menschen, entwickelten gemeinsam Ziele und Zielthemen für 2024. Anschließend gab es am „DemokraTisch" Pizza für alle und einen durch die Jugendlichen ausgesuchten Film auf großer Leinwand.

Jugendliche und Erwachsene entwickelten gemeinsam Ideen und Ziele für das folgende Förderjahr (Foto: J. Kupfer)

Rassismus entsteht im Kopf. Offenheit auch. Zu Gast im Studio waren bei der Sendung zur Interkulturellen Woche Saalekreis der Filmemacher und Künstler Rasoul Pourmoradi, die Künstlerinnen Maryna Cherepchenko und Inna Zinchenko, die Sportlehrerin Olena Kozakova, und der Medientechniker Pavlo Kozakov. Zweisprachig moderiert vom Bundesfreiwilligendienstleistenden des Offenen Kanals Danila Vinokurov.

Die Sendungen zu den jährlichen Interkulturellen Wochen sind eindrücklich. Immer wieder wird von Beteiligten auch im Nachhinein die jeweilige Thematik aufgegriffen (Foto: P. Schüller)
Sendungen: https://okmq.de/video/erfahrungen-von-gefluechteten-im-saalekreis-zur-interkulturellen-woche-2023/ und https://okmq.de/video/eroeffnungsfest-der-interkulturellen-woche-2023/

Die medienpädagogische und politisch- bildnerische Arbeit im Saalekreis fußt und wächst auch auf dem Engagement der Studierenden aus dem Fachbereich Soziale Arbeit.Medien.Kultur. Besonders wichtig ist es also Studierende an das (im Studium vor allem ehrenamtliche) Engagement in der Region heranzuführen und zu motivieren. Studierende aus dem dritten Semester Kultur- und Medienpädagogik zeigten den „Erstis" gemeinsam mit Praktikantinnen und einem Bundesfreiwilligendienstleistenden des OK, wie (Live-) Sendungen zu realisieren sind. Die Erstis probierten sich spontan selbst in Moderation, Kamera, Ton und Bildmischung aus und konnten sich sowohl über einen großen Fernseher als auch über die eigenen Mobilgeräte versichern, dass sie Live-Fernsehen produzierten. Nebenbei lernten sie die PfD und die Möglichkeiten des Engagements im Saalekreis kennen. Gemeinsam mit den Koordinierungs- und Fachstellen der PfD konnten sie das auch bei der feierlichen Immatrikulation auf dem Domvorplatz.

Die zweistündige Livesendung war auch vor Ort auf einem großen Monitor zu sehen (Foto: V. Grätsch)

Dass Schülerinnen und Schüler sich für eine Filmproduktion innerhalb einer Projektwoche entscheiden, kommt immer wieder vor. Die Thematiken sind dann entweder durch die Lehrer*innen angefragt oder die Gruppe darf recht frei selbst entscheiden. Aufgrund des eng gestrickten Zeitplans bekommen sie häufig Vorschläge, die meist alle auf Resonanz stoßen. Bei einem Projekt an der GTS in Mücheln standen Social Media „in der echten Welt", Jugendbeteiligung (Utopie: Jugendliche dürfen z.B. die Schule leiten) und Klimawandel zur Wahl. In Mücheln drehten die Schülerinnen und Schüler der Klassen 6-9 einen Film, der sehr anschaulich die analogen Social Media-Reaktionen (hier sogar Cybermobbing) aufzeigt. Auch das gewünschte Simson-Rennen konnte in den Film eingebaut werden. Das Projektteam bestand aus dem Bildungsreferenten und den Fachkräften für Jugendmedienschutz.

Doppelt gefilmt: der Influencer vor seiner eigenen und der Filmkamera des Drehteams (Foto: J. Hohmann); Sendung: https://okmq.de/video/roller-vs-simme/

Total Trust - eine der Kernbotschaften des Filmes: „Wir sind wie Frösche in einem sich erhitzenden Topf mit Wasser, die nicht heraus-springen." Wir merken nicht, dass unsere digitalen Bürgerrechte immer weiter eingeschränkt werden. Das massenhafte Speichern und teilweise Zusammenführen von Daten führen (un-) gewollt zu einem „Vor-Strafen-Register". Der Film aus China wurde im Studio auf großer Leinwand im Rahmen der Netzpolitischen Woche gezeigt. Die Thematik setzte inhaltlich die Netzpolitische Studienreise des Bildungsreferenten nach Brüssel fort (organisiert von Landeszentrale für politische Bildung und Landesinstitut für Schulqualität und Lehrerbildung LSA). Im Anschluss an den Film diskutierte das Publikum die Thematiken Überwachung und Datenschutz. Die Themen bergen viel Gesprächsbedarf und wurden am Ende des Abends in einer Gesprächsrunde mit den Mitorganisator*innen Tobias Thiel von der Ev. Akademie LSA, Sapi Ullrich von Digitalcourage und dem Bildungsreferenten für einen kleinen Beitrag aufgegriffen.

Das OK-Studio als Kinosaal (Foto: D. Elsner)
Sendung: https://okmq.de/video/filmgespraech-total-trust-digitale-buergerrechte-gespraechsrunde-zum-film-total-trust-am-tag-der-medienkompetenz-2023/

**Hinweis:** Genauere Informationen zu durchgeführten Projekten können im Offenen Kanal angefragt werden. Das Projekt „Bildungsreferent*in Weltoffener Saalekreis" wird gefördert durch das Bundesministerium für Familie, Senioren, Frauen und Jugend im Rahmen des Bundesprogramms Demokratie leben!, durch das Landesprogramm für Demokratie, Vielfalt und Weltoffenheit des Landes Sachsen-Anhalt und den Landkreis Saalekreis. Die Veröffentlichung stellt keine Meinungsäußerung des BMFSFJ oder des BAFzA dar. Für inhaltliche Aussagen tragen die Autor*innen die Verantwortung.

## Literatur

Decker, F. (o.J.). Populismus. Handwörterbuch des politischen Systems. https://www.bpb.de/kurz-knapp/lexika/handwoerterbuch-politisches-system/511476/populismus/. Zugegriffen: 22. März 2024.

(2024). Demokratieprojekte - Offener Kanal Merseburg-Querfurt e.V. https://okmq.de/lernen/demokratieprojekte/. Zugegriffen: 13. März 2024.

Dewey, J. (2011). Beltz-Taschenbuch: Demokratie und Erziehung (5. Aufl.). [Weinheim]: Beltz Verlagsgruppe.

Flößer, M. (2024). Keine Lokalzeitung – mehr AfD. Kontext: Wochenzeitung, Nr. 675 vom 6.3.2024.

Gierke, S. (2017). Wie man mit Populisten diskutiert - ohne ihnen in die Falle zu gehen. Interview zur Debattenkultur mit Daniel-Pascal Zorn. Süddeutsche Zeitung vom 30.3.2017.

GMK e.V. (2024): Zukunftsweisende Weichenstellung: GMK-Kuratorium betont zentrale Rolle der Zukunftsweisende Weichenstellung: GMK-Kuratorium betont zentrale Rolle der Medienbildung für Demokratie, KI und Nachhaltigkeit. Bielefeld.

Heitmeyer, W. (Hrsg.) (2016a). Was hält die Gesellschaft zusammen? Bundesrepublik Deutschland: Auf dem Weg von der Konsens- zur Konfliktgesellschaft. Band 2. Herausgegeben von Wilhelm Heitmeyer (1. Auflage). Berlin: Suhrkamp Verlag.

Heitmeyer, W. (Hrsg.) (2016b). Was treibt die Gesellschaft auseinander? Bundesrepublik Deutschland: Auf dem Weg von der Konsens- zur Konfliktgesellschaft (Erstausgabe). Berlin: Suhrkamp Verlag.

Kertscher, B. (2005). Dialog: Bürgermedien 3: Freie Meinungsäußerung und Medienkompetenz - Bürgerrundfunk in Deutschland: Entwicklung, Strukturen und Funktionen der Offenen Hörfunk- und Fernsehkanäle und der Nichtkommerziellen lokalen Hörfunksender. Aachen: Shaker.

Krüger, T. (2016). Vielfalt und Integration - Rolle der Bürgermedien. Beitrag zur Fachtagung „medien.vielfalt.integration". Stuttgart.

Krüger, T. (2024). Bürgermedien als Plattform kritischer politischer Medienbildung. Bürgerjournalismus belebt das Mediensystem: Das Nest e.V., 1.2.2024. https://www.youtube.com/watch?v=_xbBbeL1s0Y. Zugegriffen: 20. März 2024.

lülo-Team (2023). Das ist lücken_los. https://sowasmitkultur.de/luecken-los/. Zugegriffen: 9. Mai 2024.
McElvany, N., & Lorenz, R. e. a. (2023). Internationale Grundschul-Lese-Untersuchung 2021 (IGLU). https://ifs.ep.tu-dortmund.de/forschung/projekte-am-ifs/iglu-2021/.
Nanz, P., & Leggewie, C. (2020). Politik bei Wagenbach. Bd. 810: Die Konsultative. Mehr Demokratie durch Bürgerbeteiligung (4. Auflage). Berlin: Verlag Klaus Wagenbach.
o.V. (2020). 16. Kinder- und Jugendbericht. Förderung demokratischer Bildung im Kindes- und Jugendalter. Berlin. https://www.bmfsfj.de/resource/blob/162232/27ac76c3f5ca10b0e914700ee54060b2/16-kinder-und-jugendbericht-bundestagsdrucksache-data.pdf. Zugegriffen: 20. März 2024.
(2024). Weltoffener Saalekreis. https://www.saalekreis.de/de/weltoffener-saalekreis.html. Zugegriffen: 13. März 2024.

# Jugendmedienschutz im Saalekreis - Fachkräfte im Landkreis Saalekreis am Offenen Kanal Merseburg-Querfurt

Marco Gessner

**Einleitung**
Im Jahr 2010 wurde am Offenen Kanal Merseburg - Querfurt e.v. die Stelle einer Fachkraft für den Jugendmedienschutz installiert, gefördert vom Jugendhilfeausschuss des Jugendamtes Saalekreis und der Medienanstalt Sachsen -Anhalt. Medienpädagogisch und damit nicht im Sinne einer Programmkontrolle der Sendungen des Bürgerfernsehens orientiert, hat dieser inhaltliche Zweig das Portfolio des Offenen Kanals bereichert und war zu seiner Zeit die erste Stelle im Bundesland mit einer spezifischen Ausrichtung auf die Arbeit mit Kindern, Jugendlichen, Eltern, Schulen, Vereinen und anderen Initiativen in einer sich stetig wandelnden Mediengesellschaft. Was 2010 mit schüler.cc und Youtube begann, wurde in den wenigen Jahren bis zum heutigen Tag um Instagram, Tiktok, die virtuelle Realität und künstliche Intelligenz erweitert. Neben der notwendigen Anpassung an aktuelle Tendenzen kindlicher und jugendlicher Mediennutzung sind es jedoch die Dauerthemen wie Cyber-Mobbing, Cyber-Grooming, schadhaftes Konsumverhalten sowie die generelle Funktionsweise der diversen Medienangebote mit ihren Chancen und Risiken, welche die Kerninhalte der Fachkraft, seit 2017 der Fachkräfte, stets ausmachten. Diese und weitere inhaltliche und organisatorische Eckpunkte des Arbeitsalltages und Selbstverständnisses der Fachstellen sollen im Folgenden kurz vorgestellt werden.

**Projekte an Schulen sowie im Offenen Kanal**
Als eine große Stärke erweist sich seit jeher die Möglichkeit, Projekte zur Umsetzung sowohl an den Schulen vor Ort als auch in den Räumen des Offenen Kanals anbieten zu können. Zeitlichen und organisatorischen Schwierigkeiten bei der Einpassung eines Projektes in den Schulalltag kann so entgegengewirkt werden. Andererseits ist die von vielen Schulen und Lehrern gewünschte „Luft- und Raumveränderung" für

einen Projekttag umsetzbar, nicht nur, aber auch für Projektinhalte, die den Einsatz der OK-Studiotechnik erforderten.

**Verzahnung von sensibilisierenden und medienpraktischen Projektausrichtungen**
Jugendmedienschutz (JMS) bedeutet für die Fachkräfte zu informieren, aufzuklären und durch aktive Medienarbeit ein tiefergehendes Verständnis der Materie zu vermitteln. Der präventive Jugendmedienschutz gestaltet sich direkt in der Arbeit mit Kindern, Jugendlichen, Eltern, Schulklassen und Vereinen. Dies geschieht zum einen mit Hilfe von aktiver Medienarbeit - mit Praxisprojekten in den Bereichen Video, Audio und Foto. Hier gestalten die Teilnehmer:innen ihre eigenen Medienprodukte unter medienpädagogischer Anleitung und Betreuung. Neben der Beschäftigung mit einem Teilbereich des JMS werden so die einzelnen Phasen einer Produktion erfahrbar gemacht und liefern Wissen um die inhaltlichen, technischen und gestalterischen Möglichkeiten des jeweiligen Mediums. Der zweite Bereich sind Sensibilisierungsprojekte im Bereich digitaler Medien. Der Fokus liegt dabei auf den vielfältigen Phänomenen der digitalen Welt, in den grundlegenden Bereichen der Medien Film, Audio, Foto und Computerspiel sowie der Medienethik.

**Zielgruppenspezifische Angebote (Kinder, Jugendliche, Eltern, Vereine, Multiplikatoren).**
Diese Sensibilisierungsangebote beinhalten Informations-veranstaltungen, Elternabende, Fortbildungen und Projekttage an Schulen zu relevanten Themen der Mediennutzung. Inhaltlich werden dabei folgende Punkte in den Fokus gestellt: Selbstdarstellung im Internet bzw. in sozialen Netzwerken, Fake News, Cyber-Mobbing, Cyber-Grooming, Sexting, Nutzung und Umgang mit mobilen Endgeräten, Computerspiele, Medienkonsum sowie das Thema Jugendmedienschutz in Deutschland und weitere aktuelle Themen. Auch die Möglichkeiten der Einbeziehung von Medien im Kontext von Schule und Familie wurden innerhalb unseres Angebots entsprechend thematisiert.
Basierend auf eigenen Erfahrungen und durch den Austausch mit Eltern, Lehrkräften und Sozialarbeitern wurden in den Jahren verschiedene Themenpakete konzipiert, die durch verschiedene Bausteine dazu

beitragen, unser vielfältiges Angebot zugänglich, transparent und individualisierbar zu gestalten.
Filmgespräche, die Erstellung von Trick- und Erklärungs-filmen, Audiofeatures, Plakate, Musikclips, Dokumentationen, Diskussionsrunden u.v.a., können an den Schulen oder im Offenen Kanal zur Schulung des kritischen, aktiven und kreativen Umgangs mit Medien durchgeführt werden. Die Erarbeitung spezieller Themen erfolgt dabei stets in Absprache mit den Lehrern/Erziehern. Regelmäßig bieten wir während der Schulzeit die AG Trickfilm und die AG Jugendredaktion sowie in der schulfreien Zeit verschiedene medienpädagogische Ferienaktionen und Angebote für Horteinrichtungen an.

**Netzwerkarbeit**
Zusammen mit der Suchtberatungsstelle Merseburg, der AWO, der Suchtprävention Saalekreis der AWO und der Familien- und Erziehungsberatung Merseburg - Querfurt des PSW Sozialwerk Kinder- und Jugendhilfe nahm 2021 das Netzwerk „Medien im Saalekreis" seine Arbeit auf. Hier tauschen sich alle Fachkraft- und Beratungsstellen des Landkreises aus, entwickeln Strategien für ein gemeinsames Auftreten und planen konkrete Projekte. Ebenfalls seit 2021 beteiligen sich die Fachkräfte an der „Anti-Mobbing-AG" des Jugendamtes. Regelmäßiger Austausch und Kooperationen finden zudem mit der Hochschule Merseburg, der Medienanstalt Sachsen-Anhalt, der Servicestelle Kinder- und Jugendschutz und dem Offenen Kanal Wettin statt.

**Erweiterung der methodischen Möglichkeiten durch mehrere Fachkräfte**
Durch die Besetzung mit zwei Fachkraftstellen, die i.d.R. von drei Personen besetzt werden, ist es seit 2017 in erweitertem Maße möglich, den hohen Nachfragebedarf decken zu können. Dies bedeutet auch einen erweiterten Gestaltungsspielraum hinsichtlich umsetzbarer Methoden zu haben. Die Projekte können so entsprechend den jeweiligen Bedarfen individuell gestaltet und entweder alleine, zu zweit oder bei größeren Projekten mit ganzen Schulklassen von allen drei Personen gleichzeitig durchgeführt werden. Zusätzlich können teils auch zeitintensivere, sprich längere Projektangebote umgesetzt und durchgeführt werden. Durch das kontinuierliche Bestehen der Stelle(n) am Offenen

Kanal Merseburg-Querfurt e.V. hat sich ein breites Angebot entwickelt, dass den Bedürfnissen des präventiven Jugendmedienschutzes hinsichtlich seiner Themenvielfalt und unterschiedlichen Ausgangslagen je nach Schultyp gerecht wird.

**Nutzung des Offenen Kanals als Bürgermedium.**
Die Möglichkeit, die Ergebnisse der medienpraktischen Projekte sowie entstandene Dokumentation zu den Projekten im Programm des Offenen Kanals auszustrahlen, erweist sich als äußerst positiv. Die Teilnehmer der Projekte erfahren dadurch noch einmal eine Wertschätzung ihrer Arbeit. Zudem wird das Wissen um die Besonderheit eines Offenen Kanals als Bürgermedium noch einmal konkret erlebt. Wichtig sind diese Ausstrahlungen auch für die Akzeptanz und Transparenz medienpädagogischer Arbeit im Allgemeinen. Die Projektfilme und Dokumentationen tragen mir dazu bei, dem Begriff Medienprojekt mit Leben zu füllen.

**Stetige Angebotsanpassung und Angebotserweiterung in einer sich stetig wandelnden Medienwelt.**
Im Zuge fortschreitender medialer Veränderungen werden die Angebote der Fachkräfte entsprechend aktualisiert und erweitert. Dies betrifft sowohl inhaltliche Bereiche als auch methodisch-didaktische Fragen. Große Themengebiete sind dabei in kleinere Bausteine unterteilt, die sich, je nach Interessenlage, individuell zusammenstellen und kombinieren lassen.

**Abdeckung eines breiten Themenspektrums in einer ubiquitären Medienwelt.**
Die folgende Auflistung des Themen- und Angebotsspektrums der Fachkräfte soll noch einmal die herausfordernde Vielschichtigkeit in diesem Arbeitsbereich verdeutlichen.

**Einstiegsangebote / Mediennutzung / Datenschutz:**
- Wir gemeinsam im Netz (Sensibilisierungsprojekt, Projekttag, Klasse 3 - 6).
- Wir gemeinsam im Netz (Sensibilisierungsprojekt, Projekttag, ab Klasse 7).

Beide Angebote mit folgenden möglichen Unterthemen
- Anonymität im Internet
- Private und öffentliche Daten (Angaben zu meiner Person)
- Öffentlichkeit im Internet – Chancen und Risiken
- Bedeutung von Emojis
- sichere Passwörter
- Bilderrechte im Internet
- Gefahren im Netz: Cyber-Mobbing, Cyber-Grooming
- Regeln für den Klassenchat
- Sexting (ab Klasse 7)
- Selfie Knigge
- Soziale Netzwerke - WhatsApp, YouTube & Co.
- Smartphone und Straßenverkehr

Mediennutzung (Sensibilisierungsprojekt, Projekttag, ab Klasse 3).
Datenschutz, Algorithmen und Big Data (Sensibilisierungs-projekt, Projekttag.

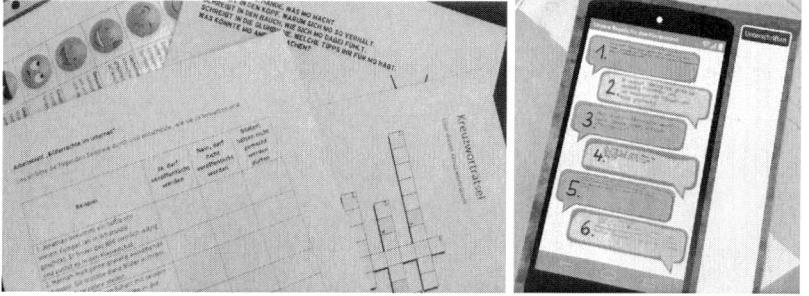

Impressionen für Projekte im Themenbereich soziale Netzwerke (Foto: OKMQ)

Eines der nachgefragtesten Themengebiete ist seit 2010 das Internet, vor allem die sozialen Netzwerke. Hier wird ein breitgefächertes Sensibilisierungsangebot in Form von Projektunterricht für Kindern und

Jugendlichen u.a. in den Bereichen - persönliche- vs. öffentliche Daten, Vor- und Nachteile der eigenen Präsenz im Netz, Medienrecht (Persönlichkeitsrechte und Urheberrecht) und (Cyber-) Mobbing Angeboten. Abhängig von der jeweiligen Klassenstufe werden die Funktionsweisen und speziellen Eigenarten jugendaffiner Netzwerke wie WhatsApp, Instagram, TikTok und YouTube beleuchtet. In Elternabenden und Lehrerfortbildungen werden Einblicke in die Medienwelten von Kindern und Jugendlichen gegeben, deren Faszination für Heranwachsende dargelegt und Chancen und Risiken der Mediennutzung gemeinsam mit den Teilnehmenden erörtert.

**Cyber-Mobbing**
- Cyber-Mobbing (Sensibilisierungsprojekt, ab Klasse 4).
- Cyber-Mobbing (Aktive Medienarbeit, ab Klasse 4).
- Cyber-Mobbing (Elternabend und Lehrerfortbildung).
- Cyber-Mobbing (als Teil des Elternabends „Jugendliche in modernen Medienwelten").

Ziel ist es, für dieses wichtige Thema zu sensibilisieren, das Phänomen inhaltlich zu umreißen und Gefahrenpotenziale sowie mögliche Gegenmaßnahmen aufzuzeigen. Gerade für Kinder und Jugendliche ist es erforderlich, ihnen die Dimension mit all ihren möglichen Folgen näher zu bringen, die durch (öffentliche) Beleidigungen und Demütigungen im Zusammenhang mit (Cyber-) Mobbing entstehen können. In diesem Zusammenhang ist auch eine mögliche Strafverfolgung durch die Polizei ein relevanter Bestandteil (Verfolgung der IP-Adresse durch Logfiles etc.).

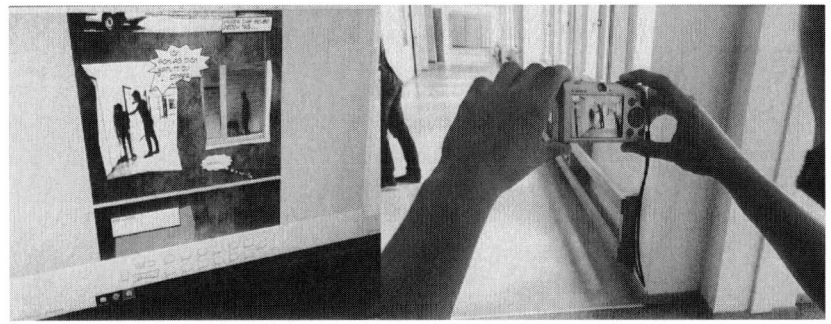

Impressionen von durchgeführten Projekten zum Themenkomplex Cyber-Mobbing (Foto: OKMQ)

**Pornographie**
- Sexting, Grooming, Pornografie - sexualisierte Onlinewelten (Sensibilisierungsprojekt, ab Klasse 9).
- Jugendliche und Pornographie (als Teil des Elternabends „Jugendliche in modernen Medienwelten").

Jugendliche interessieren sich im Zuge ihrer Entwicklung zu erwachsenen Persönlichkeiten zwangsläufig auch für das Thema Sex. Im Internetzeitalter gestaltet sich der Zugang zu erotischen und pornografischen Medieninhalten für diese Generation so leicht wie nie.
Laut einer Studie[55] wird der Konsum pornographischer Medien von Jugendlichen als völlig normal empfunden. Deshalb thematisiert das Angebot ab Klassenstufe 9, abseits von Klischeevorstellungen einer angeblichen „Generation Porno", den pornographischen Film als Genre mit seinen Inhalten und Klischees und setzt diese ins Verhältnis zur Realität. In den letzten Jahren wurde das Themenpaket für die verschiedenen Altersstufen angepasst, indem eine stärkere Fokussierung auf die Lebensphase der Pubertät mit ihren entwicklungsbedingten Besonderheiten als Ausgangspunkt gesetzt wird. Zu den Vorbereitungen auf dieses Themengebiet und seiner Umsetzung mit Schulklassen gehört die Vorinformation der Eltern, verbunden mit der Möglichkeit, ein schulisches Alternativangebot für die Zeit des Projektunterrichtes zum Thema in Anspruch zu nehmen. Für die Durchführung des Projektes wird nach Absprache mit der Schulleitung und dem Klassenlehrer entschieden, ob eine Aufteilung der Klasse in Jungen und Mädchen sinnvoll ist, um so u. U. eine konzentriertere und geschützte Arbeits- und Diskussionsatmosphäre zu ermöglichen. Jugendschutzbestimmungen werden auch bei diesem Angebot beachtet und eingehalten. Zudem regen wir an, dass ein Brief der Schule die Eltern im Vorfeld auf dieses Projekt hinweist.

---

[55] Thorsten Quandt/Jens Vogelgesang: Jugend, Internet und Pornografie: Eine repräsentative Befragungsstudie zu individuellen und sozialen Kontexten der Nutzung sexuell expliziter Inhalte im Jugendalter, in: Patrick Rössler/Constanze Rossmann (Hrsg.): Kumulierte Evidenzen. Replikationsstudien in der empirischen Kommunikationsforschung, Springer VS 2018, Seite 91-118.

**Mediale Schönheitsideale, Rollen- und Körperbilder**
- Phänomen Influencer:in (Sensibilisierungsprojekt, Projekttag, ab Klasse 7).
- Phänomen Influencer:in (Aktive Medienarbeit, Projekttag, ab Klasse 7).
- Mediale Rollen- und Körperbilder / Schönheitsideale (Sensibilisierungsprojekt, ab Klasse 7).

Gerade für Heranwachsende, ihrer Suche nach sich selbst und der notwendigen Entwicklungsleistung der Akzeptanz des eigenen Körpers, sind die sozialen Netzwerke mit ihren medialen Zerrbildern von angeblicher Natürlichkeit keine große Hilfe. Laut einer Studie der Young Men's Christian Association UK & Eire fühlen sich nahezu zwei Drittel der heranwachsenden Mädchen von den Schönheitsidealen in den sozialen Netzwerken unter Druck gesetzt.[56] Eine weitere Studie belegt zudem, das Mädchen, die Influencerinnen in den sozialen Netzwerken folgen, stärker dazu tendieren, ihre eigenen Bilder stärken mit Tricks und Filtern zu optimieren.[57] Mit unseren neuen Angeboten wollen wir dieses Zerrbild offen legen, gesellschaftliche Gegenbewegungen (Body - Positifity, Body - Neutrality) näher bringen und für mehr visuelle Vielfalt im Netz und der Gesellschaft plädieren. Die Auseinander-setzung mit stereotypen Darstellungen von Männern und Frauen in sozialen Netzwerken wie auch allgemein in den Medien sind in diesem Themengebiet ebenfalls fester Standard.

Beispiele für den Themenkomplex „mediale Rollen-, Schönheits-, und Körperbilder" (Foto: OKMQ)

---

[56] https://www.ymca.org.uk/latest-news/ymcas-be-real-campaign-finds-that-almost-two-thirds-of-young-people-feel-pressure-to-look-their-best-online.
[57] https://malisastiftung.org/wp-content/uploads/Selbstinzenierung-in-den-neuen-Medien.pdf.

**Medienethik**
- Medienethik kompakt (Sensibilisierungsprojekt, 135 Minuten, ab Klasse 8).
- Foto- und Videomanipulation (Sensibilisierungsprojekt, Projekttag, ab Klasse 7).
- Fake News, Hate Speech und die Bewertung von Informationen im Internet (Sensibilisierungsprojekt, Projekttag, ab Klasse 8).

In diesem Themenschwerpunkt werden ethische, moralische und gesellschaftliche Aspekte heutiger Medienformate oder technischer Möglichkeiten thematisiert und gemeinsam erörtert. Wer produziert für wen und warum? Was ist echt, was inszeniert und gibt es Möglichkeiten, das zu erkennen? Warum brauchen wir eine Ethik der Medien? Neben all diesen Fragen, bekommen die Jugendlichen auch einen Einblick in die bundesdeutsche medienethische Geschichte und thematisieren mit uns gemeinsam aktuelle Herausforderungen für die Einzelperson und die Gesellschaft auf diesem umfassenden und wichtigen Gebiet.

**Computerspiele**
- Computerspiele – Grundlagen eines Mediums (Sensibilisierungsprojekt, Projekttag, ab Klasse 7).
- Computerspiele bewerten (Aktive Medienarbeit, 2 Projekttage, ab Klasse 9).
- Computer- und Onlinespiele, Sucht und Jugendschutz (Elternabend und Lehrerfortbildung).
- Computer-Onlinespielsucht (als Teil des Elternabends „Jugendliche in modernen Medienwelten").

Computerspiele erfreuen sind gerade bei Kindern und Jugendlichen größter Beliebtheit. Egal ob am Computer, der Konsole oder am Smartphone, spielend leicht eignen sich junge Menschen die Fertigkeiten zum Spielen an, entwickeln Fingerfertigkeiten und schnelles Reaktionsvermögen. Unser Angebot zielt darauf ab, ein Bewusstsein für die Anforderungen und Bedürfnisse an ein Computerspiel zu erkennen, sowie persönliche Qualitätskriterien entwickeln und formulieren zu können. Dafür testen die Teilnehmenden vor Ort verschiedene Spiele, ordnen sie in die verschiedenen Genres ein und bewerten und reflektieren diese. Ferner wird ein Einblick in die Computerspielgeschichte gegeben sowie das Thema schadhaftes Konsumverhalten (Computerspielsucht)[58] behandelt. Die Angebote für Erwachsene beinhalten einen Einblick in aktuelle Spieletrends, einen Überblick über populäre Spielegenres, Informationen zur Computerspiel-/Onlinesucht sowie einen Überblick zu Aspekten des Jugendmedienschutzes in Bezug auf dieses beliebte Medium (Alterskennzeichen, Vorstellung Unterhaltungssoftware Selbstkontrolle (USK), Prüfkriterien und Prüfprozess).

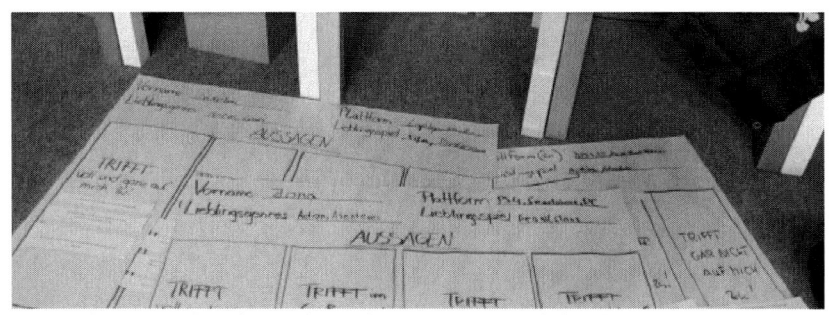

Impressionen aus im Themenkomplex „Computerspiele" (Foto: OKMQ)

**Filmbildung**
- Filmbildung (Sensibilisierungsprojekt und aktive Medienarbeit, Projekttag, ab Klasse 7).
- Filmarbeit – Wie drehe ich einen Film? (Aktive Medienarbeit, ab 3 Projekttagen bis Projektwoche, ab Klasse 5).
- Filmmusik (Sensibilisierungsprojekt, 135 Minuten, ab Klasse 7).
- Kurzfilmprogramm „Flimmerwand": Filme sehen und verstehen! (ab 90 Minuten, alle Altersstufen).

Film ist nach wie vor das prägendste Medium unserer Zeit, gerade auch durch die Schnittmengen zu den Bereichen Computerspiele und Internet. Die Angebote vermitteln filmhistorische- und ästhetische Grundlagen sowie technische und erzählerische Neuerungen und Standards.

---

[58]https://www.aerzteblatt.de/nachrichten/95908/ICD-11-WHO-stellt-neuen- Diagnoseschluessel- vor (abgerufen am 10.01.2020)

Auch die Genres als Abkommen zwischen Filmschaffenden und ihrem Publikum werden aufgezeigt und grundlegende Bereiche des Entstehungsprozesses näher betrachtet, wie Mise en Scène, Montage, Filmmusik und Synchronisation. Um dies anschaulich und nachvollziehbar zu beleuchten, geschieht dies in verschiedenen kleinen praktischen Übungen. Der Baustein der Praxisübung betrachtet inhaltlich das praktische Erleben eines filmischen Produktionsprozesses in einem größeren zeitlichen Rahmen, von einem bis zu mehreren Projekttagen. Unser Kurzfilmprogramm „Flimmerwand" richtet sich derzeit vor allem an Kinder bis zu 12 Jahren mit einer Auswahl an pädagogisch wertvollen Kurzfilmen, die dann, z.b. über Filmgespräche, entsprechend nachbereitet werden.

Impressionen aus dem Themenkomplex Film (Foto: OKMQ)

**Werbung**

- Werbung erkennen (Sensibilisierungsprojekt, ab 135 Minuten, ab Klasse 3).
- Werbung gestalten (Aktive Medienarbeit, Projekttag, ab Klasse 5).

Werbung ist im Alltag allgegenwärtig. Das Angebot soll Kinder und Jugendliche für Werbung sensibilisieren und ihnen dabei helfen, die verschiedenen Formen und Ausprägungen zu erkennen. Gemeinsam widmen wir uns in diesem Modul den Fragen, wie und warum Werbung eigentlich entsteht. Das gewonnene Wissen kann dann nach einem theoretischen Input mit der praktischen Erstellung eines eigenen Werbeproduktes in Kleingruppen weiter vertieft werden. Im Angebot ab Klasse 6 wird zudem ein Überblick in die Geschichte der Werbung geboten.

**Audio**
- Hör mal, was du siehst - Geräuschejagd und Geräuschequiz (Sensibilisierungsprojekt, 90 Minuten, ab 4 Jahren).
- Geschichten, die klingen - Minihörspiel mit der Geräuschetonne (Aktive Medienarbeit, 90 Minuten, ab 4 Jahren).
- Podcast: Audiobeiträge selbst erstellt (Aktive Medienarbeit, Projekttag, ab Klasse 4).

An den KiTa sind wir vor allem im Bereich der Hörschulung unterwegs. Unsere Angebote bringen den Kindern die Welt der Geräusche näher: Ob die Einordnung und das Erkennen von Alltagsgeräuschen, das Finden und die Aufnahme von Geräuschen am Projektort für ein Quiz oder das eigene Erstellen von Geräuschen mittels Haushaltswaren wie Plastikfolie, Kleiderbürste oder Kokosnussschalen. Den (etwas) Älteren bieten wir die Möglichkeit, einen Podcast zu einem vorgegeben oder frei gewähltem Thema inhaltlich vorzubereiten und umzusetzen.

**Fotografie**
- So sehe ich die Welt - Eine Fotojagd (Aktive Medienarbeit: ab 5 Jahren, 90 Minuten - ab 9 Jahren, Projekttag).
- Grundlagen der Fotografie (Sensibilisierungsprojekt, ab Klasse 6, Projekttag).
- Das suchende Auge - Praktische Fotoarbeit (Aktive Medien-arbeit, ab Klasse 4, Projekttag).

Die Fotografie erfreut sich nach wie vor großer Begeisterung bei Kindern und Jugendlichen. Wir fokussieren uns auf den Bereich des Sehens und Interpretierens von Fotografien wie auf den Akt des Fotografierens selbst. Neben technischen und ästhetischen Gesichtspunkten wird auch die Bedeutung der Fotografie für die Menschen thematisiert und nahegebracht.

**Elternabend**
Medienerziehung in der Familie: Dieser Elternabend widmet sich mit verschiedenen Anregungen, Hinweisen und Tipps der Frage, wie zeitgemäße Mediennutzung innerhalb der Familie funktionieren kann? Neben der Vorstellung verschiedener Aspekte und Phänomene, bietet

dieses Angebot auch die Möglichkeiten selbst Fragen stellen und erörtern zu können, um so eine bedarfsgerechte Ansprache und Hilfe im Alltag leisten zu können.

**Kinder / Jugendliche in modernen Medienwelten**
Ein Elternabend als Einstiegsangebot mit einer Übersicht über aktuelle Tendenzen jugendlicher Mediennutzung. Dies beinhaltet eine kurze Einführung in die Schwerpunktthemen Soziale Netzwerke, (Cyber-) Mobbing, Online- / Computer-spielsucht, (Internet-)Pornographie und die Verherrlichung von Essstörungen.

**Medienkonsum**
Always On - Konsum, Aufmerksamkeit und digitale Ethik gibt Auskünfte über die Beliebtheit der sozialen Netzwerke und Computerspielen. Darauf aufbauend werden mögliche Problemfelder bei regelmäßigem bzw. intensivem Konsum skizziert, Hinweise zum schadhaften Verhalten (Sucht) gegeben, Hilfs- und Beratungsangebote benannt. Auch die Rolle der Anbieter von sozialen Netzwerken wird dabei beleuchtet.

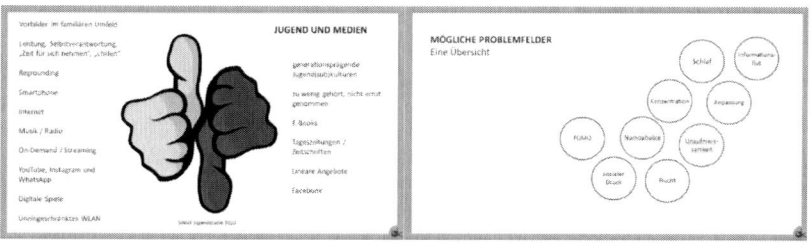

Auszüge den Präsentationen zu einem Elternabend, Thema: Medienkonsum und Jugendliche in modernen Medienwelten

**Online-Veranstaltungen**
Bedingt durch die Corona-Pandemie wurde die Wichtigkeit von Online-Veranstaltungen offenbar. 2021 brachten wir mit dem „Medien.Update" eine Fortbildungsreihe an den Start, die über allgemeine und aktuelle Medienthemen informierte. Mit dem „Medien.Cafe" boten wir Eltern die Möglichkeit, sich untereinander und mit uns rund um Themen der Medienerziehung auszutauschen.

**Beratung**
Informationen durch persönliche Gespräche und Emails zu Fragen hinsichtlich der Mediennutzung von Kindern und Jugendlichen werden angeboten. Auch die Vermittlung an weitere, spezialisierte Stellen und Angebote (z.B. im Bereich Mobbing) findet statt. Eine wöchentliche Telefon-Sprechzeit wurde ebenfalls installiert.

**Medienprojekte**
Filmgespräche, Erstellung von Trickfilmen, Audiofeatures, Plakate, Musikclips, Dokumentationen, Diskussionsrunden u.v.a., können an den Schulen oder im Offenen Kanal zur Schulung des kritischen, aktiven und kreativen Umgangs mit Medien durchgeführt werden. Die Erarbeitung spezieller Themen erfolgte mit den Lehrern/Erziehern. Regelmäßig boten wir während der Schulzeit die AG Trickfilm und die AG Jugendredaktion sowie in der schulfreien Zeit verschiedene medienpädagogische Ferienaktionen und Angebote für Horteinrichtungen an.

Impressionen aus unseren Medienprojekten der Aktiven Medienarbeit
(Foto: OKMQ)

**Regelmäßige Projekte**
Trickfilmwerkstatt (seit September 2021: Medien-AG). Das offene Angebot des OK bietet die Möglichkeit verschiedene Tricktechniken zu erlernen. In Kleingruppen produzieren interessierte Kinder verschiedene Trickfilme, mit eigenen Zeichnungen, Knete, Lego oder analoge sowie digitale Filmtricks als Kurzfilme.

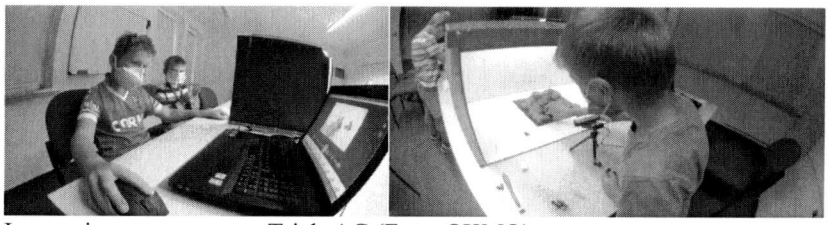

Impressionen aus unserer Trick-AG (Foto: OKMQ)

**Jugendredaktion (Medienlabor)**
Verschiedene kulturelle und politische Themen werden von den Jugendlichen aufgegriffen und filmisch bearbeitet. Das Medienlabor möchte verstärkt Medienangebote auf den Prüfstand bringen und testen, seien es Apps, Spiele oder Filme.

**Medienpädagogischer Stammtisch**
Vorstellung von aktuellen Projekten, diskutieren und veröffentlichen von Arbeitsergebnissen, Erfahrungsaustausch, Planung von Projekten der Medienbildung, praktische medienpädagogische Qualifizierung, Ausbau des Medienkompetenz-netzwerkes in Kooperation mit der Netzwerkstelle Medienkompetenz Sachsen-Anhalt, fjp Media und der GMK Landesgruppe Sachsen-Anhalt.

**Ausblick**
Das Arbeitsfeld, in dem die Fachkräfte für den Jugendmedienschutz des Landkreises Saalekreis unterwegs waren und sind, wird auch in Zukunft weder an Bedeutung, noch an Intensität hinsichtlich der zu meisternden Aufgaben abnehmen. Pro Jahr wurden, je nach der unterschiedlichen Länge eines Einsatzes von zwei Schulstunden bis zu fünf Tagen, zwischen 60 bis 90 Projekte im Zielgebiet durchgeführt. Unabhängig von der Ausgestaltung und der Präsenz zukünftiger Medienwelten wird der Bedarf an Aufklärung, Sensibilisierung und praktischer Erfahrungen und damit auch das dringliche Vorhandensein medienpädagogischer Angeboteaktuell bleiben.

# Inklusive Medienarbeit: In anderen Umständen
## Ein Projekt im Offenen Kanal Merseburg-Querfurt e.V.
Anne Scheschonk / Andrea Rüthel

Von November 2022 bis Februar 2024 wurde im Offenen Kanal Merseburg-Querfurt e.V. (OKMQ) das Projekt „In anderen Umständen" realisiert. Das Projekt bestand aus 2 Arbeitsschwerpunkten: (1) der Gründung einer inklusiven Redaktion im OKMQ sowie (2) der Produktion einer Webdokumentation zum Thema „Elternschaft von Menschen mit Lernschwierigkeiten" als barrierefreie Webseite. Es wurde maßgeblich von der Aktion Mensch gefördert und erhielt weitere finanzielle Unterstützung durch die Heidehof Stiftung und weitere Institutionen und private Spender*innen.

**Die inklusive Redaktion**

Im OKMQ e.V. wurde eine Redaktion gegründet, deren Mitglieder aus Menschen mit und ohne Behinderungen aus der Umgebung bestehen, um ein sinnstiftendes Freizeitangebot zu schaffen und das Programm des OKMQ vielfältiger zu machen. Vorkenntnisse dafür waren nicht nötig, weil alles Wissen zusammen erarbeitet wird, z.B. Fernsehbeiträge zu konzipieren und technisch umzusetzen. Angebote wie Technikeinführungen waren und sind dementsprechend niedrigschwellig. Die Ideen und Gestaltung von Beiträgen werden gemeinsam entwickelt und nicht durch die Mitarbeitenden Andrea Rüthel und Anne Scheschonk vorgegeben. Auch will man die Redaktionstreffen nicht durch zu viele Lernangebote „verschulen".

Mitglieder für die Redaktion zu gewinnen, gelang dank zahlreicher Kontakte zu Akteur*innen im Bereich Inklusives Engagement und/oder Behindertenarbeit im Saalekreis, sehr schnell. Bereits im Dezember 2022 kamen zu einem ersten Info- und Kennenlerntag im OKMQ mehrere Interessierte. Seit Mitte Januar 2023 trifft sich die inklusive Redaktion regelmäßig ein Mal in der Woche im OKMQ.

Das i-Team, so haben die Mitglieder die Redaktion getauft, hat den Slogan: Informativ und inklusiv! Die Gruppe besteht aus 12 Personen mit und ohne Behinderungen im Alter von 26-62 Jahren, von denen ca. 8 Personen regelmäßig kommen. Die Männer sind dabei leicht in der Überzahl.

Mitglieder des i-Teams vorm OKMQ (von li nach re): Antje Struch, Frank Knabe, Rüdiger Mußbach, Martin Schäfer, Anne Scheschonk, Maik Bau, Andrea Rüthel, Heiko Zorn, Andrea Großmann, Katja Künzel, Sindy Neuber (Foto: OKMQ)

Frank Knabe und Rüdiger "Rudi" Mußbach bei Dreharbeiten (Foto: OKMQ)

Die Mitglieder lernen Schritt für Schritt den Umgang mit der Kamera- und Schnitttechnik und haben ihr Wissen darüber erweitert. Fast alle haben auch unsere Workshop-Reihe zu Barrierefreiheit besucht (AD & UT, Barrierefrei Posten, Leichte Sprache). Sie profitieren von den Treffen nicht nur in Sachen Medienkompetenz, sondern auch darüber hinaus. Menschen, die sich sonst nie begegnet wären, sehen sich nun regelmäßig, tauschen sich aus und lernen sich kennen. Aus einer anfänglichen Sorge, „nur" ein zusätzliches Freizeitangebot für Menschen mit Lernschwierigkeiten zu sein, ist über das erste Jahr des Bestehens eine heterogene Gruppe entstanden, in der das Verhältnis von Menschen mit und ohne Lernschwierigkeiten ausbalanciert ist – real gelebte, inklusive Begegnungen werden hier geschaffen!

Sindy Neuber und Anne Scheschonk im Studio (Foto: OKMQ)

Den Mitarbeitenden ist es gelungen, einen Raum zu schaffen, in dem sich jede*r gesehen fühlt und traut, Ideen und Feedback einzubringen. Einzelne Mitglieder entdecken ihre Potentiale und entfalten sie immer weiter. So bringt sich z. B. ein junger Mann mit Down-Syndrom nach anfänglicher Schüchternheit immer mehr mit eigenen Filmideen ein und arbeitet Zuhause eigenständig an Themen wie Bildkomposition weiter.
Ein anderes Mitglied fing an, in ihrer Freizeit zu malen, weil sie der kreative Austausch in unserer Gruppe dazu animiert hat. Das sind nur zwei Beispiele, die zeigen, wie die Arbeit in der inklusiven Redaktion auch das Leben der Mitglieder außerhalb der Treffen nachhaltig und positiv beeinflusst.

Rüdiger Paul und Aaron Friebel bei Dreharbeiten im Studio (Foto: OKMQ)

Insgesamt fanden 46 Treffen innerhalb des Projektzeitraums statt. Das i-Team hat in der Zeit 7 Beiträge produziert und bereits im Programm des Offenen Kanal ausgestrahlt. Fünf weitere Beiträge befinden sich bereits im Schnitt. Das i-Team konnte sich so mit seinen Sendungen regelmäßig am Programm des OKMQ beteiligen.

**Die Webdokumentation**

In der Webdokumentation kommen Eltern mit Lernschwierigkeiten in Statements, Filmen und Interviews zu Wort. Sie teilen ihre Erfahrungen, Wünsche und Forderungen an die Gesellschaft. So wird eine Personengruppe medial sichtbar gemacht, die sonst nur wenig Repräsentation erfährt. Sichtbarkeit von marginalisierten Gruppen bedeutet, ihre Gleichwertigkeit anzuerkennen. Durch die Art der Darstellung (bildlich ästhetisch, hochwertig, nah, positiv, keine „Opferdarstellung", vertraut) und die Einblicke in die privaten Lebensrealitäten der Protagonist*innen werden Berührungspunkte geschaffen. Wir kommen diesen Menschen sehr nah. Die Intention der Webdoku ist zum einen, dass sich Menschen mit Lernschwierigkeiten von den Filmen bestärkt fühlen, für sich und ihre Rechte einzutreten. Zum anderen sollen bei Menschen ohne Lernschwierigkeiten Vorurteile gegenüber Menschen mit Lernschwierigkeiten ausgeräumt und dem Phänomen des „Othering", dem „andersgemacht Werden", entgegengewirkt werden.

Das Filmteam Anne Scheschonk (li) und Claus Stoermer (re) mit ihren Bremer Protagonist*innen (Foto: M. Kloth)

Mit der Webdoku ist es gelungen, 12 Kurzfilme zu produzieren, die einen vielfältigen Einblick in die Biografien und Erfahrungswelt von Menschen und Eltern mit Lernschwierigkeiten geben. Die Protagonist*innen berichten vor der Kamera mit großer Offenheit und Vertrauen zum Filmteam von ihrem Leben. Davon profitieren die Filme enorm und erreichen ihr Ziel, Berührungspunkte zu schaffen und zu sensibilisieren. Dem Filmteam, bestehend aus Anne Scheschonk (Regie), Markus Kloth (Kamera) und Claus Stoermer (Ton), war es wichtig, den Protagonist*innen ebenfalls mit viel Offenheit und auf Augenhöhe zu begegnen. Durch Treffen und Telefonate zum Kennenlernen im Vorfeld der Dreharbeiten schufen sie die nötige vertrauensvolle Atmosphäre, die sich letztlich positiv auf die Dreharbeiten auswirkte. Insgesamt fanden an 8 Drehzeiträumen 22 Drehtage bundesweit statt, darunter in Städten wie Frankfurt (Oder), Bremen, Marburg, Magdeburg und Lutherstadt Eisleben.

Dreharbeiten zur Webdoku in Frankfurt (Oder) (Foto: M. Kloth)

Die Filme sind auf einer barrierearmen Webseite veröffentlicht, um sie einer möglichst großen Gruppe an Menschen zugänglich zu machen. Das bedeutet, die Filme sind in unterschiedlichen Fassungen mit Audiodeskription, Untertitelung für hörgeschädigte Menschen und mit Deutscher Gebärdensprachdolmetschung veröffentlicht. Alle begleitenden Texte sind in Leichter Sprache verfasst.

Internetpräsens: www.in-an-um.de

Ein eigener Instagram-Kanal hat die Veröffentlichungen im Programm des OKMQ und auf der Webseite begleitet und fungiert jetzt als eine

Art Archiv für die Webdokumentation (Instagram: @webdoku.inanum).

Einzelne Filme der Webdoku wurden auch bereits öffentlich vorgeführt, z. B. auf dem re-flect 2023 in Stendal, im Frauenzentrum Wolfen und im Frauenzentrum Courage in Magdeburg. Die Reaktionen auf die Filme sind stets gut und reichen von Berührung bis zu Empörung. Viele Menschen sagen, sie hätten sich noch nie mit dem Thema beschäftigt und waren dankbar für die Einblicke und Impulse, darüber nachzudenken.

Der Link zur Webdokumentation: www.in-an-um.de

**Ausblick**

Die inklusive Redaktion wird zunächst ehrenamtlich und im 2-wöchigen Rhythmus weitergeführt, da sie gut angenommen wird und allen Mitgliedern wichtig ist. Filme der Webdoku sollen auch 2024 öffentlich vorgeführt werden, z. B. im Rahmen von Filmfestivals oder Gesprächsrunden in Einrichtungen.

# Barrierefreiheit im OKMQ
Katharina Kirch

Nicht behindert zu sein ist wahrlich kein Verdienst, sondern ein Geschenk, das jedem von uns jederzeit genommen werden kann, ein Zitat von Richard von Weizsäcker, ehemaliger Bundespräsident.
Ich selbst bin von Geburt an behindert und leide an der seltenen Stoffwechselerkrankung Mukopolysaccharidose, kurz: MPS. Durch diese Erkrankung bin ich mehrfachbehindert. Die Unterstützung und Motivation nicht aufzugeben, meinem Leben einen Sinn zu geben, habe ich durch meine Eltern immer wieder erfahren.
Ehrlich gesagt habe ich davon geträumt, an eine Filmhochschule zu gehen. Aber das hätte ich gesundheitlich nicht geschafft. Während eines einjährigen Praktikums im Offenen Kanal Merseburg-Querfurt e.V. machte ich eine Erfahrung, die meinen weiteren Lebensweg bestimmen sollte. Dort habe ich Sendungen produziert, vor laufender Kamera moderiert, Gesprächsrunden geführt und vieles andere gelernt. Außerdem habe ich das Projekt „Ich bin Ich" ins Leben gerufen. Dort erstelle ich Konzepte für die Sendung „Behindert, na und?!", in der über das Leben von behinderten Menschen berichtet wird. Das Projekt wird von behinderten Menschen in Kooperation mit nicht behinderten Menschen geführt. Meine Plattform, mich und meinen Traum zu verwirklichen, fand ich im Offenen Kanal Merseburg-Querfurt e.V. und der Hochschule Merseburg.
Durch meine eigenen Behinderungen ist es mir ein wichtiges Anliegen - eine Herzensangelegenheit - das Thema „Behinderung im Bürgerfernsehen" zu untersuchen. Ein wichtiger Aspekt hierbei ist für mich die Barrierefreiheit und die Inklusion von behinderten Menschen. Mit beiden Themenbereichen setzte ich mich intensiv in meinem Praktikum im Bundestag in Berlin auseinander, indem ich einen Film zur Barrierefreiheit im deutschen Bundestag drehte. Daraus entstand die Idee, diese Untersuchung auch in den Offenen Kanälen, im Bürgerfernsehen durchzuführen, um zu sehen, inwieweit Forderungen der Behindertenrechtskonvention in der Gesellschaft bereits umgesetzt werden.

**Behinderung:** Mit dem rasanten Anstieg der Weltbevölkerung steigt auch der Anteil der Menschen mit Behinderungen. Eine Hochrechnung der World Health Organization (WHO) sagt aus, dass etwa eine Milliarde der Menschheit mit einer Behinderung lebt. Diese wichtige Erkenntnis aktualisiert eine Schätzung aus den 70iger Jahren, in der von 650 Millionen Menschen mit Behinderung ausgegangen wurde. Heutige Untersuchungen belegen, dass etwa jeder siebente Mensch seinen Alltag nur mit Einschränkungen meistern kann. Das Thema Behinderung wird in unserer globalisierten Welt einen wichtigen und nicht zu unterschätzenden Platz in der politischen und wirtschaftlichen Ausrichtung sowohl in den Entwicklungsländern als auch in den Industrienationen einnehmen.[59]

Die politische Behindertenbewegung begann in den 70iger Jahren in den USA und in Großbritannien. Etwa zeitgleich mit der Behindertenbewegung bildeten sich in den USA Gruppen, die sich als behinderte Menschen öffentlich für ihre Rechte stark machten und Gleichberechtigung in der Gesellschaft forderten.[60] Sie begannen, sich gegen „ihre Verbannung in Wohnheime, ihren Ausschluss vom Arbeitsmarkt und von der Möglichkeit, ihren Lebensunterhalt zu verdienen, gegen ihre finanzielle Abhängigkeit sowie ihre erzwungene Armut"[61] zu wehren. „So entstand eine aus unterschiedlichen gesellschaftlichen Gruppen emanzipatorisch orientierte soziale und politische Bewegung, deren zentrale Forderung lautete, Menschen mit Behinderungen müssen selbst behindertenbezogene Fragestellungen und Themen der Forschung, aber auch der Behindertenpolitik maßgeblich mitbestimmen."[62] Daraus gründete sich 1982 unter der Leitung Irving Kenneth Zola, einem behinderten amerikanischen Soziologen, die Society for Disability Studies, eine eigenständige Forschungs-richtung. Untersucht werden die Lebensbedingungen von behinderten Menschen, insbesondere die rechtlichen, sozialen, ökonomischen und kulturellen Aspekte, welche auf die Lebensbedingungen Einfluss nehmen.[63]

Auch in Deutschland liegt in der politischen Behindertenbewegung die Basis der Disability Studies. Mit der Gründung der sogenannten „Krüppelgruppen" im Jahre 1978 durch Horst Frehe und Franz Christoph entwickelte sich eine ausführliche „Krüppelposition" zum Thema

---
[59]Vgl. Christoffel-Blindenmission, 2011 (Zugriff: 10.08.2011).
[60]Vgl. Dederich, 2007, S. 17 ff.
[61]Carol, 2007, S. 23.
[62]Ebda S. 21.
[63]Vgl. Ebda S. 22.

Behinderung, die viele provokativ fanden. „Dieser Position zufolge sind Behinderte eine unterdrückte soziale Minderheit, die einem erheblichen Anpassungsdruck bezüglich gesellschaftlicher Werte, Ideale und ästhetischer Normen ausgesetzt ist."[64] Die deutsche Bewegung verfolgte seit ihrem Beginn das Ziel der Nichtaussonderung und Selbstbestimmung behinderter Menschen sowohl im politischen als auch im gesellschaftlichen Kontext. Um diese Zielstellung umsetzen zu können, wurden Zentren für Selbstbestimmtes Leben gegründet, das erste in Bremen 1986. Zwei der wichtigsten Grundsätze, welche sich durch die Bewegung in Deutschland herausgebildet haben, sind: „Antidiskriminierung und Gleichstellung behinderter Menschen" und „Nichtaussonderung und größtmögliche Integration in das Leben der Gemeinde"[65]
Der Begriff Behinderung fasst eine große Anzahl an verschiedenen funktionellen Einschränkungen zusammen, die in jeder Bevölkerung jedes Landes auf der Welt auftreten. Menschen können auf Grund einer körperlichen oder intellektuellen Störung oder Schädigung der Sinneswahrnehmung, sowie auf Grund eines medizinischen Zustandes oder einer geistigen Erkrankung eingeschränkt sein. Solche Schäden, Zustände oder Erkrankungen können von Dauer oder vorübergehend sein.[66]
Wie „Behinderung" definiert wird, ist abhängig von dem historischen und kulturellen Hintergrund, vom Stand der Wissenschaft und von dem in der jeweiligen Gesellschaft vorherrschenden Menschenbild. So wurden etwa im Mittelalter behinderte Menschen mit Dämonen in Verbindung gebracht, um abweichendes Verhalten oder Gebrechlichkeit zu erklären. Dies führte zu ihrer Verfolgung und in vielen Fällen zu ihrer Tötung.[67] Heute gibt es auf Grund des gesellschaftlichen und kulturellen Wandels sowie des wissenschaftlichen Fortschritts andere Erklärungs-ansätze für Behinderungen.
Die Stellung von Menschen mit Behinderungen in der Gesellschaft hat sich entsprechend verändert. Weil der Begriff der Behinderung und was darunter zu verstehen ist, von der jeweiligen gesellschaftlichen

---

[64]Ebda, S. 24.
[65]Ebda.
[66]Vgl. Haeberlin, 1996, S. 87.
[67]Vgl. Ebda.

Situation abhängig ist, kann er sich immer wieder verändern. Behinderung ist somit ein relativer Sachverhalt.[68]
Der Begriff Behinderung wird je nach Sichtweise anders definiert und als ein Prozess dargestellt. Hier werden verschiedene Behinderungen vorgestellt um zu zeigen, wie vielseitig dieser Begriff ist.
Auf die Definitionen der Weltorganisation United Nations (UNO), der Weltgesundheitsorganisation (WHO) und die sozialrechtliche Definition in Deutschland wird näher eingegangen, weil es die grundlegendsten und treffendsten Begriffsdefinitionen sind und alle Arten von Behinderungen einschließen. Eine einheitliche Definition des Begriffs Behinderung gibt es in der Europäischen Union (EU) nicht, weil die Begriffsbestimmung in den Mitgliedstaaten der EU weitgefasst sind und nur allgemeine Regelungen enthalten.
Die WHO unterteilt Behinderung und ihre Auswirkungen für Betroffene in drei Bereiche[69].
1. impairment (Schädigung): Mängel der anatomischen, psychischen oder physiologischen Funktionen;
2. disability (Beeinträchtigung): ist eine funktionale Beeinträchtigung der Fähigkeiten und Aktivitäten eines Betroffenen;
3. handicap (Behinderung): behinderungsbedingte Nachteile im Sozialgefüge.

Die Definition des Begriffs Behinderung erfolgt in der UN-Behindertenrechtskonvention folgendermaßen[70]
Zu den Menschen mit Behinderungen zählen Menschen, die langfristige körperliche, seelische, geistige oder Sinnesbeeinträchtigungen haben, welche sie in Wechselwirkung mit verschiedenen Barrieren an der vollen, wirksamen und gleichberechtigten Teilhabe an der Gesellschaft hindern können.
Interessant ist bei dieser Definition, dass hierbei die Aspekte der WHO weiterentwickelt wurden. In der Behinderten-konvention wird die Behinderung eines Menschen nicht als feststehender Zustand beschrieben, sondern als sich ständig weiterentwickelnder Prozess. Wenn Menschen

---
[68]Vgl. Ebda S. 27.
[69]Mattner, 2000, S. 11.
[70]UN-Behindertenrechtskonvention, Artikel 1, 2010.

mit Behinderungen auf Barrieren stoßen, wirkt sich das nachteilig auf die Teilnahme am gesellschaftlichen Leben aus.

**Sozialrechtliche Definition in Deutschland:** Wer körperlich, seelisch oder geistig behindert ist oder wem eine solche Behinderung droht, hat ein Recht auf Hilfe. Im bundesdeutschen Recht wird die Behinderung im Neunten Sozialgesetzbuch IX (SGB) §2 Absatz 1 wie folgt definiert:[71]
Menschen sind behindert, wenn ihre körperliche Funktion, geistige Fähigkeit oder seelische Gesundheit mit hoher Wahrscheinlichkeit länger als sechs Monate von dem für das Lebensalter typischen Zustand abweichen und daher ihre Teilhabe am Leben in der Gesellschaft beeinträchtigt ist. Sie sind von Behinderung bedroht, wenn die Beeinträchtigung zu erwarten ist.
Zusammenfassend kann festgehalten werden, dass die Definition der „Behinderung" sehr eng an die vorherrschenden gesellschaftlichen Bedingungen eines Staates, dem Stand der Industrie sowie Forschung und Entwicklung, also den Norm- und Wertvorstellungen der Gesellschaft, gekoppelt ist. In einem Entwicklungsland haben behinderte Menschen eine andere, teilweise schlechtere Versorgung und Betreuung als z.B. behinderte Menschen in einem entwickelten Industriestaat.

**Barrierefreiheit:** Eine wichtige Voraussetzung, um eine unabhängige Lebensführung und die vollständige Teilhabe am gesellschaftlichen Leben von Menschen mit Behinderung zu gewährleisten, ist die Barrierefreiheit. Die UN-Konvention „Das Recht der Menschen mit Behinderung" als globales Leitdokument verpflichtet die Vertragsstaaten in Artikel 9, „geeignete Maßnahmen (zu treffen), um für behinderte Menschen den gleichberechtigten Zugang zur physischen Umgebung, Transportmitteln, Information und Kommunikation, einschließlich Informations- und Kommunikationstechnologien und Kommunikationssystemen, sowie zu anderen Einrichtungen und Diensten, die für die Öffentlichkeit in städtischen und ländlichen Gebieten zugänglich sind oder bereitgestellt werden, zu gewährleisten."[72]

---

[71]Sozialgesetzbuch (SGB) Neuntes Buch (IX), $ 2, Absatz 1, 2001.
[72]UN-Behindertenrechtskonvention, Artikel 9, 2010.

Die in Deutschland geltenden Rechtsgrundlagen sind in den jeweiligen Landesbauordnungen der Bundesländer festgeschrieben sowie den DIN-Normen. Seit den 90iger Jahren ist der Begriff „Barrierefreiheit" aktuell in Deutschland.

„Barrierefrei" bedeutet, dass jeder Bürger alles im Lebensraum betreten, befahren und selbständig, unabhängig und weitgehend ohne fremde Hilfe sicher benutzen kann."[73] Deutschland hat durch das bestehende Sozialgesetzbuch (SGB IX) - Rehabilitation und Teilhabe behinderter Menschen im Jahr 2001 und durch das Behindertengleichstellungsgesetz (BGG) einen radikalen Wechsel in der maßgeblichen Gesetzgebung vollzogen. Inhaltlich bedeutet das, dass anstelle von Fürsorge nun Teilhabe maßgeblich ist, Selbstbestimmung und Gleichstellung stehen nun im Vordergrund. Das deutsche BGG, gültig seit Mai 2002, formuliert die Barrierefreiheit ähnlich. Das BGG ist für die Bundesbehörden bindend.[74] Die UN-Behindertenrechts-konvention fordert jedoch zusätzlich Maßnahmen für alle Institutionen, so auch für private Rechtsträger mit öffentlichen Einrichtungen und Diensten.[75]

**Barrierefreiheit in öffentlichen Gebäuden:** Die bauliche Barrierefreiheit für öffentlich zugängige Gebäude und Arbeitsstätten ist in der DIN 18024-2 vorgegeben.[76] Da Offene Kanäle öffentlich zugängige Gebäude sind, treffen die Vorschriften auf diese auch zu. In den Vorschriften sind genaue Angaben für barrierefreies Bauen gemacht. Die Offenen Kanäle sollen auf eine Auswahl von DIN-Vorschriften untersucht werden. Diese beziehen sich auf: Bewegungsflächen, Türen, Türschwellen, stufenlose Erreichbarkeit, Rampen, Beschilderungen, Sanitärräume und Bedienungsvorrichtungen in Aufzügen.[77]

**Barrierefreiheit von Webseiten:** Auch die Homepage sollte, sowohl für Nutzer als auch für Nicht-Nutzer, barrierefrei gestaltet sein. Für die barrierefreie Gestaltung von Homepages gibt es eine rechtliche Verordnung, die Barrierefreie Informationstechnik-Verordnung (BITV). Alle

---

[73] barrierefrei.de (Zugriff: 04.09.2011).
[74] Vgl. Behindertengleichstellungsgesetz (BGG), § 4, 2002.
[75] Vgl. UN-Behindertenrechtskonvention, Artikel 9, 2010.
[76] Vgl. DIN 18024-2, 1996 (Anlage 1).
[77] Vgl. Barrierefreiheit in Öffentlichen Gebäuden.

Benutzeroberflächen und Homepages des WEB 2.0 sollten sich möglichst daran orientieren, um Menschen mit Behinderung die Möglichkeit zu geben, die Inhalte (besser) wahrzunehmen und zu verstehen. In folgender Übersicht wird eine Auswahl an Punkten, die zu beachten sind, vorgestellt[78]:

- Bei Nicht-Text-Inhalten (wie Grafiken und Videos) eine alternative Bildbeschreibung in Textform und/oder Gebärdensprache
- Bei Audioinhalten muss Sprache wahrnehmbar sein, d.h. keine bzw. abschaltbare Hintergrundgeräusche
- Optimierung der Wahrnehmung des Inhalts, z.b. durch veränderbare Textgröße
- Im Textblock Zeilenabstand von mind. 1,5 Zeilen
- Abschnittsüberschriften zur Strukturierung des Inhalts
- Unterscheidung zwischen Vorder- und Hintergrund (Kontrast, Farben wählbar)
- Texte und Grafiken verständlich auch ohne Farben
- Aufbau und Funktionalität vorhersehbar, z.b. einheitliche Bezeichnung für Elemente mit gleicher Funktionalität
- Texte gut lesbar und verständlich gestalten (wichtig z.b. für Screenreader)
- Leichte Sprache

Sind diese Voraussetzungen in den Offenen Kanälen gegeben, dürfte eine stärkere Thematisierung von Behinderung möglich sein.

**UN-Konvention über die Rechte von Menschen mit Behinderungen**
Für Deutschland ist die UN-Behindertenrechtskonvention am 26.03.2009 in Kraft getreten. Mit dem Ratifizierungsgesetz vom 01.01.2009 ist Deutschland an die Konvention gebunden. Die UN-Konvention über die Rechte von Menschen mit Behinderungen will die Menschenrechte und Grundfreiheiten der Menschen mit Behinderung schützen, stärken und gewährleisten sowie die Achtung ihrer Würde fördern.[79] Dieses Übereinkommen wurde am 13. Dezember 2006 von der Vereinten Nation beschlossen. Das ist der erste

---

[78]Vgl. BITV20-Hinweise.
[79]Vgl. UN-Behindertenrechtskonvention, Vorwort & Artikel 1, 2010.

Menschenrechtspakt, der innerhalb von fünf Jahren erarbeitet und verabschiedet wurde. Besonders ist auch, dass es für die Erarbeitung eine große Beteiligung von Nichtregierungsorganisationen (NRO) gab. Die meisten waren Behindertenorganisationen und Menschen mit Behinderungen als Expertinnen und Experten in eigener Sache.[80] Außerdem ist es das erste Dokument der Vereinten Nationen, welches auf Grundlage der Menschenrechte den Vertragsstaaten Pflichten für ihre Behindertenpolitik auferlegt.[81]

In dem Vertrag sind die bereits bestehen Menschenrechte auf die Lebenssituation von Menschen mit Behinderung zugeschnitten, um ihre Chancengleichheit in der Gesellschaft zu erhöhen.[82] Das Leitbild des Übereinkommens, das Leitbild der „Inklusion", beschreibt Hubert Hüppe, Beauftragter der Bundesregierung für die Belange behinderter Menschen, folgendermaßen:

„Nicht der Mensch mit Behinderung muss sich anpassen, um „dabei" sein zu können, sondern wir müssen alle gesellschaftlichen Bereiche seinen Bedürfnissen entsprechend anpassen und öffnen. Niemand darf ausgegrenzt werden."[83]

Der Völkerrechtsvertrag besteht aus dem Übereinkommen mit 50 Artikeln und einem Fakultativprotokoll, welches für die Vertragsstaaten nicht obligatorisch ist. Hier werden vier Artikel vorgestellt, die für diese Arbeit von Bedeutung sind.

In Artikel 3 sind die allgemeinen Grundsätze festgehalten, an denen unsere wie auch die internationale Behindertenpolitik gemessen wird.[84] Darunter sind beispielsweise zu finden: „die volle und wirksame Teilhabe an der Gesellschaft und Einbeziehung in die Gesellschaft", „die Chancengleichheit"; „die Zugänglichkeit", „die Achtung vor den sich entwickelnden Fähigkeiten von Kindern mit Behinderungen"[85]. Die Verpflichtung zur Zugänglichkeit von Gebäuden, zu Information und Kommunikation, einschließlich Informations- und Kommunikationstechnologien und Kommunikationssystemen, usw., die sogenannte Barriere-freiheit, ist in Artikel 9 festgelegt. Auch in Artikel 21 wird auf die

---

[80]Vgl. Degener, 2009, S. 263.
[81]Vgl. Häfner (Zugriff: 15.09.2011).
[82]Vgl. Degener, 2009, S. 264 f.
[83]UN-Behindertenrechtskonvention, Vorwort, 2010.
[84]Vgl. Degener, 2009, S. 265.
[85]UN-Behindertenrechtskonvention, Artikel 3, 2010.

Zugangsmöglichkeiten zu Informationen Wert gelegt; außerdem wird das Recht auf freie Meinungsäußerung und die Meinungsfreiheit für behinderte Menschen thematisiert. So müssen Massenmedien dazu aufgefordert werden, „ihre Dienstleistungen für Menschen mit Behinderungen zugänglich zu gestalten".[86] Auch Menschen mit Behinderung haben ein Recht auf Bildung. Dies wird in Artikel 24 herausgestellt. Die Vertragsstaaten verpflichten sich dabei, ein inklusives Bildungssystem zu schaffen und lebenslanges Lernen zu fördern. Menschen mit Behinderungen sollen die Möglichkeit haben, ihre kreativen, künstlerische und intellektuellen Fähigkeiten zu erweitern, zu nutzen und dies vor allem auch zur Bereicherung der Gesellschaft (Artikel 24 und 30).

Mit der UN-Konvention ändert sich die Sichtweise über die Menschen mit Behinderungen von der bisherigen medizinischen bzw. individuellen Sicht auf eine menschenrechtliche Sicht, wie sie die Disability Studies vorsieht.[87]

**Zusammenfassung:** In Deutschland ist das Grundgesetz die maßgebliche und für das Zusammenleben aller Deutschen gültige Grundordnung, welche die Menschenrechte miteinschließt. Die Rechtsauffassung hat sich in den letzten Jahren grundlegend geändert und wird durch die UN-Konvention über die Rechte von Menschen mit Behinderungen erweitert und weltweit als Grundlage angesehen. Die UN-Konvention ist das erste Dokument der Vereinten Nationen, die den Vertragsstaaten in der Behindertenpolitik Pflichten auferlegt und die Menschenrechte für Behinderte konkretisiert. Das Übereinkommen der Vereinten Nationen über die Rechte behinderter Menschen setzt für Deutschland neue Pflichten, die bereits begonnene Behindertenpolitik konsequent fortzusetzen.

Ausgehend von der Diskussion um die Inklusion von Menschen mit Behinderung soll anhand von Fragen die aktuelle Situation zur Inklusion von Menschen mit Behinderung, zum Umgang mit dem Thema Behinderung und zur Barrierefreiheit in den Offenen Kanälen untersucht werden:

Sind die barrierefreien Voraussetzungen für eine stärkere Thematisierung von Behinderung gegeben?

---

[86]UN-Behindertenrechtskonvention, Artikel 21, 2010.
[87]Degener, 2009, S. 272.

Beschäftigt sich mehr als 1 % der gesamten Sendezeit mit dem Thema Behinderung? Die Befragung beinhaltete qualitative wie quantitative Aspekte: Soziodemografische Angaben, Offener Kanal, OK - Programm / Ausstrahlung, Politik und Behinderung, Zugangs- und Produktionsmöglichkeiten, Medienpädagogik und Behinderung. Zielgruppe waren die Mitarbeiter sowie die Vorstandsvorsitzenden der einzelnen Offenen Kanäle in Sachsen-Anhalt.

**Auswertung der Befragungsergebnisse**
Die Offenen Kanäle in Sachsen-Anhalt gingen in den Jahren 1998 und 1999 auf Sendung. Träger der OKs ist jeweils ein gemeinnütziger Verein. Die MSA finanziert die meisten Mitarbeiter, wobei den Vereinen freisteht, wie sie die bezahlten Stellen aufteilen (Voll- und Teilzeit). Zusätzlich beschäftigen einige OKs Mitarbeiter auf Honorarbasis und Mitarbeiter aus verschiedenen Maßnahmen. Es ist möglich, in den Offenen Kanälen ein kulturelles Jahr / Bundesfreiwilligendienst zu absolvieren und, bis auf den Verein Offener Kanal MQ, eine Ausbildung zum Mediengestalter Bild und Ton zu machen. Über Livestream besteht die Möglichkeit, das Fernsehprogramm aller Offenen Kanäle weltweit im Internet zu sehen.

**Thematisierung von Behinderung in OK – Sendungen:** Bei der Thematisierung von Behinderung in OK - Sendungen können die Antworten wie folgt zusammengefasst werden:
- Spezifische Behinderungen: Sendungen, die sich mit einzelnen Arten der Behinderungen auseinandersetzen, wie z.B. Gehörlose
- Regionale Veranstaltungen: die Kategorie umfasst Stadt- und Sportfeste aus der Umgebung des Sendegebiets des Offenen Kanals, wie z.B. das Behindertensportfest
- Gesellschaftskritik: Sendungen und Wettbewerbe, welche sich gesellschaftskritisch mit Behinderung auseinandersetzen, wie z.B. Barrierefreiheit
- Einrichtungen und Vereine: die Kategorie fasst Sendungen über Einrichtungen und Vereine, die mit Menschen mit Behinderungen arbeiten und medienpädagogische Produktionen, welche in

Zusammenarbeit mit entsprechenden Einrichtungen und Vereinen entstanden sind, wie z.b. Gehörlosenverband, Haus am Hügel
- Magazine: regelmäßig Beiträge mit unterschiedlichen Themen in Bezug auf Behinderungen und Menschen mit Behinderungen, wie z.b. TV-Total-Normal
- Keine Auskunft: die Thematisierung von Behinderung und Menschen mit Behinderung ist gegeben, ohne Beispiele.

In fast allen Offenen Kanälen wird „gelegentliche Thematisierung der Behinderung" bei behindertenpolitischen Inhalten im Programm angegeben. Der Offene Kanal Magdeburg hat die größte Themenvielfalt im Programm. Die kleinste Vielfalt ist im Offenen Kanal Stendal zu finden. Mit Werten zwischen ein und 16,5 % ist eine deutliche Spannweite der Thematik „OK-Sendungen zur Behindertenproblematik" zu erkennen. Im Offenen Kanal Wettin ist der Anteil am höchsten. In allen Offenen Kanälen Sachsen-Anhalts mit Ausnahme des OK Salzwedel wird Behinderung und Menschen mit Behinderungen im Programm thematisiert.

In fast allen Offenen Kanälen werden „gelegentlich" Sendungen mit behindertenpolitischen Inhalten ausgestrahlt, was zeigt, dass sich die OKs hin und wieder dem schweren Thema stellen. Behindertenpolitische Inhalte sind ein sensibles Thema und bedürfen einer gewissenhaften Vorbereitung. Zu der Frage, ob Behinderung politisch und öffentlich ausreichend thematisiert wird, zeigt sich ein gespaltenes Verhältnis, das sich auch in der Gesellschaft zum Thema Behinderung widerspiegelt. Überraschend ist, dass eine hohe Unkenntnis über das Aufgreifen von Behinderung in der MSA, Stadt und Regionalpolitik unter den Probanden besteht. Es zeigt, dass sich in den Offenen Kanälen bisher verhältnismäßig doch wenig mit behindertenpolitischen Themen auseinander-gesetzt wird und dies neues Sendepotential öffnet.

**Barrierefreiheit im Offenen Kanal:** Ca. 50% der Offenen Kanäle verfügen laut eigener Angabe über „Barrierefreiheit im Offenen Kanal" laut der barrierefreien Vorgaben. Nicht alle Mitarbeiter und Vorstandsvorsitzenden der einzelnen Offenen Kanäle beantworteten die Kategorien übereinstimmend. Am häufigsten vorhanden sind die Angaben mit 66% der Offenen Kanäle bezüglich barrierefreier Gebäudezugang und eine Behindertentoilette. Die Angaben zur Frage „Homepage" zeigt, dass diese in keinem Offenen Kanal barrierefrei gestaltet ist, ebenso wie Handläufe an den Treppen, die beidseitig vorhanden sein müssten. Die Auswertung der Befragung lässt erkennen, dass die Mitarbeiter und Vorstände der Offenen Kanäle fehlende Kenntnisse offenbaren, was Barrierefreiheit im gesetzlichen Sinne meint, wobei diese schwer zu fassen ist. Was für den einen Menschen mit Behinderungen Barrierefreiheit darstellt, muss nicht barrierefrei sein für eine andere Art Behinderung. So ist z.B. der Gebäudezugang mit einer Eingangsstufe und einer Eingangstür ohne Schwelle für einen blinden Menschen stolperfrei, also BARRIEREFREI, wobei die gleiche Tür für einen Rollstuhlfahrer ein unüberwindbares Hindernis darstellt. Ein weiteres überraschendes Moment in der Merkmalsausprägung dieser Variable lässt erkennen, dass die Homepages nicht barrierefrei sind. Nutzer und Menschen mit Behinderungen außer- und innerhalb des unmittelbaren Einzugsgebietes des Offenen Kanales sind damit eingeschränkt oder gar nicht in der Lage, bereitgestellte Informationen zu erhalten.

**Menschen mit Behinderungen als Nutzer im OK:** Im Umfeld aller Offenen Kanäle sind (potentielle) Nutzer mit Behinderung bekannt. Dies variiert von „Wenige" im OK Salzwedel bis „Viele" in Stendal. Die Mehrheit der Offenen Kanäle kennt einige potentielle Nutzer im Einzugsgebiet.
Die Frage nach „Arten von Behinderung bei (potentiellen) OK-Nutzern" zeigt, dass alle Behinderungsarten in den Offenen-Kanälen in Sachsen-Anhalt vertreten sind. Die häufigste Nennung war „körperbehindert", dicht gefolgt von „geistig behindert", am geringsten vertreten „gehörlos / taub".
Bei „Barrierefreiheit im Offenen Kanal" wird ersichtlich, dass 50% der Offenen Kanäle laut eigener Angabe über mindestens die Hälfte der barrierefreien Vorgaben verfügen. Nicht alle Mitarbeiter und Vorstandsvorsitzenden der einzelnen Offenen Kanäle beantworteten die Frage übereinstimmend. Es ist zu erkennen, dass die Probanden nicht ausreichend über gesetzliche Vorgaben der Barrierefreiheit informiert sind. Am häufigsten vorhanden sind ein barrierefreier Gebäudezugang und eine Behindertentoilette. In keinem Offenen Kanal ist die Homepage barrierefrei gestaltet. Nutzer und Menschen mit Behinderungen

sind damit eingeschränkt oder gar nicht in der Lage, bereitgestellte Informationen der OKs zu erhalten.

**Auswertung barrierefreien Voraussetzungen:** Sind die barrierefreien Voraussetzungen für eine stärkere Thematisierung von Behinderung gegeben?
Für Menschen nur mit einer geistigen Behinderung ist aus der Homepage (in leichter Sprache) keine der weiteren abgefragten barrierefreien Voraussetzungen nötig. Entsprechend kann in jedem der Offenen Kanäle unabhängig dieser Kriterien mit dieser Zielgruppe gearbeitet werden. In Magdeburg scheinen zudem die grundsätzlichen barrierefreien Voraussetzungen für die (potentiellen) Nutzer mit Körperbehinderung und Blindheit gegeben. Auch der OK Merseburg-Querfurt erfüllt laut eigenen Angaben die barrierefreien Voraussetzungen für die (potentiellen) Nutzer mit körperlicher Behinderung. Der OK Salzwedel ist für die (potentielle) Zielgruppe der Menschen mit Körper-behinderung dagegen nicht ausreichend ausgestattet. Blinde Menschen haben im OK Stendal mit den wenigsten Barrieren zu kämpfen, die barrierefreien Voraussetzungen für die anderen betrachteten Arten von Behinderungen scheinen nur bedingt gegeben. Wernigerode scheint für körper-behinderte Menschen ausreichend barrierefrei zu sein, dementsprechend einer stärkeren Thematisierung nichts im Wege zu stehen. In Wettin könnte jedoch eine stärkere Nutzung durch Menschen mit Körper-behinderung aufgrund mangelnder Barrierefreiheit für Montage- und Studioarbeit schwierig sein.
Barrierefreie Ansätze, um mit Menschen mit unterschiedlichen Behinderungen arbeiten zu können, sind bis auf den Offenen Kanal Salzwedel gegeben. Auch ist die Möglichkeit gegeben, mit Menschen mit geistiger Behinderung zu arbeiten. Wie die Überprüfung auf einen Zusammenhang zwischen Barrierefreiheit und durchgeführten Projekten mit Menschen mit Behinderungen ergab, besteht hier jedoch keine positive Korrelation. Folglich ist die Barrierefreiheit kein ausschlaggebender Faktor für die Umsetzung von medienpädagogischen Projekten mit Menschen mit Behinderungen.

**Fazit**
Bei der Auswertung der Befragung zeigte sich, dass bezogen auf die Barrierefreiheit noch hoher Aufklärungsbedarf besteht. Ein gutes Beispiel dafür ist der Offene Kanal Merseburg MQ, in dem die Toilette als barrierefrei eingestuft wird, jedoch den rechtlich baulichen Bestimmungen nicht entspricht. Ich habe in der Recherche zu dieser Arbeit feststellen müssen, dass es sehr schwer ist, an die DIN-Norm 18024, die gesetzlichen Bestimmungen zur Barrierefreiheit, zu gelangen.
Positiv zeigte sich, dass in den Offenen Kanälen trotz Barrieren einige Projekte mit Menschen mit Behinderungen durchgeführt werden. Eine nicht ausreichende Barrierefreiheit scheint kein Hinderungsgrund für die Umsetzung von Projekten mit Menschen mit Behinderungen zu sein. Es ist interessant, was es bereits für eine Vielzahl von Projekten gibt, wie z.B. „TV-Total-Normal". Eine gute Idee wäre es sicher, wenn in jedem Offenen Kanal ein regelmäßig gesendetes Magazin rund um das Thema Behinderung und Menschen mit Behinderungen zu einer festen Sendezeit in das Programm integriert werden würde.
Wünschenswert wäre, dass Werbung für Projekte mit Menschen mit Behinderung gemacht wird, um diese potentiellen Nutzer zu erreichen. Zusätzlich sollten diese Werbemaßnahmen barrierefrei sein, z.B. auf der Homepage, damit diese die Zielgruppe auch erreichen. Der Inhalt dieser Verordnung ist jedoch für Nicht-Experten schwer zu verstehen. Eine Verordnung in einfacher Sprache vom Bundesministerium für Arbeit und Soziales wäre im Sinne der Barrierefreiheit erforderlich.

Barrierefreiheit im Offenen Kanal MQ: Katharina Kirch mit Gastredner Nepal Lodh aus Bremen / Colkutta (Foto OKMQ)

# Dokumentarfilmproduktion als Genre im Bürgerfernsehen
Andi Niessner / Kai Köhler-Terz

Ziele eines Doc-Films oder Portraits bestehen darin, möglichst nah an das Thema und die Protagonist*innen vonseiten der Filmemacher*innen heran zu kommen und das gestellte Thema authentisch, ehrlich, sachlich aber auch sensibel und glaubwürdig darzustellen. Eine der wichtigsten Bausteine eines guten Filmes ist eine umfangreiche und solide Recherche über das Thema. Außerdem sollte ein großer Fokus auf den Umgang mit der Kamera- und Tontechnik gelegt werden.

**Grundlagen der Dokumentarfilmproduktion**
Der Dokumentarfilm betrachtet die Wirklichkeit aus der Sicht des Filmemachers
Es werden folgende Arten von nonfiktionalen Erzählformen unterschieden, die jeweils unterschiedliche Realisationsformen haben:

- Klassischer Dokumentarfilm
- Dokudrama
- Reportage
- Doku-Fake
- Reality-TV
- Doku- oder Realitiy-Soap
- Industriefilm
- Wissenschaftsfilm
- Tier-/Reisefilm

Die wichtigsten Fragen, die sich ein Filmproduzent stellt, betreffen den darzustellenden Gegenstand: Was will ich wie und warum erzählen?! Was ist das (Kern-)Thema des Films?! Was ist der rote Faden meiner Geschichte?! Die Grundlagen des konkreten non-fiktionalen Erzählens müssen hieraus jeweils entwickelt werden. Die dabei zum Tragen kommenden Zusammenhänge betreffen die vom Filmemacher erkannte Identität der/des Protagonisten (Um wen geht es bei meiner Erzählung?) und somit den bzw. die erkannten Filmgegenstände (Um was geht es bei meinem Film?). Daraus können sich Drehorte ergeben (Wie strukturiere ich den Drehplan? Wo kann ich welche Szenen drehen?) und die Bewegtbildgestaltung (Wie drehe ich diese Szenen?). Das Verstehen filmischer Darstellungen ist eng an die Art- und Weise der Filmmontage geknüpft (Wie strukturiere ich das Material?) und ist ein Mittel, das Kernthema des Films anhand der Wendepunkte des Protagonisten (Was ist mein erzählerisches Ziel, meine Aussage?) filmisch zu analysieren. Die Produktion eines Dokumentarfilms erfordert ein umfassendes Verständnis der verschiedenen Elemente, die zur Gestaltung einer fesselnden und informativen visuellen Erzählung beitragen. Schlüsselelemente eines Dokumentarfilms sowie der Prozess ihrer Produktion und Dramaturgie sollen hier kurz dargestellt werden.

**Elemente eines Dokumentarfilms**
Ein Dokumentarfilm kann verschiedene Elemente enthalten, die dazu beitragen, eine vielschichtige und authentische Erzählung zu schaffen. Dazu gehören:
- **Interviews**: Diese können gesetzt sein, also im Voraus geplant und arrangiert, oder spontan während der Dreharbeiten entstehen. Sie ermöglichen es, die Perspektiven der Protagonisten einzufangen und wichtige Informationen zu erhalten.
- **Cutaways/Schnittbilder**: Diese umfassen Details, Totalen, atmosphärische und assoziative Bilder, die die Erzählung unterstützen und vertiefen.
- **Dokumentarische Kamera**: Eine beobachtende Perspektive, die es dem Publikum ermöglicht, die Handlung aus der Sicht eines neutralen Beobachters zu erleben.
- **Voiceover**: Eine Off-Stimme von Protagonisten, Sprechern oder dem Filmemacher, die zusätzliche Informationen liefert oder die Handlung kommentiert.
- **Archivmaterial**: Dies umfasst historische Aufnahmen, Fotos oder Textcharts, die zur Veranschaulichung und Vertiefung der Geschichte beitragen können.

**Dramaturgie eines Dokumentarfilms**
Die Dramaturgie ist entscheidend für die Struktur und den Erzählfluss eines Dokumentarfilms. Sie umfasst die Organisation der Informationen durch Bilder und Ton, um eine kohärente und spannende Erzählung zu schaffen. Ein klassischer dramaturgischer Handlungsverlauf kann wie folgt strukturiert sein:

1. Einleitung/Exposition: Einführung der Personen und Ausgangssituation, Auslösen des Konflikts oder der Handlung.
2. Hauptteil: Entwicklung der Geschichte, Konflikte, Höhepunkt und Konfrontation.
3. Ende/Auflösung: Darstellung der Veränderung oder Entwicklung der Protagonisten und Auflösung der Handlung.

Die Dramaturgie kann verschiedene Prinzipien umfassen, darunter das dramatische Prinzip, das rhetorische Prinzip und das assoziative Prinzip, die jeweils unterschiedliche Ansätze zur Organisation der Handlung bieten.

**Recherche und Vorbereitung**
Eine gründliche Recherche und Vorbereitung sind entscheidend für den Erfolg eines Dokumentarfilms. Dies umfasst die persönliche Bekanntschaft mit den Protagonisten, die Planung von Interviews und die Festlegung des technischen Equipments für die Dreharbeiten.

**Durchführung und Postproduktion**
Die Durchführung der Interviews erfordert Sensibilität und Fähigkeiten im Umgang mit den Protagonisten, um authentische und aussagekräftige Antworten zu erhalten. In der Postproduktion erfolgt der Schnitt anhand des Treatments, wobei auch Offstimmen oder Sprechertexte formuliert und die Musik ausgewählt werden muss.

**Praxiserfahrungen eines Dokfilm-Projektes**
Die Produktion eines Dokumentarfilms erfordert ein hohes Maß an Vorbereitung, Sensibilität und technischem Know-how. Durch die Berücksichtigung der oben genannten Elemente und Prozesse kann eine fesselnde und aussagekräftige visuelle Erzählung geschaffen werden, die das Publikum berührt und informiert.

Ein Transfer aus dem Hochschulseminar der Kultur- und Medienarbeit am Samerberg, das im September 2023 bereits zum dritten Mal am Samerberg stattfand, in die Arbeit von Bürgermedien ist ein Anliegen künftigen professionellen kultur- und medienpädagogischen Handelns. Die Veranstaltung, die sich über fünf Tage erstreckte, bot den

Studierenden des Bachelorstudiengangs Kultur- und Medienpädagogik intensive Einblicke in die Welt der dokumentarischen Praxis. Die Rolle des „erfahrenen Medienprofis" müssen sie die Teilnehmerinnen und Teilnehmer erarbeiten, um fundiertes Wissen und Erfahrung in ihre künftige kulturpädagogische Praxis einbringen zu können.
Die gründliche Planung und Vorbereitung waren der Schlüssel zum Erfolg dieser Veranstaltung. Bereits Wochen im Voraus wurden Casting-Aktivitäten durchgeführt, um Persönlichkeiten wie Anselmo Antonello di Mio, Hannes Stuffer und Veronique Witzigmann für die Porträtierung zu gewinnen. Die Studierenden arbeiteten eigenständig an ihren Projekten, recherchierten über ihre Protagonisten und erstellten detaillierte Planungstexte.

Rosa Preiß und Robin Nagel bei Aufnahmearbeiten in der Alpenrose in Grainbach (Foto T. Tiltmann)

Die Veranstaltung bot eine einzigartige Arbeitsumgebung. Die technische Ausrüstung wurde direkt in den Hotelzimmern installiert, was den Studierenden ermöglichte, unmittelbar nach ihrer Ankunft mit den Dreharbeiten zu beginnen. In Teams von drei bis fünf Personen nahmen sie sich der Filmmontage und Fotobearbeitung an, planten Drehorte, führten Interviews durch und bereiteten sich auf die öffentliche Präsentation vor.
Besonderes Highlight des Seminars waren die Möglichkeiten, Aufnahmen am Set der Fernsehserie „Der Alte" in München zu machen, wo sich sogar Schauspieler wie Stephanie Stumph und Michaela May den

Fragen der Studierenden stellten. Zusätzlich bot die Anwesenheit des Schauspielers Bernd Stegemann die Gelegenheit zu Schauspielübungen unter Anleitung von Andi Niessner.
Die Präsentation der Ergebnisse erfolgte in Anwesenheit der Protagonisten und interessierten Bewohner des Samerbergs. Moderiert wurde die Veranstaltung von der KMP-Studierenden Rosa Preiss, und sie wurde live im Programm des Offenen Kanals Merseburg-Querfurt e.V. übertragen.

Filmpräsentation im Gasthof „Zur Post" in Törwang (Screenshot)

Die erfolgreiche Durchführung dieses Praxisseminars verdankt sich einer intensiven Vorbereitung und der engagierten Arbeit aller Beteiligten. Durch die praktische Erfahrung vor Ort konnten die Studierenden nicht nur ihre Fähigkeiten in Film- und Fotoproduktion verbessern, sondern auch wertvolle Teamarbeitserfahrungen sammeln und ein tieferes Verständnis für die komplexe Welt der dokumentarischen Medienpraxis gewinnen.

# Beispiel für ein vorbereitendes Dokument (Treatment)

TREATMENT
Dokumentarfilm: Menschen am Samerberg
Das Leben des Peter Wiesholzers
Autoren: Tu My Dang, Alex Zwerger, Rebecca Gleffe
Dozent: Andi Niessner
August/September 2023

**Kurzinhalt:** Wir bieten den Zuschauern einen Blick in das Leben von Peter Wiesholzer. Seine Geschichte, sein Werdegang und wie er zu der Person wurde, die er nun ist. Peter jonglierte über Jahre mit den vielfältigen Verantwortungen der Landwirtschaft, der Alm und der Welt des Theaters, was zweifellos eine bemerkenswerte Last darstellte. Ein wackeliger Balanceakt. Diese Zerrissenheit zwischen Arbeit und Leidenschaft soll verdeutlicht werden. Dabei wird sowohl seine Perspektive auf sein Leben als auch von außen durch sein Umfeld beleuchtet. Der Fokus soll auf seiner Leidenschaft zum Theater liegen, die ihm zwar Erfolg, aber auch negative Erwiderung von seinem sozialen Umfeld und Druck einbrachte. Die ihn letzten Endes zum Rückzug aus der Theaterwelt animierte.

**Langinhalt:** Informationen über den Protagonisten Peter Wiesholzer ist ein 62 - jähriger ehemaliger Landwirt aus Samerberg. Er betreibt seit 25 Jahren dort die familieneigene Käser-Alm. Dabei handelt es sich um ein überregional bekanntes Ausflugslokal. Zuvor war er Landwirt und übernahm den Hof seiner Familie. Als erster männlicher Erbe war früh klar, dass er den Hof übernehmen würde. Er hat vier ältere Schwestern, die alle Hausfrauen sind. Seine zwei Töchter sind ebenfalls Hausfrauen, aber nebenbei auch in einer Versicherung tätig. Sein Sohn ist hingegen ein selbständiger Zimmerer. Zudem hat er vier Enkel, wobei das fünfte momentan noch auf dem Weg ist. 1998 übernahm er dann die Wirtschaft und führte parallel seine Landwirtschaft weiter bis 2005. Dann beschloss er, sich auf die Alm zu fokussieren, da beides kaum schaffbar war. Die Alm läuft sehr erfolgreich und hatte dieses Jahr sogar ihren 25. Geburtstag. Eine seiner größten Leidenschaften war lange Zeit das Theater. Mit 25 übernahm er die Leitung des dörflichen Theaterclubs, spielte 40 Jahre selbst und schrieb bis 2017 auch fünf eigene Stück. Danach zog er sich vorübergehend aus der Theaterwelt zurück. Nicht nur, weil der Druck zu hoch war, da seine Stücke so erfolgreich waren, sondern auch, weil er in seinen Werken die Leute aus der Gegend nachahmte ("Der Gesellschaft einen Spiegel vorgehalten") und ihnen somit auf den Schlips trat. In seiner Freizeit ist er mit seinem Fahrrad in den Bergen unterwegs. Außerdem ist er noch immer kreativ, indem er Lieder schreibt (Das Lied hat er einem vom BR (Bayerischen Rundfunk) gezeigt und er sucht gerade nach den passenden Musikern) und an einem weiteren Theaterstück (soll 100 Jahre Leben auf der Alm zeigen und die Veränderung) arbeitet.

Azaé Slama mit Fernsehregisseur Andi Niessner am Set (Foto L. Lehmann)

**Technischer Aufwand, Inhalt, Gestaltung**
Die gesetzten Interviews mit Peter Wiesholzer, seiner Familie und den Theaterkollegen werden auf der festen Kamera, bzw. vom Stativ aufgenommen. Ansonsten werden wir Eindrücke, Gespräche, Monologe und situative Interviews werden von der Handkamera oder bestenfalls vom Schulterstativ/ Gimbel gefilmt. Es wird vorerst kein Off-Sprecher geplant, dennoch ist uns bewusst, dass wenn die Sprünge zwischen den Themen zu groß sind, eine Überleitung vom Off hilfreich wäre. Die fragenstellende Person wird nicht im Interview zu sehen sein.

**Weitere Personen und Interviewfragen**
**Nebenrollen**
- Familie
- Frau
- Kinder (wohnen in der Nähe)
- Kollegen
- Theaterverein

**Drehorte**
- Gaststätte auf der Käser-Alm
- Arbeit
- Eigenes Zuhause
- Familie
- privates Umfeld
- Theaterclub
- Leidenschaft
- Berge
- Ruheort
- Inspirationsquelle

- Aufenthaltsort, wenn er nicht Arbeiten ist (Freizeit)

**Fragen zum Beruf**
- Wie sah dein Werdegang aus?
- Gab es dabei Schwierigkeiten
- Wie verlief die Übernahme?
- Was machst du in deinem Job?
- Wieso hast du die Käser-Alm übernommen, obwohl du den Theaterclub geleitet hast? (Mit 25 Theater; Mit 37 Käser-Alm)
- Du hast dein ganzes Leben hier verbracht. Hast du jemals daran gedacht, weg zu gehen?

**Fragen zur Familie**
- Wie siehst deine Familie aus?
- Wie haben deine Eltern dich als ältesten Sohn behandelt?

- Wie war das Verhältnis zu deinen Geschwistern
- Wie war die Reaktion deiner Geschwister zur Übernahme?
- Hast du später vor, den Familienbetrieb an deine Kinder weiterzugeben?

**Fragen zur Leidenschaft**
- Wie kamst du zum Theater?
- Wie verlief die Übernahme der Leitung?
- Hat deine Familie dich unterstützt?
- Wie reagierte dein Umfeld auf deine Leidenschaft zum Theater
- früher und heute?
- Welche Handlungen verfolgen deine Stücke?
- Was wolltest du den Zuschauern mitteilen?
- Was bedeutet Theater für dich? Was magst du daran so sehr?
- Wieso hast du aufgehört?
- Arbeitest du noch an einem Stück? (Anlehnung an Stück 100 Jahre leben auf der Alm)
- Bist du zufrieden damit, wie dein Leben verlief?

**Fragen zur Freizeit**
- Was machst du in deiner Freizeit?
- Was bedeutet es für dich in der Natur zu sein? In den Bergen?
- Warum ausgerechnet die Berge?
- Wie kommst du zur Musik?

- Was bedeutet es für dich kreativ zu sein?

**Fragen an Nebenrollen**
**Ehefrau**
- Wie habt ihr euch kennengelernt?
- Wie arbeitet ihr zusammen?
- Wie stehst du zum Theater?
- Wie findest du die Stücke deines Mannes?
- 

**Kinder**
- Wie war eure Kindheit und die Beziehung zu eurem Vater?
- Wie war es, auf dem Hof aufzuwachsen?
- Habt ihr vor, im Familienbetrieb tätig zu sein oder ihn sogar zu übernehmen?
- Wie stehst du zum Theater?

Wie findest du die Stücke deines Vaters?

**Theaterperson**
- Wie war Peter so im Theaterverein?
- Wie war der Theaterverein unter Leitung von Peter?
- Wie war es mit seinen Stücken zu arbeiten? Reaktionen vom Publikum?

**Info Gaststätte**
- Montag - Mittwoch: Ruhetag
- Donnerstag - Sonntag: ab 10:00
- Sonn- und Feiertags: bis 18:00

**Drehplan**

| Tag | Sonntag | Montag | Dienstag | Mittwoch | Donnerstag |
|---|---|---|---|---|---|
| Drehort | Gaststätte (Käser-Alm) | Zuhause bei Peter (Hof) | Theaterclub Berge | | Gaststätte (Käser-Alm) |
| Protagonisten | Peter | Peter Familie | Peter: Theaterkollege | | Peter |
| Inhalt | Eindrücke beim Arbeiten einfangen Aufnahmen Käser-Alm | Gesetztes Interview von Peter Filmen bei Landwirtschaft Arbeit Gesetzes Interview mit Familie | Gesetztes Interview mit Theaterkollege In die Berge fahren Eindrücke und Erinnerungen einfangen | Puffertag, falls etwas passiert oder die Zeit an anderen Tagen zu knapp wurde | Eindrücke beim Arbeiten einfangen (falls Sonntag zu knapp oder etwas nachgedreht werden muss) |
| Technischer Aufwand | 2 Kameras +Stative 2 Mikrofone Tonangel (Gimbel) | 2 Kameras +Stative 2 Mikrofone Tonangel (Gimbel) Lichtkoffer | 2 Kameras +Stative 2 Mikrofone Tonangel (Gimbel) Lichtkoffer | 2 Kameras +Stative 2 Mikrofone (Gimbel) Tonangel | 2 Kameras +Stative 2 Mikrofone (Gimbel) Tonangel |
| Geschätzte Drehzeit | 15:00-19:00 | 09:00 - Open End (Protagonist hat sich extra Tage freigehalten und richtet sich nach uns) | | | 10:00-11:00 (13:00 Abgabe) |

Filmaufnahmen mit KMP-Studierenden am Samerberg (Foto T. Tiltmann)

**Dokumentarfilm im Bürgerfernsehen: Transferleistungen**
Innerhalb des Dokumentarfilmprojektes wurde ein kultur- und medienpädagogisches Setting nahe an der Realität pädagogischer und künstlerischer Produktionspraxis in der Kombination aus Exkursion und autonomer Medienarbeit organisiert. Eine Einführung in die Praxis der Dokumentarfilmproduktion wurde anhand der Schritte Planung, Recherche, Quellmaterial, Bearbeitung, Fertigstellung und Veröffentlichung durchgeführt. Diese Vorgehensweise ist als komplexe Arbeitsaufgabe aus methodischen Gründen zeitlich und örtlich eng zusammengeführt worden, so dass der Fokus ausschließlich auf die Realisierung der Zielgruppen-, Medien- und Kulturarbeit gelegt wird und andere Einflussfaktoren ausgeklammert bleiben.
Die Zielgruppen der Exkursion waren: 1) Studierende der Kultur- und Medienpädagogik (Filmproduzenten), 2.) die Protagonisten und 3.) die Teilnehmenden der Abschlusspräsentation. In dieser Zielgruppenanalyse zeigt sich die Vielschichtigkeit der pädagogischen Aufgabe, die sich im Bürgerfernsehen ebenso darbieten: Die Lernenden binden durch ihre Lerntätigkeiten (Filmplanung, Filmproduktion und Filmpräsentation) die Protagonisten in ihren Lernprozess mit ein, da ohne sie dieser nicht möglich ist. Damit werden die Lernenden ebenso zu Lehrenden; die pädagogisches Rollenklischees verschwimmen in dieser Transfersituation zusehends.
Im Offenen Kanal sollen - so unser Anspruch - in gut geplanten Transferleistungen die Aspekte der Dokumentarfilmproduktion durch das Prinzip „Learning By Doing" (vgl. Dewey 2011, S. 204) Teil der kultur- und medienpädagogischen Arbeit mit unseren Nutzer*Innen sein. Für die Merseburger Studierenden haben sich die Produktionserfahrungen hoffentlich so festgesetzt, dass sie für ihre künftige pädagogische Praxis ein nachahmenswertes Beispiel parat haben.

**Literatur**
Dewey, J. (2011). Beltz-Taschenbuch: Demokratie und Erziehung (5. Aufl.). [Weinheim]: Beltz Verlagsgruppe.

# FORSCHUNGSERGEBNISSE UND HANDLUNGSEMPFEHLUNGEN FÜR OFFENE KANÄLE

## Emanzipation durch den Äther. Die Praxis von Community-Radios in Leipzig und Erfurt
Caspar Stanislaus Leder

**Zur Einführung**
Der Zugriff auf Medien als Multiplikatoren von Informationen bedeutet einen Zugang dazu, wie und unter welchen Gesichtspunkten Thematiken und Standpunkte in einer öffentlichen Debatte ausgehandelt werden. Dies ist auch entscheidend in Bezug darauf, welchen gesellschaftlichen Gruppen und welchen Interessen Aufmerksamkeit zukommt.
Community-Radios stellen häufig einen Versuch dar, ein vielseitigeres Programm zu gestalten, als es sich im klassischen Rundfunk, bei öffentlich-rechtlichen oder privaten Anstalten, wiederfinden lässt. So versuchen die Radios, deutlich mehr Perspektiven, Positionen und gesellschaftliche Hintergründe in die mediale Öffentlichkeit einzubringen.
Vorgestellt dazu werden Strukturen von Community-Radios aus den Städten Erfurt und Leipzig. Die angeführte Kritik an medialen Hegemoniestrukturen grenzt sich jedoch deutlich von der Kritik ab, die die Gruppen aus dem Bereich der Verschwörungstheorien wie Pegida oder Querdenken etc. in den letzten Jahren in die Diskussion um die Wirkmacht von Medien im deutschsprachigen Raum eingebracht haben.
Grundlage für diese Arbeit sind nicht zuletzt meine eigene Praxis als Radiomacher und meine Mitarbeit bei verschiedenen Radioprojekten. Ich war bis zum Mai 2022 fünf Jahre beim Radio F.R.E.I. in Erfurt aktiv, bei dem ich zuerst von 2017 bis 2018 als Bundesfreiwilliger und später in verschiedenen Projekten als freier Mitarbeiter oder

Praktikant gearbeitet habe. Weiter war ich seit 2020/2021 Teil des Online Community-Radios „Sphere" in Leipzig tätig. Da die beiden Radioprojekte zudem Teil der hier untersuchten Beispiele sind, befinde ich mich als Person, die selbst dort aktiv war und ist, in einer Doppelposition, die ich an dieser Stelle transparent machen möchte. Ich verstehe meine Arbeit daher bewusst als eine wissenschaftliche Auseinandersetzung mit einer aktivistischen Praxis, an der ich selbst Teil habe. Sie soll Schwierigkeiten auf einer Mikroebene aufzeigen, was eventuell zur Weiterentwicklung der untersuchten Community-Radios beitragen könnte, denn ich bin überzeugt, dass eine diverse Landschaft von Medienmacher*Innen elementar ist für eine persönliche und kollektive Emanzipation.

Dies bedeutet auch, so meine Überzeugung, dass Medien nicht nur von professionellen Journalist*Innen, die als objektive Expert*Innen gelten, gestaltet werden sollten, sondern dass auch diejenigen zu Wort kommen müssen, die von den Themen direkt betroffen sind. Eine größere Anzahl an Medienschaffenden kann somit zu einer pluralen Berichterstattung unter Einbeziehung von mehr Perspektiven führen, was jedoch auch Gefahren mit sich bringen kann, wie am Beispiel der Verbreitung von Verschwörungsideologien auf „Social Media" Plattformen deutlich wird. Meine Arbeit geht dabei vordergründig auf die Netzwerke und Strukturen ein, derer sich die Radioprojekte in ihrer Praxis bedienen. Denn diese sind elementar für die Organisation sowie das Gelingen nicht kommerzieller und kollektiv organisierter Radioprojekte und können den Radios so helfen, aus einer vereinzelten Nischenposition heraus zu finden.

**Arbeitsergebnisse**

Ausgangspunkt für meine Recherchen war die Hypothese, dass die hier betrachteten Radioprojekte weniger als in Südamerika verankert sind und ihnen so Möglichkeiten fehlen, nach außen hin Wirkungen zu entfalten, wie es zum Beispiel Community-Radios in Argentinien tun. Dabei gehörte es wesentlich zu dieser Annahme, dass der thematisierte Erfolg der Radioprojekte in Argentinien maßgeblich Produkt ihrer Anbindung an weitere Communities und neue soziale Bewegungen sind. Die Hypothese kann bestätigt werden, dass eine entsprechende Verankerung in anderen und Anbindung an andere Strukturen, die mit denen in Argentinien vergleichbar wären, fehlt und die Radios in Deutschland sich deswegen in einer deutlich marginaleren Position befinden. Es gilt jedoch zu differenzieren und weitere Gründe für die unterschiedlichen Entwicklungen in Argentinien und Deutschland aufzuzeigen.

Unbestreitbar sind die gesellschaftlichen und politischen Verhältnisse in Deutschland und Argentinien sehr unterschiedlich. Dies spielt in Bezug auf meine Arbeit vor allem dann eine Rolle, wenn es um die in Argentinien verbreiteten neuen sozialen Bewegungen geht. Die Nähe zu diesen ist besonders wichtig für die Entwicklung der Radios in Argentinien. Es gibt in Deutschland gegenwärtig (Erfassungszeitraum 2022) keine vergleichbaren Bewegungen, zu denen sich die Radios vor Ort in Beziehung stellen oder Teil derer sie werden könnten. Entsprechende Bewegungen müssten eine breitere gesellschaftliche Aufmerksamkeit erfahren, als es die bestehenden sozialen Bewegungen in Deutschland tun. Es wird ein Wechselspiel zwischen sozialen Bewegungen und ihrer medialen Repräsentation deutlich. Häufig erfahren die Forderungen von sozialen Bewegungen wenig Aufmerksamkeit, sie werden vor allem dann für eine breite Öffentlichkeit sichtbar, wenn sie widerständig, wie im Rahmen von großen Protesten etc. handeln. Dies wird zum Beispiel anhand der Proteste im Zusammenhang mit der Finanzkrise in Griechenland und Spanien nach 2008 deutlich. Die Gruppen werden hier wenig als Bewegungen für etwas, sondern vielmehr als Bewegungen gegen etwas wahrgenommen (vgl. Uriona, Mersch, und Fisahn 2020, 70). Somit werden die Ziele der Bewegungen häufig auf ihre „expressive Dimension" reduziert (vgl. Wimmer 2007, 19). Community-Medien und soziale Bewegungen könnten hier, wenn sie (wieder) stärker aneinander angebunden wären, gegenseitig profitieren. Im Falle der hier erhobenen Radios könnten diese die Positionen sozialer Bewegungen differenzierter wiedergeben und würden so gleichzeitig selbst breitere Relevanz erlangen.

Die Rahmenbedingungen für die Projekte in Deutschland und Argentinien bzw. Bolivien sind sehr verschieden, und es kann so nicht einfach auf die Projekte selbst zurückgeführt werden, dass sie nicht in der Lage sind, entsprechende Verbindungen, die mit den Strukturen in Argentinien vergleichbar wären, aufzubauen. Denn die Projekte in Deutschland können, wie bereits dargestellt, nicht auf ein ähnliches Netz von Unterstützer*Innen, Kooperationspartner*Innen und Anbindungen zurückgreifen, wie es für die Radios in Argentinien möglich ist. Es wäre demnach falsch, die Gründe für die im Vergleich mit Argentinien deutlich isoliertere und marginalere Position der Radios allein in ihren eigenen Strukturen zu suchen.

Dennoch lassen sich auch innerhalb der Projekte Strukturen und Prozesse ausmachen, die eine Entwicklung der Radios zu größerer gesellschaftlicher Relevanz erschweren. Auf diese soll nun noch einmal eingegangen werden.

Auch wenn es aktuell keine sozialen Bewegungen in Deutschland gibt, die mit denen in Argentinien vergleichbar wären, so fällt doch bei der Betrachtung der Geschichte von Freien Radios in Deutschland auf, dass das Entstehen vieler dieser Radios mit dem Erstarken von sozialen Bewegungen verbunden waren (vgl. Wimmer 2007, 194 ff.). So war zum Beispiel die Anti-Atomkraftbewegung der 1970er Jahre besonders wichtig für die Gründung der ersten selbstemanzipativen Radioprojekte oder auch konkret im Fall von Radio F.R.E.I., die Anbindung an die Bürger*Innenbewegungen in der Zeit der Wiedervereinigung um 1990.

Diese gesellschaftlichen Bedingungen sind heute, ebenso wie die Bewegungen selbst, weniger ausgeprägt, wie auch bei der Betrachtung des Fallbeispiels Radio F.R.E.I. zeigt. Das Projekt ist heute wesentlich stärker institutionell integriert und an offizielle Stellen angeschlossen. Es hat sich selbst integriert und besonders auch in der Stadtgesellschaft ist es etabliert. Hier wird exemplarisch deutlich, was Stefan Käthner als die Etablierung und Institutionalisierung Freier Radios als öffentlich geförderter Institutionen der Medienbildung beschreibt. Radio F.R.E.I. konnte sich nach einem langen Kampf um das Recht, selbst Radio zu senden, behaupten. Es ist heute Freies Radio, das gemäß seinem Statut die entsprechenden politischen Positionen weiterhin vertritt. Es ist jedoch gleichzeitig etablierter Träger im Bereich Medienbildung, der mit öffentlichen Institutionen in Kooperation steht und deren Interessen Rechnung tragen muss.

Zugleich hat eben diese Medienbildung viele positive Aspekte und kann unter Umständen eine Wirkung als Multiplikator entfalten, die es mehr Menschen ermöglicht, emanzipativ Medien zu gestalten. Das Projekt F.R.E.I. befindet sich also in einer ambivalenten Position; auf der einen Seite besteht eine Anbindung an Strukturen, wie den Bund Freier Radios und andere, welche sich hegemoniekritisch mit Medienlandschaften beschäftigen. Auf der anderen Seite ist das Projekt, auch aus strukturellen Zwängen, stark an die Landesmedienanstalt und die bereits beschriebene und damit verbundene Medienbildungsarbeit gebunden. Diese Bindungen und über diese hinaus die Anbindung an weitere offizielle Strukturen sowie die Wechselwirkung mit der Stadtgesellschaft haben auch dazu geführt, dass die Spielräume hier viel enger sind, weil es ein etabliertes Projekt ist. Hier zeigt sich eine Einwirkung von außen, die zur verstärkten Etablierung des Projekts und seiner Einordnung in staatliche Strukturen führt. Das hat Befürworter*Innen im Projekt selbst.

Bei der Betrachtung des viel jüngeren Projekts „Sphere" hingegen zeigt sich, dass Diskussionen zu Hegemonien in Medien, wie sie in Argentinien durch die Community-Radios geführt werden oder in Deutschland zum Beispiel in Auseinandersetzung mit der Anti-Atomkraftbewegung entfacht wurden, kaum eine Rolle spielen. Auch hier scheint eine Anbindung an Gruppen und Strukturen zu fehlen, die sich mit diesen Thematiken auseinandersetzen. Hinzu kommt, dass den Radiomacher*Innen selbst ein entsprechender theoretischer Zugang zu den Themen und Strukturen der Medienlandschaft fehlt. Die fehlende Auseinandersetzung mit gesellschaftlichen Verhältnissen, so lässt sich feststellen, ist bei der Gruppe um „Sphere" Radio auch dadurch bedingt, dass sie nicht im Kontext einer sozialen Bewegung als deren Sprachrohr entstanden ist, sondern eher aus dem auch technologisch motivierten Bedürfnis heraus, eine Plattform für Radiomacher*Innen zu gestalten. Die starke Verankerung des Vereins in der Kulturszene und geringere Anbindung an politische Gruppen etc. wirken dabei zusammen.

Trotzdem kann das Projekt auch als ein Ort angesehen werden, an dem Medienproduktion selbst gestaltet wird. Innerhalb dieser Tätigkeiten können Erkenntnisse über Medienpraxis erlangt werden; diese können gegebenenfalls für die Radiomacher*Innen emanzipativ wirken; sie können helfen, Veränderungen herbeizuführen und sie zu etablieren. Die Initiative für postmigrantisches Radio, die wohl kleinste hier betrachtete Gruppe, die keine Radiostation, sondern eher Redaktion ist, zeigt hingegen etwas anderes auf: das Gewicht der eigenen Repräsentation und die politische Relevanz, selbst Radio zu gestalten. Es wird deutlich, dass dies im Falle der Initiative weniger an konkrete Strukturen gebunden sein muss, vielmehr die eigene Unabhängigkeit dabei ausschlaggebend ist ein Erfordernis, das als eines der wichtigsten für Community-Medien allgemein gilt.

Weil die technischen Hürden, Radio zu gestalten, heute gering sind, scheint es immer weniger notwendig, sich fest an eine Institution zu binden, die über eine entsprechende Ausstattung verfügt. Hier zeigen sich Potentiale für eine künftige und unabhängige Praxis aktivistischer Radiogruppen. Sie könnten zusammenbringen, was gegenwärtig oft getrennt scheint, die Kritik an Medienhegemonien, die die bereits etablierten Freien Radios teilweise schon lange und im Austausch miteinander betreiben sowie die technisch einfache und funktionale Ausstattung sowie Ausrichtung der jüngeren Projekte, die eine wesentlich unabhängigere Radiopraxis ermöglichen können. So könnten die Community-Radios allein durch verstärkte Beziehungen untereinander voneinander profitieren und Radiomachen als eine Praxis auffassen, die unabhängig und institutionskritisch funktioniert, die aber auch in selbstorganisierte Netzwerke eingebunden ist, die einen entsprechenden Wissenstransfer ermöglichen. Das häufig festzustellende Auseinanderdriften von älteren und jüngeren Projekten zu beenden, könnte die Position der Community-Radios in Deutschland (wieder) stärken.

Dazu bräuchte es eine dauerhafte Interaktion zwischen den jüngeren und älteren Radios, die über die bestehenden projektbezogenen Kooperationen und situationsbedingten Berichterstattungen hinaus gehen würde. Diese müsste dauerhaft in die alltägliche Praxis der Projekte einfließen. Gleichzeitig könnte auch ein mögliches Erstarken von sozialen Bewegungen eine Chance für die Radioprojekte darstellen, an Relevanz zu gewinnen. In beiden Fällen wäre es zentral, dass sowohl soziale Bewegungen als auch die Radioprojekte stärker untereinander kooperieren, um so ihre (gegenwärtig) häufig vereinzelten Positionen besser ausdrücken zu können. Zudem wird deutlich, dass die zunehmende Etablierung der Radioprojekte stets die Gefahr birgt, die angestrebte Unabhängigkeit der eigenen Arbeit beschränken zu müssen. Community-Radios sollten daher die Beziehungen untereinander intensivieren, um wechselseitig und solidarisch für eben diese Unabhängigkeit einstehen zu können.

Rückblick: Das Radiocafe „Die Röhre" ca. 1991(Fotobereitstellung C.S. Leder)

Fotoshooting der Gruppe von Radio F.R.E.I. auf einem Dach 1997 (Fotobereitstellung C.S. Leder)

# Mediale Veränderungen - oder: Was sehen wir? Zugänge zum „Sehen" am Beispiel der „Homosexualität"
Heinz-Jürgen Voß

Medien verändern sich und sie verändern Sichtweisen. Und neue Medien erzeugen Ängste und stellen Herausforderungen dar. Das war bei der Etablierung neuartiger Druckverfahren im Buchdruck im 18. Jahrhundert und der Erfindung des Radios im 20. Jahrhundert nicht anders als bei den sich etablierenden „neuen Sozialen Medien" im 21. Jahrhundert. Der folgende Beitrag nimmt einen historischen medialen Ausgangspunkt, um sich von dort damit zu befassen, wie Homosexualität eigentlich gesehen werden kann, da sich der konkrete sexuelle Akt im Allgemeinen ja der öffentlichen Wahrnehmung entzieht.

**Von der Glasmalerei der Kirchenfenster zum aktuellen Sex**
„Mit dem Bildschirm […] ging zum ersten Mal seit dem 14. Jahrhundert wieder ein Bildträger kulturell in Führung, der das Bild von außen aus dem Raum leuchtend, strahlend zu uns kommen lässt. Im 14. Jahrhundert war das der Glasmalerei an den Fenstern zunächst der romanischen Kirchen und dann der großen gotischen Kathedralen gelungen. Sie avancierte innerhalb weniger Jahrzehnte zum ästhetisch und massenmedial dominanten Bildträger." (Reiche, 2014, S. 215) Dieser Vergleich wirkt erst einmal ziemlich fern. Er ist es aber keineswegs. Einerseits verweist er auf wichtige Träger von Informationen (Medien), die andererseits in ein moralisches Gefüge eingebunden sind. Gibt es bezüglich der Glasmalerei eine klare herrschaftliche Instanz, die bestimmt, welche Vorstellungen abgebildet werden, so finden sich - auch von dieser Instanz beauftragt - an eben denselben kirchlichen Bauwerken, nur an den Außenseiten, oft Darstellungen von denjenigen Dingen, die als ‚abstoßend', als ‚sündig' angesehen werden und die durch ihre Verbannung an die Außenmauern aus dem Inneren der Kirchen ferngehalten werden sollen.
Die Glasmalerei der Kirchen ist ein Massenmedium - es erreicht auch die damals mehrheitlich analphabetische Bevölkerung und verfolgt

den Zweck, ihnen die christlichen moralischen Lehren nahezubringen. Neue technische Verfahren seit dem 18. Jahrhundert ermöglichen den Aufstieg eines weiteren Massenmediums: den kostengünstigen Druck. Eingebunden in die nun existierende kapitalistische Gesellschaftsordnung, wird er aber nicht mehr nur zur Verbreitung der ‚richtigen' Moral eingesetzt, sondern dient auch wirtschaftlichen Interessen. Es wird davon nicht unabhängig sein, dass man zu eben jener Zeit begann, zunehmend selbst die Gelehrtentexte über geschlechtliche Merkmale in der jeweiligen Landessprache zu veröffentlichen, anstatt wie zuvor üblich auf Latein. Wichtige Bedeutung hatten auch Visualisierungen, die den Absatz der Bücher nicht unerheblich steigern konnten. So sorgten biologisch-medizinische Veröffentlichungen über ‚Geschlecht' nicht selten für Eklats, bis hin zum Pornografie-Vorwurf, für Diskussionen und guten Verkaufserfolg (vgl. Voß 2010: 119f). Etwa für Carl von Linnés Beschreibungen der Befruchtungsvorgänge von Pflanzen kann man von einer ‚pornografischen Lebendigkeit' sprechen (vgl. ausführlich: Schiebinger 1995). Massendruck, später Radio und Fernsehen verändern die Bedingungen der Wahrnehmung - und bleiben doch in den gesellschaftlichen Herrschaftsstrukturen gefangen. Das gilt auch für „neue Medien", die „Sozialen Medien", in denen stereotype, normative Perspektiven zentral bleiben und aus denen sich nur bedingt gesellschaftsveränderndes Potenzial ableitet (vgl. Katzer & Voß, 2019).

**Das „Sehen" von gleichgeschlechtlichem Sex[88]**
Unter gleichgeschlechtlichem Sex muss je nach der dem Betrachtenden zugrunde liegenden Sicht etwas Unterschiedliches verstanden werden. Es ist bedeutsam, um welche Kennzeichen und Handlungen es geht - etwa um Küsse, Umarmungen, Reizungen von Haut- und Körperpartien, Schenkel- oder genital-penetrierenden Verkehr, verbale Artikulation z. B. in Chats, Gruppenrituale in Peergroups, im Sport und im Militär etc. Es macht auch einen Unterschied, ob gleichgeschlechtlicher Sex moralisch und juristisch als soziales Verhalten

---

[88] Die folgenden Darstellungen basieren auf: Çetin, Zülfukar; Voß, Heinz-Jürgen (2016): Schwule Sichtbarkeit und schwule Identität. Psychosozial-Verlag, Gießen.

gesehen wird, das gelebt (und möglicherweise restriktiv behandelt) wird - oder ob er als Phänomen gilt, das als „natürlich" qualifiziert in anfärbbaren Strukturen von Zellen und in Gehirnbereichen verortet und in diesen gelesen wird und dabei per se erst einmal nichts mit einer sexuellen Handlung zu tun hat.
Neben den Begriffen und technischen Apparaturen, die den verschiedenen Sichtweisen zugrunde liegen, sind konkrete Abstraktionen erforderlich, um überhaupt „Sex" zu definieren und ihn von anderen Eigenschaften (und zwischenmenschlichen Umgangsweisen, etwa freundschaftlichen) abzulösen; mit der Einordnung als „gleich-" oder „andersgeschlechtlich" geht eine weitere bedeutsame Abstraktionsleistung voraus, mit der entlang der Gruppenzugehörigkeit von Menschen die Identität (hier im mathematischen Sinn als: Übereinstimmung) oder Differenz (keine Übereinstimmung) festgestellt wird. „Gleich" und „anders" sagen dabei im Übrigen noch nichts darüber aus, wie viele Möglichkeiten der Eingruppierung sich hinter der Kategorie „anders" verbergen.
Die „Homosexualitäts"- Studien bauten auf den neuzeitlichen wissenschaftlichen Methoden und Sichtweisen auf. Seit der Wende zum 14. Jahrhundert kam dem Sehen in neuer Form Bedeutung zu. Mit der Methode der Sektion menschlicher Leichen konnten neue Erkenntnisse gewonnen werden. Allerdings zielte die Sektion zunächst darauf, die alten und vorliegenden Texte zu bestätigen. Erst mit Andreas Vesalius (1514-1564) - er gilt als Begründer der modernen Anatomie - bekam Sektion eine Bedeutung im Sinne eines prüfenden und korrigierenden Blicks, um die „Wahrheit" aufzufinden. Die Mikroskopie des 17. Jahrhunderts ermöglichte ebenfalls „neues Sehen", auch im Hinblick auf Zeugung und die zugrunde liegenden Zeugungsstoffe. Bekannt sind hier die Darstellungen kleiner „Samentierchen", die Antoni van Leeuwenhoek (1632-1723) beim Blick durchs Mikroskop im männlichen Samen sah. Bei den „Samentierchen" - der Begriff liegt dem heutigen „Spermatozoon" zu Grunde - erkannte er, dass in ihnen bereits kleine, vollständig ausgebildete Organismen in Miniatur vorhanden waren; sie sollten in der Embryonalentwicklung und nach der Geburt lediglich noch an Größe zunehmen (vgl. Voß, 2011, S. 79-82). Seit dem 17. und insbesondere im ausgehenden 18. Jahrhundert

wurden Keimdrüsen als geschlechtlich different beschrieben und in Vorstellungen von (geschlechtlichen) Entwicklungsprozessen eingebunden; hinzu kamen im 19. Jahrhundert zunehmend Gehirn- und seit der Mitte des 19. Jahrhunderts Zell- und moderne Evolutionstheorien. Ende des gleichen Jahrhunderts folgten Chromosomentheorien. Bedeutsam sind diese Theorien für die Herausbildung eines modernen Blickes, sowohl in der Wissenschaft als auch in der Populärsicht, dem nun eine ganz besondere und „Wahrheit" aussagende Bedeutung zugeschrieben wird. Andrea Mubi Brighenti (2007) charakterisiert den modernen Blick mit Bezug auf kritische Arbeiten von Sander Gilman (geb. 1944) und Susan Sontag (1933-2004) plastisch: „Die medizinische Theorie und Praxis, ebenso wie die Verbreitung von medizinischem Wissen in der populären Kultur, errichten ein visuelles normatives Modell, basierend auf dem Gegensatz von Gesundheit und Krankheit, von Schönheit und Hässlichkeit, das in einem Versuch, die Angst vor Krankheit zu kontrollieren, strategisch eingesetzt werden könnte. Im gleichen Sinn hatte [Michel] Foucault [in seiner Archäologie des Wissens (1969)] einen Sichtbarkeits-Mechanismus am Ursprung dessen ausgemacht, was er den regard médicale nannte. Der medizinische Blick wurde von Foucault nicht als ein persönlicher, sondern als ein unpersönlicher, disziplinärer Blick verstanden. Die moderne Medizin gründet hauptsächlich im ›Triumph der Sicht‹, der in der Autopsie - wörtlich: ›mit eigenen Augen sehen‹ - einer Leiche erreicht wird. Der individuelle lebendige Körper präsentiert sich im Gegensatz dazu als unsichtbar, gleichermaßen aufgrund seiner organischen Tiefe, von deren Undurchdringlichkeit für die Sicht, wie aufgrund der komplizierten Verwicklungen der Symptome, die er aufzeigt. Entsprechend wurde es die Aufgabe der modernen Medizin, das Unsichtbare zurück in die Sichtbarkeit zu bringen." (Brighenti, 2007, S. 327)
Spielten Abbildungen zwar auch vor dem Kupferstich und der Fotografie in der abendländischen Tradition eine größere Rolle, um Aufgeschriebenes und Erzähltes zu verdeutlichen und auch „ungebildeten" Schichten zugänglich zu machen (vgl. etwa die Bedeutung der Kirchenfenster - Gestaltung, vgl. Reiche, 2014, S. 215), so erhoben die Darstellungen nicht den Anspruch auf Korrektheit und Wahrheit.

Barbara Duden hat sich ausführlich mit der Frage befasst, wie die moderne „wissenschaftliche Tatsache ‚Frau' [...] hergestellt und popularisiert wurde« (Duden, 1991, S. 18). Sie führt aus: „Das Bild war primär illuminatio, nicht illustratio. Der Text wurde bebildert, um die Schau zu unterstützen, nicht um ein Abbild der beschriebenen Sache zu verdeutlichen." (Ebd., S. 43; Hervorhebungen im Original.) Mit dem neuzeitlichen Blick ist dies anders und kommt dem Bild ein Wahrheit bestätigender Charakter zu. Besonders plastisch macht das Leonardo da Vinci (1452-1519) deutlich: „In einer Eintragung auf einem Blatt mit einer braunen Tuschezeichnung notiert Leonardo, es sei für die Anatomie wesentlich, durch das Zeichnen von verschiedenen Seiten ein volles und wahres Wissen zu vermitteln. Die verbale Beschreibung in der Anatomie sei zeitraubend und verwirrend. Denn Worte müssten ja erst in Phantasiebilder umgesetzt werden, wohingegen die Zeichnung einen direkten Eindruck verschafft." (Ebd., S. 45) Präziser hätte der Wandel kaum zu Papier gebracht werden können: Das gezeichnete (oder später fotografierte bzw. elektromagnetisch erzeugte) Bild erscheint nun im Sinne eines „wahren Abbilds", das die Schwächen menschlicher Verballeistung umgehe. Gleichzeitig wird die eigene Herstellungsleistung des Homo faber, in der im Übrigen Sprache zentral ist, vernachlässigt.

Wie „sieht" man nun „Homosexualität"? Einerseits im konkreten gesellschaftlichen Umgang, andererseits in der wissenschaftlichen Experimentalanordnung?

„Homosexualität" ist eben nicht auf den ersten Blick „sichtbar", anders als es etwa im alltäglichen Umgang mit Geschlecht der Fall ist, wo wir jeweils meinen, sicher zu sein, das Geschlecht eines Menschen erkennen zu können. Bei „Homosexualität" ist dies anders. Der erste - gesellschaftliche oder wissenschaftliche - Blick auf die Person sagt nicht, ob es sich um einen „Homosexuellen" handelt. Entsprechend wird im gesellschaftlichen Umgang „Homosexualität" über unterschiedliche Zugänge erschlossen:

1) Ein konkreter genitaler Akt wurde beobachtet, berichtet und/oder entsprechend juristisch festgestellt;

2) Menschen haben, etwa aus moralischen Beweggründen, selbst medizinische und soziale oder direkt Sexualberatung aufgesucht;
3) bestimmte Handlungen im Alltag werden als „verdächtig" „homosexuell" gelesen.

In der Moderne kommt dieses Sehen, wie bereits mit Verweisen auf Michel Foucault geschildert, erst nach und nach auf; einige Handlungen werden zu „verdächtigen", und es entsteht ein Bild des „Homosexuellen". So ist etwa historisch neu, dass zwei händchenhaltende Männer heute in der Bundesrepublik klar als „verliebt", als „homosexuell" gelesen werden, wohingegen eine Gruppe von Männern nach Mannschaftssport gemeinsam nackt unter der Dusche stehen kann, ohne als „homosexuell" zu gelten. Noch um 1900 war es auch im Deutschen Reich nicht ungewöhnlich, dass enge Freunde Hand in Hand miteinander gingen; daraus wurde gesellschaftlich nicht auf ein sexuelles Tun miteinander geschlossen. Auch die Grenzen des „Sexuellen" waren also noch nicht so eindeutig gesteckt. Kommen wir also zum Punkt, wie die Gesellschaft gelernt hat, „Homosexuelles" zu sehen und zu lesen.

Bis zur Mitte des 19. Jahrhunderts orientierte sich die Gerichtsmedizin zum Nachweis des mannmännlichen sexuellen Aktes „wider die Natur" (verhandelt unter dem Schlagwort: Päderastie) an Paolo Zacchias' (1584-1659) Abhandlung Quaestiones medico-legales (Rom/Amsterdam, 1621-1635). Dieser Indizienkatalog war die wichtige entsprechende Handreichung, auf die sich Gerichtsmediziner stützen konnten. Zentral war anal-penetrierender Verkehr. Insbesondere der Anus des passiven Partners sollte untersucht werden. Der Gerichtsmediziner Johann Ludwig Casper (1796-1864) entwickelte das Verfahren fort. Auch ihm galt die Untersuchung des Anus als folgerichtig: „Die Mechanik des Aktes und seine angeblichen Spuren - Risse, Entzündungen, Dehnungen des Afters, Beseitigung der natürlichen Falten des Afters um den Anus, Feigwarzen, Wucherungen, Juckreiz – sollten die Tat bezeugen." (Müller, 1993b, S. 29) Allerdings kritisierte Casper seine Vorgänger scharf und versuchte durch eigene „Naturbeobachtung" die „wahren Tatsachen" ans Licht zu bringen. Bzgl. der Untersuchung des Anus galten ihm nur noch „zwei diagnostische Zeichen" als sicher: „die ‚dutenförmige Einsenkung der nates nach dem After zu' und die ‚faltenlose Beschaffenheit der Haut in der Umgegend des anus'" (Casper, 1852, S. 78; nach Müller, 1993b, S. 29). Casper vermutete 1852, dass das Verhalten, sich penetrieren zu lassen, bei einer kleinen Zahl Männer angeboren sei. Gleichzeitig hielt er das Untersuchungsverfahren nicht für ausreichend, um tatsächlich die ganzen mannmännlichen Akte „wider die Natur" nachweisen zu können. Er vermutete, „dass diese ekelhaften Vermischungen von Mann mit Mann gar nicht in allen Fällen so rein mechanisch geschehen, dass vielmehr die Afteröffnung nicht selten dabei ganz unbetheiligt bleiben dürfte, und dass bei nicht wenigen die unerklärliche geschlechtliche Verirrung sich in den Gränzen eines gewissen Platonismus erhält." (Casper, 1852, S. 76; nach Müller, 1993b, S. 30) Diese Sichtweise wurde von dem Pariser Gerichtsmediziner Ambroise Tardieu (1818-1879) scharf kritisiert, der auf Basis der Untersuchung von 200 Ani an den Prinzipien der bisherigen Untersuchung festhielt.

Stützte Casper seine Beschreibung auf die Begutachtung von elf Personen, so veröffentlichte er 1863 in seinen Klinischen Novellen ein von einem „Homosexuellen" verfasstes „Selbstbekenntnis", aus dem deutlich wurde, dass Männer, die Sex mit Männern suchten, einander finden würden, es also einen spezifischen Blick gebe, mit dem sich Gleichgesinnte erkennen würden: „Wir finden uns gleich" (Müller, 1993b, S. 30). Dieses Selbstzeugnis „stand am Beginn der zahlreichen autobiographischen Bekenntnisse, die ab 1870 in der Sexualpathologie veröffentlicht wurden" (ebd.). Auch bezogen auf die Penetrierenden suchten die Fachleute nach Indizien. Hierfür wurden von einem Autor in den 1820er Jahren Anzeichen in einer „dünnen und nicht zu langen Ruthe" (Müller, 1993a, S. 14) vermutet, Kennzeichen die allerdings von den Fachkollegen als noch „unsicherer" als die Analuntersuchung wahrgenommen wurden.

Sowohl Zacchias als auch Casper versuchen, sich ein Bild vom den Anus des Mannes penetrierenden Akt zu machen. Casper geht weiter und vermutet weit mehr zu betrachtende Akte, die nicht „so rein mechanisch" verliefen. Beide orientieren darauf, dass nur ihr eigenes

Sehen und die direkte experimentelle Untersuchung einen Schluss zulassen würden. Sie sind beide aus der „angewandten Wissenschaft" Gerichtsmedizin und haben entsprechend den fachlichen Auftrag, Hinweise auf konkrete Handlungen zu finden, um einen strafrechtlichen Vorwurf zu prüfen. Gleichzeitig sehen sie sich Unwägbarkeiten ausgesetzt, weil ihre „Klienten" jeweils ihre Unschuld beteuern werden. Verlässliche Personen zur Untersuchung zu gewinnen wäre erst dadurch möglich, dass Menschen selbst zu ihrem Tun stehen - und ihre Ani als sichere Bezugsgröße für Studienzwecke zugänglich werden. Entsprechend kommt Selbstbekenntnissen und kataloghaften Kasuistiken wichtige Bedeutung zu. Eine solche Fallsammlung stammt von Franciszek Ludwik von Neugebauer (1856-1914) in Bezug auf „Hermaphroditismus" (Neugebauer, 1908). Magnus Hirschfeld liefert sie mit seinen Arbeiten auch für „Homosexualität". Auch wirkt das Selbstbekenntnis, dass sich die „echten" Homosexuellen „gleich erkennen" würden, der Verführungsthese entgegen, mit der gesellschaftlich die „Gefahr" beschrieben wurde, dass Jugendliche zu „Homosexualität" verleitet werden könnten. Wenn sich die „Homosexuellen" gegenseitig erkennen, dann liegt der Schluss nahe, dass der „homosexuelle Mann" den „homosexuellen Mann" begehre - und nicht etwa Männer ungeachtet ihrer sexuellen Orientierung. Hirschfeld schließt in *Die Homosexualität des Mannes und des Weibes* an Caspers Arbeit an, gerade in Bezug auf den Punkt, dass „homosexuelles" Verhalten nicht allein aus der Anusuntersuchung geschlossen werden könne, sondern dass neben dem penetrierenden Analverkehr weitere Handlungen im Blick sein müssten. Nach Hirschfelds Erfahrung hielten sich einige „Homosexuelle" nicht für „Homosexuelle", weil sie meinten, dass sich der Begriff „nur auf den analen Akt" (Hirschfeld, 1914, S. 12) beziehe, den sie selbst ablehnten. Hirschfeld geht weiter und verfolgt die Auffassung, dass aus einer gleichgeschlechtlichen sexuellen Handlung nicht auf vorliegende „Homosexualität" geschlossen werden könne – und schlägt im Weiteren eine ausführliche Diagnose vor, die die gesamte Persönlichkeit des Menschen und seine Lebensereignisse und -erfahrungen seit der Kindheit umfasst (für seinen Fragebogen: Hirschfeld, 1914, S. 240-262). Hirschfeld: „Der Nachweis einer homosexuellen Handlung spricht ebenso wenig mit Sicherheit für das Vorhandensein echter Homosexualität, wie die Ausübung eines heterosexuellen Aktes seitens einer Frau oder eines Mannes mit Bestimmtheit dagegenspricht. Das, worauf es bei der Diagnose ankommt, ist die auf dasselbe Geschlecht gerichtete ›konträre Sexualempfindung‹" (Hirschfeld, 1914, S. 41), also das („angeborene") Begehren eines Menschen zum gleichen Geschlecht (sofern dieses Begehren auf beide Geschlechter ziele, spreche man von „Bisexualität" [ebd., S. 42]). „Homosexualität" wird also für den biologischen, medizinischen und soziologischen Zugang so konzipiert, dass sie ohne jegliche gleichgeschlechtliche sexuelle Handlung auskommen kann. Die Persönlichkeit des Menschen sei entscheidend; hingegen werden gleichgeschlechtliche sexuelle Akte, wie sie etwa unter Jugendlichen stattfinden, wird der gleichgeschlechtliche Sex sich als „heterosexuell" bezeichnender männlicher Prostituierter, wird punktueller gleichgeschlechtlicher Sex erwachsener Männer etc. aus der Definition ausgeschlossen. (Vgl. Hirschfeld, 1914, S. 32f)

Juristisch (und moralisch) wurde gleichwohl weiterhin der sexuelle Akt problematisiert - aber auch hier hielt die biologisch-medizinische und soziologische Perspektive Einzug, indem Fragen der möglichen Wiederholung gleichgeschlechtlicher sexueller Handlungen in der Strafzumessung (und der moralischen Bewertung, etwa „Entschuldigung" Jugendlicher) berücksichtigt wurden und entsprechend ein Persönlichkeitsprofil des „Täters" erstellt wurde. Dafür benötigt man das Bild und die Eckdaten des typischen „Homosexuellen".

Plastisch tritt das Bild des „Homosexuellen" vor Augen, wenn man den Bildband zu Hirschfelds *Geschlechtskunde* (Hirschfeld, 1926-1930, Bd. 4) durchsieht. Hirschfeld liefert dort eine Systematisierung geschlechtlicher und sexueller „Zwischenstufen" (im Sinne von „Geschlechtermischungen" und „Geschlechtsübergängen"). „Homosexualität" sah er als eine den Geschlechtstrieb betreffende „Zwischenstufe". Auch zuvor, bereits um 1900, sind die Publikationen Hirschfelds von zahlreichen bildlichen Darstellungen - und einer sehr bildhaften Sprache - geprägt; und im Institut für Sexualwissenschaft gab eine „Zwischenstufenwand" einen visuellen Überblick über die geschlechtlichen „Zwischenstufen" (Magnus Hirschfeld Gesellschaft

2015; vgl. Peters 2009: 191). Kathrin Peters hat in ihrer Studie *Rätselbilder des Geschlechts* aus umfassenden Bildanalysen mit Blick auf Geschlecht und Sexualität herausgearbeitet, dass Abbildungen von Hirschfeld in einer neuen und für die Sexualwissenschaft (bis dahin) einzigartigen Dimension eingesetzt wurden. Es handele sich um einen „einmalig dastehende[n] Einsatz fotografischer Bilder" (Peters, 2009, S. 164); Hirschfeld arbeite „einem Sichtbarkeitspostulat zu, das sich im Gebrauch von Fotografien niederschlägt, wie es zugleich von diesen gestützt und aufrechterhalten wird" (ebd.). Obwohl Hirschfeld einräume, „dass das ‚anatomische Substrat' des ‚Geschlechtstriebs [...] bisher noch nicht ermittelt' sei" (ebd., S. 163), gehe er davon aus, dass „Homosexuelle" als „drittes Geschlecht" „schon ‚bei der Geburt ebenso leicht zu erkennen wären wie die beiden anderen Geschlechter'" (ebd.). Auch komme er zu weiteren sichtbaren Merkmalen, die „Homosexuelle" kennzeichneten: „Zweifellos ist die Hautfarbe urnischer Männer in sehr vielen Fällen auffallend weiss, rosig und zart." (Hirschfeld nach: Peters, 2009, S. 164) An anderer Stelle kann man bei Hirschfeld lesen: „Diese [feminin tänzelnde] Gangart Homosexueller ist so charakteristisch, daß ich oft von meinem Sprechzimmer aus an der Art des Auftretens erkannte, wenn ein Urning in mein Wartezimmer kam." (Hirschfeld, 1914, S. 153) Und er kennzeichnete auch zahlreiche weitere Merkmale als „homosexuell", etwa sei „die Neigung, in Fistelstimme zu sprechen oder zu singen, bei den Urningen weit verbreitet. [...] Ihr entspricht bei homosexuellen Frauen die Neigung, die Stimme zu vertiefen" (ebd., S. 134).

Zur Visualisierung nutzt Hirschfeld Reihen von Bildern, die gerade durch die Anordnung „Zwischenstufen" plausibel machen. Möchte Hirschfeld auf diese Weise „Naturerscheinungen" hervorheben und sichtbar machen, so wird sein Vorgehen von einigen Zeitgenossen kritisiert und als Maskerade tituliert (Peters, 2009, S. 171-176). Peters: „[E]s ist eine Krux mit dem Sehen. Man kann ›Naturerscheinungen‹ nicht einfach hervorheben: Jede Hervorhebung basiert auf medialen Verfahren und muss sich in kulturelle Sichtbarkeiten einpassen. Was zu sehen ist, muss sich zudem erst in einem Kollektiv durchsetzen, es steht nicht unmittelbar vor Augen." (Ebd., S. 174) Die Gesellschaft zu lehren, „Zwischenstufen" zu „sehen" und sie als naturhafte

Variationen anzuerkennen, so lässt sich möglicherweise Hirschfelds wissenschaftliche und politisch-gesellschaftliche Arbeit zusammenfassen. Gleichzeitig wird auf diese Weise eine umfassende Klassifizierung und Systematisierung in Bezug auf geschlechtliche und sexuelle Merkmale geleistet – und werden „Zwischenstufen" überhaupt erst als solche „erkannt", wie zugespitzt im Hirschfeld-Lied hervortrat. In der Folge kann sich allerdings nicht Hirschfelds wertschätzender Umgang mit Varietäten durchsetzen, sondern erhalten diejenigen gesellschaftlich und wissenschaftlich die Oberhand, die entlang der Klassifizierungen und Systematisierungen auf eine Auslöschung von „Zwischenstufen" und also auch von „Homosexualität" hinarbeiten.

**Übertrag auf aktuelle gesellschaftliche Debatten**
Das „Sehen" wichtig zu nehmen und weiterreichende wissenschaftliche Erkenntnisse schwer bewerten zu können, ist auch heute bedeutsam. Neue Soziale Medien funktionieren kurzweilig visuell - entweder über Bilder mit knappen verbalen Botschaften (Instagram) oder gleich über prägnante Videos, die Reichweite insbesondere aus „Lautstärke" - einem „Kreischen" in den ersten Sekunden - generieren (entsprechend der Funktionsweisen von TikTok und Instagram). Wissenschaft, die etwas anderes aussagt als das gesellschaftlich stereotyp gedachte und gut visuell abbildbare, hat es heute schwer und wird sogar angefeindet. Ähnlich erging es Anfang des 20. Jahrhunderts Albert Einstein mit seiner Relativitätstheorie: Während die deutschen Nazis argumentierten, dass „natürlich" der Apfel vom Baum auf den Boden falle - schließlich würde man das ja sehen -, argumentierte Einstein, dass es sich bei der Wahrnehmung um einen besonderen und seltenen Einzelfall handele. Die aktuelle Physik gibt Einstein Recht - der populären Sicht auf der Klia-Platte, wie auch am Kröpcke in Hannover, bleibt die Perspektive aber weitgehend unverständlich, weil sie dem eigenen „Sehen" widerspricht.
Hier wäre ein Auftrag an die Schule: Sexualwissenschaft und Geschlechterforschung hätten es viel einfacher, wenn durch angemessene schulische Bildung jede Person an der Klia-Platte oder am Kröpcke in zwei Sätzen die Relativitätstheorie darstellen könnte. Sie

fokussiert auf die Standortbezogenheit und auf Prozess - und bildet die Basis für aktuelle Physik und die technischen Entwicklungen der Zeit. Seite 100 Jahren besteht der Mangel, auch die Breite der Bevölkerung in den Genuss der Erkenntnis kommen zu lassen. Durch den Mangel an Vermittlung wissenschaftlicher Erkenntnis haben es Populist*innen und Nazis leicht, eine andere „Wahrheit" zu benennen, die nicht auf der Basis des aktuellen wissenschaftlichen Sachstands aufbaut.

Astrid Altmann im Interview mit Prof. Voß (Screenshot)

**Literatur**
Brighenti, Andrea Mubi (2007): Visibility: A Category for the Social Sciences. In: Current Sociology, vol. 55 (3), S. 323–342.
Brighenti, Andrea Mubi (2010): Visibility in Social Theory and Social Research. Houndmills u. a.: Palgrave Macmillan.
Casper, Johann L. (1852): Ueber Notzucht und Päderastie und deren Ermittelung seitens des Gerichtsarztes.
In: Vierteljahrsschrift für gerichtliche Medicin (Berlin), Bd. 1 (1852), S. 21-78.
Online: http://reader.digitale-sammlungen.de/de/fs1/object/display/bsb10290168_00025.html (Zugriff: 10.3.2024).
Duden, Barbara (1991): Der Frauenleib als öffentlicher Ort: Vom Mißbrauch des Begriffs Leben. Hamburg u. a.: Luchterhand Literaturverlag.

Duden, Barbara (2002): Die Gene im Kopf - der Fötus im Bauch: Historisches zum Frauenkörper. Hannover: Offizin Verlag.
Foucault, Michel (1983 [frz. EA 1976]): Der Wille zum Wissen - Sexualität und Wahrheit 1. Frankfurt/Main: Suhrkamp Taschenbuch.
Hirschfeld, Magnus (1914): Die Homosexualität des Mannes und des Weibes. Berlin: Louis Marcus Verlagsbuchhandlung.
Katzer, Michaela, Voß, Heinz-Jürgen (Hrsg., 2019): Geschlechtliche und sexuelle Selbstbestimmung durch Kunst und Medien: Neue Zugänge zur sexuellen Bildung. Psychosozial-Verlag, Gießen.
Magnus Hirschfeld Gesellschaft (2015): Institut für Sexualwissenschaft (1919-1933). Online: http://magnus-hirschfeld.de/ausstellungen/institut-fur-sexualwissenschaft-1919-1933/ (Zugriff: 10.3.2024).
Müller, Klaus (1993a): Die unmittelbare Vorgeschichte: Heinrich Hössli. In: Lautmann, Rüdiger (Hg.): Homosexualität: Handbuch der Theorie- und Forschungsgeschichte. Frankfurt/Main u. a.: Campus Verlag. S. 13-18.
Müller, Klaus (1993b): Johann Ludwig Casper. In: Lautmann, Rüdiger (Hg.): Homosexualität: Handbuch der Theorie- und Forschungsgeschichte. Frankfurt/Main u. a.: Campus Verlag. S. 29-31.
Neugebauer, Franz L. von (1908): Hermaphroditismus beim Menschen. Leipzig: Dr. Werner Klinkhardt.
Peters, Kathrin (2009): Rätselbilder des Geschlechts – Körperwissen und Medialität um 1900. Zürich u. a.: Diaphenes Verlag.
Reiche, Reimut (2014): Die Figuration der sexuellen Grenze. In: Merk, Agatha (Hg.): Cybersex: Psychoanalytische Perspektiven. Gießen: Psychosozial-Verlag. S. 207-228.
Schiebinger, L. (1995): Das private Leben der Pflanzen: Geschlechterpolitik bei Carl von Linné und Erasmus Darwin. In: Orland, B., Scheich, E. (Hrsg.): Das Geschlecht der Natur - feministische Beiträge zur Geschichte und Theorie der Naturwissenschaften. Suhrkamp, Frankfurt/Main, S.245-269.
Voß, H.-J. (2010): Making Sex Revisited: Dekonstruktion des Geschlechts aus biologisch-medizinischer Perspektive. Transcript Verlag, Bielefeld.
Voß, Heinz-Jürgen (2011): Geschlecht: Wider die Natürlichkeit. Stuttgart: Schmetterling Verlag.

# Bürgermedien und Medienkompetenz
Anna-Sophie Brucks[89]

Die gesellschaftliche Kommunikation wandelt sich so rasant wie nie zuvor (vgl. Urlen 2017, S. 297). Der kompetente Umgang mit konvergenten Medienangeboten, Technologien und Kommunikationsformen wird daher immer mehr zu einer Aufgabe, die es im Kontext allgemeiner Entwicklungs- und Sozialisationsprozesse zu bewältigen gilt (vgl. Süss et al. 2018, S. 109). Medienkompetenz wird neben Lesen, Schreiben und Rechnen als vierte Kulturtechnik beschrieben (vgl. Bogen et al. 2008, S. 36). Sie schafft digitale Selbstständigkeit, die in einer modernen Wissens- und Informationsgesellschaft für demokratische Teilhabe, wirtschaftliche Chancengerechtigkeit und freie Entfaltung der Persönlichkeit von grundlegender Notwendigkeit ist (vgl. Deutscher Bundestag 2011, S. 13). Fehlt die Medienkompetenz, so wird es dem Individuum nicht gelingen, Medien und deren Inhalte den eigenen Bedürfnissen und Zielen entsprechend zu nutzen (vgl. ebd.). Sie ist in der aktuellen Informationsgesellschaft also essenziell, um am gesellschaftlichen Leben teilzunehmen (vgl. Bogen et al. 2008, S. 36). Die steigende politische Relevanz von Medienkompetenz zeigt sich vor allem darin, dass ihre Förderung nun als Aufgabe der Landesmedienanstalten gesetzlich im Rundfunkstaatsvertrag verankert wurde (vgl. Luca und Aufenanger 2007, S. 15). So wird den Bürgermedien per Landesgesetz neben der Berichterstattung über lokale Themen und dem Partizipationsauftrag auch die Vermittlung praktischer Medienkompetenz an Lai/innen als Aufgabe zuteil (vgl. Buchholz 2003, S. 75; Nachtwey und Willers 1999, S. 80; Bogen et al. 2008, S. 13). Es kann daher vermutet werden, dass die Kompetenz, mit Medien umzugehen, sie zu reflektieren und sich im Mediensystem zu orientieren, dann am besten erworben wird, wenn die Rezipierenden Medien selbst produzieren (vgl. Förster 2017, S. 146). Um mit

---

[89] Publikationsrelevante Zusammenfassung der Masterarbeit von Anna - Sophie Brucks (J. Bischoff): Anna - Sophie Brucks, Learning by Doing? Eine Analyse der Medienkompetenz von ehrenamtlichen Sendungsmachenden der bundesweiten Bürgermedien. Masterarbeit 215 Seiten, Ostfalia Hochschule, Braunschweig/Wolfenbüttel 2023.

und über Medien metakognitiv zu arbeiten, also auch darüber zu sprechen und zu diskutieren, braucht es Räume (vgl. ebd.). Bürgermedien bieten einen idealen institutionellen Rahmen, in dem Ehrenamtliche getreu dem Motto „Learning by Doing" während der Produktion von Medien den kritisch-reflexiven Umgang mit ihnen, das strukturelle und instrumentelle Wissen darüber sowie die Herstellung dieser erlernen (vgl. ebd.). Thematisiert wird die Frage, ob und in welchem Ausmaß die Bürgermedien ihrem Vermittlungsauftrag von Medienkompetenz nachkommen.

Fehlende digitale und technische Kompetenzen älterer Erwachsener sind Ausdruck einer mangelnden Passung zwischen dem in ihrer Jugend erworbenen Technikwissen und gegenwärtig dominierenden Technikformen (vgl. Pelizäus- Hoffmeister 2018, S. 94).

Wie kann der Aufbau digitaler Kompetenzen im Alter gelingen? Laut Annahme der Geragogik finden Lernprozesse und Lernanlässe älterer Menschen im Alltag statt (vgl. Gallistl et al. 2018, S. 65). Gleichzeitig findet das Lernen vermehrt in informellen Räumen, also in der unmittelbaren Lebenswelt der älteren Lernenden statt (vgl. Bubolz-Lutz et al. 2010). Um sich mit neuen Technologien auseinandersetzen zu wollen und daran Interesse und Motivation zu wecken, muss Technologie als Potenzial erkannt werden (vgl. Gallistl et al. 2018, S. 65). Das hängt zu einem großen Teil davon ab, ob die erwarteten Vorteile gegenüber traditionellen Lösungen als höher eingeschätzt werden (vgl. Heart und Kalderon 2013). Wenn beim auf „Trial-and-Error" basierenden Lernprozess mit den eigenen Interessen in Verbindung stehende Funktionen entdeckt werden, so entstehen nachfolgend neue Lernziele und die Neugierde auf die Technologien wächst (vgl. Sayago et al. 2013).

Neben einem lebenswertorientierten und interessen-geleiteten Zugang zeigt sich auch soziales Lernen als hilfreich für den Aufbau digitaler Kompetenzen im Alter (vgl. Schreurs et al. 2017). Schreurs, Quan-Haase und Martin (2017) konstatieren, dass Lernprozesse im Alter in Bezug auf Technologie ohne die Unterstützung von Lehrer/innen, Expert/innen und anderen Unterstützer/innen nur schwer gelingen können und gehen von technisch vermittelten Lernprozessen als soziale Prozesse aus (vgl. ebd.). Die empirische Studie von Gallistl et al. (2018) konnte aufzeigen, dass Lernprozesse im Alltag älterer Menschen, also lebensweltlich vermittelt und in soziale Kontexte eingebettet, stattfindet (vgl. ebd., S. 73). Sie konnten zudem konstatieren, dass ältere Menschen in technologisch vermittelten Lernprozessen nicht nur einseitig als Empfänger/innen von Wissensinhalten zu verstehen sind, sondern ebenso auch als Expert/innen auftreten (vgl. Bubolz-Lutz et al. 2010). Neben Unterstützung ist damit auch Anerkennung ein zentrales Element des sozialen Lernens mit neuen Technologien (vgl. Gallistl et al. 2018, S. 73). Nach Dewe und Sander lässt sich Medienkompetenz bei Erwachsenen systematisch nur in offenen, erfahrungs- und teilnehmerzentrierten Konzepten der Erwachsenenbildung fördern (vgl. Dewe und Sander 1996). Ergebnissen einer europäischen Studie zufolge werden digitale Kompetenzen überwiegend mit der Hilfe von Freund/innen, Kolleg/innen oder Verwandten erworben oder sich im Selbststudium angeeignet, wobei Männer ihre Kompetenzen in der praktischen Auseinandersetzung mit dem Computer eher erwerben als Frauen (vgl. Demunter 2006, S. 6). Auch Treumann et al. (2002) haben sich in einer Studie mit dem Medienhandeln Erwachsener auseinandergesetzt und plädieren vor dem Hintergrund ihrer Untersuchung dafür, bei der Konzeption von Bildungsangeboten zielgruppenspezifische Handlungs-strategien zu entwickeln und die jeweiligen Bedürfnisse und Interessen der identifizierten Medienkompetenztypen zu beachten. So müssen Angebote für den Kompetenz-Typus des „Avantgardisten" ein breites Themenspektrum abdecken und auch kulturelle und reflexive Aspekte berücksichtigen (vgl. ebd.). Hier schlagen die Autor/innen Projekt- und zielorientierte Workshops vor, innerhalb derer die individuellen Interessen der Teilnehmenden berücksichtigt werden können (vgl. ebd.). Dem gegenüber stehen diejenigen, die dem Typus der „Desinteressierten" angehören (vgl. ebd.). Das Bildungsangebot für diesen Kompetenz-Typus sollte aufgrund geringer finanzieller Ressourcen eher in öffentlichen Räumen angesiedelt sein, wobei es gilt, zunächst das Interesse der Teilnehmenden für (digitale) Medien zu wecken sowie Potenziale und erweiterte Handlungsspielräume zu verdeutlichen (vgl. ebd.). Eine qualitative Studie von Barczik (2018) konnte zutage fördern, dass ältere Erwachsene beim Erlernen digitaler und medialer

Kompetenzen altershomogene Gruppen bevorzugen, wobei diese auch zum Abbau von Berührungsängsten beitragen (vgl. ebd., S. 192). Laut Expert/innen besitzen Ältere ein ähnliches Lerntempo und trauen sich in einer altershomogenen Gruppe eher, Fragen zu platzieren (vgl. ebd.). Ebenfalls konnten die Kursleitenden feststellen, dass die Teilnehmenden von den gegenseitigen Nutzungserfahrungen profitieren konnten (vgl. ebd.). Das gegenseitige Kennen- und Erlernen von Funktionen steigert das Erstaunen und erhöht äquivalent dazu auch den Anreiz zur Nutzung (vgl. ebd.).

Bei einer vom BMBF geförderten Initiative der „Senioren-Technik-Botschafter" (STB) wurden gezielt ältere technikerfahrene Menschen als Wissensvermittler/innen für technikunerfahrene ältere Menschen aktiviert und qualifiziert (vgl. Doh et al. 2018, S. 224). Mithilfe dieses Lehr-Lern-Konzeptes konnten nicht nur neue Zielgruppen technikdistanzierter älterer Erwachsener erschlossen werden, das Konzept bot auch die Möglichkeit, ältere technikaffine Menschen für ein „digitales Engagement" zu gewinnen und in ihren Technik- und Medienkompetenzen weiterzubilden („Train the Trainer"-Effekt) (vgl. ebd.). Als förderlich für den Umgang mit neuen Informations- und Kommunikationstechnologien im Alter konnte die Kombination von formalen und informellen Lernangeboten hervorgehen (vgl. ebd., S. 230). Die qualitativen Analysen der Fokusgruppen ergaben, dass in den Lernsettings die individuellen Bedürfnisse, Fähigkeiten und Interessen der Älteren Berücksichtigung finden, die Lerninhalte einen direkten Alltagsbezug aufweisen sowie Möglichkeiten für ein individuelles Lerntempo und selbstgesteuertes Lernen gegeben sein sollten (vgl. ebd., S. 231). Wie in der Studie von Barczik (2018) konnte auch hier die Altersähnlichkeit der Wissensvermittler/innen (zentrales Charakteristikum der Studie war die Wissensvermittlung von Älteren an Ältere) als förderlicher Faktor der Wissens- und Kompetenzvermittlung hervorgehen (vgl. ebd., S. 233). So bringen die STB mehr Verständnis für die Befürchtungen und Ängste der älteren Teilnehmenden auf, können besser auf deren Bedürfnisse eingehen und Wissen um die Relevanz spezifischer und individueller Themen (vgl. ebd.). Allerdings muss auch konstatiert werden, dass die Altersähnlichkeit allein noch keinen Lernerfolg garantiert (vgl. ebd.). Eine ausreichende

Vermittlungskompetenz - also technische wie didaktische Kompetenzen - müssen ebenfalls von den Lehrenden gegeben sein (vgl. ebd.). Die Altersähnlichkeit muss somit vielmehr als soziale, emotionale und motivationale Ressource interpretiert werden, die hilft, Barrieren abzubauen und ein günstiges Lernklima herzustellen (vgl. ebd., S. 234). Bildungsangebote zu digitalen, medialen und technischen Kompetenzen sollten speziell für ältere Erwachsene so ausgerichtet sein, dass sie im Lernsetting eigene Erfahrungen machen, selbst ausprobieren, üben und erfolgreich Aufgaben lösen können (vgl. ebd., S. 237).

Alle theoretischen und empirischen Erkenntnisse zusammengenommen, kann Folgendes für den Medienkompetenzerwerb älterer Erwachsener festgehalten werden:
- Bisher existieren keine verbindlichen Vorschläge oder Konzepte für die Vermittlung von Medienkompetenz. Ausnahmen bilden Kindertagesstätten oder die Lehr- und Bildungspläne der Schulen und Hochschulen.
- „Trial-and-Error" versus Apprenticeship-Modell: Entweder wird die Medienkompetenz von pädagogischen Bezugspersonen oder Vermittler/innen vorgelebt oder die Lernenden probieren sich durch Versuch und anschließenden Irrtum selbst aus und erwerben dadurch Kompetenzen im Umgang mit digitalen Medien.
- Medienkompetenz muss in einer Mischung aus informellen, non-formalen und formellen Bildungsangeboten erworben werden. Im Sinne einer Bildungsaufgabe sollte der Umgang mit Medien nicht auf der reinen Ermöglichung von Erfahrungen beschränkt bleiben, sondern auch eine gemeinsame Reflexion über und mit den Medien beinhalten. In der medienpädagogischen Projektarbeit sind Theorie und Praxis dialektisch aufeinander bezogen, um den Aufbau kognitiver Strukturen zu fördern. Lernprozesse im Alter können in Bezug auf Technologie ohne die Unterstützung von Lehrer/innen, Expert/innen und anderen Unterstützer/innen nur schwer gelingen. Es braucht also das lebensnahe, in der Situation stattfindende Erfahrungslernen, das

aber durch reflexive und formelle Ansätze in Form eines Workshops mit vermittelnder Person unterstützt wird.
- Diese Unterstützer/innen oder Vermittler/innen sollten dann im Idealfall im selben Alter sein. Eine Altershomogenität konnte in mehreren Studien als soziale, emotionale und motivationale Ressource hervorgehen, die das Lernklima positiv beeinflusst und die Barrieren abbaut.
- Lernende können die Kompetenzen im Umgang mit digitalen Medien am besten erwerben, wenn sie Motivation und Interesse dafür hegen beziehungsweise die Technologie als Potenzial erkannt haben - die erwarteten Vorteile also gegenüber traditionellen Lösungen als höher eingeschätzt werden.

Durch ihre Charakteristik erfüllen Bürgermedien formal die Voraussetzungen, als Sozialisationsinstanz und Ort informellen Lernens zu dienen. So findet bedingt durch die ehrenamtliche Tätigkeit per se eine Auseinandersetzung mit digitalen Medien statt. Der Lernprozess ergibt sich also aus der unmittelbaren Lebenswelt der lernenden Person. Aufgrund der Freiwilligkeit ihres Engagements kann auch davon ausgegangen werden, dass bereits eine Basis an Interesse und Motivation vorherrscht, die für den Kompetenzerwerb förderlich ist. Die Ehrenamtlichen unter sich können dabei als zum Teil altershomogene „peer-group" gesehen werden, die sich in ihrem Lernprozess gegenseitig unterstützen. Gleichzeitig nehmen die hauptamtlichen Mitarbeitenden durch Schulungen, Workshops etc. auch die Rolle der vermittelnden pädagogischen Bezugsperson ein, die zusätzlich zum lebensnahen Erfahrungslernen der Ehrenamtlichen reflexive und informelle Impulse geben.

**Bürgermedien - Die dritte Säule im Rundfunksystem**
Bundesweit tragen Bürgermedien neben den öffentlich-rechtlichen und privaten Rundfunkveranstaltern zur Vielfalt der Medienlandschaft bei und erhöhen die Pluralität des Rundfunk- und Medienangebots (vgl. Förster 2017). Circa 20.000 bis 30.000 Ehrenamtliche produzieren jeden Tag insgesamt rund 1.500 Stunden Programm und erreichen damit mehr als 1,5 Millionen Hörer/innen beziehungsweise

Zuschauer/innen (vgl. Förster 2017, S. 105f.). Dabei ist bundesweit das Lokalradio die stärkste Angebotskategorie im Hörfunk (vgl. Katzenberger 2021, S. 181). Innerhalb der damals neuen „Dualen Rundfunkordnung" wurde den Bürgermedien die Funktion einer „Vielfaltsreserve" zugesprochen (Volpers und Werner 2007, S. 15). So sollen Bürgermedien diejenigen Bevölkerungsgruppen, Themen, Meinungen und Gestaltungsformen begünstigen, die in etablierten Medien (öffentlich-rechtlichen wie privat-kommerziellen) keine oder nur eine unzureichende Repräsentation finden und damit Diversität herstellen (vgl. ebd.). Bürgermedien leisten somit einen Beitrag zur Partizipation der Bürger/innen sowie zur lokalen Information und Identifikation (vgl. ALM GbR 2014, S. 6). Sie dienen der Gesellschaft als demokratisches Instrument, indem sie den freien und unmittelbaren Zugang zu den elektronischen Massenmedien garantieren (vgl. ebd.). Zugleich sollen Bürgermedien durch ihre Zugangsoffenheit allen Bürgerinnen und Bürgern die Partizipation am Rundfunk ermöglichen (vgl. Volpers und Werner 2007, S. 15). Vor diesem Hintergrund stellen Bürgermedien eine spezifische Form dar (vgl. Schäfer und Lakemann 1999, S. 22). Aufgrund ihres regionalen Bezuges sind die Informationen für die Rezipierenden direkt wahrnehmbar und überprüfbar, wodurch es ihnen möglich ist, lokale Medien kritischer zu rezipieren als überregionale (vgl. ebd.). Damit eröffnen Bürgermedien einen medial gefilterten Blick auf die unmittelbare Lebenswelt und tragen somit zur Auseinandersetzung mit dieser bei (vgl. ebd.). Als Artikulations- und Selbstdarstellungsmedium kompensieren Bürgermedien das Kommunikationsbedürfnis lokaler, regionaler und sozialer kultureller Gruppen und bilden mit ihrer teils mehrsprachigen Programmgestaltung wichtige soziale Knotenpunkte, die den sozialen und interkulturellen Dialog fördern (vgl. Wimmer 2021, S. 523). Nicht nur mit ihrer traditionellen Rolle, „den Stimmlosen eine Stimme zu geben", sondern auch im Sinne einer kritischen Pädagogik stellen Bürgermedien wichtige dialogorientierte Lernorte für multiple Kompetenzen dar, mithilfe derer die Nutzer/innen eine kritische und selbstbestimmte Handlungsfähigkeit entwickeln (vgl. Wimmer 2009; Peissl et al. 2018). Aus medienpädagogischer Sicht sind die Bürgermedien damit besonders bedeutsam, weil ihre bewusste Nutzung von Ehrenamtlichen zur Förderung der Medienkompetenz von Bürgerinnen und Bürgern beitragen kann (vgl. Günnel 2003). Durch die ehrenamtliche und offene Programmproduktion als zentrales Merkmal haben Bürgermedien sich heute als praxisorientierte Medienkompetenzzentren profiliert (vgl. ALM GbR 2014, S. 8). Dabei findet die Kompetenzförderung auf zwei verschiedenen Ebenen statt (vgl. Möhring und Köpke 2016, S. 115). Zum einen bieten die Bürgermedien im Rahmen von niedrigschwelligen, unverbindlichen Einblicken in den Journalismusbetrieb, ehrenamtlichen Lai/innen die Möglichkeit, das Medien- und Rundfunksystem praktisch kennenzulernen, zum anderen bilden sie Praktikant/innen und Volontär/innen auf den Gebieten der Mediengestaltung, des Journalismus oder der Betriebswirtschaft gezielt aus (vgl. ebd.). Einige Studien konnten bereits nachweisen, dass die Erfahrungen in Bürgermedien den Berufseinstieg erleichtern beziehungsweise als Berufsvorbereitung dienen (vgl. Möhring und Köpke 2016; Kertscher 2005; Podzimski 2006). Dass in den Bürgermedien qualitativ hochwertige medienpädagogische Arbeit stattfindet, zeigen nicht zuletzt mehrfach erhaltene Prämierungen beim Dieter Baacke Preis oder die Auszeichnung mit dem Titel „Bildungsidee" im bundesweiten Wettbewerb „Idee für die Bildungsrepublik" des Bundesministeriums für Bildung und Forschung (BMFBF) (vgl. ALM GbR 2014, S. 8f.).

**Handlungsempfehlungen**
Bürgermedien erfüllen durch ihre Charakteristik zumindest formal die Voraussetzungen, als Sozialisationsinstanz und Ort informellen Lernens zu dienen. Ehrenamtliche sind bedingt durch ihre Tätigkeit per se mit digitalen Medien in ständigem Kontakt, wodurch sich ein Lernprozess im unmittelbaren Lebensumfeld der sendungsmachenden Person ergibt. Die Ehrenamtlichen unter sich können dabei als zum Teil altershomogene „peer-group" gesehen werden, die sich in ihrem Lernprozess gegenseitig unterstützen. Gleichzeitig nehmen die hauptamtlichen Mitarbeitenden durch Schulungen, Workshops etc. auch die Rolle der vermittelnden pädagogischen Bezugsperson ein, die zusätzlich zum lebensnahen Erfahrungslernen der Ehrenamtlichen reflexive und informelle Impulse geben. Obwohl keine bürgermedien-

spezifischen Einflussfaktoren identifiziert werden konnten, ergeben sich aus den empirischen Tendenzen sowie der rahmengebenden Theorie dennoch Handlungsempfehlungen für die Bürgermedien in Deutschland. Zusätzlich zum Kompetenzerwerb im unmittelbaren Arbeits- und Lebensumfeld braucht es auch Förderangebote der Bürgermedien, die eine gemeinsame Reflexion über und mit den Medien beinhalten (vgl. Aufenanger 2001). Solche Förderangebote sind zu einem Großteil (83,1 Prozent) bereits vorhanden, beschränken sich thematisch sehr stark auf die Bereiche Journalismus, Technik und Moderation beschränken. Gerade vor dem Hintergrund der im Bereich der Medienkunde ermittelten Defizite, wird der Bedarf allgemeiner Kurse zum instrumentellen und strukturellen Medienwissen deutlich. Auch Kurse zur allgemeinen Medienkompetenz sind bislang im Portfolio der untersuchten Bürgermedien eher unterrepräsentiert. Den Forschungen von Schreurs et al. (2017) zufolge, ist soziales Lernen hilfreich für den Aufbau digitaler Kompetenzen im Alter. Bereits die studentischen Forschungen von Nowak (2022) konnten das mangelnde Gemeinschaftsgefühl unter den Ehrenamtlichen identifizieren (vgl. ebd., S. 75). Zumeist gaben die Nutzerinnen und Nutzer an, isoliert von den anderen zu arbeiten und zu produzieren, anstatt durch einen Austausch von den gegenseitigen individuellen Kompetenzen zu profitieren (vgl. ebd.). Hier kann Handlungsbedarf für die Bürgermedien identifiziert werden. Handlungsweisend für die Bürgersender könnten die Erkenntnisse der Initiative der „Senioren-Technik-Botschafter" (STB) sein. Im Rahmen dieser Initiative sollten ältere technikerfahrene Menschen gezielt als Wissensvermittler/innen für technikunerfahrene Ältere eingesetzt werden (vgl. Doh et al. 2018, S. 224). Dabei können nicht nur die Kompetenzen der Lehrenden („Train the Trainer"-Effekt), sondern auch die der Lernenden erweitert und gefördert werden. So könnten Bürgermedien technik- und medienaffine Ehrenamtliche einsetzen, um ihren Kolleg/innen mediale Kompetenzen in einer informellen Kursumgebung zu vermitteln. Auch in anderen Studien erwiesen sich altershomogene Gruppen als besonders effizient, um Kompetenzen zu vermitteln und zu erlernen. So können Teilnehmende von den gegenseitigen Nutzungserfahrungen profitieren, trauen sich eher Fragen zu platzieren und besitzen ein ähnliches

Lerntempo (vgl. Barczik 2018, S. 192). Die Aktivierung der Ehrenamtlichen, sich in homogenen Gruppen untereinander zusammenzuschließen, um Kompetenzen auszutauschen, scheint vor diesem Hintergrund besonders erstrebenswert. Anhand der ermittelten Typologien ehrenamtlicher Sendungsmachender kann auch hier konstatiert werden, dass das Weiterbildungsangebot je nach Typus differenziert angeboten werden sollten. Die Lernbedarfe der verschiedenen Typologien sind jeweils anders und müssen an die Zielgruppe angepasst werden, denn Ehrenamtliche sind nicht gleich Ehrenamtliche. Unterschiede können vor allem in Bezug auf die Tätigkeitsbereiche, die Motive, das Alter, die Berufserfahrung, das Bildungsniveau und das Geschlecht identifiziert werden. Auch die Forschung von Treumann et al. (2007) konnte konstatieren, dass die individuellen Voraussetzungen für den Medienkompetenz-erwerb sehr unterschiedlich ausfallen und es dementsprechend sinnvoll ist, diese Differenzen bei der Konzeption von medienpädagogischen Aus- und Weiterbildungsangeboten zu berücksichtigen. Der in der Theorie starke Einflussfaktor von Interesse und Motivation (vgl. Gallistl et al. 2018, S. 65) beim erfolgreichen Medienkompetenzerwerbsprozess kann sich in Tendenzen auch im Rahmen dieser Arbeit bestätigen. Für eine erfolgreiche Vermittlung von medialen Kompetenzen müssen Interesse und Motivation bei den Ehrenamtlichen vorhanden sein. Weitere Handlungsempfehlungen ergeben sich aus der identifizierten Notwendigkeit der differenzierten Betrachtung des Medienkompetenz - Konstruktes. Medienkompetenz ist nicht gleich Medienkompetenz. Die verschiedenen Facetten müssen unabhängig voneinander gefördert werden, denn das eine weiterzuentwickeln geht nicht mit einer Kompetenz-steigerung des anderen einher. So erzielten die Befragten in den Bereichen der Journalismus-Kompetenz und Medienkritikfähigkeit deutlich höhere Werte als in der Medienkunde. Das Medienbildungsangebot der Bürgermedien muss in Konsequenz also auch nach den Dimensionen differenziert ausformuliert sein. Für die Ehrenamtlichen hat sich im Rahmen meiner Arbeit ein deutliches Defizit im Bereich des instrumentellen und strukturellen Medienwissens ergeben.

**Literatur**
ALM GbR (Hg.) (2014): Bürger- und Ausbildungsmedien in Deutschland 2013/2014.
Aufenanger, Stefan (1997): Medienpädagogik und Medienkompetenz - Eine Bestandsaufnahme. In: Deutscher Bundestag (Hg.): Medienkompetenz im Informations-zeitalter. Enquete-Kommission „Zukunft der Medien in Wirtschaft und Gesellschaft. Deutschlands Weg in die Informationsgesellschaft". Bonn.
Aufenanger, Stefan (2000): Medien-Visionen und die Zukunft der Medienpädagogik.
Baltes, P. B. (1993): The aging mind: potential and limits. In: The Gerontologist 33 (5), S. 580–594.
Barczik, Kristina (2018): Formale Lernsettings zur Stärkung der digitalen Medienkompetenz bei Älteren. Impulse für eine zielgruppengerechte Bildungsarbeit im ländlichen Raum. In: Claudia Kuttner und Clemens Schwender (Hg.): Mediale Lehr-Lern-Kulturen im höheren Erwachsenenalter. München: kopaed (Gesellschaft - Altern - Medien, Band 12), S. 181-199.
Bogen, Cornelia; Domatschke, Madlen; Pabst, Sabine; Viehoff, Reinhold (2008): Senioren in sachsen- anhaltischen Bürgermedien. Eine empirische Unter-suchung, wissenschaftliche Analyse und medienpolitische Evaluation der Partizipation älterer Menschen an den Bürgermedien in Sachsen-Anhalt. Berlin: Vistas Verl. (Schriftenreihe der MSA, 8).
Bubolz-Lutz, Elisabeth; Gösken, Eva; Kricheldorff, Cornelia; Schramek, Renate (2010): Geragogik. Bildung und Lernen im Prozess des Alterns ; das Lehrbuch. 1. Aufl. Stuttgart: Kohlhammer.
Buchholz, Klaus-Jürgen (2003): Vielfalt gegen Einfalt - Bürgermedien in Deutschland. In: *MJ* 27 (4), S. 75–84. DOI: 10.24989/medienjournal.v27i4.387.
Demunter, Christophe (2006): Wie kompetent sind die Europäer im Umgang mit dem Internet? Hg. v. Eurostat. Online verfügbar unter: https://ec.europa.eu/eurostat/documents/3433488/5439801/KS-NP-06-017- DE.PDF.pdf/dc472525-1cb7-4ddd-a7ea-eff33d8ddf91?t=14 14690375000.

Deutscher Bundestag (2011): Zweiter Zwischenbericht der Enquete-Kommission „Internet und digitale Gesellschaft". Medienkompetenz. Online verfügbar: https://dserver.bundestag.de/btd/17/ 072/1707286 .pdf, zuletzt geprüft am 19.02.23.

Dewe, Bernd; Sander, Uwe (1996): Medienkompetenz und Erwachsenenbildung. In: Antje von Rein (Hg.): Medienkompetenz als Schlüsselbegriff. Bad Heilbrunn: Klinkhardt (Theorie und Praxis der Erwachsenenbildung), S. 125-142.

Doh, Michael; Jokisch, Mario R.; Rupprecht, Fiona S.; Schmidt, Laura I.; Wahl, Hans- Werner (2018): Förderliche und hinderliche Faktoren im Umgang mit neuen Informations- und Kommunikations-Technologien im Alter. Befunde aus Initiative der 'Senioren-Technik-Botschafter'. In: Claudia Kuttner und Clemens Schwender (Hg.): Mediale Lehr-Lern-Kulturen im höheren Erwachsenenalter. München: kopaed (Gesellschaft - Altern - Medien, Band 12), S. 223-242.

Förster, Stefan (2017): Vom Urknall zur Vielfalt. 30 Jahre Bürgermedien in Deutschland. Leipzig: VISTAS Verlag.

Gallistl, Vera; Parisot, Viktoria; Dobner, Susanne; Mayer, Thomas; Kolland, Franz (2018): Digital Literacy im Alter - Bildung im Alter und neue Technologien. In: Claudia Kuttner und Clemens Schwender (Hg.): Mediale Lehr-Lern-Kulturen im höheren Erwachsenenalter. München: kopaed (Gesellschaft - Altern - Medien, Band 12), S. 61-78.

Gleich, Uli (2006): Nutzung neuer Medien. In: Media Perspektiven (10), S. 538–544.

Günnel, Waltraud (2003): Experiment Arbeitsweltredaktion. Bürgerradio im Kontext von Medienpolitik, Kommunikations-wissenschaften und Pädagogik. Zugl.: Freiburg, Päd. Hochschule, Diss., 2003 u.d.T. Bürgerschaftliches Engagement im nichtkommerziellen Lokalradio im Kontext medienpolitischer, kommunikationswissenschaftlicher und pädagogischer Bezüge. München: kopaed.

Heart, Tsipi; Kalderon, Efrat (2013): Older adults: are they ready to adopt health-related ICT? In: International journal of medical informatics 82 (11), 209-231. DOI: 10.1016/j.ijmedinf.2011.03.002.

Katzenberger, Vera (2021): Lokaler Hörfunk in Bayern. In: Markus Behmer und Vera Katzenberger (Hg.): Vielfalt vor Ort. Die

Entwicklung des privaten Rundfunks in Bayern. Unter Mitarbeit von Julia Gürster. Bamberg: University of Bamberg Press (Schriften aus der Fakultät Geistes- und Kulturwissenschaften der Otto-Friedrich-Universität Bamberg, Band 34), S. 181-196.

Kertscher, Brigitte (2005): Freie Meinungsäußerung und Medienkompetenz - Bürgerrundfunk in Deutschland. Entwicklung, Strukturen und Funktionen der Offenen Hörfunk- und Fernseh-kanäle und der Nichtkommerziellen lokalen Hörfunksender. Aachen: Shaker (Dialog, 3).

Linke, Jürgen (2009): Bürgermedien - Versuch einer Definition. Stiftung Mitarbeit (Newsletter Wegweiser Bürgergesellschaft). Online verfügbar unter https://www.buergergesellschaft.de/fileadmin/pdf/gastbeitrag_linke_090227_01.p df, zuletzt geprüft am 28.01.23.

Luca, Renate; Aufenanger, Stefan (2007): Geschlechtersensible Medienkompetenzförderung. Mediennutzung und Medienkompetenz von Mädchen und Jungen sowie medienpädagogische Handlungsmöglichkeiten. Berlin: Vistas-Verl. (Schriftenreihe Medienforschung der Landesanstalt für Medien Nordrhein-Westfalen, 58). Online verfügbar unter http://www.lfm- nrw.de/fileadmin/user_upload/lfm-nrw/Foerderung/Forschung/Dateien_Forschung/LfM-Band-58.pdf.

Möhring, Wiebke; Köpke, Wilfried (2016): Zwischen Auftrag und ökonomischer Notwendigkeit. In: Jeffrey Wimmer und Maren Hartmann (Hg.): Medien-Arbeit im Wandel. Wiesbaden: Springer Fachmedien Wiesbaden, S. 115-134.

Nachtwey, Eckard; Willers, Peter (Hg.) (1999): Rechtshandbuch Bürgermedien. Unabhängige Landesanstalt für das Rundfunkwesen. Kronshagen: Körner.

Nowak, Naomi (2021): Die Repräsentation marginalisierter Gruppen in den Redaktionsteams deutscher Bürgermedien. Unveröffentlichte Forschungsarbeit. Ostfalia Hochschule für angewandte Wissenschaften, Salzgitter.

Nowak, Naomi (2022): Ehrenamtliche Mitarbeiter im niedersächsischen Bürgerrundfunk – ein blinder Fleck im Mediensystem. Eine empirische Untersuchung zu Motiven, Arbeitsroutinen und der Zufriedenheit der Ehrenamtlichen und zur Zukunft des ehrenamtlichen

Engagements in den Bürgermedien. Unveröffentlichte Masterarbeit. Ostfalia Hochschule für angewandte Wissenschaften, Salzgitter.

Pelizäus-Hoffmeister, Helga (2018): Die digitale Omi - Nachhut oder Avantgarde gris in einer digitalisierten Welt? In: Claudia Kuttner und Clemens Schwender (Hg.): Mediale Lehr-Lern-Kulturen im höheren Erwachsenenalter. München: kopaed (Gesellschaft - Altern - Medien, Band 12), S. 93-107.

Podzimski, Katja (2006): Bürgermedien und Karriere. Untersuchung des Bürgerrundfunks nach berufsinitiierenden und berufsqualifizierenden Einflüssen auf Nutzer am Beispiel einer Tätigkeit in der Medienbranche, Hrsg.: Dialog Bürgermedien, Bd., 4, Shaker Verlag.

Sayago, Sergio; Forbes, Paula; Blat, Josep (2013): Older People Becoming Successful ICT Learners Over Time: Challenges and Strategies Through an Ethnographical Lens. In: Educational Gerontology 39 (7), S. 527–544. DOI: 10.1080/03601277.2012.703583.

Schäfer, Erich; Lakemann, Ulrich (1999): Offener Fernsehkanal Gera. Wahrnehmung, Nutzung und Bewertung. München: KoPäd Verl. (TLM-Schriftenreihe, 6).

Schreurs, Kathleen; Quan-Haase, Anabel; Martin, Kim (2017): Problematizing the Digital Literacy Paradox in the Context of Older Adults' ICT Use: Aging, Media Discourse, and Self-Determination. In: Canadian Journal of Communication 42 (2), S. 359–377. DOI: 10.22230/cjc.2017v42n2a3130.

Süss, Daniel (2004): Mediensozialisation von Heranwachsenden. Dimensionen, Konstanten, Wandel. Zugl.: Zürich, Univ., Habil.-Schrift, 2003. Wiesbaden: VS Verlag für Sozialwissenschaften.

Süss, Daniel; Lampert, Claudia; Trültzsch-Wijnen, Christine W. (2018): Medienpädagogik. Ein Studienbuch zur Einführung. 3. Aufl. Wiesbaden: Springer Fachmedien Wiesbaden.

Theunert, Helga (1999): Medienkompetenz: Eine pädagogische und altersspezifisch zu fassende Handlungsdimension. In: Fred Schell, Elke Stolzenburg und Helga Theunert (Hg.): Medienkompetenz. Grundlagen und pädagogisches Handeln. München: KoPäd-Verl. (Reihe Medienpädagogik, 11), S. 50-60.

Urlen, Marc (2017): Medienkompetenzen in der digitalen Welt. Ein Überblick zu Mediennutzung und Medienkompetenz bei Kindern und

Jugendlichen aus sozialwissenschaftlicher Sicht. In: RdJB 65 (3), S. 297–313. DOI: 10.5771/0034-1312-2017-3-297.

Volpers, Helmut; Werner, Petra (Hg.) (2007): Bürgerfernsehen in Nordrhein-Westfalen. Eine Organisations- und Programmanalyse. Berlin: Vistas-Verl. (Schriftenreihe Medienforschung Landesanstastalt für Medien Nordrhein-Westfalen, 56). Online verfügbar unter http://www.lfm-nrw.de/fileadmin/user_upload/lfm-nrw/Foerderung/Forschung/Dateien Forschung/LfM-Band-56.pdf.

Wimmer, Jeffrey (2009): Henry A. Giroux: Kritische Medienpädagogik und Medienaktivismus. In: Andreas Hepp, Friedrich Krotz und Tanja Thomas (Hg.): Schlüsselwerke der Cultural Studies. Wiesbaden: VS Verlag für Sozialwissenschaften, S. 189-199.

Wimmer, Jeffrey (2021): Nichtkommerzieller lokaler Rundfunk und Partizipation im Wandel. In: Markus Behmer und Vera Katzenberger (Hg.): Vielfalt vor Ort. Die Entwicklung des privaten Rundfunks in Bayern. Unter Mitarbeit von Julia Gürster. Bamberg: University of Bamberg Press (Schriften aus der Fakultät Geistes- und Kulturwissen-schaften der Otto-Friedrich-Universität Bamberg, Band 34), S. 521- 530.

# Bürgerrundfunk als Teil des Bildungssystems
Johann Bischoff

Die Verortung des Bürgerrundfunks im deutschen Bildungssystem erfolgt zwar in allen Landesmediengesetzen indirekt und mehr oder weniger ausgeprägt festgeschrieben, dennoch wird seine Zugehörigkeit zum Bildungswesen selten formuliert. Die gewählte Einordnung basiert auf dem Gedanken, dass der Bürgerrundfunk sowohl nach der Funktion der Vermittlung bzw. Förderung von Medienkompetenz als auch nach den institutionellen Voraussetzungen (technische und personelle Lehrmittel) einen Lernort darstellt, der die medienpädagogischen Zielsetzungen Offenheit, Teilnehmerorientierung und vor allem Handlungsorientierung in sich vereint. Aus diesem Verständnis heraus kann von einem informellen Lernort gesprochen werden, der auf Basis freiwilliger Teilnahme und pädagogisch - strukturierter Kontexte, Kompetenzerwerbsprozesse einleitet und begleitet, die als bürgerliches oder soziales Engagement zunehmend auch Eingang in berufliche Qualifikationsprofile finden.

Der deutsche Bürgerrundfunk differenziert sich aufgrund unterschiedlicher Landesmediengesetze in verschiedene Organisationsstrukturen mit spezifischen Zielsetzungen. Die Vermittlung von Medienkompetenz, als Zielkategorie der Medienpädagogik verstanden, stellt eine allen gemeinsame Bildungsfunktion dar, die hier auf Ebene konkreter medienpädagogischer Ansätze und Konzepte aufgezeigt wird. Dabei erfolgen zwei Eingrenzungen. Bei den nachstehenden Ausführungen ist vordergründig die pädagogische und bildungsbezogene Dimension medienpädagogischer Konzepte von Bedeutung. Es werden primär berufsbezogene Einflüsse des Bürgerrundfunks auf seine Akteure zugrunde gelegt und damit eine Betrachtung der medienpädagogischen Gegenstände unter Gesichtspunkten der Erwachsenenbildung. Eine medienpädagogische Zielgruppenarbeit mit Kindern- und Jugendlichen als zweites wichtiges Feld des Bürgerrundfunks in Ausübung seiner Bildungsfunktion wird hier vernachlässigt. Gleichwohl stellt sie eine wichtige Komponente der Arbeit der Offenen Kanäle dar. Auf der Ebene der Medienbranche als Teil des Beschäftigungssystems wird dargestellt, welche Anforderungen sich an berufliche Handlungskompetenz knüpfen.

**Traditionslinien der Medienarbeit**
Einblicke in die so genannte „Radiotheorie" Brechts und Enzensbergers Schrift „Baukasten zu einer Theorie der Medien" sollen Traditionslinien des Bürgerrundfunks vergegenwärtigen. Das beiden Autoren gemeinsame Ziel der zweckorientiert politischen (Aus-) Nutzung der Medien zur Veränderung bestehender Gesellschafts- bzw. Bewusstseinsstrukturen ist der Hauptanknüpfungspunkt für die im Anschluss daran stehende Entwicklung von Konzepten der Medienpädagogik. Die so genannte „Radiotheorie" wurde über fünf Jahre[90] lang von Brecht entwickelt und umfasst fragmentarisch fünf Einzeltexte, darunter die wohl bekannteste Abhandlung „Der Rundfunk als Kommunikationsapparat. Rede über die Funktion des Rundfunks (1932)"[91]. In der frühen Phase des Rundfunks legte Brecht, ausgehend von der Kritik an Funktion, Inhalt und Organisation des bestehenden Rundfunks dar, wie der Rundfunk „aus einem Distributionsapparat in einen Kommunikationsapparat zu verwandeln"[92] sei. Dem Rundfunk müsse demnach politische, kulturelle und pädagogische Relevanz

---

[90]Von 1928 bis 1933, dem Jahr in dem Brecht emigrierte.
[91]Brecht, B., Schriften zur Literatur und Kunst. Band 1. 1920 - 1939. Berlin und Weimar 1966, S. 138.
[92]Brecht, B., a.a.O., S. 140.

verliehen werden, mit dem Ziel die bestehende Gesellschaftsordnung zu verändern. Die Gegenstände von Brechts Kritik am expandierenden Rundfunk ergeben sich deutlich aus einer Rede des ersten Reichsrundfunkkommissars Hans Bredow, dem ehemaligen Generaldirektor des Unternehmens Telefunken, der bei der Erprobung des Rundfunks entscheidend mitgewirkt hatte. Er skizzierte die Aufgaben und Funktionen des Radios wie folgt: „Erholung, Unterhaltung und Abwechslung lenken den Geist von den schweren Sorgen des Alltags ab, erfrischen und steigern die Arbeitsfreude: Aber ein freudloses Volk wird arbeitsunlustig. Hier setzt die Aufgabe des Rundfunks ein (…), wenn gleichzeitig der Industrie ein neues Tätigkeitsfeld eröffnet (…) wird, dann wirkt der Rundfunk aufbauend (…)"[93]. Bredow sah vordergründig wirtschaftliche Bezüge und stellte die Entstehung eines neuen Wirtschaftsfeldes und Schaffung neuer Absatzmärkte heraus. Entwicklungsmöglichkeiten bestünden in der Steigerung der Arbeitskraft durch die regenerative Wirkung des Radiohörens, die der Aufrechterhaltung der Arbeitsmoral dienen solle. Vor dem Hintergrund, dass sich das Radio zu einem Massenmedium zu entwickeln begann und seinen vorrangig auf Kompensation abzielenden Funktionen, die sich entsprechend in den Programminhalten niederschlugen, verwundert Brechts Kritik am „Patienten"[94] nicht. Er führt neben den „harmlosen Unterhaltungen"[95] weitere „zweifelhafte Funktionen" bzw. „dekorative Haltungen"[96] des Rundfunks auf, die eine gesellschaftspolitische Bedeutung des Rundfunks verhinderten: die Verschönung des öffentlichen Lebens, Überspielung sozialer Gegensätze und Ruhigstellung der Benachteiligten, Harmonisierung und Rückzug ins Private, in die Isolation[97]. Brecht kennzeichnet die Produktion des Radios als eindimensional in der Art, dass diese künstlich mit erfundenen, nichts sagenden Inhalten fraglicher Funktion vor sich gehe und führt dies auf

---

[93]Bredow 1956, zit. in Faulstich, Werner (Hrsg.), Grundwissen Medien, München 2000[4], S.193.
[94]Brecht, B., a.a.O., S. 139.
[95]Brecht, B., a.a.O.: S. 142.
[96]Brecht, B., a.a.O.: S. 143.
[97]vgl. Brecht, B., a.a.O.: S. 139 f.

die Absicht zurück, dass die, hinter öffentlichen Institutionen (auch dem Rundfunk) stehende Ideologie, von einem abgeschlossenen retrospektiven Kulturbegriff ausgehend, Folgenlosigkeit beabsichtige, die neutralisierend auf die Diskrepanzen zwischen Sendern und Empfängern wirke. Der Rundfunk sei ein Instrument zum Bestandserhalt der Ordnung, in der „(ein) Mann, der was zu sagen hat (…), keine Zuhörer findet (…)" und „Zuhörer (…) keinen finden, der ihnen etwas zu sagen hat."[98]

In Abgrenzung dazu beschreibt er einen fortschrittlichen Rundfunk als Instrument der Erziehung zur politischen Willensbildung und gesellschaftlichen Veränderung. Radio erhält demnach seine politische Funktion durch seine Demokratisierung in doppelter Weise. Eine Öffnung der Produktion hinsichtlich der Produzenten und der Produkte ergäbe dabei Rückkoppelungen hin zu einer Demokratisierung der Gesellschaft. Nicht „Reproduktion oder Referat"[99], sondern öffentliche Echtzeit-Übertragungen von Ereignissen politischer („Reichstagssitzungen") und juristischer Natur („große Prozesse") würden sich niederschlagen auf die Handlungen der politischen und rechtsprechenden Klasse, zu ihrer Demokratisierung deswegen beitragen, weil die öffentliche Rechtfertigung ihrer Entscheidungen in den Vordergrund träte. Ebenso ermögliche der im Rundfunk geführte politische Diskurs in Form von „Interviews" und „Disputationen zwischen bedeutenden Fachleuten" im Gegensatz zu den Printmedien- unreflektierte Äußerungen und deren Entlarvung durch den Zuhörer und damit die Herausbildung und Schärfung eines gesellschaftspolitischen Bewusstseins. Daraus ergebe sich für den Rundfunk die Aufgabe, das Recht auf Rundfunkfreiheit gegenüber der herrschenden Klasse durchzusetzen und zu verteidigen[100].

Radio habe somit erst in zweiter Linie eine kulturelle Funktion. Der Rundfunk müsse, die Kunst betreffend, seine Stellvertreterphase überwinden, die geläufige Kunstformen (Theater, Oper) lediglich imitiere. Mit der neuen „Kunstform" Radio sei zu experimentieren,

---

[98]Brecht, B., a.a.O.: S. 130.
[99]Brecht, B., a.a.O., S. 131.
[100]vgl. Brecht, B., a.a.O., S. 133.

vorhandene Ansätze in ihren, dem neuen Medium („Apparat") innewohnenden technischen, formalen und ästhetischen Eigenschaften zu erforschen und „voll auszuwerten"[101]. In den fragmentarischen Verwertungen spezifiziert Brecht diese formal-ästhetischen Eigenschaften, indem er auf die Defekte des Rundfunks hinweist, an denen die Kunst einsetzen müsse und meint damit das Fehlen von Sinneseindrücken nicht-akustischer Natur resp. Fühlen, Sehen, die gleichsam das Nicht-Sehen zur besonderen Stärke machten, so „dass man unendlich viel, „beliebig" viel sieht."[102]. Auch auf eine veränderte Sender-Empfänger- und Darsteller-Publikums-Konstellation, sei, der Vereinzelung entgegenwirkend, Bezug zu nehmen.

Die Kunst steht nach Brecht im Dienst der pädagogischen Funktion bzw. Aufgabe des Rundfunks: einer ästhetischen Erziehung hin zu Disziplin als Grundlage individueller Freiheit und Gemeinsinns, d.h. zu einer politischen Anschauung, die überindividuelle Belange in den Mittelpunkt rückt als Voraussetzung zu gesellschaftlicher Veränderung. Er setzt dabei insbesondere auf die pädagogische Wirkung seiner Lehrstücke, die zu „eine(r) Art Aufstand des Hörers, seine(r) Aktivierung und seine(r) Wiedereinsetzung als Produzent"[103] führen könnten. Das Zusammenspiel der skizzierten politischen, kulturellen und pädagogischen Aufgaben macht nach Brecht die Verwandlung in einen Kommunikationsapparat möglich, durch den Beziehungen an die Stelle von Isolation, dem „stillen Suff"[104] gesetzt würden. Er entwirft dafür ein Modell, das den Rundfunk an die Stelle des Mittlers zwischen Staat und Bürger setzt und so beidseitigen Austausch ermöglicht. Dabei hätte der Rundfunk die Aufgabe, im Rahmen der Rundfunkfreiheit und Informationspflicht, staatliche Auskünfte einzufordern, diese in Antworten auf die Fragen des Publikums zu verwandeln und weiterzugeben. Brecht bezieht seine Forderung demnach stark auf die Gestaltung dieses Austauschs in Anlehnung an personale Kommunikationssituationen, die durch Frage und Antwort, Rede und Gegenrede charakterisiert sind.

---

[101] ebd.
[102] Brecht, B.: a.a.O., S. 134.
[103] Brecht, B.: a.a.O., S. 136.
[104] Brecht, B.: a.a.O., S. 144.

Unter Bezug auf einen offenen Kulturbegriff, der „Neuerungen" in Gegensatz zu bloßen „Erneuerungen" stellt, schlägt Brecht zur Umsetzung der politischen Forderungen die „Organisation der Abgeschalteten" vor, die, in Anspielung auf die zu seiner Zeit bestehenden politischen Verhältnisse, den „Mächten der Ausschaltung" gegenübertritt und zum Aufgeben zwingt[105]. Brecht hat mit seinen zur damaligen Zeit „utopischen" Ideen nicht nur entscheidende Kriterien der Ausgestaltung und gesetzlichen Rahmung eines öffentlich-rechtlichen Rundfunks formuliert. Achtunddreißig Jahre später greift Enzensberger Positionen Brechts auf und führt sie weiter, indem er das gesamte nunmehr bestehende Mediensystem in einen gesellschaftsökonomischen und kulturellen Kontext einbettet und aus kritischer Perspektive analysiert.

Er sieht sich einem „universellen System"[106] alter und neuer verzahnter, medialer Entwicklungen gegenüber, dass durch die kapitalistische Produktionsbasis rasant voran- schreitet, so dass alle anderen Produktionssektoren von dieser so genannten Bewusstseinsindustrie zunehmend infiltriert, gesteuert und kontrolliert würden. Ihre emanzipatorischen Möglichkeiten zur Durchsetzung einer freien Gesellschaft kämen nicht zur Entfaltung und seien zu entfesseln. Enzensberger plädiert gleichzeitig für eine Abkehr von der Manipulationsthese, die insbesondere für die marxistische Linke lediglich als Abwehrmechanismus zu begreifen sei. Der Verdeckung von Ideologiedefiziten einer ebenfalls bürgerlich verorteten Linken durch die Darstellung der Medien als bedrohliche Übermacht entspräche die Heraufbeschwörung von Ängsten vor „Vermassung" und „Entpersönlichung" einer dem Erhalt bürgerlicher Privilegien dienenden Strategie. Manipulation beschreibt Enzensberger hingegen als natürliche Folge jedes Mediengebrauchs, der sowohl bei der Erzeugung medialer Botschaften als auch bei deren Rezeption auf Auswahlprozessen basiere, allerdings beschränkt auf wenige professionelle Produzenten, gegenüber Rezipienten, deren Auswahlmöglichkeiten sich auf Einschaltung,

---

[105]Vgl.: Brecht, B., a.a.O.: S. 143 und 146.
[106]Enzensberger, H. M., Baukasten zu einer Theorie der Medien. Kritische Diskurse zur Pressefreiheit, München 1997, S. 115.

Programmwechsel oder Abschaltung begrenzten. Im Umkehrschluss sei demnach jeder Rezipient zum Manipulateur bzw. zum Produzenten, zum Sender zu machen. Nach seiner Einschätzung schlage sich eine ambivalente Haltung gegenüber den Medien zwischen Berührungsangst und Faszination gesellschaftlich nieder und führe zu einer Abspaltung politisch aktiver Gruppen. Potentiale der Medien blieben subkulturellen Gruppen überlassenen und politisch ungenutzt, da der Rückzug politisch aktiver Gruppen zur Entpolitisierung apolitischer Gruppen führe und diese wiederum zu einer Kommerzialisierung verführe, die letztlich der Reproduktion einer kapitalistischen Gesellschaftsordnung diene.

Enzensberger weist auf die Notwendigkeit eines emanzipatorischen Mediengebrauchs hin, der folgende Merkmale habe:
- dezentralisierte Programme,
- jeder Empfänger ein potentieller Sender,
- Mobilisierung der Massen,
- Interaktion der Teilnehmer (Feedback),
- politischer Lernprozess,
- kollektive Produktion und gesellschaftliche Kontrolle durch Selbstorganisation[107].

Ursache der Bindung der Massen an die Medien seien tiefgehende Bedürfnisse emanzipatorischer Art, die einzig die Medien in der Absicht aufnähmen, ihrer Sprengkraft beraubten, indem sie sie in Konsum verwandelten, der die Hoffnung der Beseitigung des Mangels in sich trägt. Als Aufgabe eines kulturellen und gesellschaftlichen Wandels versteht Enzensberger die Anerkennung und tatsächliche Einlösung der vorhandenen Bedürfnisse „nach Teilnahme am gesellschaftlichen Prozess im lokalen, nationalen und internationalen Maßstab; (…) nach neuen Formen der Interaktion, nach Befreiung von Ignoranz und Unmündigkeit, (…) nach Selbstbestimmung."[108] Neue Medien selbst forcierten nach ihren strukturimmanenten Merkmalen die Aufhebung elitärer Privilegien bzw. Monopole (Bildung, Kultur)

---

[107]Enzensberger, H. M., a.a.O., S. 116.
[108]Enzensberger, H. M., a.a.O., S. 115.

zugunsten eines gesellschaftlichen Engagements auf breiter Ebene. Ein verändertes Zeitverständnis, nach dem „Aktions- und nicht kontemplativ(e), augenblicks- und nicht traditionell(e)"[109] Orientierungen im Vordergrund stünden, verhielten sich gegensätzlich zu bildungsbürgerlichen Idealen von Besitz und Dauer und würden geistiges Eigentum auflösen. Auch immaterielle und beliebig reproduzierbare Programme stünden in Widerspruch zu einer aus seiner Sicht veralteten Auffassung, die zwischen Original und Kopie unterscheidet, das Werk in den Vordergrund stelle und Künstlern als Spezialisten überlasse. Künstler hätten zukünftig, unter Androhung der Abschaffung ihrer selbst den emanzipatorischen Gebrauch der Medien voranzutreiben, indem sie die Massen befähigen, ihre Produktionsmittel selbst zu beherrschen.

Enzensberger sieht in den neuen Medien das Potential, gleichsam Instrument und Gegenstand gesellschaftlicher Veränderung, mithin der Einlösung emanzipatorischer Bedürfnisse zu sein, die die Massen zum Subjekt der Politik macht, denn: „Zum ersten Mal in der Geschichte machen die Medien die massenhafte Teilnahme an einem gesellschaftlichen und vergesellschafteten produktiven Prozess möglich, dessen praktische Mittel sich in der Hand der Massen selbst befinden. (...) Dazu sei der Kampf sozialistischer Bewegungen um eigene Frequenzen und Sender nötig.[110] Die Trennung zwischen Sender und Empfänger lasse „sich nicht technisch begründen", sondern sei gewollt und spiegle die gesellschaftliche Arbeitsteilung zwischen Produzenten und Konsumenten, Herrschenden und Beherrschten auf Basis des Grundgegensatzes zwischen Monopolkapital und abhängigen Massen wider[111]. Eine kollektive Medienproduktion, bei der jeder Empfänger gleichzeitig auch ein potentieller Sender sei, würde deren künstliche, administrativ und ökonomisch abgesicherte Trennung und damit auch die Entkoppelung der Botschaft vom Feedback, hinter sich lassen. Ein dadurch entstehendes „neues politisches Selbstverständnis und Verhalten"[112], das sich in Produktionen niederschlagen würde,

---

[109]Enzensberger, H. M., a.a.O., S. 108.
[110]Enzensberger, H. M., a.a.O., S. 99 und S. 109.
[111]Vgl. Enzensberger, H. M., a.a.O., S. 99.
[112]Vgl. Enzensberger, H. M., a.a.O., S. 112.

führe auch zur Aufhebung der Folgen einer Trennung professioneller Medienproduzenten und „isolierter Amateure", deren private Produktion und auch Ausstrahlung lediglich ein systemintegriertes Zugeständnis darstelle, das in ökonomische Abhängigkeit führe, aber in ihrer thematisch individuellen Ausprägung beispielsweise als Diapositiv-Serie von der letzten Urlaubsreise gesellschaftlich und infolgedessen auch ästhetisch irrelevant bliebe[113]. Den Weg zur interaktiven Kommunikation aller stellen nach Enzensberger herauszubildende eigene Kommunikationsnetze dar, die von dezentral organisierten kollektiven Produktions- und gleichsam Lernprozessen gespeist werden und die notwendige gesellschaftliche Kontrolle und Abwehr privater Interessen ermöglichten[114].

Von grundlegender Bedeutung für medienpädagogische Konzepte und für den Bürgerrundfunk ist der Rollenwechsel von Sender und Empfänger mit dem Ziel der Herstellung einer demokratischen Öffentlichkeit, die im Unterschied zu einer bloßen Gegenöffentlichkeit die gleichberechtigte Teilhabe aller am Kommunikationsprozess vorsieht. Die Aktivierung der Menschen zur eigenen Medienproduktion über die Entlarvung der Medien als Scheinöffentlichkeit, an der nur wenige mitgestalten und das Bewusstwerden über die eigenen Bedürfnisse nach Mitgestaltung und Meinungsfreiheit und deren defizitäre Befriedigung, leitet weitere Lernprozesse ein. Dem geschaffenen Mitteilungsbedürfnis folgt dabei das Interesse an öffentlich-medialen Darstellungsformen, an formalästhetischen Kenntnissen der Umsetzung der eigenen Positionen und inhaltlichen Gegenständen.

Für Baacke ergibt sich aus beiden Positionen eine Notwendigkeit, „eigenständige Bürgerprogramme im Rahmen politisch-aktivierender Bildungsarbeit und handlungsorientierter Medienpädagogik" herauszubilden, die „…Kommunikat-ionskompetenz, Informiertheit und Artikulationsfähigkeit bei allen Beteiligten voraussetzen"[115]. In einer

---

[113] Vgl. Enzensberger, H. M., a.a.O., S. 109.
[114] Vgl. Enzensberger, H. M., a.a.O., S. 112.
[115] Baacke, D., In: Derichs-Kunstmann, Karin/ Faulstich, Peter/ Tippelt, Rudolf (Hrsg.): Theorien und forschungsleitende Konzepte der Erwachsenenbildung, Frankfurt/ M 1995, Kommission Erwachsenenbildung der Deutschen Gesellschaft für Erziehungswissenschaft, S. 460.

Vorform des Bürgerfunks sieht Baacke u.a. die Verbindung von Bildung und Massenmedien verwirklicht. Es seien Medien-Labore einzurichten, in denen die „Qualifizierung von Bürgern als Multiplikatoren, die Beratung und das Training von Gruppen und Vereinen in der Produktion von Beiträgen" [116] gefördert werden könnte. „Gerade die Erwachsenenbildung ist in besonderer Weise für eine professionelle und kontinuierliche Betreuung des Bürgerfunks verantwortlich, um eine Konsolidierung der Bürgerbeteiligung zu sichern." [117] Baacke sprach somit vom institutionalisierten Bürgerrundfunk, bevor es diesen gab. Seine Zuschreibung der Zuständigkeit der Erwachsenenbildung macht dabei deutlich, dass Medienpädagogik professionell (durch pädagogisch ausgebildete Betreuer), auf institutionalisierter Basis und in finanzieller, personeller, technischer Absicherung stattfinden müsse, um nachhaltige Partizipation zu erzielen. Die im Folgenden zusammen dargestellten kritisch- emanzipatorischen bzw. handlungs- und teilnehmerorientierten medienpädagogischen Konzepte stellen Versuche dar, die Positionen Brechts und Enzensbergers in die Praxis umzusetzen, insbesondere indem die Verortung medienpädagogischer Absichten immer im gesellschaftlichen Kontext zu suchen sind.

**Medienpädagogische Positionen**
Die konzeptionell und didaktisch geführte Bildungsdiskussion der 70er Jahre war von der Suche nach reformerischen Konzepten wie Zielgruppenarbeit, Selbststeuerung und Erfahrungsorientierung und emanzipatorischer politischer Bildungsarbeit geprägt, da dem Bildungssystem eine Schlüsselfunktion für den sozialen Wandel hin zu Chancengleichheit und Mitbestimmung zugeschrieben wurde [118]. Als dominierende Diskussionspolaritäten benennt Siebert dabei „Affirmation vs. Kritik", „Systemstabilisierung vs. Systemkritik", „Technokratie vs. Emanzipation", „kritische Theorien vs. kritischer

---
[116] Vgl. Baacke, D. in: a.a.O., S. 461.
[117] Ebd.
[118] Vgl. Siebert, H., Erwachsenenbildung – Alte Bundesländer und Neue Bundesländer. In: Handbuch der Erwachsenenbildung/ Weiterbildung. Tippelt, R. (Hrsg.), Opladen 1994, S. 63.

Rationalismus", „bürgerliche vs. marxistische Theorie". Aus diesen Gegensätzlichkeiten heraus betrachtet, kann Baackes Formulierung „Annäherung an die Wirklichkeit"[119] in Anschluss an seine Einbindung der Texte Brecht's und Enzensbergers in die Medienpädagogik programmatisch für die im Folgenden dargestellten Konzepte der Medienpädagogik sein. Entsprechend definiert er: „Medienpädagogik umfasst alle sozialpädagogischen, sozialpolitischen und sozialkulturellen Überlegungen und Maßnahmen sowie Angebote für Kinder, Jugendliche und Erwachsene, die ihre kulturellen Interessen und Entfaltungsmöglichkeiten, ihre persönlichen Wachstums- und Entwicklungschancen sowie ihre sozialen und politischen Ausdrucks- und Partizipationsmöglichkeiten betreffen, sei es als einzelne, als Gruppen oder als Organisationen und Institutionen"[120]

**Kritisch-emanzipatorische und handlungsbezogene Ansätze**
Kritisch-emanzipatorische und auch die daran anschließende teilnehmer- und handlungsbezogene Medienpädagogik intendieren, Menschen dazu zu befähigen, sich, in Emanzipation von massenmedialen Einflüssen, Medien als Mittel eigenständiger öffentlicher, politischer Artikulation anzueignen und selbst Teil des massenmedialen Kommunikationsprozesses zu werden. Durch Demokratisierung der medialen Kommunikation sollen gesellschaftliche Veränderungen ermöglicht werden.
Die Übertragung der Positionen Brechts und Enzensbergers geschieht auf Ebene der Umkehrung der Kommunikator- und Rezipienten-Rolle, so dass die als emanzipatorisch verstandene Medienarbeit zum aktiven Produktionsprozess wird, bei dem Erkenntnisse aus der authentischen Erfahrung der Lernenden gewonnen werden. „Handeln ist dabei zu verstehen als praktische Auseinandersetzung, als tätiges Eingreifen, als verändernde Einflussnahme auf gesellschaftliche Zustände und Prozesse zur Artikulation eigener Interessen und

---

[119] Vgl. Baacke, D., Lernen mit Medien/ Medienpädagogik. Kurseinheit 8. Fernuniversität - Gesamthochschule Hagen 1983, S. 45.
[120] Baacke, D., Medienpädagogik. Grundlagen der Medienkommunikation Bd. 1. Tübingen 1997, S. 5.

Vorstellungen"[121] Um aber mitzugestalten, müsse man auf öffentlichkeitswirksame Mittel der Kommunikation, auf Medien, zurückgreifen. Medienbezogene und Medieneinbeziehende Handlungs- und Kommunikationskompetenz sei demnach notwendig für die wirksame Artikulation eigener Vorstellungen und Erkenntnisse zum Zweck der Mitgestaltung bzw. Veränderung der Lebenswelt nach eigenen Zielen. Krauth grenzt die kritisch-emanzipatorische Medienarbeit durch die Anbindung seines Ansatzes an die kritische Theorie von einer edukativen bzw. medienpädagogischen Praxis der Reproduktion gesellschaftlicher Verhältnisse ab. „Durch ihren Bezug zur Gesellschaft, Erziehung und den Medien ist kritisch-emanzipatorische Mediendidaktik bzw. Medienpädagogik als dialektische Einheit von kritischer Gesellschaftstheorie und gesellschaftlicher Praxis, Erziehungs-wissenschaft bzw. Didaktik, Pädagogik und Politik bzw. Medienpolitik zu verstehen."[122] Krauth fordert eine wissenschaftliche Aufarbeitung des gegenseitigen Abhängigkeitsverhältnisses von Gesellschaft, Erziehung und Medien und deren konstituierenden Bedingungen durch eine Theorie der kritischen Erziehungswissenschaft, die Standpunkte, Perspektiven, Vermittlung und Umsetzung einer Veränderung gesellschaftlicher Wirklichkeit fokussiert. Gleichzeitig steht die Forderung an eine Medienpraxis, diese Erkenntnisse für Lernende transparent zu machen, Alternativen aufzuzeigen und so zur Potenzierung von Erkenntnis, Veränderungsbereitschaft und Veränderung selbst beizutragen.

Auf einer weiteren Ebene des Emanzipationsbegriffs drückt sich der Vorgang der Selbstbefreiung durch die Beseitigung von Entfremdung bedingenden Ursachen aus[123]. Medienbezogen sprechen Podehl und Hüther dabei vom Defizit, das beim Erkennen der Differenz medialer Botschaften zu den Interessen, Lebensumständen und -perspektiven

---

[121] Hüther, J., Podehl, B., Medienpädagogik und Erwachsenenbildung. In: Zusatzqualifikation Medienpädagogik. Berufsfelderweiterung für Pädagoginnen und Pädagogen. Bibliotheks- und Informationssystem der Universität Oldenburg 1990, S. 137.
[122] Krauth, G., Kritisch- Emanzipatorische Mediendidaktik und Medienpädagogik - Zielsetzungen und Medienpraxis. In Kurseinheit 4, Fernuniversität- Gesamthochschule Hagen, Hagen 1983, S. 129.
[123] Vgl.: Kaiser, A., Kaiser, R., Studienbuch Pädagogik. Grund- und Prüfungswissen, Berlin 1989, S. 67.

der bisher passiven Rezipienten entstünde. Erst aus dem Erleben dieses Defizits heraus, entstehe die Motivation, „Ansätze eines diese Defizite beseitigenden Handelns zu finden."[124] Das Aufzeigen von Alternativen zur Entfremdung durch Massenmedien dürfe sich dabei nach Krauth nicht auf Wissensvermittlung und Reflektion begrenzen, sondern müsse über produktive Erfahrungen geschehen. Zur Emanzipation durch aktive Selbstproduktion nennt er, bezogen auf Heranwachsende („Lernende") didaktische Prinzipien, die sich auch auf eine allgemeine Medienpraxis (hier als Medienpädagogik bezeichnet) niederschlagen[125]:

Situationsbezogenheit medienpädagogischer Arbeit richte sich zunächst am Erkennen individueller Erfahrungen und Probleme der Lernenden aus, kollektiviere diese in einem Prozess der aktiven Auseinandersetzung mit der Lebenswelt und ermögliche so gemeinsame, verallgemeinerte Erfahrungen und deren gesellschaftsbedingte Einordnung[126]. Mit Offenheit bezeichnet der Autor auf didaktischer Ebene einen „schwachen Vermittlungsrahmen", der Auswahl, Organisation und zeitliche Abfolge von Wissensinhalten vor allem den Lernenden selbst unterlegt. Die so charakterisierte, offene Lernsituation ermögliche die Selbst- und Mitbestimmung der Lernenden und schaffe den Rahmen für die Verbindung von außerhalb pädagogischer Zusammenhänge erworbenem Wissens und im pädagogischen Kontext aufgenommenen Wissens sowie für die Kooperation von Lehrenden und Lernenden. Daraus geht das Prinzip der Basisorientierung hervor, das heißt, die Rückführung aller im Prozess der aktiven Durchführung getätigten Entscheidungen auf gemeinsam erarbeitete Zielsetzungen und Beurteilungskriterien der Lernenden. Der Verwirklichung der Zielsetzung emanzipatorischer Medienpädagogik und den daraus hervorgehenden Arbeitsmaximen entspräche auf der

---

[124]Hüther, J., Podehl, B., Medienpädagogik und Erwachsenenbildung. In: Zusatzqualifikation Medienpädagogik. Berufsfelderweiterung für Pädagoginnen und Pädagogen. Bibliotheks- und Informationssystem der Universität Oldenburg 1990, S. 117.
[125]Krauth, G., Kritisch- Emanzipatorische Mediendidaktik und Medienpädagogik - Zielsetzungen und Medienpraxis. In Kurseinheit 4, Fernuniversität-Gesamthochschule Hagen, Hagen 1983, S. 123.
[126] Vgl. Hüther, J., Podehl, B., a.a.O., S. 118.

Ebene des Arbeitsrahmens die Projektarbeit, die, neben eben formulierten Ansprüchen, die Trennung schulischer und außerschulischer Lebenswelt und fächergetrenntes Arbeiten aufhebe und Lernergebnisse in Form von Produkten anderen zur Verfügung stellen könne. Insgesamt ermögliche die so didaktisch gekennzeichnete Selbstproduktion von Medien, neben der Einheit von Kopf- und Handarbeit, also der Umkehrung von Entfremdung, eine direkte Einsicht in die stets selektive, manipulative und parteiliche Gegenstandsbearbeitung bei der Medienproduktion eine Reflexion der Eigenproduktionen hinsichtlich einer Erarbeitung von Analysekriterien.

Auf die Medienpraxis bezogen, ergäben sich im produktiven Umgang mit Medien folgende Lernmöglichkeiten, die der Emanzipation von massenmedialen Einflüssen dienen: Aufarbeitung und Analyse des individuellen Interaktions- und Kommunikationsverhaltens, Auseinandersetzung mit der eigenen und im Vergleich dazu fremden Lebenswelten, Einsichten in Funktionen massenmedialer Information und Kommunikation und Herstellung einer Gegenöffentlichkeit durch Veröffentlichung der Eigenproduktion im Nahraum und daran anschließender Analyse[127].

Hüther und Podehl übertragen diese Lernmöglichkeiten in ein Stufenmodell, von aufeinander aufbauenden Kompetenzstufen, die die praktischen Aufgabenfelder des handlungs- und teilnehmerbezogenen Ansatzes erleichtern sollen, ohne einen engen Vermittlungsrahmen darzustellen. Wie die Abbildung zeigt, gerät die Intention der produktiven Medienarbeit, Erkenntnisse und Kompetenzen stets im Verlauf der aktiven Medienproduktion zu suchen, durch die vorgenommene Platzierung der Handlungsdimension, das Erstellen eigener Kommunikate inbegriffen, an das Ende des Kompetenzerwerbsprozesses etwas außer Acht. Damit unterliegen die Kompetenzstufen Wissen und Analysieren scheinbar nicht dem Handlungsprinzip selbst, in dem Sinn, dass Erkenntnisgewinn und Erarbeitung von Analysefähigkeiten durch das eigene medienintegrierende Handeln (Selbstproduktion) geschehen.

---

[127] Vgl. Krauth, G.: a.a.O., S. 125 ff.

| | |
|---|---|
| Wissen | **Vermittlung von Basisinformationen über:**<br>Organisation und Struktur<br>politische und sozioökonomische Abhängigkeiten der Kommunikatoren<br>Rechte und Einflussmöglichkeiten der Rezipienten |
| Analysieren | **Befähigung**<br>zur analytischen Betrachtung von Kommunikation<br>zum Aufdecken von Produzenteninteressen<br>zum Erkennen von Formen der Manipulation<br>zum Einschätzen der Medienwirkungen |
| Handeln | **a) Reagieren**<br>Anleitung<br>zur aktiven Reaktion auf mediale Aussagen, z. B.<br>durch Kritik an den Kommunikaten<br>zur Veränderung des Konsumverhaltens<br>zur Einflussnahme auf Kommunikatoren<br>zur Veränderung von Kommunikationsstrukturen<br>**b) Handhaben / Produzieren**<br>Erarbeitung<br>der technischen und dramaturgisch- ästhetischen Bedingtheiten der Medien eigener Kommunikate<br>**c) Verändern**<br>durch öffentliche Verbreitung der eigenen Kommunikate<br>durch mediale Einflussnahme auf politische Willensbildung |

Teilnehmer- und handlungsbezogene Medienpädagogik[128]

Dennoch erscheint gerade die Handlungsstufe „Verändern" von eigentlich emanzipatorischer Bedeutung. Während Baackes „Medienkompetenzbereiche" die Distributionsebene gar nicht erwähnt, bezieht sich Krauths Begriff der „Gegenöffentlichkeit" zunächst vor allem auf schulische Institutionen und andere Orte Heranwachsender. Einen größeren Geltungsbereich erhält die öffentliche Verbreitung der eigenen Kommunikate bei Podehl und Hüther, die sich erwachsenenbildungsbezogen äußern. Durch Distribution bzw. echte Teilnahme am medialen Kommunikationsprozess werde die

---

[128] Vgl. Hüther, J., Podehl, B., a.a.O., S. 211 ff.

Veränderung, einer als defizitär empfundenen Wirklichkeit durch den Gewinn medialen Einflusses auf die politische Willensbildung erst möglich und durch die Demokratisierung der Kommunikation erst eingelöst. Deutlich machen die Autoren dabei auch Funktionen der Distribution für eine lokale Öffentlichkeit: „Handlungsorientierung in einem medienpraktischen Sinn bezieht sich also in erster Linie auf das Herstellen einer überschaubaren, lokalen Öffentlichkeit zu Themen, die von den großen Medien nicht aufgegriffen werden. Dadurch kann das Gespräch im unmittelbaren Nachbarschaftsbereich wieder belebt, eine Stärkung des Solidaritäts- und Gemeinschaftsgefühls erreicht werden, das nicht zuletzt durch die von Medien mitverantwortete Vereinzelung des Menschen beeinträchtigt worden ist."[129]

Neben der Kompensation von Informationsdefiziten, die vor allem Bereiche der persönlichen Betroffenheit umfassen, ermöglicht die Herstellung einer lokalen Öffentlichkeit, den gleichberechtigten Meinungsaustausch aller Betroffenen, wirke damit Vereinzelung entgegen und schärfe Wahrnehmung von und Beteiligung an sozialen und politischen Prozessen[130]. Zudem werde ein Beitrag zur politischen Sozialisation geleistet, die in erster Linie von sekundär erworbenen, durch Massenmedien vermittelten politischen Erfahrungen gekennzeichnet sei[131]. Die ideologische Leitfunktion der Medien dränge in die Beziehungsgefüge von Sozialisationseinheiten wie Familie, Beruf etc. immer mehr ein, unter anderem auch dadurch, dass diese ihre Sozialisationsfunktionen zunehmend verlieren. In Abgrenzung zu einer normativen politischen Bildungsarbeit gälte es in einer, der kritischen Erziehungswissenschaft verpflichteten Medienpädagogik diese Tatbestände aufzudecken und sich davon durch lebensweltbezogene Kommunikate und deren Veröffentlichung zu emanzipieren.

Folgt man dem Emanzipationsbegriff so zeigt sich bei Hüther und Podehl eine stärkere Betonung seiner soziologischen Bedeutung, verstanden als Aufhebung struktureller Benachteiligungen von sozialen Gruppen. Eine kritisch-emanzipierende Medienpädagogik fordert die,

---

[129] Ebd.
[130] Ebd.
[131] Vgl. Hüther, J., Podehl, B.: a.a.O., S. 120.

in den Massenmedien unterrepräsentierten Bevölkerungsteile auf, ihre eigenen Interessen zu artikulieren, um somit wahrgenommen zu werden [132].
Beide Ansätze entsprechen auf einer praktischen Ebene der Arbeitsform der aktiven Medienarbeit, die sich u. a. aus der sozialpolitisch motivierten „alternativen Videobewegung" herausgebildet hat. Die folgende Abbildung stellt Fähigkeiten dar, die durch diese Arbeitsform geschult werden können.

---

**Mediale Aspekte**
Kennenlernen medialer Ausdrucksformen
Aneignen medialer Ausdrucksformen
Verfügen über journalistische Informationsmittel
Einschätzen von Medien als Mittel sozialer Problemdarstellung und Projektlösungen

**Soziale Aspekte**
Erkennen individueller und gesellschaftlicher Problemsituationen
Steigerung der Solidaritätsbereitschaft
Fähigkeit zu kooperativen Arbeitsformen
Entwicklung von Strategien zur Durchsetzung eigener Interessen

**Individuelle Aspekte**
Steigerung des Selbstwertgefühls
Relativierung der Selbsteinschätzung
Erprobung beruflicher Fähigkeiten
Befähigung zur politischen Standortfindung

---

Aktive Medienarbeit[133]

Bereits an der Auflistung der Fähigkeiten wird deutlich, dass sich die aktive Medienarbeit als unmittelbare Praxis auf konkrete Ziel-, aber auch Problemfelder, wie die Aktivierung und anschließende Motivation von Teilnehmern, bezieht. Ähnlich wie Krauth stellen Hüther und Podehl auch in der Erwachsenenbildung insgesamt Widersprüche zwischen konzeptuellen Ansprüchen und tatsächlicher Umsetzung

---

[132] Kaiser, A., Kaiser, R., Studienbuch Pädagogik. Grund- und Prüfungswissen, Berlin 1998⁹, S. 68.
[133] Hüther, J., Podehl, B., a.a.O., S. 213 f.

emanzipatorischer bzw. teilnehmer- und handlungsbezogener Medienpädagogik fest, die sich zumeist auf die „Erziehung zur kritischen Rezeption"[134] oder Vermittlung technischer Kenntnisse beschränke. In der praktischen Weiterentwicklung rücken die gesellschaftlichen Dimensionen des medienpädagogischen Emanzipationsansatzes in Form der Aufhebung der massenmedial verursachten Entfremdung, Ausweitung von Freiheitsräumen, Selbst- und Mitbestimmung zugunsten einer verstärkt sozialen und vermittlungsorientierten/ qualifikationsbezogenen Perspektive immer weiter in den Hintergrund.

**Konzept Medienkompetenz - Leitidee medienpädagogischen Handelns**
Medienkompetenz ist als bildungstheoretisches Konzept verwandt mit dem Konzept der „kommunikativen Kompetenz", das Baacke in Rückgriff auf Habermas 1973 in die Medienpädagogik einführte. Damit ging ein „Paradigmenwechsel" einer von einer bewahrpädagogischen, normativ ausgerichteten Medienerziehung hin zur Betrachtung der Medien in ihren emanzipativen Möglichkeiten. Demnach wird im Gegensatz zum Wirkungsansatz, der die Rezipienten den meist manipulativen Einflüssen von Medien ausgesetzt sieht, die Mediennutzung vom aktiven Nutzer selbst bestimmt.
Die Kategorie Kompetenz nach Chomskys linguistischer Theorie bezieht sich auf die Regelhaftigkeit der natürlichen Sprache und die Fähigkeit des Menschen, aufgrund angelegter mentaler Strukturen unendlich viele Sätze hervorzubringen bzw. zu verstehen. In Bezug auf dieses Kompetenzverständnis entwickelt Habermas das Konzept der „kommunikativen Kompetenz" als zentrales Sozialisationsziel[135]. Er weitet den Kompetenzbegriff dreifach aus. Kompetenz bezieht sich danach nicht mehr nur auf Sprechhandlungen, sondern auf alle kommunikativen Äußerungen. Kompetenz wird zu einer Kategorie der Pragmatik, das heißt des tatsächlichen Handelns und Verhaltens. Und Kompetenz wird zu einer gesellschaftskritischen Kategorie. Sie ist

---

[134] Hüther, J., Podehl, B., a.a.O., S. 138.
[135] Vgl. Habermas, J., In: Vollbrecht, R.: Einführung in die Medienpädagogik. Weinheim und Basel, 2001, S. 53.

Ziel und gleichsam Voraussetzung eines demokratischen Diskurses, den jeder adäquat verstehen und auf seinen Wahrheitsgehalt prüfen kann, allerdings unter der Voraussetzung eines strukturellen Gesellschaftswandels[136]. Im Unterschied zu Habermas verändert Baacke die Vorzeichen dieses Diskurses, der nun nicht mehr nur in der alltäglichen Lebenswelt und von Medien eher gestört, sondern auch „medial" stattfindet, denn wenn kommunikative Kompetenz für jede Art von Kommunikation unterstellt würde, so sei sie auch Voraussetzung der Medienkommunikation. Der Begriffswechsel von kommunikativer Kompetenz, die sich aus Sprach- und Verhaltenskompetenz ergibt, hin zur Medienkompetenz erscheint dabei eher praktischer Natur zu sein, um auf den Kommunikationskontext zu verweisen[137].

Der Gebrauch des Begriffs Medienkompetenz gehe zumeist mit einer Verkürzung seiner Dimensionen und auch Intentionen einher. Medienkompetenz stelle dabei fälschlicherweise ein Bündel von Fertigkeiten, häufig reduziert auf den kompetenten bzw. richtigen Gebrauch von Medien dar, das als Qualifizierung für den Arbeitsmarkt unabdingbar scheine. Dabei stelle Medienkompetenz nicht den Erwerb konkreter Handlungsmuster, sondern den Erwerb kognitiver Strukturen dar: ein „Lernen des Lernens".[138] Unter entwicklungspsychologischem Aspekt sei demnach von medienbezogenen Schemata und zeitbezogenen Skripts zu sprechen, die als „Regeln für den Vollzug von Operationen"[139] verstanden werden könnten. Der Erfolg von Lernprozessen läge demnach im Erzeugen bzw. Erweitern medienbezogener Spielräume und Gedächtnisstrukturen für frei gewähltes / autonomes Handeln. Es gälte also, dass beispielsweise die Bedienung eines konkreten Computerprogramms nur eine Vorform dafür darstelle, auf einer Metaebene Regelwissen für die Aneignung jeglicher Computerprogramme zu etablieren.

---

[136] Vgl. Vollbrecht, R., Einführung in die Medienpädagogik. Weinheim und Basel, 2001, S. 53 ff.
[137] Vgl. Vollbrecht, R., a.a.O., S. 53 ff.
[138] Vgl. Vollbrecht, R., a.a.O., S. 53 ff.
[139] Luhmann, N. In: Vollbrecht, R.: Einführung in die Medienpädagogik. Weinheim und Basel, 2001, S. 58.

Obwohl es demnach nicht Aufgabe einer Medienpädagogik sein kann, die sich am Ziel Medienkompetenz orientiert, inhaltliche Lernbereiche zu gliedern, sondern vielmehr ein „Selbsterschließungspotential" auszubilden, systematisiert Baacke vier unterschiedlich dimensionierte Teilbereiche von Medienkompetenz. Sie zielen nicht in ihrer Summe auf das Ganze der Medienkompetenz ab, sondern auf eine Wissensstruktur, die sich auf den folgenden Feldern erwerben lässt[140].

| Vermittlungsdimension | | |
|---|---|---|
| Medienkritik | analytisch | angemessene Erfassung problematischer gesellschaftlicher Prozesse (z. B. Konzentrationsprozesse) |
| | reflexiv | Übertragung und Anwendung analytischen Wissens auf eigenes Handeln |
| | ethisch | sozialverantwortliche Abstimmung und Definition analytischen Denkens und reflexivem Rückbezug |
| Medienkunde | informativ | umfasst klassische Wissensbestände (Was ist ein duales Rundfunksystem? Wie kann man auswählen?) |
| | instrumentell-qualifikatorisch | Fähigkeit, Geräte zu bedienen |

| Dimension der Zielorientierung: menschliches Handeln | | |
|---|---|---|
| Mediennutzung | rezeptiv, anwendend | Programmnutzungskompetenz |
| | interaktiv, anbietend | Antwortfähigkeit (Tele-Diskurs, Tele-Shopping) |
| Mediengestaltung | innovativ | Veränderung, Weiterentwicklung des Mediensystems |
| | kreativ | Über die Grenzen der Kommunikationsroutine gehen, vor allem durch ästhetische Variation |

Medienkompetenz in: Baacke, D., Medienpädagogik. Grundlagen der Medienkommunikation.

---

[140] Vgl. Baacke, D., Medienpädagogik. Grundlagen der Medienkommunikation Bd. 1. Tübingen 1997, S. 98 ff.

Baacke ergänzt, dass es sich dabei nicht um subjektiv- individualistische Felder handelt, sondern um überindividuelle, gesellschaftliche Ziele der Gestaltung eines Diskurses der Informationsgesellschaft, der alle wirtschaftlichen, technischen, sozialen, kulturellen und ästhetischen Probleme einbeziehe[141]. Besondere Beachtung schenkt er der Integration von Körperlichkeit und Emotion in einen zuvor eingeschränkt interpretierten Kompetenzbegriff. Baacke formuliert zudem als höchste Stufe des Konzepts Medienkompetenz die Fähigkeit zur ästhetischen Variation (Kreativität) und Innovation als Grundlage einer zukunftsfähigen Gesellschaft. Fuchs bezeichnet Kreativität auch als sozialpsychologisches Konzept, dass neue Verhaltens- und Wahrnehmungsweisen des Individuums mit überindividuellen, gesamtgesellschaftlichen Zielen und Strategien in Verbindung bringt. „Kreativität zunächst einmal als eine alltägliche, im üblichen Lebensvollzug notwendige Eigenschaft der Lebensbewältigung zu verstehen, verschiebt das hier zu diskutierende Problem von der Ebene der großen Genies und Erfinder in unseren Alltag"[142]. Zwar finden sich unter dem Konzept Medienkompetenz wichtige Aufgaben der Medienpädagogik (immer in Bezug zu gesellschaftlichen Veränderungen) wieder, aber wie auf praktisch-didaktischer und -methodischer Ebene Medienkompetenzvermittlung zu organisieren ist, geht aus dem Konzept nicht hervor. Diese „pädagogische Unspezifität" schränke sich ein, durch die „ergänzende Erschließungskraft des Begriffs Bildung... (die)...in Medienkompetenz einzudenken (ist)"[143]. Medienkompetenzvermittlung als Aufgabe mit gesamtgesellschaftlichem Geltungsbereich verstanden, ist dann notwendig auch als Ziel der Erwachsenenbildung[144] zu begreifen und nicht auf medienpädagogische

---

[141] Baacke, D., a.a.O., S. 100.
[142] Vgl. Fuchs, M., Kreativität. Ein brauchbares Konzept für die kulturelle Jugendbildung? In: Baer, U. in Zusammenarbeit mit Akademie Remscheid (Hrsg.): Konzept Kreativität in der Kulturpädagogik. Grundlagen- Theorie- Praxis. In: RAT - Remscheider Arbeitshilfen und Texte, Remscheid 1989, S. 13 / 17.
[143] Baacke, D., a.a.O., S. 100.
[144]Die Verwendung des Begriffs „Erwachsenenpädagogik" erfolgt hier in Anlehnung an eine weiter gefasste allgemeine „Erwachsenenbildung", die nach Weber mit der altersbedingten (juristischen) Zuerkennung der Mündigkeit mit 18 Jahren beginnt. Weber, E.: Biografische Orientierung der Pädagogik: Erziehung und Bildung im Lebenslauf. In: Bildung und

Kinder- und Jugendarbeit zu reduzieren. Demnach ist der Bürgerrundfunk als Ort der medienpädagogischen Vermittlung von Medienkompetenz nicht ausschließlich, aber auch als Teil der Erwachsenenbildung zu verstehen.

**Berufspädagogische Positionen**
Die Untersuchung stellt Kompetenzerwerbsprozesse im Bürgerrundfunk beruflichen Anforderungen gegenüber, so dass Entwicklungen und Anforderungen an Kompetenz aus berufspädagogischer Sicht dargestellt werden können. Diese folgen in Anlehnung an Reetz, der in einer zusammenfassenden Darstellung auf Positionen seiner Fachkollegen verweist.
Bereits 1974 empfiehlt der Deutsche Bildungsrat, Kompetenzen als Ziele von Lernprozessen und verändert damit das Verständnis von Lehr- und Lernzielen. Grundlegend für die Entwicklung des Kompetenzbegriffs in der beruflichen Bildung / Wirtschaftspädagogik war nach Ansicht von Reetz das 1973 / 74 veröffentlichte Konzept der Schlüsselqualifikationen von Mertens. Aufgrund der „beschleunigten Zerfallszeit von Bildungsinhalten"[145] (These von der schnellen Entwertung konkreten Fachwissens) zielte es auf eine Flexibilisierung der Qualifikation ab. Anhand abstrakter Lehrgegenstände ging es um die Entwicklung von vier systematisierten Typen von Schlüsselqualifikationen: Basisqualifikation (z.B. Denkschulung), Horizontalqualifikation (z.B. Informationsnutzung), Breitenelemente (Spezialkenntnisse, die allgemein bedeutsam geworden sind) und Vintagefaktoren, das heißt, Inhalte, die die Bildungsdifferenz zwischen den Generationen aufheben sollen.[146] Die weiterführende didaktische Diskussion um Schlüsselqualifikationen wurde vor allem qualifikations- und arbeitsmarkttheoretisch oder Curriculum theoretisch, weniger kompe-

---

Erziehung an der Schwelle zum dritten Jahrtausend. Multidisziplinäre Aspekte, Analysen, Positionen, Perspektiven. Seifert, N.; Serve, H. J. (Hrsg.), München 1994, S. 383.
[145]Reetz, L., Zum Zusammenhang von Schlüsselqualifikationen - Kompetenzen - Bildung. In: Tramm, T. (Hrsg.): Professionalisierung kaufmännischer Berufsbildung: Beiträge zur Öffnung der Wirtschaftspädagogik für die Anforderungen des 21. Jahrhunderts. Festschrift zum 60. Geburtstags von Frank Achtenhagen, Frankfurt/ M. 1999, S. 32.
[146]Ebd.

tenztheoretisch orientiert geführt, das Konzept „Schlüsselqualifikation" aufgrund der Loslösung vom konkreten beruflichen Arbeitszusammenhang kritisiert.
Ende der 80er Jahre werden Roths Aussagen aufgegriffen, „die den Menschen im Zuge der Ausformung seiner Selbst-, Sach- und Sozialkompetenz in die mündige Selbstbestimmung zu führen vermögen" und münden in ein Berufsbildungskonzept, dass „die Förderung von Schlüsselqualifikationen in (diesen) pädagogischen Zusammenhang von Bildsamkeit und Bestimmung bzw. von Entwicklung und Erziehung stellt." [147]
Die Schlüsselqualifikationen werden somit in das Zielsystem der Berufsbildung aufgenommen. Entscheidenden Anteil daran hatten Vertreter der betrieblichen Seite des dualen Ausbildungssystems, die damit auf Veränderungen des Beschäftigungssystems zu reagieren versuchten. Reetz nennt als weitere Ursachen die durch Einführung neuer Technologien bedingte veränderte Organisationsstrukturen in den Betrieben, die mit systemischer Rationalisierung und Aufhebung der Arbeitsteilung umschrieben werden und parallel dazu andere Anforderungen an Qualifikationsprofile der Beschäftigten stellten. Beispielhaft dafür stehe die rasante Entwicklung der Kommunikationsmedien, die die Zunahme an Komplexität (Menge an Informationen / Daten) und Dynamik der Umwelt- und Umfeldbedingungen verursache. Um den diesen Bedingungen entspringenden Anforderungen gerecht zu werden, würden Fähigkeiten der „Selbstorganisation", „Selbstverantwortung" und des „sozial- kommunikative Handelns" an Bedeutung gewinnen. Unternehmen aktivierten diese so genannten „Human Ressources", zu denen auch Kreativität gezählt wird, um ihre Wettbewerbsposition zu verbessern[148].
Aus berufssoziologischer Sicht wird diesbezüglich vom Trend zu „Prozessen der internen und externen Flexibilisierung" gesprochen. Eine innere organisatorische Flexibilisierung erfolge durch die fortschreitende Globalisierung der Märkte, die den „Wandel von einer

---

[147]Roth, E.: Pädagogische Anthropologie. Band 2: Entwicklung und Erziehung. Hannover, 1971, S. 17.
[148]Reetz, L., a.a.O., S. 36.

funktions- und berufsorientierten zu einer prozessorientierten Betriebs- und Arbeitsorganisation bestimmt"[149]. In enger Beziehung dazu stehe die externe Flexibilisierung, das heißt, die Entwicklung neuer Beschäftigungsformen, die gekennzeichnet sei von wenig beruflicher Kontinuität, geringen (instabilen) Betriebsbindungen, der Abkehr vom Gedanken an eine lebenslange Vollerwerbstätigkeit und verstärkter Segmentierung. Durch veränderte Arbeitsprozesse der Dezentralisierung, Projektförmigkeit und Querfunktionalität seien Beschäftigte verstärkt in die Lage zu versetzen, über Wissen flexibel zu verfügen und dieses erweitern zu können und es schnell und aufgabenbezogen in unterschiedliche Kontexte zu integrieren. Die Deutsche Forschungsgemeinschaft spricht dazu 1990 von der „Koinzidenz ökonomischer und pädagogischer Vernunft"[150]

Als Koinzidenz wird in der Physik das Zusammentreffen verschiedener Signale in einem einzigen Ereignis bzw. die zusammenfallende Wahrnehmung dieser Signale durch einen Beobachter bezeichnet. Diese Signale erscheinen daher als ein- und dieselbe Anzeige, anstatt nacheinander aufzutreten. Es ist nicht möglich, die zugrundeliegenden Signale zu unterscheiden bzw. überhaupt erst als verschieden zu identifizieren[151]. In diesem Sinne stellen pädagogische und ökonomische Vernunft die „individuelle Förderung der Persönlichkeit ins Zentrum von Lehr- und Lernprozessen."[152] Qualifikation auf ökonomischer und Bildung auf pädagogischer Seite werden als einander bedingende und komplementäre Größen betrachtet und vereinen sich im Konzept der Förderung von Schlüsselqualifikation.
Mit der Einbindung der Schlüsselqualifikation in das Konzept einer Persönlichkeitsentwicklung erfolge eine Rückbesinnung auf das pädagogische Grundprinzip der Bildung mit dem Ziel, „dass Aus- und Weiterbildungsmaßnahmen über die kurzfristigen Qualifizierungsergebnisse hinaus auf die Persönlichkeitsförderung des einzelnen Menschen in Richtung beruflich-fachlicher, sozialer und humaner

---

[149]Reetz, L., a.a.O., S. 37.
[150]Reetz, L., a.a.O., S. 38.
[151]http://www.wissenschaft-online.de
[152]Reetz, L., a.a.O., S. 40.

Mündigkeit angelegt sind"[153] Weiterführend entwirft Reetz Schlüsselqualifikationen als zusammenhängende Kompetenzen unter Bezugnahme auf Roth. Dabei integriert er Kompetenzen und Schlüsselqualifikationen. Reetz setzt beide Begriffe in Bezug zu Chomskys linguistischer Kompetenztheorie, deren Unterscheidung in Kompetenz für das, der Tiefenstruktur eines Individuums entsprechende Satzerzeugungspotential und Performanz für die tatsächliche Satzerzeugung, das so genannte Oberflächenverhalten, übertragen werden könne. Die Satzerzeugung bzw. das Sprachhandeln geschehe auf Basis der Kompetenz, d.h. angepasst auf Situation und Anforderungen, in der Sprachhandeln stattfinden. Hier werde ein bestimmter Teil des zur Verfügung stehenden Potentials erschlossen. Kompetenz ist der die Performanz umfassende Begriff, wobei Kompetenz aus pädagogischer Sicht (im Unterschied zu Chomsky) erworben wird. Übertragen auf berufliches Handeln könne demnach von Erschließungsfähigkeit bzw. Schlüsselfähigkeit gesprochen werden, die darauf abziele verwertbare Verhaltensweisen zu generieren.[154] Die daraus abgeleitete Metapher der „Schlüsselqualifikation" führt nach Reetz durch den Begriff „Qualifikation" zu Irritationen, weil er auf anforderungs- und situationsnahes Verhalten abzielt, aber personennahe Kompetenzen als erschließendes Potential eines Individuums meint.

---

[153]Reetz, L., a.a.O., S. 2.
[154]Reetz, L.: a.a.O., S. 40.

| | Handlungskompetenz | |
|---|---|---|
| Selbstkompetenz | Sach-/ Methoden-kompetenz | Sozialkompetenz |

| | Schlüsselqualifikationen | |
|---|---|---|
| Persönlich-charakterliche Grundfähigkeiten | Allgemeine kognitive Leistungsfähigkeit | Kommunikative Fähigkeiten |
| Initiative<br>Verantwortung | Fähigkeit zur Erfassung komplexer (Denken in Zusammenhängen)<br>Problemlösungsfähigkeiten | Kooperationsfähigkeit (sozial-kommunikativ)<br>Verhandlungsfähigkeit (marktkommunikativ) |

Schlüsselqualifikations- Kompetenzmodell nach Reetz, L.

Auf horizontaler Ebene findet sich im Zentrum die Sach- und Methodenkompetenz. Unter Sachkompetenz versteht Reetz die „allgemeine kognitive Leistungsfähigkeit eines Individuums, das heißt, die Fähigkeit zu sacheinsichtigem und problemlösendem Denken und Handeln"[155]. Methodenkompetenz bezeichne Findungs- und Lösungsverfahren, die das Inventar an zur Verfügung stehenden Handlungen böten und damit notwendig die Sachkompetenz um das eigentliche Handeln erweiterten. Unter „Sozialer Kompetenz" fasst Reetz kooperatives, solidarisches, sozialkritisches und kommunikatives Verhalten. Selbstkompetenz ziele ab, auf die Fähigkeit zu moralisch selbst bestimmtem humanem Handeln. Grundlage dafür sei u.a. ein positives Selbstkonzept. Selbstkompetenz baue dabei auf Sach- und Methodenkompetenz in Einklang mit sozialer Kompetenz (Mündigkeit) auf.

Alle Kompetenzbereiche münden im Modell in Handlungskompetenz, die Reetz als Verbindung aller horizontalen und vertikalen

---

[155]Reetz, L.: a.a.O., S. 41

Vernetzungen der Kompetenzen sieht und als mündiges Handeln charakterisiert[156]. Dieser Zusammenhang von Kompetenzen entfalte sich erst „in der konkreten lernenden Auseinandersetzung mit relevanten komplexen Lehr- und Lernarrangements."[157] Reetz nennt als weitere Komponente der Kompetenzentfaltung die stärkere Ausrichtung auf die Persönlichkeitsentwicklung durch „...den Umgang mit sich selbst und mit sozialer und natürlicher Umwelt"[158] und plädiert damit für eine Gestaltung von Lehr- und Lernprozessen in der Hinsicht, dass sie über berufliche Handlungskompetenz hinausgehen und die Identität der Lernenden in komplexen, handlungs- und problemorientierten und sozial- interaktiven Lernsituationen fördern[159].

**Literatur**
Baacke, Dieter, in: Derichs-Kunstmann, Karin/ Faulstich, Peter/ Tippelt, Rudolf (Hrsg.): Theorien und forschungsleitende Konzepte der Erwachsenenbildung, Frankfurt/M. 1995.
Baacke, Dieter, Medienpädagogik. Grundlagen der Medienkommunikation Bd. 1. Tübingen 1997.
Bischoff, Johann, Medienpädagogische Grundlagen. In: Bischoff, J., Brandi, B. (Hrsg.), Künstlerisch-technische Grundlagenvermittlung für die Ausbildung im Bereich der angewandten Kultur-, Medien- und Sozialpädagogik. Merseburger Medienpädagogische Schriften. Bd. 1., 2. erw. Aufl., Aachen 2006.
Bischoff, Johann, Vorwort. in: Köhler-Terz, Kai, Von Urlaubsgrüßen aus Sankt Gallen bis zur politischen Bürgerarbeit. Produktionsalltag der Offenen Kanäle in Sachsen-Anhalt, Aachen 2005.
Brandi, Bettina., Bischoff, Johann, Offener Kinderkanal Gera. Konzept für einen Kinderkanal im Offenen Kanal im Auftrag der Thüringer Landesmedienanstalt (TLM), München 1997.
Brecht, Berthold, Schriften zur Literatur und Kunst. Band 1. 1920 - 1939. Berlin und Weimar 1966.

---

[156]Reetz, L.: a.a.O., S. 39
[157]Reetz, L.: a.a.O., S. 41
[158]Koch, L., Marotzki, W., Schäfer, A., In: Reetz, L., a.a.O., S. 44
[159]vgl. Achtenhagen, F., John, E.-G., In: Reetz, L., a.a.O., S. 46

Bredow 1956, zit. in Faulstich, Werner (Hrsg.), Grundwissen Medien, München 2000[4].

Enzensberger, H. M., Baukasten zu einer Theorie der Medien. Kritische Diskurse zur Pressefreiheit, München 1997.

Feigel, Ricardo, Praxis der Offenen Kanäle. In: Offener Kanal Merseburg-Querfurt e.V. (Hrsg.), Medienkompetenzerwerb und medienpädagogisches Handeln in Offenen Kanälen. Dialog: Bürgermedien, Bd. 1, Aachen 2004.

Fuchs, Max, Kreativität. Ein brauchbares Konzept für die kulturelle Jugendbildung? In: Baer, U. in Zusammenarbeit mit Akademie Remscheid (Hrsg.): Konzept Kreativität in der Kulturpädagogik. Grundlagen- Theorie- Praxis. In: RAT - Remscheider Arbeitshilfen und Texte, Remscheid 1989.

Gellner, W., Kamp, U., Offene Kanäle in Deutschland. In. Klingler, W., Roters, G., Zöllner, O. (Hrsg.), Fernsehforschung in Deutschland. Themen - Akteure - Methoden, Baden - Baden 1998.

Habermas, J., In: Vollbrecht, R.: Einführung in die Medienpädagogik. Weinheim und Basel, 2001.

Hüther, J., Podehl, B., Medienpädagogik und Erwachsenenbildung. In: Zusatzqualifikation Medienpädagogik. Berufsfelderweiterung für Pädagoginnen und Pädagogen. Bibliotheks- und Informationssystem der Universität Oldenburg 1990.

Hüther, J., Podehl, B., Geschichte der Medienpädagogik. In: Hüther, J., Schorb, B. (Hrsg.), Grundbegriffe der Medienpädagogik, München 2005.

Kaiser, A., Kaiser, R., Studienbuch Pädagogik. Grund- und Prüfungswissen, Berlin 1989.

Köhler-Terz, Kai, Von Urlaubsgrüßen aus Sankt Gallen bis zur politischen Bürgerarbeit. Produktionsalltag der Offenen Kanäle in Sachsen-Anhalt, Aachen 2005.

Krauth, G., Kritisch- Emanzipatorische Mediendidaktik und Medienpädagogik - Zielsetzungen und Medienpraxis. In Kurseinheit 4, Fernuniversität-Gesamthochschule Hagen, Hagen 1983.

LSA (Hrsg.), Neufassung des Mediengesetzes des Landes Sachsen-Anhalt, vom 26.April 2010.

LSA (Hrsg.), Neufassung des Mediengesetzes des Landes Sachsen-Anhalt, vom 26.April 2010.
MSA (Hrsg.), Offene Kanäle vom 11.06.2008 - OK-Satzung. http://www.lra.de/download/MSA-OK-Satzung.pdf, 03.07.2011, 22.38 Uhr.
MSA (Hrsg.), Thesenpapier der Medienanstalt Sachsen-Anhalt. http://www.lra.de/Presse/pdf/Thesenpapier.pdf, 03.07.2011, 23.11 Uhr.
Luhmann, N. In: Vollbrecht, R.: Einführung in die Medienpädagogik. Weinheim und Basel 2001.
Offener Kanal Dessau, Weiterbildungsangebote. http://www.ok-dessau.de/workshops-weiterbildungsangebot.html, 03.07.2011.
Offener Kanal Merseburg-Querfurt e.V. (Hrsg.), Bürger Macht Fernsehen. Schulungen - Projekte - Veranstaltungen 2011, Merseburg 2011.
Offener Kanal Merseburg-Querfurt, Medienkompetenzvermittlung: Schulungen und Workshops.
Vollbrecht, R., Einführung in die Medienpädagogik. Weinheim und Basel, 2001.
Roth, E.: Pädagogische Anthropologie. Band 2: Entwicklung und Erziehung. Hannover, 1971.
Reetz, Lothar, Schlüsselqualifikationen aus bildungstheoretischer Sicht in der berufs- und wirtschaftspädagogischen Diskussion, 1999.
Tramm, T. (Hrsg.): Professionalisierung kaufmännischer Berufsbildung: Beiträge zur Öffnung der Wirtschaftspädagogik für die Anforderungen des 21. Jahrhunderts. Festschrift zum 60. Geburtstags von Frank Achtenhagen, Frankfurt/ M. 1999.

# ZUR ERINNERUNG

## Offene Kanäle - diskriminierungsfreier Zugang zu Radio und Fernsehen - eine Erinnerung an Prof. Bettina Brandi
Jürgen Linke

Prof. Bettina Brandi (Foto privat)

**Es begann mit einem Knall in Rheinland-Pfalz**
Am 1. Januar 1984 startete das privat-kommerzielle Fernsehen in Deutschland: Der medienpolitische Urknall. In einem Kellerstudio in Ludwigshafen, zwischen einem Friedhof und einem Schlachthof, drückten der damalige Ministerpräsident von Rheinland-Pfalz Bernhard Vogel und der Bundespostminister Christian Schwarz-Schilling den roten Knopf. Dies war die Geburtsstunde des dualen Rundfunksystems in Deutschland. Der Gegenpol zum öffentlich - rechtlichen Rundfunk.
Diesem Ereignis ging ein jahrelanger heftiger Streit voraus, der teilweise den Charakter eines „Glaubenskrieges" hatte. Die CDU befürwortete die Öffnung des Rundfunkmarktes und wollte so der nach ihrer Meinung einseitigen Politisierung durch die öffentlich-rechtlichen

Programme entgegentreten. Die SPD lehnte das Privatfernsehen ab und befürchtete die Zerschlagung des öffentlich-rechtlichen Rundfunksystems. Die öffentlich-rechtlichen Sender hätten sich fantastisch bewährt und bräuchten keinen Vergleich hinsichtlich der Qualität und Quantität der Programme zu scheuen. Die Gewerkschaften wandten sich gegen die Verkabelung der Gesellschaft. Die Mediensprecher der Kirchen schlossen sich diesen Bedenken an. Gemeinsam befürchteten die Gegner des Privatfernsehens, dass sich die Veranstalter am Massengeschmack orientieren würden. Eine inhaltliche Verflachung der Programmangebote sei die Folge dieser Entwicklung. Aufgrund der sich entwickelnden Konkurrenzsituation würden auch die öffentlich-rechtlichen Sender ihr Heil im Seichten suchen.

Schließlich verständigte man sich auf die befristete Einführung des dualen Rundfunksystems im Rahmen von Kabelpilotprojekten in den Bundesländern Berlin, Nordrhein-Westfalen und Rheinland-Pfalz. Dies muss wohl als Strategie zur Besänftigung der Kritiker angesehen werden. Dass Radio- und Fernsehprogramme in Kabelanlagen verbreitet werden können, war bekannt. Mit einiger Sicherheit vorhersehbar war auch, welche Auswirkungen das Privatfernsehen auf den Medienkonsum von Bürgerinnen und Bürgern haben würde. An die Rückholbarkeit des Privatfernsehens nach dem Ende der Kabelpilotprojekte hat wohl niemand ernsthaft geglaubt. Um die vorhergesagten positiven Entwicklungen der Kabelpilotprojekte wissenschaftlich abzusichern, wurde viel Geld für die Begleitforschung ausgegeben.

In dieser Zeit eines erhöhten öffentlichen und politischen Interesses an Rundfunkfragen entwickelte sich die Idee, neben dem öffentlich-rechtlichen und dem privat-wirtschaftlichen Radio und Fernsehen eine neue Form des Rundfunks zu erproben: Offene Kanäle. Die Bundeszentrale für politische Bildung hat diese Idee maßgeblich vorangetrieben.

Die „Expertengruppe Offene Kanäle" mit ihren Mitgliedern aus verschiedenen gesellschaftlichen Gruppen hat schließlich die Umsetzung der Idee inhaltlich vorbereitet.

Als eine Folge des medienpolitischen Urknalls in Verbindung mit dem dadurch entstandenen „kollektiv schlechten Gewissen" wurden Offene Kanäle in den Kabelpilotprojekten Rheinland-Pfalz (1984,

Ludwigshafen), Nordrhein-Westfalen (2015, Dortmund) und Berlin (2015) eingerichtet. Sie sollten einen Ausgleich für die Zulassung kommerzieller Anbieter schaffen und etwaige negative Entwicklungen durch die Schaffung von Gegenöffentlichkeit (ein frommer Wunsch) kompensieren.
Die Offenen Kanäle in Deutschland sind also nicht das Ergebnis eines gesellschaftlichen Drucks von unten. Sie sind vielmehr das Ergebnis politischer Entscheidungen und wurden von oben verordnet. Träger der Offenen Kanäle sind entweder die öffentlich-rechtlichen Medienanstalten in den Bundesländern oder gemeinnützige Vereine. Gegenwärtig gibt es in Deutschland über 170 Bürgermedien, die unterschiedliche Zugangsbedingungen und Strukturen haben. 41 Offene Kanäle sind als dritte Säule Bestandteil dieser Medienlandschaft.
Im Juni 2004 fand das 11. Jahrestreffen Offener Kanäle im Palais am Festungsgraben in Berlin statt. Das Motto der Veranstaltung lautete „20 Jahre Offene Kanäle - Mut zu Demokratie". Zu den Festrednern gehörten Thomas Krüger, Präsident der Bundesanstalt für politische Bildung und Bernhard Vogel, nunmehr Vorsitzender der Konrad-Adenauer-Stiftung.

Zitat Krüger:
„Ich wage hier die These, dass die Offenen Kanäle nicht nur eine Erfüllung der medienpolitischen Forderungen der sogenannten 68er Generation sind, sondern auch eine Falte im glatten Gesicht der hehren Versprechungen bei der Installation des dualen Systems. Das eben fast von Beginn an, wenn man so will, schon ein triales war."

Zitat Vogel:
„Feiern Sie die Erfolge, aber nehmen Sie sich weitere Ziele für die Zukunft vor!"

**Offene Kanäle - radikal einfach, einfach radikal.**
Das Konzept Offener Kanäle ist sehr übersichtlich:
- Zur Wahrnehmung ihres Grundrechts auf freie Meinungsäußerung können Bürgerinnen und Bürger in Offenen Kanälen Radio- und/oder Fernsehprogramme senden.

- Eine Zensur findet nicht statt.
- Die rechtliche Verantwortung für den Inhalt der Sendungen liegt bei den jeweiligen Bürgerinnen und Bürgern.

Die Existenz der Offenen Kanäle und die rechtlichen Grundlagen sind in den Mediengesetzen der jeweiligen Bundesländer geregelt. Die Finanzierung erfolgt ganz oder teilweise aus den Rundfunkbeiträgen. Unter Berücksichtigung der konzeptionellen Grundlage entwickelte sich schnell ein Katalog von Erwartungen und konkreten Aufgabenstellungen für die Offenen Kanäle. Eine aktuelle Darstellung bieten die Charta und die Aufgabenbeschreibung für den Bundesverband Bürgermedien, der im Jahr 2017 durch die Verschmelzung des Bundesverbands Offene Kanäle mit dem Bundesverband Bürger- und Ausbildungsmedien entstehen soll.

**Charta Bürgermedien**
sichern auf der Grundlage von Art. 5 Grundgesetz Bürgerinnen und Bürgern den gleichberechtigten Zugang zu Radio und Fernsehen, bieten lokale und regionale Inhalte von gesellschaftlicher Relevanz. Sie dienen der lokalen Meinungs- und Themenvielfalt und der Vernetzung vor Ort, geben Impulse für den interkulturellen Dialog und das soziale Zusammenleben, bieten Unterstützung von der Idee bis zur Sendung durch professionelle Aus- und Weiterbildungsangebote, fördern Medienkompetenz durch handlungsorientiertes Lernen. Sie vermitteln soziale und kommunikative Kompetenzen und schaffen die Voraussetzung für die kritische und selbstbestimmte Nutzung von Medien, erfüllen eine wichtige Ausbildungsfunktion im Medienbereich und dienen der beruflichen Orientierung und Qualifizierung, sind aktiv in den Netzwerken der Zivilgesellschaft und arbeiten nicht kommerziell.

**Aufgaben**
**Der Bundesverband Bürgermedien** fordert die Bestands- und Entwicklungsgarantie für Bürgermedien als dritte Säule im Rundfunksystem und deren funktionsgerechte Finanzierung, vertritt die Interessen seiner Mitglieder auf Landes- und Bundesebene, informiert und

berät Politik und Öffentlichkeit, führt Veranstaltungen für seine Mitglieder und die Fachöffentlichkeit durch und vermittelt Wissen, fördert die Zusammenarbeit mit nationalen und europäischen Partnern.

**Integrationsmodell Offener Kanal Berlin**
Das Kabelpilotprojekt Berlin begann im August 1985. Zum gleichen Zeitpunkt ging der Offene Kanal Berlin auf Sendung.

**Und nun wird es persönlich:**
In dieser Zeit war ich beim Senator für kulturelle Angelegenheiten, der damals auch für Rundfunkfragen (Rundfunk als Kulturgut) zuständig war, im Medienreferat tätig. Zu meinen Aufgaben gehörte die Durchführung des Kabelpilotprojekts. Sehr schnell wurde für mich erkennbar, dass der Offene Kanal Berlin das wahrhaft Innovative und Interessante am Kabelpilotprojekt war. Ich habe dann mein klimatisiertes Büro im Europa-Center verlassen und bin in das ehemalige AEG - Fabrikgelände im Wedding umgezogen. Als Leiter des Offenen Kanal Berlin war ich dort von 1987 bis zu meiner Pensionierung im September 2007 tätig - die interessanteste und abwechslungsreichste Zeit meines Berufslebens.
Nach gewissen Anlaufschwierigkeiten zum Beginn des Sendestarts wuchs das Interesse am Offenen Kanal Berlin recht zügig. Die Offenheit und der chancengleiche Zugang waren sicherlich ausschlaggebend für diese Entwicklung. Chancengleichheit bedeutete, dass die Vergabe von Produktions- und Sendeterminen in der Reihenfolge der Anmeldungen erfolgte (Prinzip Schlange). Es gab also kein Programmschema. In späteren Jahren wurde ein Teil der Sendezeit für thematisch orientierte Sendeschienen reserviert.
Ein wichtiger Werbeträger war der Kabelkanal, auf dem das Programm und Informationen zum Offenen Kanal Berlin ausgestrahlt wurden. Sehr schnell entstanden Sendungen in verschiedenen ausländischen Sprachen. Diese Sendungen wurden natürlich in den jeweiligen Communities interessiert wahrgenommen. Neue Gruppen und Einzelpersonen fanden ihren Weg in den Offenen Kanal Berlin und nutzten ihn für ihre Anliegen. Dies war durchaus im Sinn der Offenen

Kanäle: denen eine Stimme zu geben, die in den anderen Medien keine Stimme hatten.

Im Jahr 1996 waren 40 % der im Fernsehen angebotenen Sendezeit fremdsprachlich. Die Sendeverantwortlichen stammten aus ca. 30 Ländern. Fast 15 % dieser Sendezeit wurde von türkischen Nutzerinnen und Nutzern gestaltet.

Der hohe Anteil fremdsprachlicher Sendungen führte regelmäßig zu Kritik. Diese Kritik kam nicht von deutschen Nutzerinnen und Nutzern. Vielmehr gab es in fast jährlichen Abständen kleine Anfragen an das Abgeordnetenhaus von Berlin zu diesem Thema. Eine häufig anzutreffende Überschrift lautete: „Offenen Kanal Berlin endlich abschalten!" Eine wichtige Fürsprecherin hatte der Offene Kanal Berlin in der Landesbeauftragten des Senats von Berlin, Frau Barbara John (CDU). Sie sagte, „dass ein wichtiger Teil auch der gelungenen Integration darauf zurückzuführen ist, dass viele nicht-deutsche Gruppen ihre Möglichkeiten im Offenen Kanal Berlin wahrgenommen haben".

Einige der deutschen und nicht-deutschen Nutzerinnen und Nutzer kamen sicherlich nicht als „lupenreine Demokraten" in den Offenen Kanal Berlin. Bei ihrer Arbeit mussten sie allerdings demokratische Grundrechte beachten. Das Recht auf Meinungsfreiheit gilt für alle, also auch für Personen und Gruppen, die Sendungen mit kontroversen Inhalten produzieren. Allein dieses Recht ermöglicht ihnen, selbst Sendungen im Offenen Kanal Berlin auszustrahlen. Alle mussten akzeptieren und durch Unterschrift bestätigen, dass ihre Sendung nicht gegen geltendes Recht verstößt und sie bei Verstößen die rechtlichen Konsequenzen zu tragen haben.

In den kommenden Jahren entstanden in vielen Bundesländern Offene Kanäle. Der Offene Kanal Berlin setzte sich sehr frühzeitig für eine Zusammenarbeit zwischen diesen Kanälen und für einen regelmäßigen Informationsaustausch ein. Im August 1994 veranstaltete er das „1. Jahrestreffen Offener Kanäle". An diesem Treffen beteiligten sich bereits 20 Offene Kanäle. Auch in den Folgejahren veranstaltete der Bundesverband Offene Kanäle diese Jahrestreffen, die fast ausschließlich vom Offenen Kanal Berlin ausgerichtet wurden. Im November 1997 fand das Jahrestreffen im Willy-Brandt-Haus unter dem

Motto „Open Channels for Europe!" statt. Über 100 Bürgermedienexperten nahmen an der Veranstaltung teil. Neben Gästen aus verschiedenen europäischen Ländern reisten auch Teilnehmer aus Brasilien, Kanada, Israel, Südkorea und den USA an. Ein von mir vorbereiteter Text für eine „Berlin Declaration" wurde in einer Arbeitsgruppe diskutiert und dann von allen Teilnehmern verabschiedet. In dieser Declaration verpflichten sich die Teilnehmer unter anderem, eine europäische Vereinigung für Bürgermedien als Teil einer globalen Bewegung für Gleichheit in den Medien und für demokratische Kommunikationsstrukturen aufzubauen. Einige Jahre später ist diese Vereinigung mit dem Namen „Open Channels for Europe!" gegründet worden. Sie beteiligt sich an europäischen Tagungen und gibt regelmäßig den monatlichen Newsletter „Community Media News - across borders" heraus.

**Im Chaos den „Durchblick" behalten.**
Wie bewirbt man einen Sender, den es in dieser Form noch nie gab. Ein Sender ohne professionelle Journalisten, ohne einen Chefredakteur, ohne jede Programmstruktur. Ein Sender, in dem das Programm von Arbeitslosen und Studenten, von Schulen und Künstlern, von Iranern und Lehrern, von Obdachlosen und Schülern, von Türken und Kurden und sogar von Frauen gemacht wurde. Wegen dieser Besonderheiten musste der Offene Kanal Berlin fortwährend erklärt werden. Selbst führende Politiker der Stadt hatten ihre Schwierigkeiten, mit diesem neuen Sender umzugehen. Der Innensenator beschwerte sich bei seinem Kollegen Kultursenator über eine nach seiner Meinung unangemessene Berichterstattung über einen Polizeieinsatz. Der türkische Generalkonsul Art beschwerte sich beim Regierenden Bürgermeister über den Inhalt türkisch- sprachlicher Sendungen im Offenen Kanal. Dies waren dann für mich die Gelegenheiten, auf zwei wesentliche Verfassungsregeln hinzuweisen: das Recht auf freie Meinungsäußerung und die Staatsferne des Rundfunks.
In den ersten Jahren war wohl der Sender mit seinem Fernsehprogramm der wesentliche Werbeträger. Die Fernsehzuschauer sahen das Programm und entdeckten die Möglichkeit, selbst aktiv zu

werden. Sicherlich hat auch die Mund-zu-Mund-Propaganda die Bekanntheit des Offenen Kanal Berlin erhöht.
Bald wurde jedoch die Notwendigkeit einer professionellen Öffentlichkeitsarbeit erkennbar. Es galt, das Anliegen des Offenen Kanal Berlin zu vermitteln, Kontakte zu gesellschaftlichen Gruppen in der Stadt, zu Schulen und Hochschulen und zu politischen Entscheidungsträgern zu knüpfen und eigene Projekte zu entwickeln. Die Medienanstalt Berlin-Brandenburg bewilligte dafür eine Stelle. Als Ergebnis eines Ausschreibungsverfahrens wurde die Stelle mit Bettina Brandi besetzt.

**Bettina Brandi** setzte sich mit großem Erfolg für die Belange des Offenen Kanal Berlin ein. Dies konnte nur in einem guten Zusammenspiel aller Teammitglieder des Senders gelingen. In regelmäßigen Besprechungen wurden die Aktivitäten im Bereich der Öffentlichkeitsarbeit vorgestellt, geplante Projekte und deren Umsetzung diskutiert. Der Offene Kanal Berlin entwickelte sich zu einem kompetenten und zuverlässigen Partner. In der Zusammenarbeit mit Hochschulen wurden experimentelle Kunstprojekte und innovative Medienprojekte durchgeführt. Im Bereich der schulischen und außerschulischen Medienarbeit mit Kindern und Jugendlichen konnte der Offene Kanal verlässliche technische und personelle Unterstützung anbieten mit der Möglichkeit, die entstandenen Beiträge zu senden und so Öffentlichkeit herzustellen.
Als besonders erfolgreiches Instrument der Öffentlichkeitsarbeit erwies sich die von Bettina Brandi initiierte und redaktionell betreute Zeitung des Offenen Kanal Berlin „Durchblick". Die Zeitung erschien vierteljährlich und wurde in öffentlichen Einrichtungen, zum Beispiel in Bibliotheken, und natürlich auch im Offenen Kanal Berlin ausgelegt. Es wurde über die Interna (Personal, technische Ausstattung, medienpolitische Entwicklungen) berichtet. Zusätzlich wurden regelmäßig Programmmacherinnen und Programmmacher mit den Inhalten ihrer Programme vorgestellt. Auch über die Entwicklung neuer Offener Kanäle in den verschiedenen Bundesländern wurde berichtet. Die Zeitschrift „Durchblick" informierte nicht nur die Zuschauerinnen und Zuschauer des Offenen Kanal Berlin. Sie verstärkte

auch die Identifikation der Programmmacherinnen und Programmmacher mit dem Sender und die Zusammenarbeit zwischen diesen Personen und dem Team des Offenen Kanal Berlin. Die Zeitung förderte das gegenseitige Verständnis; eine wesentliche Voraussetzung für eine konstruktive Zusammenarbeit.

Jürgen Linke, ehemaliger Leiter des Offenen Kanals in Berlin, Gastvortrag 2023 im Offenen Kanal MQ. Moderation Astrid Altmann (Screenshot)

**Nachruf Bettina Brandi:**
Bettina Brandi studierte an der Freien Universität Berlin Theaterwissenschaft, Germanistik und Italienische Literatur. Zusatzausbildung Medienpädagogik und Medienassistenz. Dozentin in der politischen Jugendbildung und bürgernahen Medienarbeit. Publikationen zu Theater, Medien, Kultur von 1996 - 2013. Gründung und Leitung TAC (Theater am Campus) Hochschule Merseburg. 1997 Gründungsvorsitzende und bis 2009 Vorstandsmitglied Offener Kanal Merseburg-Querfurt e.V. Wissenschaftliche Leitung des kulturpädagogischen Qualifizierungsprojektes „DOMINO Zivilcourage im Rampenlicht" bei „XENOS Leben und Arbeiten in Vielfalt" mit internationalen Partnern im Raum Merseburg-Halle/S. (2000 - 2004).

# Offener Kanal und deutsch-französische Beziehungen -
# eine Erinnerung an Prof. Dr. Michel Cullin
Thomas Tiltmann

Honorarprofessor Dr. Michel Cullin, 2005
(Foto: Thomas Tiltmann)

Während meiner Merseburger Studienzeit als Kultur- und Medienpädagoge besuchte ich 1998 das Seminar „Interkulturelle Kommunikation am Beispiel des Deutsch-Französischen Jugendwerkes", welches sich unter anderem mit der Deutsch-Französischen Freundschaft und dem Élysée-Vertrag oder zur „Mediengeschichte und Mediengesellschaft in Frankreich" beschäftigte. In ganz unterschiedlichen Varianten lernten wir Studierenden Prof. Dr. Michel Cullin kennen und schätzen. Seine Seminare wurden teilweise außerhalb der Hochschulräumlichkeiten abgehalten, weil seine Anreise aus Paris oder Wien sich verzögerte. So wurde ein Seminar zum französischen Film im Wohnheim der Studierenden abgehalten und zum Seminarraum umfunktioniert. Ein Besuch der Außenstelle von arte im Kulturinstitut in Leipzig gehörten ebenso zu seinen Tages-Exkursionen.
Prof. Dr. Michel Cullin (1944-2020) war Hochschullehrer an der Universität Nizza und Direktor der Abteilung für französisch-österreichische Beziehungen an der Diplomatischen Akademie Wien. Er lehrte

an den Universitäten Heidelberg, Leipzig und Jena und an der Hochschule Merseburg. Von 1999 bis 2003 war er stellvertretender Generalsekretär des Deutsch-Französischen Jugendwerks. Aus den Seminaren heraus entwickelten sich weiterführende Projekte für uns Studierenden. „Deutsche Frauen in der Résistance" wurde eines der ersten intensiven Kooperationsprojekte zwischen der Hochschule Merseburg, Fachbereich Soziale Arbeit.Medien.Kultur, Studiengang Kultur- und Medienpädagogik und dem Offenen Kanal Merseburg-Querfurt e.V. (OKMQ), die wir als filmische Produzentinnen/Produzenten realisierten. Es war ein Geheimnis wohin Claudia Koch, Frank Kunz, Thomas Tiltmann fuhren. Bekannt war nur der Ort - Dammweg 73, Berlin-Treptow-Köpenick.

Als wir in Berlin ankamen erklärte sich die Geheimhaltung. Unser Interviewgast war Dora Schaul (1913-1999), Tochter eines jüdischen Geschäftsmannes in Berlin, Widerstandskämpferin und Antifaschistin. Sie kämpfte während des 2. Weltkrieges unter dem Namen Renée Fabre in der Résistance und war eigentlich „Kamerascheu". Prof. Dr. Michel Cullin hatte den Termin und das Treffen koordiniert. Die technische Unterstützung kam von der Hochschule Merseburg und aus dem Offenen Kanal. Neben Dorau Schaul interviewten wir am gleichen Tag Prof. Dr. Mechthild Gilzmer. (https://www.okmq.de/tv/mediathek/kmp-schaufenster-der-hsmerseburg/medienkritik/308-deutsche-frauen-in-der-resistance-1998).

Nach der Ernennung von Prof. Dr. Michel Cullin als Stellvertretender Generalsekretär des Deutsch-Französischen Jugendwerks (DFJW) wurden weitere filmische Kooperationen entwickelt und realisiert. Das lag unter anderem daran, dass ich ab 2001 als Vorstandsvorsitzender für den Offenen Kanal Merseburg-Querfurt e.V. gewählt wurde. Eine Kooperation zwischen dem Offenen Kanal und dem Deutsch-Französischen Jugendwerk war mir, aufgrund der studentischen Erfahrungen, ein wichtiges Anliegen. Im Mai 2001 gab es die Einladung zum „Parlamentarischen Abend" ins DFJW nach Berlin, um Gespräche für die anstehende Kooperation zu führen. Am 28.6.2001 wurde die Vereinbarung zwischen dem DFJW und dem OKMQ geschlossen. Der Stellvertretende Generalsekretär, Prof. Dr. Michel Cullin und ich als damalige Vorsitzende des Vorstandes vom

Offenen Kanal Merseburg-Querfurt e.V. unterzeichneten die Vereinbarung zur deutsch-französichen Zusammenarbeit. Inhalt dieser Vereinbarung war es, dass eine regelmäßige deutsch-französische Sendung mit dem Titel „VIS A VIS" im Offenen Kanal produziert wird. Themen sollten sich aus den aktuellen Entwicklungen der deutsch-französischen Beziehungen ergeben. Die erste Sendung hatte den Titel „Interkulturelle Erfahrungen - Mittel zur Bekämpfung von Rassismus und Ausgrenzung?", die am 30. Juni 2001 im Offenen Kanal veranstaltet wurde. Prof. Dr. Michel Cullin übernahm die Moderation und Dr. Christian Alix, vom Deutschen Institut für Internationale Pädagogische Forschung, war als Sänger und Liedermacher/ Chansonnier für die musikalische Untermalung der Sendung verantwortlich. Gäste aus Paris, Frankfurt, Berlin, Halle.

Nach dieser feierlichen und öffentlichen Bekräftigung der Zusammenarbeit zwischen Hochschule Merseburg, Deutsch-Französischem Jugendwerk und Offenen Kanal Merseburg-Querfurt e.V. folgten weitere „VIS A VIS"-Sendungen mit dem Titel „Vermittlung von Erinnerung an Jugendliche im deutsch-französischen Bereich", „Trilaterale Beziehungen - Deutsch-Französisch-Polnische Freundschaft", „Deutsch-Französische Freundschaften", uvm. sowie kooperative Aufenthalte in Frankreich zum Thema „Erziehung gegen Rassismus und Fremdenfeindlichkeit" beim Centre Culturel Léo Lagrange Picardie in Amiens, „Contre le Racisme" im Kloster Notre-Dame de Séry an der Grenze zur Normandie, im Nationalinstitut für Jugend und Volksbildung (INJEP) in Marly-le-Roi bei Paris und im Maison Heinrich Heine in Paris zum Thema „Deutsch und Französisch, Sprachen der Republik - Sprache, Integration und bürgerschaftliches Engagement".

Bei dem kooperativen Aufenthalt zum Thema „Erziehung gegen Rassismus und Fremdenfeindlichkeit" beim Centre Culturel Léo Lagrange Picardie in Amiens war das Ziel ein Treffen zwischen Jugendlichen, welche in die Zivilgesellschaft involviert sind, zu ermöglichen. In erster Linie ging es um gemeinsame Überlegungen und einen Austausch über soziale, gewerkschaftliche, politische und kulturelle Tätigkeiten in Bezug auf Rassismus und Fremdenfeindlichkeit in Europa.

Zur Abschlussveranstaltung waren unter anderem Raymond Aubrac (1914-2012) - Mitglied der Résistance; Stéphane Hessel (1917-2013) - Diplomat, Buchautor, Mitglied der Résistance, Überlebender vom KZ Buchenwald und Dr. Mechtild Gilzmer - Historikerin, eingeladen. Ein Aufsatz von Michel Cullin beginnt mit „deutsch französische Ehe", „deutsch-französischer Motor", „deutsch-französisches Paar", „deutschfranzösisches Tandem". Es sind sicherlich nur Metapher, die die reichhaltigen/freundschaftlichen Beziehungen zwischen Deutschland und Frankreich verdeutlichen, aber auch signifikant für die Zusammenarbeit zwischen dem Offenen Kanal, Hochschule Merseburg und Deutsch-Französischen Jugendwerk stehen.

Prof. Dr. Michel Cullin und Thomas Tiltmann praktizierten die Versöhnung zwischen den beiden Ländern auf ganz unterschiedliche Weise der internationalen Verständigung und Freundschaft. Es ging in der Zusammenarbeit um die Völkerverständigung, Überwindung von Fremdenfeindlichkeit und Rassismus, dem Dialog zwischen verschiedenen Kulturen, der Herstellung von bilateralen, trilateralen und multilateralen Kontakten zwischen Jugendlichen und Wissenschaftlern verschiedenster Länder auf verschiedensten Gebieten des gesellschaftlichen Lebens.

Am 03. März 2020 wurde diese deutsch-französische Tandemfahrt auf traurige Weise beendet. Die gemeinsamen exemplarischen Projekte zwischen der Hochschule Merseburg, dem Deutsch-Französischen Jugendwerk und dem Offenen Kanal Merseburg-Querfurt e.V. verdeutlichten die Beziehung und Freundschaft. Ein faszinierender und großartiger Mann. Ein Freund und Wegbegleiter.

# Kulturelle Bildung im Merseburger Bürgerfernsehen - eine Erinnerung an Prof. Dr. Wolfgang Zacharias
Johann Bischoff

Honorarprofessor Dr. Wolfgang Zacharias, Vortrag im Rahmen der „Bundesweiten Kulturtagung" in Merseburg 2007, Thema: „Kultur verstehen - Kultur vermitteln" (Screenshot)

In Erinnerung an meinen verstorbenen Kollegen Wolfgang Zacharias erlaube ich mir, seine Verdienste im Studiengang „Kultur- und Medienpädagogik" und seine Verdienste im Offenen Kanal MQ zu würdigen. Herr Dr. Zacharias aus München konnte als Honorarprofessor an der Hochschule Merseburg gewonnen werden, uns verbinden eine Vielzahl gemeinsamer Aktivitäten zur Etablierung der „Kulturellen Bildung" in den sog. „neuen Bundesländern".
2003 führte ich mit W. Zacharias nach einer Tagung zur „Kulturellen Bildung" ein längeres Gespräch und bat ihn, Aufbauhilfe zu leisten für die deutschlandweite Öffentlichkeitsarbeit unserer zwei kulturpädagogischen Studiengänge (BA Kultur- und Medienpädagogik und MA Angewandte Medien- und Kulturwissenschaft) der Hochschule

Merseburg, die doch eher als Technik- und Ingenieurhochschule überregional bekannt ist.

W. Zacharias sagte zu, die kulturpädagogischen / kulturwissenschaftlichen Merseburger Studiengänge im Netzwerk „Kulturelle Bildung" vorzustellen und bekannt zu machen. Nach Lehraufträgen im Fachbereich „Soziale Arbeit.Medien.Kultur" der Hochschule Merseburg und Erfüllung geforderter Voraussetzungen habe ich 2004 der Hochschule Merseburg (damals: Rektor Prof. Dr. Zwanziger) und dem Land Sachsen-Anhalt vorgeschlagen, Herrn Zacharias zum Honorarprofessor zu ernennen. Als Gutachter für die Professur „Kulturpädagogik / Spielpädagogik" für die kulturpädagogischen Studiengänge wurden Prof. Dr. Max Fuchs, damals Direktor der Akademie Remscheid und Prof. Gert Selle, beide international ausgewiesen, vorgeschlagen.

Das Verfahren verlief erfolgreich, im Juni 2005 hielt Wolfgang Zacharias seine Antrittsvorlesung in der Hochschule Merseburg und war seither aktiv an Forschung und Lehre im Schwerpunkt „Kultureller und sozialer Wandel" beteiligt.

Die Honorarprofessur erforderte umfangreiche Kenntnisse und Erfahrungen, sowohl in Theorie und Praxis der „Kulturellen Bildung" als auch in der Vermittlung von medienpädagogischen Kenntnissen im Masterstudiengang Medien- und Kulturwissenschaft. Wolfgang Zacharias war m. E. ein exzellenter Vertreter der Kulturpädagogik und des Teilbereiches Spielpädagogik. Ich darf vorwegschicken, dass Herr Zacharias aufgrund seiner Berufstätigkeit als Kulturrat der Stadt München und seiner vielfältigen ehrenamtlichen Tätigkeiten im Kulturbereich (Pädagogische Aktion Spielkultur, Vorsitz: Landesvereinigung kultureller Bildung Bayern, Vorsitz Bundeskunstschulen) alle Aspekte der Kulturarbeit anwendungsbezogen auch in der Lehre vermitteln konnte. Zudem hatte er eine vielfältige Palette an kulturpädagogischen Veröffentlichungen vorgelegt.

Seine medien- und kunstpädagogischen Publikationen gehören zur Grundlagenliteratur für die Studierenden des Studienganges Kultur- und Medienpädagogik. Herr Zacharias hatte seinen Forschungsgegenstand in einen breiten kulturtheoretischen Rahmen eingebettet. Hier wurde seine Fähigkeit sichtbar, Produkte der Medienkommuni-

kation in ihren kommunikations- und gestaltungstheoretischen Bezügen zu reflektieren und daraus Schlüsse für anwendungsbezogene Kulturarbeit zu ziehen. Diese Fähigkeit zeigte sich bei ihm auch in den Lehrveranstaltungen. In gemeinsamen Arbeitszusammenhängen in der Lehre ist mir die enge Verknüpfung zwischen theoretischer Reflexion und praktischer Gestaltung bei Herrn Zacharias immer wieder positiv aufgefallen. Er hatte es ausgezeichnet verstanden, in Hochschulseminaren und Projekten zentrale Bereiche der Kulturpädagogik den Studierenden didaktisch motivierend zu vermitteln und die Studierenden für die unterschiedlichen Projekte zu begeistern. Da praxisorientiertes Arbeiten im kulturpädagogischen Bereich immer auch Teamarbeit bedeutet, ist sicher von Interesse, dass Herr Zacharias auch immer wieder ein hohes Maß an Kooperationsfähigkeit unter Beweis gestellt hat. Gemeinsame Veranstaltungen wurden im Offenen Kanal MQ geplant und mit Studierenden realisiert.
Gerade auf dem Gebiet der zielgerichteten Kulturpädagogik und Medienkompetenzvermittlung scheint mir diese Fähigkeit besonders bedeutsam zu sein. Herr Zacharias hatte seine theoretischen Erkenntnisse immer in Bezug zu den Praxisfeldern setzen können und hatte damit ermöglicht, den Studierenden wichtige Berufschancen zu vermitteln.
Seine zahlreichen Exkursionen mit Studierenden z.B. nach Berlin, Reuthe etc. und die Initiierung von bundesweiten Tagungen in Merseburg zur Berufsfelderkundung und zum Berufsbild „Kulturpädagogik" runden das Bild einer erstklassigen Zusammenarbeit ab. Seine Abschiedsveranstaltung fand am 21.01.2016 im Fernsehstudio der Hochschule statt und wurde über Internet übertragen. Prof. Dr. Wolfgang Zacharias ist am 26.04.2018 überraschend verstorben.

# Personenverzeichnis

Altmann, Astrid  15, 89, 193, 355, 409
Amende, Henrik  261
Anton, Werner  165
Baier, Gottfried  202
Baran, Matthias  173
Bau, Maik  307
Benn, Doreen  193
Bernd, Klaus-Dieter  165
Bischoff, Johann  11, 15, 27, 30, 58, 59, 82, 89, 92, 96, 98, 254, 372, 414, 419
Brandi, Bettina  13, 14, 27, 30, 55, 60, 71, 82, 89, 95, 96, 401, 408, 419
Bremer, Leonard  263
Brucks, Anna-Sophie  419
Cepus, Valentin  262
Chaghakaboudi, Mehdi  177
Cullin, Michel  410
Dang, Tu My  332
Deutschmann, Tina  261
Dietzsch, Wolfgang  164, 165, 207
Eißner, Birgit  165
Eißner, Dietmar  165, 258, 260
Elsner, Diana  14, 24, 27, 28, 149, 239, 420
Enke, Roland  165
Ermentraut, Jan  169
Feigel, Ricardo  12, 13, 48, 76, 127, 128, 132, 420
Finger, Michael  193
Fischer, Ute  254
Folhoffer, Hannah  263

Frei, Alfred Georg  257
Friebel, Aaron  309
Friedrich, Franz  136
Gessner, Marco  421
Gleffe, Rebecca  332
Grabe, Ursula  37, 175, 239
Großmann, Andrea  307
Haenel, Moritz  212
Hamann, Christiane  262
Handschak, Hartmut  33
Hardies, Gerhardt  165
Haufe, Andrej  34
Hefter, Steffen  89, 96
Heine, Martin  25
Heinrich, Saskia  171
Hensel, Gunnar  173
Herzog, Grit  254
Hinsch, Silvio  239
Hirsch, Nele  99, 111, 113, 116, 117, 121, 122, 130, 134, 141, 143, 144, 146, 148
Horvat, Claudia  264
Kallweit, Fritz  174
Kämpfer, Gerhard  164
Karpilowski, Alexander  122
Kiehne, Carsten  169
Kirch, Katharina  166, 313, 326, 421
Knabe, Frank  307
Köhler-Terz, Kai  27, 28, 149, 193, 200, 231, 327, 421
Kowarschik, Matthias  169
Krabbes, Markus  263
Kratzsch, Jörg  111, 114, 123, 126, 128, 131, 138, 139, 142, 147, 148

Krüger, Thomas  17, 422
Künzel, Katja  307
Leder, Caspar Stanislaus  422
Lindner, Jürgen  37
Linke, Jürgen  14, 95, 96, 401, 409, 422
Mehl, Wolfgang  165
Meißner, Stefan  111, 112, 119, 128, 137, 146, 148
Meister, Gabi  98
Meybehm, Dieter-Klaus  165
Möhwald, Andreas  176
Möhwald, Otto  254
Müller-Bahr, Sebastian  31
Mußbach, Rüdiger  307
Nagel, Robin  330
Narr, Kristin  110, 111, 112, 118, 120, 123, 124, 125, 131, 134, 135, 142, 146, 148
Neuber, Sindy  307, 308
Niessner, Andi  327, 423
Osterburg, Johannes  172, 208, 279
Paul, Rüdiger  309
Peter, Melanie  173
Petri, Manuela  169
Preiß, Rosa  330
Proschek, Michael  176
Quauck, Hans-Reiner  165, 255
Ressmann, Wolfgang  22, 424
Rettig, Thomas  168
Ritter, Martin  114, 115, 117, 120, 122, 127, 139, 144
Röder, Anne  254
Ruda, Armin  132, 139, 145
Rüthel, Andrea  169, 306, 307, 424
Sadlik, Jürgen  239
Schäfer, Martin  307

Scheschonk, Anne  169, 306, 307, 308, 310, 425
Schneider, Barbara  193
Schorb, Bernd  38, 425
Schüller, Philipp  266, 425
Seik, Helmut  177
Slama, Azaé  333
Spieß, Jochen  216
Spörl, Olaf  176
Stanislowski, Oliver  165, 239, 264
Starke, Doris  165
Stoermer, Claus  310
Striegel, Roland  36
Struch, Antje  307
Stumpe, Harald  259
Thiel, Tobias  110
Thieme, Angela  37
Tiedemann, Klaus-Dieter  165
Tiltmann, Thomas  89, 410, 413, 426
Trautmann, Rüdiger  165
Treuter, Klaus  34, 37, 159, 161, 163, 164, 222, 256, 260
Turuntas, Alksandar  224
Voß, Heinz-Jürgen  29, 30, 230, 274, 278, 279, 344, 427
Wallmann-Möhwald, Petra  167
Wenck, Saskia  233, 235
Wenck, Tanja  233
Wiegleb, Rosemarie  165, 174, 239
Zabczyk, Elli  238, 259
Zacharias, Wolfgang  414
Zeitz, Horst  165, 239
Zimmermann, Anne-Katrin  165, 240, 254, 258
Zorn, Heiko  307
Zwerger, Alex  332

# Autoren

**Bischoff, Johann:** Prof. Dr. phil. (em.), geb. 1951, Kaufmann IHK gepr., staatl. gepr. Kommunikationswirt, Diplom Designer, Diplom Pädagoge. Freiberufliche Arbeit als Designer, wissenschaftlicher Mitarbeiter an der Carl von Ossietzky Universität Oldenburg, Gastprofessor für „Visuelle Kommunikation" an der Hochschule für Bildende Künste in Dresden (von 1990 - 1993), Professor für Medienwissenschaft und angewandte Ästhetik an der Hochschule Merseburg (1.10.1993 bis zum 30.09.2016), Ausbildungsschwerpunkte: Medienwissenschaft, Medienpädagogik und angewandte Ästhetik (Grafik, Film/Video), z. Zt. wissenschaftliche und künstlerische Tätigkeit in der Hochschule Merseburg und Sachsen-Anhalt.

**Brandi, Bettina:** Prof., geb. 1953 in Bottrop/NRW, verstorben am 18.6.2019 in Halle, Theaterwissenschaftlerin FU Berlin (Magister Artium), Zusatzausbildung Medienpädagogik Berlin, Dozentin Jugend- und Erwachsenenbildung; Lehrgebiet Theater- und Medienpädagogik Hochschule Merseburg (1995 - 2013); Gründungsvorsitzende Offener Kanal Merseburg-Querfurt e.V.; Wissenschaftliche Leitung des internationalen theaterpädagogischen Projektes „DOMINO-Zivilcourage im Rampenlicht" (Xenos); Leitung studentischer Projekte zum Theater im Öffentlichen Raum, wie z.B. „Theaterverführungen" Theater der Welt 2008 in Halle/Saale. Mitherausgeberin Merseburger Medienpädagogische Schriften Bd. 1 - 9.

**Brucks, Anna-Sophie:** Seit 03/2024: Wissenschaftliche Mitarbeiterin am Institut für Öffentliche Kommunikation der Ostfalia Hochschule für angewandte Wissenschaften. 03/2021 – 02/2024: Wissenschaftliche Hilfskraft an der Ostfalia Hochschule für angewandte Wissenschaften für die Module Grundlagen der Sozialforschung, PR- und Journalismusforschung und Marktforschung. 09/2021 - 07/2023: Musikredakteurin beim lokalen Bürgersender Radio Tonkuhle. 09/2020 - 06/2023: Masterstudium: Kommunikationsmanagement an der Ostfalia Hochschule für angewandte Wissenschaften. 08/2019 - 04/2020: Studentische Hilfskraft an der Ostfalia Hochschule für angewandte Wissenschaften zur Produktion von Imagefilmen. 09/2017 – 11/2020: Bachelorstudium: Medienmanagement an der Ostfalia Hochschule für angewandte Wissenschaften.

**Elsner, Diana:** geb. 1974 in Halle /Saale, 1990-1993 Ausbildung zur Kauffrau im Einzelhandel für Rundfunk, Fernsehen, Video, anschließend Abitur auf dem 2. Bildungsweg. 1998 -2002 Studium der Kultur- und Medienpädagogik an der Hochschule Merseburg, Abschluss: Diplom Kulturpädagogin. 2002-2003 Weiterbildung zum DVD-Operator an der Fernsehakademie Mitteldeutschland, seit 1999 als Dozentin im Medienkompetenzzentrum der Medienanstalt Sachsen-Anhalt und als medienpädagogische Honorarkraft im Offenen Kanal Merseburg-Querfurt e.V. tätig, 2003-2008 medienpädagogische Mitarbeiterin und seit 2009 Geschäftsführerin im Offenen Kanal Merseburg-Querfurt e.V. Seit 2014 Lehrbeauftragte im FB Soziale Arbeit.Medien.Kultur der Hochschule Merseburg. Ehrenamt: Vorstandsmitglied im Landesverband der Offenen Kanäle Sachsen-Anhalts (LOK) und im Bundesverband Bürgermedien (BVBM), Mitglied der GMK-Landesgruppe Sachsen-Anhalt und Sprecherin der GMK-Fachgruppe Bürgermedien. Aktiv bei der LAG Medienbildung/Medienkompetenz des Landes Sachsen-Anhalt, lokal im Begleitausschuss „Weltoffener Saalekreis" und im AK Medienkompetenz Halle/Saalekreis.

**Feigel, Ricardo:** Geboren 1956 in Caracas (Venezuela), aufgewachsen in Buenos Aires (Argentinien) und Cloppenburg (Niedersachsen). Studium der Medienwissenschaft, Literaturwissenschaft und Geschichte in Berlin und Osnabrück, Magister Artium. Freelancer für das European Media-Art Festival, für das soziokulturelle Zentrum „Lagerhalle" und Arbeiten im künstlerischen und dokumentarischen Medienbereich. Trainer in der Software-Branche, Vertriebsleiter Schulungen und Trainings für die Firma Davis in Münster. Von 1997 bis 2022 Bereichsleiter Bürgermedien bei der Medienanstalt Sachsen-Anhalt (MSA) in Halle.

**Gessner, Marco:** 1977 in Cottbus geboren, arbeitete zunächst als freiberuflicher Videojournalist und studierte anschließend Kultur-

und Medienpädagogik (Diplom) sowie Angewandte Medien- und Kulturwissenschaften (MA) an der Hochschule Merseburg. Von 2010 - 2022 arbeitete er als Fachkraft für den (präventiven) Jugendmedienschutz im Landkreis Saalekreis am Offenen Kanal Merseburg-Querfurt e.v. Als Jugendschutzsach-verständiger des Landes Sachsen-Anhalt war er von 2014 - 2022 für die Freiwillige Selbstkontrolle der Filmwirtschaft (FSK) tätig. Seit 2022 ist der Lehrkraft für die Fächer Ethik und Lernen in der digitalen Welt.

**Kirch, Katharina:** geb.1986, seit ihrer Geburt leidet sie an der seltenen Stoffwechselerkrankung Mukopolysaccaridose (MPS). Bachelorstudium an der Hochschule Merseburg von 2008 bis 2012 im Studiengang Kultur- und Medienpädagogik. Nach ihrem Studium erhielt Katharina durch ein Förderprogramm der Agentur für Arbeit für 3 Jahre (2014-2017) die Möglichkeit, sich im Umfang von 15 Wochenstunden beruflich zu verwirklichen – als Kultur- und Medienpädagogin im Offenen Kanal Merseburg-Querfurt e.V. und als Leiterin für die Sendereihe „Behindert, na und?!". Vom 20. März 2017 bis zum 31. Dezember 2021 ist sie an der HS Merseburg als wissenschaftliche Mitarbeiterin für das Projekt „Wissenschaftsfernsehen und Barrierefreiheit" beschäftigt gewesen. Aufgrund ihrer Mehrfachbehinderung hat sie für die Arbeit einen persönlichen Arbeitsassistenten genutzt, der über das Integrationsamt finanziert wurde.

**Köhler-Terz, Kai:** Dr. phil., Diplom Kulturpädagoge, geb. 1970, 1987 - 1991 Studium der Primarschulpädagogik am Institut für Lehrerbildung in Eisenach/Thüringen, Ausbildung zum Zahntechnikergesellen, 1999 bis 2003 Studium an der Hochschule Merseburg im Studiengang „Kultur- und Medienpädagogik", 2003 Geschäftsführer im Offenen Kanal Merseburg - Querfurt e.V., seit 2009 Vorstandsvorsitzender des Offenen Kanals Merseburg-Querfurt sowie Leiter des Medienkompetenzzentrums der Hochschule Merseburg, Lehrkraft für besondere Aufgaben für den Bereich „Digitale Medien". Herausgeber der Publikationsreihe „Dialog: Bürgermedien".

**Krüger, Thomas:** geb. am 20.6.1959 in Buttstädt ist ein deutscher Politiker (SPD) und früherer Bürgerrechtler in der DDR. Von 1990 bis 1991 war er in Ost-Berlin Stadtrat für Inneres und vom 11. Bis 24 Januar 1991 kommissarischer Oberbürgermeister von Ost-Berlin, womit er gleichzeitig in diesen Tagen auch nach Art. 16 des Einigungsvertrages neben Walter Momper eines von zwei Regierungsoberhäuptern des wiedervereinigten Berlins war. Von 1991 bis 1994 war er Senator für Familie und Jugend in Berlin und von 1994 bis 1998 Mitglied des Deutschen Bundestages. Seit 1995 ist Krüger Präsident des Deutschen Kinderhilfswerks und seit 2000 Präsident der Bundeszentrale für politische Bildung.

**Leder, Caspar Stanislaus:** Studiert gegenwärtig Medienkunst im Masterstudiengang an der Bauhaus-Universität in Weimar; zuvor studierte er Geschichts- und Politikwissenschaft sowie Urbanistik in Weimar und Berlin. Caspar kam 2017 durch einen Bundesfreiwilligendienst zum Radiomachen und ist diesem seitdem treu geblieben: So gestaltete und moderierte er diverse Radiosendungen, wie u.a. das Format „Das Fernsehgespräch" und erarbeitete verschiedene journalistische und künstlerische Audioformate. Weiterhin war er mehrere Jahre in der Freien Radioszene aktiv und kuratierte so unter anderem das Radiofestival „Erfurter Radiotage 2021". Schwerpunkte seiner Arbeiten waren dabei immer wieder Erinnerungsfragen und historische Perspektiven sowie Architekturen und Stadtraum.

**Linke, Jürgen:** CV: geboren 1942, Abitur 1962, Ausbildung zum Fluglotsen bei der Bundesanstalt für Flugsicherung, Studium an der FU Berlin (Medizin), Studium an der pädagogischen Hochschule Berlin, Studium an der Fachhochschule für Verwaltung und Rechtspflege, Beamter des Landes Berlin in verschiedenen Verwaltungen zuletzt beim Senator für kulturelle Angelegenheiten im Medienreferat, 1987 bis 2007 Leiter des Offenen Kanal Berlin, viele Jahre Vorsitzender des Bundesverbands Offene Kanäle, Vorsitzender des Vereins „Open Channels for Europe!"

**Niessner, Andi:** Geboren 1967 in München; 1986 Fachabitur für Wirtschaft in München. Nach dem Zivildienst im Kinderkrankenhaus München-Harlaching Produktion von den Musicals „Jesus Christ Superstar" und „Othello" und freier Filmschaffender bei diversen Werbungen, Spiel- und TV-Filmen, u.a. „Schtonk", „Das Geisterhaus", und einigen Herbert-Achternbusch-Filmen. Ab 1996 Besuch der Hochschule für Fernsehen und Film, München, Abt. V, Produktion- und Medienwirtschaft; Arbeit als Regisseur für Kino- und TV-Commercials, Preise (u.a. Hennessy-Preis, ADC-Junior, Gold Mobius Award). 1999 die Zusage für den ersten eigenen Kurzfilm „Sabotage" als Episode der „Midsommar-Stories" (Bayer. Fernsehen) mit Franziska Petri, Jacques Breuer u.a. 2001 Kurzfilm „Björn oder die Hürden der Behörden" (Buch, Regie und die männliche Hauptrolle und 12 Nebendarsteller), ab 2002 Arbeit als freier Regisseur für Fernsehen und produziert mit Niessnerfilm diverse Projekte.
**Filmographie** (Auszug) von 1989 bis 1992 Produzent von zwei Rockmusicals „Jesus Christ Superstar" und „Othello" in München 1991 - 1997 Mitarbeit als Aufnahmeleiter, Regieassistent u.a. bei „Go Trabi Go" von Peter Timm, „Schtonk" von Helmut Dietl, „Wir Enkelkinder" von Bruno Jonas, „Das Geisterhaus" von Bille August, mehrere Herbert Achternbusch Filme 1995, 1997, 1999, 2003 Schauspielkurse bei John Costopoulos 1996 - 2000 Hochschule für Fernsehen & Film München, Diplom, Abt. V, Produktion- und Medienwirtschaft seit 1997 Regie für diverse Kino-/TV-Commercials u. Imagefilme (u.a. Hennessy-Preis, ADC-Junior, Gold Mobius Award Chicago) 1999 „Sabotage", Episode in „Midsommar-Stories" Buch & Regie, 21 min., 35 mm, ARTE & BR Eröffnungsfilm Hofer Filmtage 1999, div. nationale u. internationale Festivals (u.a. Cannes Deutsche Reihe 2000, IFF Maine,) 2001 „Björn oder die Hürden der Behörden", Kurzfilm, 15 min, 35 mm, Buch, Regie, Darsteller, Produktion, Prädikat: wertvoll Festivals (Auszug): IFF Toronto, St. Petersburg, Filmfest Hamburg (Eröffnungsfilm), IFF Gent, IFF Karlovy Vary IFF Sao Paulo, World Film Festival Montreal, Preise: (Auszug) 1. Preis Rüsselsheim, St. Petersburg, Student Festival Moskau, Lost High Tape Award Berlinale 2002, F.-W.-Murnau-Preis und Regie-Förderpreis Murnau, 1. Platz Short Tiger Award, FFA 2002 2002 „Samba

Bavaria", TV, Regie, 90 min., 16 mm, Buch: B. Dossi, Bayerisches Fernsehen, TNF-Film „Santa Claudia", TV-Movie, Regie, 90 min, 16 mm, Buch: Markus Gull, ProSieben, Arbor TV 2003 „Plötzlich wieder 16", TV-Movie, Regie, 90', 16 mm, Buch: N. Scharf, ProSieben, Arbor TV 2004 „Leise Krieger", Kurzfilm, Produzent, 30 min., 35 mm, Regie: Alexander Dierbach, Berlinale 2004, New York Independent IFF: Grand Jury Prize, ARPA IFF Hollywood: Best Short Film „Jetzt erst recht", Regie, TV-Serie, 7x45" 16mm, Buch: M. Baier u.a., ZDF, ndF: München 2005 „Bergpfarrer II", TV-Film, Regie, 90', 16 mm, Buch: Markus Gull, ZDF, Saxonia Media 2006 „Inga Lindström - Die Frau am Leuchtturm", TV-Reihe, Regie, 16 mm, 90 min., ZDF, Buch: Christiane Sadlo, Bavaria Film „Schuhschein - von Schuhen und ihren Liebhabern" Dokumentarfilm, HDV, 52 min., Buch, Regie, Produktion, Prädikat: wertvoll „Rumpelstilzchen", Spielfilm, Regie, 80', 16 mm, ZDF, Buch: Th. Teubner, Movie Pool, Provobis Film, SK-Film 2007 „Nebel über Schloss Kilrush" TV-Reihe (Irland Pilcher), Regie, 90 min, ZDF, Buch: M. Ewald, FFP New Media „Inga Lindström - Das Geheimnis meines Vaters", TV-Reihe, Regie, 90 min., ZDF, Buch: Christiane Sadlo, Bavaria Film „Dörte`s Dancing", TV-Spoof (Pro Sieben „Funny Movies), Regie, 70 min, Buch: Tommy Krappweis, Rat Pack Film 2008 Herbert-Achternbusch-Dokumentarfilm, Buch, Regie, Produktion, 90 min. (in Vorbereitung).

**Dr. Ressmann, Wolfgang:** geb. am 7.12.1958 in Wedel, Holstein ist Bundesvorsitzender des Bundesverbandes Bürgermedien (bvbm), wissenschaftlicher Koordinator des vom Auswärtigen Amt der Bundesrepublik Deutschland seit 2015 geförderten Projektes „Mediendialog" mit Ländern der östlichen Partnerschaft und Vorsitzender des internationalen Vereins „Youth4Media". Hauptberuflich leitet Ressmann der ersten Bürgersender der Bundesrepublik OK-TV Ludwigshafen, er ist Politiker (SPD).

**Rüthel, Andrea:** studierte Medienwissenschaften, Medienkunst und Mediengestaltung mit Fokus auf dem bewegten Bild und absolvierte 2014 die Professional Media Master Class für künstlerischen Dokumentarfilm von Werkleitz. Sie arbeitet freischaffend und in

Kollaboration mit anderen an filmischen, künstlerischen und partizipativen Medienprojekten. Als Mitglied des Künstler*innenkollektivs Filmische Initiative Leipzig ist sie außerdem kuratorisch und kulturvermittelnd aktiv.

**Scheschonk, Anne:** studierte Musik- und Medienwissenschaften & Ethnologie mit Fokus auf Visuelle Anthropologie. Sie arbeitete als Redaktionsassistentin und freie Autorin für TV-Produktionen und absolvierte 2011 sowie 2018/19 die Professional Media Master Class (PMMC) für Dokumentarfilm bei der Werkleitz Gesellschaft in Halle (Saale). Sie arbeitet als Filmemacherin und im Bereich Barrierefreie Kommunikation.

**Schorb, Bernd:** Prof. Dr., geb. 1947 in Wertheim, ist ein deutscher Erziehungswissenschaftler und emeritierter Professor für Medienpädagogik und Weiterbildung am Institut für Kommunikations- und Medienwissenschaft der Universität Leipzig. Von 1976 bis 1994 war Schorb Direktor des JFF - Institut für Medienpädagogik für Forschung und Praxis in München und ist seit 1994 Vorsitzender des Vereins JFF, Träger des Instituts. Von 2000 bis 2012 war er Direktor des Zentrums für Medien und Kommunikation (ZMK) der Universität Leipzig.

**Schüller, Philipp:** geb. 1992 in Wümme an der Wümme/Niedersachsen, Kultur- und Medienpädagoge (BA), 2014 - 2019 Studium an der Hochschule Merseburg, seit 2020 Bildungsreferent für Demokratieförderung und politische Bildung im Offenen Kanal Merseburg-Querfurt, seit 2020 Lehraufträge an der Hochschule Merseburg im Bereich Audiovisuelle Medien, freiberufliche Arbeit in den Bereichen Medienpädagogik, Film, Moderation, Kinder- und Jugendbeteiligung. Engagement in der Hochschulpolitik (StuRa und FSR), Kulturelles Engagement, u.a. 15 Jahre beim internationalen Naturfilmfestival Green Screen in Eckernförde und 10 Jahre im Sowas e.V. in Merseburg (u.a. im Vorstand). Veröffentlichte zur Geschichte des Geiseltalsees gemeinsam mit A. Frei und H. Würdemann

**Tiltmann, Thomas:** geb. 1973 in Nordhorn (Niedersachsen), berufenes Mitglied der Deutschen Gesellschaft für Photographie (DGPh), Mitglied der Griffelkunst-Vereinigung Hamburg und erhielt 2013/2022 den Lehrpreis der Hochschule Merseburg. Seit 2018 ist er vom Bundesministerium für Familie, Senioren, Frauen und Jugend (BMFSFJ), berufenes Jurymitglied des Deutschen Jugendfotopreises (DJF). Schwerpunkte seiner Arbeit sind die Bildwissenschaft und Fotopädagogik. Thomas Tiltmann studierte von 1997-2001 Diplom Kultur- und Medienpädagogik bei Prof. Dr. Johann Bischoff an der Hochschule Merseburg. Während der Studienzeit stellte er in der Akademie für Kunst und Industrie (AKI) in Enschede, sowie in der Alten Messe Leipzig und in der Melkweg Galerie in Amsterdam seine ersten fotografischen Arbeiten aus. Mit Abschluss seines Studiums übernahm er die Leitung für den Bereich Fotografie im Fachbereich Soziale Arbeit.Medien.Kultur an der Hochschule. Er studierte von 2006 bis 2008 an der Donau-Universität Krems Master of Arts - Bildwissenschaften mit dem Schwerpunkt Fotografie u.a. bei Wendy Jo Coones, Prof. Dr. Oliver Grau, T.O. Immisch, Christian Skrein und Dr. Friedrich Tietjen. Seine Masterthesis verfasste er bei Prof. Dr. Oliver Grau und T.O. Immisch zum Thema „Lichtdruck-Kunst. Der Lichtdruck als künstlerisches Verfahren. Möglichkeiten und Chancen des Weiterbestehens einer photographischen Drucktechnik." In den Jahren 2010 bis 2012 war Tiltmann einer der letzten Meisterschüler von Prof. Arno Fischer an der Ostkreuzschule für Fotografie in Berlin. Durch den Tod Arno Fischers († 13. September 2011) übernahm Werner Mahler einen Teil der Meisterklasse. Mit der Ausstellung „SIEHSTE, JEHT DOCH! - Meisterklasse Arno Fischer. Letzter Jahrgang" im Haus am Kleistpark und 2021 „MENSCH ARNO, SIEHSTE ...!" im Künstlerhaus „Treptow Ateliers in Berlin würdigten die letzten Meisterschüler ihren Mentor und Lehrer. In den Jahre 2015-2017 und 2020-21 war Thomas Tiltmann Schüler bei Sven Marquardt an der Ostkreuzschule für Fotografie in Berlin. Die Abschlussausstellungen „14/20 - Schönheit & Vergänglichkeit" (2016) in der STATION, „repeat - LEBEN.TODT.AUFERSTEHUNG" (2017) in der KANTINE am Berghain und „über HEIMAT" in der LIEBIG12 in Berlin zu sehen. Er ist tätig als Lehrkraft für besondere Aufgaben (LfbA). im Fachbereich SMK der Hochschule Merseburg.

**Voss, Heinz-Jürgen:** Prof. Dr. Heinz-Jürgen Voß studierte in Dresden und Leipzig Diplom-Biologie; 2010 Promotion zur gesellschaftlichen Herstellung biologischen Geschlechts in Bremen. Seit 2014 hat Voß die Professur für Sexualwissenschaft und sexuelle Bildung an der Hochschule Merseburg inne und leitet dort mehrere Forschungsprojekte - u.a. die vom BMBF geförderten Projekte „Schutz von Kindern und Jugendlichen vor sexueller Traumatisierung" und „sexuelle Bildung für das Lehramt". Publikationsauswahl Heinz-Jürgen Voß u.a.: Queer und (Anti-)Kapitalismus, Schwule Sichtbarkeit - schwule Identität, Geschlechtliche, sexuelle und reproduktive Selbstbestimmung, Die Idee der Homosexualität musikalisieren, Geschlechtliche und sexuelle Selbstbestimmung durch Kunst und Medien, Intersektionalität, Being Bi.